Crisis y Migración: Nuevas movilidades ante un mundo convulso

El proyecto "Fortalecimiento de la red integral de apoyo a la población migrante venezolana y receptora con enfoque en generación de capacidades y empleo a través de incubación de emprendimientos mediante acceso a capital semilla" es ejecutado por la Universidad Técnica Particular de Loja, financiado por el Fondo Ítalo Ecuatoriano para el Desarrollo Sostenible FIEDS, tiene el apoyo de la Prefectura de Loja, Plan Binacional de Desarrollo de la Región Fronteriza capítulo Ecuador, Corporación de Ferias de Loja, Ecuador.

Ejecutado por

Financiado por:

Con el apoyo de:

MIGRATION SERIES: 40

Crisis y Migración: Nuevas movilidades ante un mundo convulso

Jessica Ordóñez Cuenca y Pascual G. García-Macías

Copyright © 2022 Transnational Press London

First Published in 2022 by Transnational Press London in the United Kingdom, 13 Stamford Place, Sale, M33 3BT, UK.
www.tplondon.com

Transnational Press London® and the logo and its affiliated brands are registered trademarks.

Requests for permission to reproduce material from this work should be sent to:
sales@tplondon.com

Paperback
ISBN: 978-1-80135-176-8
Digital
ISBN: 978-1-80135-177-5

Cover Design: Nihal Yazgan
Cover Photo by Marcus Spiske on unsplash.com

Transnational Press London Ltd. is a company registered in England and Wales No. 8771684.

Crisis y migración
Nuevas movilidades ante un mundo convulso

Jessica Ordóñez Cuenca

Pascual G. García-Macías

TRANSNATIONAL PRESS LONDON

2022

ÍNDICE

i

CRISIS Y MIGRACIÓN

Introducción

El libro lleva el nombre *Crisis y Migracion ante un mundo convulso* y forma parte de una colección, que tienen por objetivo promover investigaciones relacionadas con la crisis actual: global, económica, social, política, institucional y ambiental, y la migración internacional como una consecuencia de este contexto de inestabilidad; para el análisis y discusión entre estudiantes, investigadores, gobiernos locales y nacionales, y la ciudadanía en general.

Este libro tiene el apoyo proyecto con el apoyo del proyecto Fortalecimiento Movilidad Humana, el cual es financiado por el Fondo Ítalo ecuatoriano para el Desarrollo Sostenible FIEDS y ejecutado por la Universidad Técnica Particular de Loja – Ecuador.

Se enfoca en tres áreas temáticas, la primera es la *Migración internacional relacionada con el flujo migratorio en Venezuela y Ecuado*r. Ecuador es parte de la ruta migratoria de las personas venezolanas, la cual inicia en Colombia, Ecuador, Perú, y el país objetivo, Chile. Ecuador ha convivido con una antigua inmigración de desplazados y refugiados colombianos, motivados principalmente por el conflicto armado. Paralelamente, se da una situación similar entre Venezuela y Colombia por el mismo hecho, en la actualidad este fuljo se ha invertido y ha colocado a Colombia en el país receptor; y en el caso de Ecuador, el cual pasa de ser un país expulsor de población (Estados Unidos, España) a ser receptor de nuevos colectivos de personas migrantes.

La segunda área temática se relaciona con: *Flujos, tránsito y fronteras*, donde se destaca los problemas que se producen por el flujo histórico de tránsito por México a Estados Unidos, y los nuevos flujos migratorios intrarregionales de centro a sur américa, y entre países de América Latina, como son los desplazamientos forzosos de haitianos, nicaragüenses, venezolanos, colombianos, entre otros, por conflictos armados y políticos, y/o desastres naturales.

La tercera área temática es: *Problemas, retos y futuros*. La estancia temporal o permanente del migrante, solo o con su familia, documentado o indocumentado determina retos para su integración en la sociedad de acogida y exige la gestión del proceso por parte del Estado receptor, para promover la inserción social, laboral y económica del migrante y procurar su integración. Los recientes flujos migratorios han reforzado sentimientos contradictorios en las sociedades de acogida como: discriminación, xenofobia, racismo, aporobofia, los cuales forman parte de las causas y efectos de estos y nuevos flujos migratorios, y limitan la capacidad de las personas migrantes de integrarse, de salir de la pobreza, e incrementa los problemas sociales. Los aportes en este apartado se enfocan también en vislumbrar los retos actuales y futuros de la migración en un contexto de crisis global recurrente.

CRISIS Y MIGRACIÓN: NUEVAS MOVILIDADES ANTE UN MUNDO CONVULSO

Jessica Ordóñez Cuenca y Pascual G. García-Macías

Agradecimientos y Nota de Evaluacion de Capitulos

Los coeditores y autores de la presente obra agradecemos el apoyo del Fondo Ítalo-Ecuatoriano para el Desarrollo Sostenible (FIEDS) y la Universidad Técnica Particular de Loja, Ecuador, desde el proyecto Fortalecimiento de Movilidad Humana Loja, sin su invaluable soporte no sería posible la publicación de las obras aquí reunidas.

Asimismo; aprovechamos este espacio para notificar y hacer del conocimiento al lector, que todos los capítulos publicados en esta obra fueron:

1.- Evaluados a pares de doble ciego (double-blind peer review) por expertos en teoría social, migración, movilidad humana, refugiados y solicitantes de asilo. Los capítulos que presentaron doble rechazo NO fueron considerados en esta obra; aquellos cuyo resultado fue empate por los evaluadores, fueron sometidos a una segunda ronda por otro evaluador externo.

2.- La presente obra es el resultado de dos años del proyecto "Fortalecimiento de la red integral de apoyo a la población migrante venezolana y receptora con enfoque en generación de capacidades y empleo a través de incubación de emprendimientos mediante acceso a capital semilla" es ejecutado por la Universidad Técnica Particular de Loja, financiado por el Fondo Ítalo Ecuatoriano para el Desarrollo Sostenible FIEDS, tiene el apoyo de la Prefectura de Loja, Plan Binacional de Desarrollo de la Región Fronteriza capítulo Ecuador, Corporación de Ferias de Loja, el cual involucró sesiones de trabajo en conjunto, conferencias (virtual y físicamente) así como el trabajo de 2 años en conjuntar, evaluar, reunir los autores del presente libro.

PRÓLOGO

Carlos Alberto González Zepeda

El mundo se caracteriza por rupturas, emergencias y sorpresas que desacreditan las verdades instituidas en el tiempo. **Crisis y migración: Nuevas movilidades ante un mundo convulso,** es una obra que nos invita a conocer las partes —sin perder de vista el todo— del fenómeno migratorio contemporáneo, a través de los resultados de investigaciones y métodos distintos que hacen de la planeación académica un instrumento efectivo para la comprensión del contexto político, social, económico y cultural que motiva / fuerza las migraciones; y expone los mecanismos que implementan los Estados para frenar estos movimientos indeseados, para disuadirlos, bloquear su paso, detenerles y expulsarles a costa de la violación de los derechos humanos. Se trata pues, de una obra que nos ayuda a pensar las crisis y el impacto en las migraciones en nuevos términos.

Las crisis ocurren cuando los valores fundamentales que sustentan la vida de una comunidad como la seguridad, el bienestar, la salud, la integridad y el estado de derecho se ven amenazados. En el caso de las movilidades humanas, la amenaza a dicho sistema de valores pone a prueba la estructura de gobernanza —esto es, la forma de gobierno-más-allá-del-gobierno— que, en el tema del ordenamiento y regularización de las migraciones, reconoce que es un fenómeno que implica diversos actores: instituciones nacionales, autoridades locales, organizaciones civiles, asociaciones migrantes, organismos internacionales, entre otros, y no únicamente al Estado.

Si bien las crisis suceden a personas, grupos, organizaciones, culturas, sociedades, al mundo, y pueden presentarse como desastres naturales, ataques terroristas, pandemias, fallos de infraestructura, entre otros, éstas también atraviesan fronteras, límites geográficos, administrativos, de infraestructura y culturales. Por lo que la respuesta involucra múltiples actores que operan en distintos niveles ya sea para elaborar políticas, tratados internacionales y otros acuerdos; o bien, para implementar las acciones surgidas de dichas políticas por medio de cuerpos policiacos, agentes migratorios y otras formas de autoridad. De ahí que la capacidad institucional de los Estados es importante porque las crisis tienen un impacto considerable en la gobernabilidad.

Pero, sin embargo, en la actualidad vemos la ejecución de políticas cada vez más restrictivas a la movilidad migratoria mientras en diversos sures hombres y mujeres huyen, y los esfuerzos nacionales destinados a gestionar la migración hacen que las personas migrantes, refugiadas, desplazadas sean etiquetadas como una amenaza para la soberanía, para la cohesión social y cultural de los países de tránsito y destino. Políticas que se materializan en acciones institucionales que resaltan el papel de los Estados para articular normativas, leyes, reglamentos y otros dispositivos que bloquean la regulación migratoria.

De esta manera, el efecto de las políticas se deja ver —entre otras cosas— en la externalización de las fronteras del Norte Global, lo que ha obligado a cientos de personas migrantes a buscar rutas cada vez más peligrosas y hostiles donde enfrentan el acecho del crimen organizado como actor catalizador de diversas formas de violencia: trata, tráfico y extorsiones en contra de esta población de por sí vulnerable. Situación que nos muestra la falta de opciones para llevar a cabo una movilidad ordenada y segura sin poner en riesgo la vida. A esto se añade la corrupción y prácticas de extorsión, secuestro y tortura por autoridades del Estado que además están involucradas en casos de desapariciones forzadas, incluso en ejecuciones de migrantes indocumentados en territorios como el Tapón del Darién en los límites de Colombia y Panamá o el caso de algunas ciudades fronterizas de México.

Bajo estos escenarios de violencia desmedida, pobreza, desigualdad, despojo, es donde se observan nuevos patrones de movilidad como la migración por supervivencia donde aparecen formas de organización como las llamadas "caravanas de migrantes" que involucran hombres, mujeres, niños separados de sus familias y familias enteras que esperan en las franjas fronterizas poder solicitar asilo. No cabe duda de que las diversas crisis: administrativas, institucionales, ambientales, sociales, que enfrentan los países más pobres son el motor de la migración de la población más desfavorecida; mientras en los territorios de tránsito, cada vez más peligrosos y hostiles, las personas activan su sentido de supervivencia y organización para movilizarse en grupos, en caravanas, como una estrategia de protección colectiva.

En este sentido, la contribución de esta obra es el abordaje de la crisis y la relación con los actuales movimientos migratorios, así como el tratamiento de los dispositivos de control que se han implementado en varias regiones de América Latina para disuadir las migraciones irregulares a través de políticas, programas y acciones basadas en la ilegalización, racialización y precarización de las personas migrantes. Asimismo, por un lado, los casos de estudio que se incluyen en el libro nos muestran los factores que provocan la huida de cientos de personas de países como Honduras, El Salvador, Guatemala, Haití, Venezuela, por mencionar algunos, a causa de la emergencia humanitaria, la falta de acceso a derechos sociales básicos; la falta de acceso a sistemas de bienestar; las violaciones a los derechos humanos; la violencia generalizada, así como el colapso de los servicios públicos y la economía en la región. Y por el otro, las formas de la política humanitaria en los países de tránsito o destino que busca articular acciones que dan forma a las infraestructuras de protección social a las que acceden las personas migrantes para sostener la vida lejos de sus países de origen.

Pero también —entre líneas— los autores de este libro adoptan una perspectiva amplia que les permite mostrar las referencias a la irregularidad migratoria desplegadas por los funcionarios de los gobiernos nacionales que justifican programas que facilitan la regularización de algunos colectivos migrantes y el reconocimiento de ciertos derechos, al mismo tiempo que fundamentan el despliegue de un control migratorio de prevención para otros colectivos, que en diversos niveles permite la construcción de categorías que habilitan la comprensión de las personas migrantes como víctimas acompañada de la visión sobre la representación de las amenazas o los riesgos que implicaría la inmigración para la seguridad del Estado.

Por ejemplo, durante la actual crisis por COVID-19, las medidas de control sobre la migración irregular se han visto robustecidas y han logrado disminuir la migración irregular hacia Estados Unidos —principal destino de las migraciones en el continente— por lo menos de forma temporal, pero trayendo como consecuencia la precarización entre la población migrante en varias regiones fronterizas donde es imposible satisfacer las necesidades básicas. No obstante, ante la incapacidad del gobierno para satisfacer plenamente de estos derechos, la sociedad civil organizada se pone sobre el radar como un actor esencial para satisfacer estas necesidades de atención básicas, incluyendo el acceso a la salud durante la crisis.

En síntesis, la obra coordinada por Pascual García y Jessica Ordóñez es una invitación a aprender juntos, a reflexionar y debatir. El abordaje de "la crisis", en el contexto de las movilidades humanas, debe considerar que la violencia, los conflictos bélicos, las pandemias, el cambio climático y el despojo son hechos que amenazan la vida de las personas migrantes, refugiadas, desplazadas, así como los contextos de los lugares de donde huyen, donde transitan, donde esperan y donde eventualmente se asientan.

Situaciones que son causa de la falla de las instituciones y de la gobernanza. Ante este panorama las personas deben buscar formas de sobrevivir, hacer frente a dichas crisis. Por ello es importante cuestionarnos cómo estamos comunicando a la sociedad estos fenómenos: cuál es el discurso, las palabras, las etiquetas, pues el término "crisis" suele estar muy ligado al término "gestión de crisis", y esta definición da lugar a una forma particular pero amplia de trabajo académico que se busca resumir en esta obra en términos del enfoque de crisis civilizatoria.

Carlos Alberto González Zepeda

Editor en la Revista Diarios del Terruño. Reflexiones sobre Migración y Movilidad.
Grupo de Investigación del Seminario en Estudios Multidisciplinarios sobre Migración Internacional (GI-SEMMI)
Universidad Autónoma Metropolitana Unidad Cuajimalpa (UAM-C), México.
Contacto: carlosgonzalezzepeda@gmail.com.
Ciudad de México, México.

CRISIS Y MIGRACIÓN: NUEVAS MOVILIDADES ANTE UN MUNDO CONVULSO

Jessica Ordóñez Cuenca y Pascual G. García-Macías

Introducción

Pareciera que vemos el final de la COVID-19 como enfermedad letal en la sociedad mundial, y que volvemos a la normalidad, pareciera que todos estamos en movimiento después de un parón y del cierre de fronteras de la mayoría de los países. A pesar de ello, durante la pandemia la movilidad humana no cesó en su totalidad. Pareciera que este "nuevo" paradigma de las nuevas mobilidades (Urry, 2006) permitiera ser un concepto potente ante no solamente por las migraciones laborales, sino refugiados, migrantes climáticos, migración de jubilados, estudiantes internacionales y todo tipo de movilidad humana. En ese sentido, el paradigma de las nuevas movilidades enfatiza que todos los lugares finalmente estan conectados, aunque sea por finas y delgadas conexiones y ningún sitio está aislado. De esta manera el concepto permite vincularlo con la complejidad de los fenomenos sociales, y por ende la compleja red de movilidades que van desde las diásporas, las caravanas de migrantes o bien hasta los pequeños grupos de migración privilegiada en la era de la globalización y en mundo convulso en el cual aún es un desafío acoger o integrar a las personas migrantes y refugiadas, ya que esta decisión depende principalmente de aspectos económicos; por otro lado, existen preocupaciones sobre el efecto de las nuevas y tradicionales movilidades en el mercado laboral (complementarios – sustitutivos), el acceso a los beneficios del estado de bienestar por parte de las personas migrantes y una mayor inseguridad, estas percepciones incrementan los sentimientos de rechazo y estimulan la xenofobia lo cual impide que exista cohesión social.

Este libro colectivo, es un esfuerzo por aportar luces a la complejidad de la movilidad humana tanto en la region centroamericana y México; como también otro tipo de movilidades que suceden en Ecuador y España. Es el esfuerzo de académicos y activistas por entender las diferentes aristas que representa el reto de estudiar, analizar, explorar y conocer mejor la movilidad humana. Voluntad que también no sería posible sin el apoyo del Italo-Ecuatoriano para el Desarrollo Sostenible (FIEDS) y la Universidad Técnica Particular de Loja, Ecuador, desde el proyecto Fortalecimiento de Movilidad Humana Loja, que sin su visión progresista y apertura a cristalizar estos diálogos en un libro y que sirvan de referente para los estudiosos de la movilidad humana.

Sin más preámbulo, el libro abre con el texto de Jeffrey Cohen e Ibrahim Sirkeci: "Migracion e inseguridad: Repsnando la movilidad en la era neoliberal". Jeffrey Cohen, examinan el surgimiento de la ideología neoliberal y el crecimiento de las reformas neoliberales en relación con el estudio y la práctica de la migración. Sirkeci y Cohen sostienen que la migración no puede ni debe reducirse a la decisión de un individuo que se desplaza, migra o se mueve. En su lugar, los autores argumentan que debe abordarse como una decisión tomada de manera mas amplia y colectiva.

El segundo capítulo de esta obra colectiva es producto de Daniel Daniel Villafuerte Solís y María del Carmen García Aguilar tiutlado: "Crisis migratoria como manifestación de la crisis sistémica. Rasgos fundamentales de la movilidad humana en la frontera sur de México". Los autores reflexionan en torno a los procesos de movilidad humana en la frontera sur de México, los puntos de inflexión y las respuestas implementadas por los gobiernos del triángulo norte de Centroamérica (Guatemala, El Salvador y Honduras), de México y Estados Unidos, haciendo un énfasis en los ocurrido durante los cuatro años del gobierno de Donald Trump y lo que va del periodo de Joe Biden, así como del gobierno de Andrés López Obrador.

Siguiendo el mismo hilo de Villafuerte y García referente a las movilidades regionales, Jéssica N. Nájera Aguirre en su texto: "Flujos migratorios latinoamericanos recientes en México: origen nacional y huella territorial en el país". En el, la autora analiza los actuales flujos migratorios internacionales latinoamericanos que arriban a México, durante el periodo del 2010 al 2021 en tránsito por el país con destino a Estados Unidos y aquellos en búsqueda de protección internacional en México como alternativa al no regreso al país de origen y ante la imposibilidad de iniciar el trámite en territorio estadounidense; se busca reconocer la especificidad regional de dichas dinámicas migratorias (a través del país de origen de las personas migrantes) y los retos territoriales de atención y establecimiento de personas migrantes en el país (a través de las entidades de tránsito y estancia).

Continuando con el análisis en México, pero conociendo los efectos de las migraciones, los autores Rodolfo García Zamora y Selene Gaspar Olvera contribuyen a esta obra colectiva con "Impactos de las remesas internacionales en la economía de México y los hogares perceptores. Un análisis regional y estatal". En el cual analizan las remesas internacionales a nivel estatal y regional, así como a nivel de hogares con la Encuesta Intercensal 2015 y la Muestra del Censo de Población y Vivienda de México 2020 y con la Encuesta de Ingreso y Gasto de los hogares 2020. La finalidad es abordar el tema de la dependencia creciente de las remesas y su importancia macroeconómica y su funcionalidad en la reducción de la pobreza de quiénes son los beneficiarios de esas remesas. A la luz de los resultados obtenidos los autores se apoyan en el monto en el monto de remesas captadas por el Banco de México con énfasis en el periodo 2018 - 2020. Así como en información de Coneval sobre los niveles de pobreza 2018 y 2020.

El quinto capítulo, y volviendo a México como país de tránsito, Mirko Marzadro e Ismael García Castro colaboran con el capítulo: "La migración de tránsito por México. Efectos locales de problemáticas globales." En el cual reflexionan sobre el rol de México como "territorio de la migración de tránsito" y los factores que promueven y dificultan la conformación de una "Red de ciudades hospitalarias" en la cual los gobiernos locales puedan asumir un rol activo. El capítulo de ambos académicos es la presentación pública del avance de dicho análisis. Sin embargo, la complejidad de los estudios de la migración de tránsito, como la movilidad humana misma posee una infinitud de enfoques y aristas a investigar ante ello, Mirza Aguilar Pérez y Marisol Pérez Díaz en este quinto capítulo de la obra, aportan una reflexión crucial que se titula "Migración, precariedad y cuidados: mujeres hondureñas en tránsito hacia Estados Unidos". Las autoras analizan las experiencias de las mujeres inmigrantes hondureñas en diversas etapas del ciclo migratorio. Enfocan el análisis en la importancia del cuidado no remunerado y su relación con el trabajo de cuidado remunerado en las trayectorias migratorias de las mujeres en su tránsito hacia Estados Unidos y cómo esto se relaciona con la cadena de precariedad y las cadenas de cuidado.

13

Natalia Rodríguez Ariano, en "Participación del inmigrante mexicano en la economía de Mexico y Estados Unidos", explora el caso mexicano la importancia de los emigrantes en el envío de remesas, como mantienen un crecimiento constante desde 2012 y se han constituido como la mayor entrada de divisas en la economía mexicana desde 2016. En su texto, la autora también presenta el caso de Estados Unidos, la disminución del salario estadounidense y como constituye el salario mínimo que debería tener México para equilibrar los flujos migratorios y la economía del país. Rodríguez Ariano evidencia la relevancia y el aporte económico en el sistema de pensiones y en la financiación de la seguridad social es clave para la economía estadounidense.

El Dr. Philip Martin, continua la reflexión entre el nexo de migración laboral y agricultura, en este sentido Philip en el capítulo: "Covid-19 y la migración laboral internacional. El caso de ·la agricultura". En el cual analiza como debido a la pandemia se cerraron la mayoría de las fronteras nacionales, pero muchos gobiernos hicieron excepciones para los trabajadores esenciales, incluidos los trabajadores agrícolas, lo que sugiere que no esperan que los trabajadores locales desempleados llenen los trabajos agrícolas de temporada. La pandemia puso de relieve las tres opciones principales para garantizar la disponibilidad de frutas y verduras frescas, a saber, la mecanización que ahorra mano de obra para reemplazar a los trabajadores manuales, los trabajadores migrantes invitados para recoger los cultivos y las importaciones de productos básicos de uso intensivo de mano de obra que permiten que el comercio sustituya a los trabajadores. migración.

Cambiando geográficamente de análisis de la movilidad humana, y atendiendo a la historicidad de las emigraciones del sur del Ecuador, Mercedes Eguiguren nos explica en: "Loja, un territorio migratorio. Migración y movilidad en y desde Loja en la segunda mitad del siglo XX". En el, la autora examina la historia migratoria de Loja, Ecuador durante la segunda mitad del siglo XX desde las herramientas analíticas del campo de los estudios de la migración, particularmente desde el enfoque transnacional, haciendo uso del concepto de circuitos migratorios y del enfoque transnacional en diálogo con el de la circulación migratoria. En ese sentido, y siguiendo la especificidad espacial de Loja, los autores, Jessica Ordóñez Cuenca, Alexis Gaona Albito y Tatiana Gordillo Iñiguez nos presentan "Percepciones negativas hacia la inmigración venezolana desde un enfoque económico y social." Donde nos dan a conocer los determinantes de la percepción negativa hacia la inmigración de personas venezolanas en la ciudad de Loja (Ecuador). Esta ciudad se encuentra al sur del Ecuador y conduce hacia las unidades de control migratorio con destino a Perú y otras ciudades del país. La ciudad de Loja ha sido tradicionalmente un lugar de migración interna e internacional y, por lo tanto, receptora de remesas de los migrantes que residen en países como España, Estados Unidos o Italia, pero no ha sido receptora de personas migrantes por lo que este proceso vivido con la reciente migración internacional de personas venezolanas genera ciertas reacciones en la población y se desea estudiar sus determinantes.

Continuando las reflexiones de la movilidad humana y en la misma región pero analizando los flujos migratorios del norte hacia el sur, Pascual García-Macías, Ronaldo Munck y Jefferson Veintimilla, enmarcan su estudio de caso en los migrantes estadounidenses en Vilcabamba, Ecuador donde haciendo uso del concepto de "globalismo localizado" propuesto por Boa Sousa Santos reflexionan sobre estos flujos del norte hacia el sur, en el, argumentan que este marco conceptual puede aplicarse igualmente a los visitantes/colonos/inmigrantes estadounidenses en Vilcabamba. Lo que para ellos es un lugar global de paz y tranquilidad es para la sociedad de acogida su hogar.

Finalmente, cierra este libro, Daniel Vega, y cambiando nuevamente de latitud geográfica, con el capítulo "Adquisición de la nacionalidad de los latinoamericanos y caribeños en España, 2010-2020", en el cual destaca que para un migrante la adquisición de una nacionalidad es un indicador de integración en el país de destino, en este contexto al analizar las tendencias de la adquisición de la nacionalidad de la población de origen latinoamericano y caribeño en España concluye que pese a que la adquisición de la nacionalidad española por parte de la población latinoamericana se ha incrementado este avance es aun relativamente insatisfactorio.

MIGRACION E INSEGURIDAD: REPENSANDO LA MOVILIDAD EN LA ERA NEOLIBERAL

Jeffrey Cohen y Ibrahim Sirkeci[1]

James Carrier (2016) argumenta que la Antropología se encuentra en medio de dos crisis. La primera es interna, surge de las preocupaciones sobre el futuro de nuestro campo y el papel que la Antropología puede desempeñar más allá de la academia. La segunda es externa, surgida de la crisis económica que comenzó en 2008 (y que, aunque oficialmente superada, continúa desafiando a las poblaciones de todo el mundo). Aunque tienen orígenes muy diferentes, Carrier indica que ambas son reflejos de la ideología y la política neoliberal. La crisis externa de la disciplina se produjo por el fracaso de la política económica neoliberal; la crisis interna refleja la influencia en la disciplina de una visión del mundo que se hace eco del enfoque neoliberal de las personas definidas como actores independientes que deben estar libres de restricciones sociales que puedan limitar su capacidad de actuar como deseen.

Haciéndose eco de los principios de la ideología neoliberal, los defensores de la reforma neoliberal argumentan que buscan promover la libertad individual a nivel local y nacional, eliminando la restricción del control gubernamental de la economía y la sociedad. Esto no solo promueve esa libertad, argumentan, sino que también facilita el crecimiento económico. Esos defensores reconocen que puede haber pérdidas sociales y que las comunidades rurales empobrecidas pueden estar particularmente en riesgo, pero argumentan que este es un pequeño precio a pagar por la mayor libertad y prosperidad que llegará a las poblaciones urbanas y al país de manera general (ver la discusión en Huber y Solt, 2003).

Las ideologías neoliberales y su énfasis en el individuo como tomador de decisiones tienden a limitar la fuerza y la lógica de las investigaciones antropológicas que se enfocan en los individuos como

---

[1] Este capítulo es una traducción del siguiente artículo original - con el permiso de Routledge: Cohen, J. H., & Sirkeci, I. (2016). Migration and insecurity: rethinking mobility in the neoliberal age. In After the Crisis (pp. 96-113). Routledge.

miembros de grupos sociales. Un aspecto de esto es el argumento neoliberal de que la comunidad es coercitiva y limita al individuo, lo que deja poco espacio para el estudio antropológico de la sociedad y las disputas que rodean la pertenencia social. Otro aspecto es la forma en que las ideologías neoliberales interpretan a las personas como seres económicos, tomadores de decisiones racionales que están motivados por el impulso de la ganancia y el éxito personal en lugar de valores y prácticas compartidas, lo que solo puede obstaculizar sus esfuerzos para lograr ese éxito.

En este primer capítulo, examinamos el surgimiento de la ideología neoliberal y el crecimiento de las reformas neoliberales en relación con el estudio y la práctica de la migración. Sostenemos que la migración no puede ni debe reducirse a la decisión de un individuo que se desplaza, migra o se mueve. En su lugar, argumentamos que debe abordarse como una decisión tomada por individuos que son miembros de familias, hogares, comunidades, grupos étnicos, religiones y géneros, y muchas otras cosas. Quizás igual de importante, nuestro enfoque reconoce que las decisiones nunca se toman en el vacío y pueden verse limitadas por muchos factores (incluidos los mencionados). Además, argumentamos que, si bien el bienestar económico influye en la decisión de migrar, no es lo único que buscan los que migran. A menudo quedan otros motivos importantes. Es decir, las decisiones relativas a la movilidad reflejan una miríada de preocupaciones y límites, y todos pueden influir en los resultados.

La migración global no sucedió simplemente; más bien, se desarrolló a través de varias etapas a lo largo del tiempo. Sin embargo, existe una tendencia a modelar la migración como un resultado racional de la creciente demanda de altos salarios y oportunidades económicas por parte de quienes se mudan a nivel mundial desde mediados del siglo XX. Esta tendencia tiene sus raíces en el trabajo de Ernest Ravenstein (1889), quien argumentó que los migrantes están motivados por la atracción de oportunidades laborales fuera de sus áreas de origen. Julius Isaac (1947), Julian Simon (1989) y otros (p. ej., Parsons y Smeeding 2006) argumentan de manera similar que la migración es económicamente beneficiosa para los que migran y un potente impulsor del desarrollo en las naciones de origen (ver Ratha 2013). Por lo tanto, la migración integra es beneficiosa tanto para las áreas de origen como para las de destino. Estos enfoques modelan a los que se mueven (migran) como tomadores de decisiones racionales que siguen pasos funcionales que los llevan de países de origen pobres a destinos con salarios altos y abundantes oportunidades (ver la discusión en Massey et al., 1998).

Sin embargo, no toda la movilidad es igual, y su variación hace que una sola orientación económica parezca inverosímil. En primer lugar, hubo un crecimiento durante la posguerra en lo referente de la migración rural-urbana interna y el crecimiento de los centros urbanos durante las décadas de 1970 y 1980 (Arizpe, 1981; Martin, 1991; Sirkeci, 2006b); en segundo lugar, hubo un aumento de los cruces fronterizos internacionales y el transnacionalismo durante la década de 1990 y principios de la de 2000 (Schiller et al., 1995; Cohen, 2004; Paerregaard 2008); finalmente, hubo una caída abrupta en las tasas de migración en respuesta a la crisis financiera mundial en 2008 (Sirkeci et al., 2012a). Esta cualidad dinámica de la migración desde mediados del siglo XX desafía el supuesto neoliberal de que la racionalidad económica es la clave para la toma de decisiones.

Una forma de mirar más allá del sesgo neoliberal es considerar las inseguridades que rodean y limitan la toma de decisiones y la movilidad. Nos movemos entre los procesos globales y nacionales y las decisiones individuales que marcan la migración, para describir las inseguridades que desafían a los que migran, los que no migran y sus hogares (y ver Faist 1997, 2004). Argumentamos que la migración no es un evento único que surge de una decisión única. Más bien, es un proceso que está enmarcado y definido por agentes sociales que toman decisiones que están limitadas y moldeadas por algún grado de conflicto, que va desde cooperación, donde hay pocas formas abiertas de conflicto, desde tensiones menores, desacuerdos e intereses incompatibles, hasta conflictos violentos y amenazas al bienestar físico (ver Sirkeci, 2009). Además, las fuerzas que enmarcan la migración van desde lo local a lo global, y pueden incluir la historia de la comunidad y las prácticas culturales tradicionales, así como programas de desarrollo nacionales e internacionales, la expansion del capitalismo y reformas neoliberales. Estas fuerzas restringen las acciones de los que migran y los que no, así como los resultados de la migración, independientemente del destino y la motivación del que migra.

Para apreciar la migración y los resultados de la movilidad, tanto para quienes se desplazan como para quienes se quedan, es fundamental comprender cómo las fuerzas globales influyen, afectan y guían la toma de decisiones. Thomas Faist (1997) describe el espacio entre las fuerzas globales de nivel macro que limitan la migración y las elecciones personales de nivel micro de los que se desplazan como "el nivel meso crucial". Ese nivel meso incluye los recursos sociales de los que dependen los que migran y los que no migran, como miembros de hogares y comunidades, cuando negocian y responden a procesos globales a veces conflictivos (1997, p. 201), y mientras Faist define los costos y beneficios de la migración , así como los recursos que apoyan la negociación de la movilidad para los que migran y los que no migran en, nuestro enfoque enfatiza las inseguridades que también apoyan y limitan la movilidad (Sirkeci et al. 2012b). Nuestro enfoque en el conflicto y la toma de decisiones nos permite comprender la naturaleza dinámica de la movilidad humana y la toma de decisiones en respuesta a más que una demanda economicista de trabajo asalariado bien remunerado. Las seguridades e inseguridades, así como los conflictos percibidos y reales, se desarrollan para los que migran y los que no migran a lo largo del tiempo y el espacio (Cohen y Sirkeci, 2011).

Las inseguridades que restringen o desencadenan la movilidad incluyen las fuerzas materiales (económicas) y no materiales (culturales) que desafían y confrontan a los que migran ya los que no (Portes y Landolt, 1996). Una visión económica de las decisiones de migración postularía que las personas eligen migrar en respuesta a las oportunidades que les esperan en los puntos de destino. El tomador de decisiones racional e independiente elige irse para mejorar el bienestar, enriquecer los ahorros y crear oportunidades que son inimaginables en casa. Los que migran y los que no migran se ven transformados por estas decisiones y estancias, y bien pueden ser marginados y empobrecidos mientras negocian fronteras, valores y estándares que los desafían mientras buscan crear nuevas formas de asociación (ver la discusión en Browning 2009).

Las inseguridades que rodean a la migración contemporánea y a las que se enfrentan los migrantes contemporáneos en sus hogares y dentro de sus países se complican aún más por el crecimiento de las reformas neoliberales que desafían a las poblaciones rurales. Un resultado de esas reformas es que tales poblaciones quedan cada vez más desesperadas por la expansión continua de un capitalismo global que los clasifica como trabajadores que deben moverse para encontrar salarios adecuados o arriesgarse a unirse a las filas de los desempleados (Otero, 1999).

Para capturar completamente las complejidades de la migración y los programas neoliberales que enfrentan a los que migran y los que no migran, el resto de nuestro documento está organizado en cuatro secciones. Primero, definimos migración e inseguridad y notamos la naturaleza compleja y conflictiva de la migración rural. En segundo lugar, aplicamos el concepto de inseguridad a la migración rural-urbana en el pasado. Tercero, notamos la naturaleza conflictiva continua de la movilidad para los trabajadores contemporáneos que cruzan las fronteras internacionales mientras se organizan en respuesta a su creciente marginalidad. Finalmente, concluimos sugiriendo un camino para el futuro de los estudios de migración que reconoce los límites de las ideologías neoliberales y argumenta el lugar de la inseguridad en el análisis de la movilidad humana.

Inseguridad y migración

Por qué la gente migra es una pregunta que sigue preocupando a los investigadores. La dificultad radica primero en la naturaleza de la migración y segundo en el marco que la mayoría de los investigadores aportan a sus estudios. A diferencia del nacimiento y la muerte, la migración no es un evento demográfico inevitable. es una elección La migración no es una elección fácil y no se hace en respuesta a ideas simples. Más bien, es una elección que refleja y se basa en las seguridades e inseguridades, así como en las fortalezas y debilidades de los individuos que migran, sus hogares y comunidades (es decir, capital humano y social), los recursos y experiencias a los que tienen acceso y los factores exógenos y las fuerzas externas que definen más ampliamente la vida comunitaria (Cohen, 2004; Cohen y Sirkeci, 2011). Además, la migración es un proceso impredecible. Mientras que los que migran planifican sus estancias y los que no elaboran estrategias sobre cómo administrar mejor sus hogares y remesas en los casos que reciban), siempre hay posibilidades y problemas imprevistos, y el éxito nunca está garantizado.

Por lo tanto, la migración no es una elección fácil ni una simple elección realizada por el posible migrante. En cambio, es una apuesta con resultados a corto y largo plazo. Es una decisión compleja que refleja fortalezas inmediatas y debilidades a largo plazo en los puntos

21

de origen y destino. Además, las decisiones de migración a menudo se basan en percepciones inciertas de los que migran y en expectativas de los que no migran, en lugar de un análisis integral de las ventajas y desventajas que pueden derivarse del reasentamiento y la migración (Cohen y Sirkeci, 2011).

La oportunidad económica y la independencia individual, el material de los modelos basados en la idea de actores económicos racionales, no explican completamente el crecimiento de la migración rural-urbana o, más recientemente, el desarrollo del cruce de fronteras internacionales.

Las personas eligen migrar por innumerables razones que van desde lo material (Davin, 1999) hasta lo intelectual (Oliver y O'Reilly, 2010). Algunas de las razones detrás de la migración son bastante inmediatas, necesarias y racionales, y se ajustan bastante bien a los supuestos económicos individualistas que están asociados con los modelos neoliberales. Por ejemplo, puede ser que una empresa quiera, e incluso espere, mejores salarios y pueda obtenerlos mejor cruzando una frontera internacional. Sin embargo, un enfoque abrumador en los resultados económicos positivos no capta las otras razones que influyen en la toma de decisiones, evidentes en movilidad humana que huye de la guerra, quiere una aventura o busca liberarse de las restricciones locales sobre las opciones de vida. Y aunque muchos de los que se mudan suelen hablar de sus esperanzas y sueños (Cohen y Rodríguez, 2005), sus decisiones a menudo se toman en torno a un presente del que intentan escapar, así como a un futuro que no pueden describir.

Tal vez estén persiguiendo un sueño o huyendo de una amenaza percibida o tal vez, como señalan Oliver y O'Reilly (2010), quieren tomar distancia de un evento o una identidad. También hay personas que pueden optar por migrar porque asumen que no hay nada más que hacer en casa y que encontrarán aceptación e inclusión una vez que dejen las limitaciones de su comunidad de origen. Otros creen que encontrarán el "tesoro" en su destino, a veces siguiendo los mitos de prosperidad difundidos por familiares, amigos y otros. Aún otros migrantes optaron por desaparecer, para salir de situaciones dolorosas buscando un nuevo futuro. En nuestro trabajo con inmigrantes mexicanos y turcos hemos encontrado todas las combinaciones posibles de estas motivaciones (Cohen, 2004; Cohen y Sirkeci, 2011;

Sirkeci, 2006a).

Si bien las razones para migrar son innumerables, cada persona en movilidad es miembro de un hogar y comunidad. Todos los migrantes aportan recursos a sus movimientos y todos están vinculados a esos hogares y comunidades, incluso aquellos en movilidad humana que abandonan a sus familias, hogares y comunidades y se ponen en su cuenta (Cohen, 2004; Cohen y Sirkeci, 2011). En general, la seguridad y la inseguridad, así como los recursos accesibles para las personas y para sus hogares, crean una base y un marco para la toma de decisiones que tiene lugar en torno a la migración, lo que indica que el mundo social no existe simplemente como una restricción a ser superado, pero también es un recurso en el que las personas pueden dibujar.

Describimos el proceso en el que la migración y la movilidad se basan en prácticas y expectativas compartidas como una "cultura de migración", o lo que ocurre cuando las personas en movilidad humana y los no migrantes toman sus decisiones con respecto a la movilidad en relación con las fortalezas, debilidades, recursos y tradiciones que definen Su mundo social (Cohen, 2004).

Las personas deciden sobre su futuro, ya que consideran los recursos disponibles para ellos (material y no material, personal y comunitario) y toman sus decisiones de quedarse o moverse. Estas no son siempre, o incluso, las decisiones racionales del tipo que los neoliberales reconocerían. En otras palabras, no son decisiones que llevarán a las personas a un futuro que satisfaga sus necesidades y deseos económicos. Más bien, estas decisiones reflejarán una realidad negociada y potenciales para el futuro que se desarrollan a partir de los recursos y sueños que están enmarcados por patrones nacionales que mejoran y limitan las posibilidades.

Si bien las decisiones que toman las personas reflejan los recursos que ellos, su control familiar y comunitario, la cultura de la migración incluye factores materiales y no materiales que también pueden aumentar o disminuir la inseguridad. El ejemplo más claro de personas en movilidad humana es el refugiado que se ve obligado a huir de su hogar en respuesta a la amenaza o la realidad de la violencia (Sirkeci, 2006b; van Hear, 2004). Moviendo más allá de esta visión estrecha, argumentamos que la inseguridad puede tomar muchas formas diferentes y que generalmente se extiende para incluir a todos las personas en movilidad a medida que equilibran sus deseos y habilidades con las demandas de la familia, el hogar y la comunidad, contra las presiones de los programas estatales y globales y globales y Contra sus temores de la frontera, de su recepción en su destino y de los desafíos del asentamiento (Sirkeci, 2009).

Para complicar la inseguridad, argumentamos que aumentar la desesperación de los migrantes rurales y los no migrantes es el hecho de que muchos países y sistemas de mercados capitalistas globales continúan enfatizando el crecimiento económico a toda costa. Además, están los efectos de las reformas neoliberales. Uno de esos efectos es convertir a las personas en consumidores. Esto sucede a medida que las comunidades rurales (y los migrantes y los que no están presentes están presentes) se sacan directamente sobre el crecimiento de los mercados de capitales globales a través de la expansión de la demanda, la monetización de la vida económica (ver Crehan, 1997, p. 146) y la disminución de la autosuficiencia (Gledhill, 1995), y como el papel del Estado en la vida de la comunidad rural se hace marginal. mediante la disminución de la inversión y la integración económica (Veltmeyer, 2009). Otro efecto es dificultar, si no imposible, mantener la producción agrícola a pequeña escala frente a la disminución de los subsidios estatales para los jardines familiares, un acceso más tenue a ciertos recursos, particularmente al agua y al creciente costo de la mayoría de los recursos, particularmente alimentos. (McKay, 2003; Poston Jr et al., 2009; Suárez et al., 1987; Zimmerer y Bassett, 2003). Un tercer efecto es exacerbar las divisiones sociales, ya que las desigualdades económicas dentro de las comunidades y entre los hogares aumentan en respuesta al acceso diferencial a los recursos (Brown y Jiménez 2008; Ha et al. 2009; McKenzie 2006). Colectivamente, estos cambios definen algunas de las formas localizadas en las que las fuerzas externos y neoliberales influyen y aumentan las formas materiales y no materiales de inseguridad para los migrantes y los no migrantes.

Lo que hemos dicho hasta ahora indica que necesitamos un nuevo marco de análisis si queremos comprender cómo las crecientes inseguridades definen e influyen en los flujos migratorios, las prácticas de movilidad y los resultados de la migración para los que se desplazan y los que no se desplazan. Esto se debe a que debemos prestar atención a más de lo que abarca el enfoque en la racionalidad económica y el modelado neofuncional que impregna gran parte del trabajo existente sobre migración.

Los enfoques económicos neoliberales de la migración comúnmente se equivocan en una de dos formas. Una de esas formas es que definen la movilidad como un evento de una sola vez que está vinculado a fuerzas y factores a gran escala que a menudo están más allá del control de los impulsores individuales, y la otra es que adoptan una perspectiva 'de abajo hacia arriba' que define la migración como una elección hecha por un individuo en movimiento en respuesta a necesidades y deseos inmediatos. Esto significa que la atención se centra en el acto de la migración, típicamente en estancias individuales seguidas de asentamientos problemáticos. La suposición de que las personas que migran son tomadores de decisiones racionales que dejan sus hogares y comunidades en respuesta a las oportunidades económicas conduce a una historia de la migración "simplemente así" como una estadía personal que se toma debido a los conflictos y la falta de oportunidades económicas en el hogar.

Gran parte del trabajo contemporáneo celebra a los impulsores por sus habilidades y fortalezas racionales y neoliberales (Levitt y Jaworsky, 2007), sus inversiones en las comunidades de origen y lo que se considera prácticas culturales tradicionales (Cohen, 2001; Cohen et al., 2005), por las libertades que encuentran. a medida que abandonan las restricciones de las prácticas culturales tradicionales (Boehm, 2008; Fitzgerald, 2008; Grieshop, 2006; Harzig, 2017) y por la organización política que realizan las personas en movilidad en sus nuevos entornos (Stephen, 2007). Sin embargo, este trabajo no se enfoca en explorar las dificultades que enmarcan la migración y que diferencian a los que migran, o las contradicciones que caracterizan su movilidad (pero véase Cohen et al., 2009; Portes y Landolt, 1996; Waldinger et al., 2008). Además, la suposición de que la migración es un acto racional y que los migrantes son actores racionales que buscan oportunidades que no están disponibles en casa desvía nuestra atención de las ramificaciones sociales, económicas y políticas negativas y explotadoras de la migración o, en otras palabras, la inseguridad que rodea la movilidad.

Migración rural–urbana e inseguridad una perspectiva histórica

La migración rural-urbana parece ser necesaria para la extensión del capitalismo y la expansión de los mercados de capitales (Standing, 1981) y fue una fuerza crítica en la industrialización de lugares tan diversos como China (Weizhi, 1987), Rusia (Zaslavskaia y Kalmyk, 1982), Europa (Okólski, 2004), Turquía (Kacar, 2010), las Américas (Brumer, 2008), el África subsahariana (Okpara, 1986; Scovill y Due ,1977) y el Pacífico (Morauta y Ryan, 1982). Sin embargo, la migración en el crecimiento del capitalismo y la expansión de los mercados de capitales amenazó la estabilidad de las comunidades rurales "al transformar una proporción en rápido crecimiento de los pobres del mundo en una población excedente visible y desesperada" (1981, p. 202).

Si bien la migración tiene este doble aspecto, los analistas a menudo reducen sus efectos nocivos en las zonas rurales (ver Kubat y Hoffmann-Nowotny, 1981), lo que sugiere que muchos que estudian la migración solo tienen una perspectiva parcial. Teniendo en cuenta que la parcialidad nos permite una forma de plantear preguntas sobre el papel complejo y cargado de conflictos que juega la migración rural-urbana en la vida social, la construcción laboral y de la nación, así como plantear preguntas sobre los supuestos asociados sobre la naturaleza de la industrialización y la modernidad (por ejemplo, la discusión de la construcción de la nación y la industrialización en Sudán, en Bernal, 1999) y la forma en que estos benefician a la gente rural (Mabogunje, 1970). Si bien el Estado defiende el aumento de la integración económica y las oportunidades para las poblaciones rurales, esas poblaciones rurales confrontan el aumento de la explotación, la desigualdad económica y la marginación (Lin, 2013; Oppong y Abu, 1987).

Esto significa que la suposición de que la migración a un centro urbano traería campesinos y poblaciones rurales al proceso de construcción de la nación, al tiempo que les permite escapar de las oportunidades limitadas y las desigualdades históricas que generalmente definen sus vidas, es una interpretación simplista de una realidad que es mucho más complicada (ver Miller, 1979). Si bien el desarrollo era esencial para el crecimiento rural y la expansión económica, los excedentes económicos tendieron a acumular los programas estatales e inversores extranjeros (Andrade-Eee -hoff, 2006; Brown et al., 2013; Chen y Groenewold, 2011; Levitt y Lamba-Nieves, 2013; Portes y Zhou, 2012; Taylor et al., 1996). Además, los trabajos creados en la expansión de los centros urbanos tendían a concentrarse en sectores económicos específicos (particularmente servicios) y atraían poco en los mercados laborales formales (Gupta, 1993) o se basaban en capacitación avanzada. Esto se debe a que esa expansión atrajo principalmente a trabajadores no calificados, que se unieron al éxodo rural para encontrar el servicio, la construcción y los empleos agrícolas, y en el proceso se encontraron en una economía en la sombra. Sus salarios pueden haber sido altos en comparación con los salarios para enviar a las comunidades, pero tenían pocas oportunidades de progresar. Esto se debió a la intolerancia y el abuso que sufrieron en áreas urbanas, la ausencia de una capacitación significativa y la casi imposibilidad de la licencia y la certificación formales que harían legítimas a sus negocios o les permitirían ingresar al grupo laboral formal (Aigbokhan, 1988; Fleisher & Tao Yang, 2006)

Esta migración tuvo efectos en los destinos urbanos que se mezclaban en el mejor de los casos, y lo mismo es cierto para sus efectos en las zonas rurales. Debido a que los trabajadores migrantes estaban lejos de sus hogares y sus comunidades, no podían contribuir al crecimiento de sus áreas de origen a través de sus actividades allí. Es cierto que los migrantes a menudo remitieron dinero a casa, lo que ayudó a las personas a vivir allí. Sin embargo, la migración a menudo condujo a un aumento de las divisiones sociales entre los no montantes (Carling, 2008; Georges, 1992; Näre, 2013; Parrado y Zenteno, 2001). Los diferenciales en los salarios que los migrantes obtuvieron y en los costos de su mudanza y de vivir una vez que se habían establecido en la ciudad influyeron en las divisiones sociales que existían entre los no móviles, cuyas vidas estaban vinculadas a través de las remesas con el trabajo y los salarios de los migrantes que vivían en Centros urbanos en crecimiento, ya sean nacionales o en el extranjero (Razum et al. 2005; Wu y Zhou, 1996).

Además, si bien el dinero enviado puede haber beneficiado a las personas que lo recibieron, tuvo efectos menos útiles en la economía rural en general. Estimuló los mercados y el consumo de capitales localizados, ya que tanto los migrantes como los no migrantes aumentaron sus expectativas materiales (Cunningham, 2001; Fletcher, 1999; Massey et al., 2002; Millard et al., 2004). Sin embargo, no fomentó la producción y, con el tiempo, la mayor demanda de bienes y servicios significó una mayor auto explotación por parte de los migrantes y los no migrantes, ya que lucharon por ganar lo suficiente para satisfacer esas expectativas aumentadas. Esto a su vez podría generar una nueva inseguridad derivada de la capacidad incierta de las personas para pagar esos bienes y servicios, sin importar cuánto trabajaron.

Migración contemporanea

Los movimientos rural-urbanos contribuyeron al crecimiento de los centros urbanos en los países en desarrollo durante las décadas de 1970 y 1980. El crecimiento en la década de 1990 y en los primeros años del siglo XXI fue paralelo al crecimiento de las reformas neoliberales en todo el mundo e influyó en el crecimiento de la migración internacional, el cruce de fronteras y el movimiento transnacional. Esta migración no siempre fue predecible o bien ordenada, y eventos como los ataques a Nueva York y Washington en 2001, las crisis económicas en los EE. UU. y Europa y los costos volátiles de los alimentos y la energía contribuyeron a los cambios en el movimiento. Estos cambios no significaron una disminución secular en la migración, ya que, si bien hubo una disminución en la migración después de los ataques de 2001 y nuevamente después de la crisis bancaria de 2007, el flujo de inmigrantes nacidos en el extranjero hacia nuevos destinos continuó (ver Sirkeci et al., 2012a). Es cierto que en algunos lugares las tasas de migración disminuyeron en respuesta a las crisis bancarias y la desaceleración económica, así como en respuesta a los crecientes movimientos antiinmigrantes y al endurecimiento general de las políticas nacionales de admisión. En otros lugares, sin embargo, la migración ha continuado a buen ritmo y las remesas pueden haber aumentado, en parte debido a la disminución del costo de las transacciones y en parte porque los cambios en los tipos de cambio han significado que el dólar y el euro valgan más en términos de monedas locales (Sirkeci et al., 2012a).

La escala de la migración y los destinos de los que migran pueden haber cambiado con estas circunstancias cambiantes, pero las fuerzas que influyen en la migración, así como el alcance y los resultados de la migración, permanecen prácticamente sin cambios. Las fuerzas globales que marginaron a los trabajadores rurales en el pasado continúan desafiando a los trabajadores rurales en el presente, por lo que no debemos dejarnos engañar por las diferencias en el destino, la duración de la estadía o el número de trabajadores (Kaneff y Pine, 2011). Cuando se han producido cambios notables, reflejan el hecho de que las poblaciones rurales se han vuelto más desesperadas a medida que se han enfrentado al creciente sistema capitalista. Un ejemplo indicará lo que queremos decir. En culturas de la migración (Cohen y Sirkeci, 2011) notamos que los inmigrantes chinos rurales que viajan miles de kilómetros desde su hogar en el oeste del país hasta un trabajo en una fábrica en una ciudad en auge en la costa este enfrentan problemas mucho más lingüísticos, religiosos, diferencias sociales y de otro tipo que el migrante internacional que toma el corto viaje en tren de Bélgica a los Países Bajos. Al igual que otros migrantes rurales, el migrante chino enfrenta contradicciones, conflictos e inseguridades, incluso cuando las reformas neoliberales prometen trabajo, salarios más altos y una vida mejor. La estancia del migrante chino está enmarcada por las demandas del creciente sistema de mercado capitalista global, así como por la disminución del valor de la vida rural y las prácticas tradicionales. En lugar de centrarse en el aumento de la migración internacional y las vías que definen a la comunidad migrante, creemos que es importante centrarse en las fuerzas que unen y definen los resultados de la migración para los que migran y los que no migran.

La migración internacional y el movimiento transfronterizo no son nuevos, ya que son una respuesta común a las aspiraciones frustradas (Massey et al., 1998). Existe una cultura de la migración para la mayoría de los grupos, ya sean mexicanos rurales que viajan a los EE. UU., campesinos del oeste de China que se mudan a ciudades prósperas en el este, bangladesíes que se establecen en los países productores de petróleo del Medio Oriente, paquistaníes que viajan a Londres para establecerse. montar una pequeña empresa o turcos y kurdos que han crecido en Alemania y están emigrando al país de sus padres y abuelos. Aunque la migración no es una fuerza nueva para ninguno de estos grupos, sigue siendo difícil de desglosar y explicar.

Los resultados de la migración, es decir, los éxitos y fracasos de los que se mudan y las expectativas de los que no se mudan, contribuyen a situaciones cada vez más problemáticas y a la diferenciación de clases (Cameron et al., 2012; Constant y Massey, 2002; Fields, 1975; Kubal y Dekker, 2011); Moberg, 1996; Parrado, 2006; Schmalzbauer, 2008). Esto sucede al menos de dos maneras. Primero, como mencionamos anteriormente, cuando las remesas fluyen hacia las comunidades emisoras de migrantes, los ingresos de los que no migran cambian y sus posiciones cambian con respecto a otros (incluidos otros que migran y los que no). Cuando las remesas no llegan, es probable que los miembros del hogar del migrante que no migró experimenten una disminución de su estatus, deban reorganizar sus actividades para cubrir sus gastos y es posible que deban repensar los productos básicos que necesitan y las compras que realizan. Cuando el flujo de remesas se asegura con el tiempo, puede haber un aumento en las compras y un alejamiento de los miembros del hogar del trabajo local y la agricultura, cambios que contribuirán a aumentar las diferencias sociales basadas en nuevos tipos de prácticas (Lindstrom, 1996). En segundo lugar, los inmigrantes que llegan a ser vistos como exitosos ingresan a un nuevo tipo de espacio cultural que les puede resultar difícil de manejar. Eso se debe a que sus ingresos pueden aumentar, pero las expectativas a las que se enfrentan también aumentan a medida que se pide a los que migran que respalden nuevos tipos de inversiones para los que no se mudan y se quedan atrás (Louie, 2001).

El éxito del migrante comparado con los estándares de la comunidad de origen puede ser bastante impresionante, pero la migración tiende a concentrar a los trabajadores en formas específicas de trabajo y a seleccionar a aquellos que provienen de entornos, circunstancias y regiones similares. Esto es claro entre los migrantes internos chinos que viajan desde las comunidades rurales del oeste a las ciudades industriales del este. Se puede decir que se unen a su nación a través de su trabajo, pero enfrentan acoso debido a su origen étnico, problemas legales si no tienen los documentos correctos y explotación en el trabajo (Fan, 1996; Rozelle et al., 1999; Zhu, 2002). También es claro entre los inmigrantes oaxaqueños que ocupan trabajos de servicios poco calificados y de bajos salarios en el sur de California (Cohen, 2004), los turcos en Europa central (Sirkeci, 2006a) y la nueva ola de europeos del este que emigran a las grandes ciudades del Reino Unido y Estados Unidos ocupando una variedad de posiciones (Engbersen et al., 2013).

En muchas situaciones, las personas que migran deben hacer frente a nuevas desigualdades en los enclaves étnicos en su punto de destino. Esos enclaves se organizan en torno a los trabajos compartidos de los trabajadores de la migración, así como un sentido de pertenencia, hogar y seguridad basado en la comida, el idioma, el estilo de vida y las perspectivas compartidas (Khattab et al. 2010). Sin embargo, los enclaves y las prácticas compartidas también aislaron a los migrantes del destino al que habían migrado y, en algunos casos, tales movimientos exacerbaron la intolerancia y el acoso (Menchaca, 1995;

Sezgin, 2008). Esto es particularmente cierto si los que se mudan en cuestión carecen de estatus legal en su comunidad de destino (Cohen y Merino Chavez, 2013; Naber, 2006; Sirkeci, 2006a).

En la comunidad de origen, la migración internacional y el cruce de fronteras pueden estimular el trabajo asalariado local. Esto puede tener efectos desafortunados porque comúnmente paga muy poco y puede socavar la agricultura doméstica a pequeña escala y el mantenimiento de los atributos culturales locales (Fields, 1975; Greiner y Sakdapolrak, 2013; Mendola, 2012; Semyonov y Gorodzeisky, 2008). La cultura local se debilita cuando el crecimiento del trabajo asalariado estimula la demanda y cambia las esperanzas y los hábitos de los individuos que no migran e incluso de comunidades enteras, y cuando los que migran y los que no migran buscan nuevas formas de trabajo y abandonan las prácticas tradicionales, incluidas las prácticas agrícolas. que apoyan los sistemas de conocimiento local (Wilk, 2006). Además, la creciente migración puede aumentar las desigualdades económicas y de género, ya que las mujeres tienden a enfrentar mayores demandas para ser el sostén de la familia y administradoras, incluso cuando sus ingresos pueden caer (Ha et al., 2009). En este proceso de cambio, la comunidad rural se transforma de un lugar culturalmente definido con su propia historia social a un corral que alberga una reserva de mano de obra industrial que espera ser llamada cuando sea necesario. Los que no migran, entonces, a menudo caen en la categoría de los marginales, subordinando su propio bienestar a las promesas del capitalismo (Chevalier, 1983), y así llegan a encarnar las contradicciones inherentes al capitalismo.

Finalmente, están las personas en movilidad y los hijos y nietos de los migrantes que regresan a las comunidades de origen que quizás no conozcan. Estos movimientos de regreso a menudo se realizan en respuesta a la discriminación en los lugares donde viven ahora, así como a los desafíos que surgen a medida que envejecen. Los que regresan a menudo asumen que serán aceptados una vez que regresen, pero a menudo ese movimiento exacerba las diferencias a medida que las ideas de clase y género chocan y aumentan las desigualdades (Guarnizo, 1997).

Conclusión

Las contradicciones a las que se enfrentan los que migran y los que no migran en las zonas rurales no son únicamente de su propia creación. Más bien, son parte de los sistemas globalizadores, las reformas neoliberales y más, que dominan las comunidades rurales y la sociedad rural. Los entornos de seguridad e inseguridad caracterizados por factores materiales e inmateriales inciden en las decisiones de migración de las personas y los hogares. Sin embargo, los que migran y los que no migran en las zonas rurales no son víctimas pasivas, ya que responden a las contradicciones que los confrontan de manera creativa y efectiva. Más importante aún, estas decisiones no son opciones únicas, sino respuestas dinámicas a las situaciones cambiantes que enfrentan las personas. Los que migran y los que no migran consideran y reconsideran sus circunstancias, ya que sus entornos y sus percepciones de seguridad e inseguridad varían con el tiempo y el espacio.

En algunas situaciones, particularmente en los EE. UU. (donde los hijos de inmigrantes nacidos en los EE. UU. obtienen la ciudadanía), las personas que migran han organizado grupos políticos sorprendentemente fuertes que influyen en las políticas y elecciones en los países de origen y de destino. En otros lugares, dicha movilización política ha llevado a cambios de política e incluso cambios de régimen. Uno de los más efectivos de estos grupos en los EE. UU. son los inmigrantes de la República Dominicana, que tienen representación en el estado de Nueva York y que también influyen en las elecciones presidenciales en su tierra natal (López, 2002). La comunidad dominicana en Nueva York se ha organizado para impulsar reformas electorales en la República Dominicana, así como reformas educativas y reconocimiento en los Estados Unidos.

Las personas en movilidad humana, también crean estructuras transnacionales efectivas alrededor de las cuales organizar y celebrar sus comunidades y tradiciones de origen, incluso cuando establecen nuevas formas de celebrar su cultura compartida (Boccagni, 2013; Carling y Hoelscher, 2013; Harney y Baldrassar, 2007; Goldring, 2002; Heymann et al., 2009); Itzigsohn et al., 1999; Levitt, 2002; Narayan et al., 2011; Portes et al., 1999; Vertovec, 2009). Estas formaciones sociales transnacionales vinculan a los que migran y los que no migran a través de una cultura, tradiciones e historias compartidas. Donde las personas en movilidad humana se encuentran con discriminación y tambien con formaciones transnacionales que ofrecen refugio. Cuando los trabajadores se sienten aislados, las redes y conexiones transnacionales ofrecen apoyo. Y donde las diferencias sociales y culturales dividen a los que migran, estas conexiones crean oportunidades y entendimientos que confrontan a los que migran ya los que no migran.

Sin embargo, independientemente de las conexiones que encarnan, las formaciones sociales transnacionales no eliminan la naturaleza explotadora de la migración para los trabajadores contemporáneos. Más bien, moderan y median algunas de las inseguridades que enfrentan los trabajadores de mudanzas cuando viajan a sus destinos. Por supuesto, las formaciones sociales transnacionales son también otro aspecto del optimista optimismo de los campesinos que interpretan mal y participan en su propia explotación. También es cierto que las formaciones sociales transnacionales a menudo parecen centrarse en la respuesta cultural y simbólica de los que migran y los que no migran a su situación, mientras se celebran a sí mismos ya sus culturas.

Estas celebraciones pueden ser impresionantes, pero no critican las desigualdades económicas y la creciente explotación que caracterizan a los trabajadores rurales y campesinos que carecen del control material de su mundo y que se encuentran aún más marginados por las regiones y estados que abandonan, así como dentro de los centros urbanos. donde se asientan (Al-Ali et al., 2001; Chin, 2001; Conway, 2000; Foner, 2002; Paerregaard, 1998).

Por lo tanto, la realidad de la migración para los trabajadores contemporáneos es contradictoria.

La explotación ha continuado y quizás aumentado en los últimos años, ya que las reformas neoliberales se combinan con la expansión de los mercados de capital para marginar aún más a las poblaciones rurales y sus comunidades. El retraso en el crecimiento económico rural, combinado con el poder político de los centros urbanos, margina aún más a las comunidades campesinas, ya que son ignoradas por las reformas neoliberales y sufren la disminución del apoyo estatal. Por último, la penetración de los sistemas de mercado de capitales y el declive de la agricultura y la actividad económica locales alienan aún más a los jóvenes de los viejos y a las zonas rurales de las urbanas, lo que deja al campesino en una situación no mejor y tal vez incluso un poco peor.

Carrier (2016) argumenta que el neoliberalismo y la antropología culturalista posmoderna han elevado al actor individual, ya sea como un agente de transacciones de mercado que expresa una preferencia o como un individuo que expresa una cultura, y han prestado relativamente poca atención a las consecuencias, anticipadas o no, de las acciones de las personas. acciones para sí mismos y para los demás. Elementos importantes del estudio de la migración ilustran este individualismo, y pensamos que ha llevado a una visión simplista y poco reveladora del fenómeno. En lugar de esta orientación individualista, creemos que quienes se preocupan por la migración deben reconocer que es un proceso tenso que ocurre en el nivel meso y que se define por inseguridades y, a menudo, resultados imprevistos. El nivel meso es donde los que migran y los que no migran negocian los resultados. Podemos identificar e incluso calificar los tipos de inseguridades que deben enfrentar las personas que se mudan y las que no se mudan, desde las específicas y personales (por ejemplo, migrar para escapar de la persecución en el hogar por elecciones de estilo de vida) hasta aquellas fuerzas que enfrentan de manera más general a las comunidades y están vinculadas a la expansión de los sistemas de mercado global. Las personas en movilidad humana no son actores independientes y sus decisiones no están informadas por un conocimiento perfecto y elecciones racionales. Debemos utilizar nuestras habilidades para centrarnos en estas inseguridades, desigualdades y resultados imprevistos de la migración y comprender mejor cómo la movilidad se ha vuelto cada vez más explotadora. Si lo hace, avanzará los estudios de migración y nuestra capacidad para comprender y enmarcar la movilidad de una manera que apoyará la creación de modelos estratégicos para el futuro.

Referencias

Aigbokhan, B. E. (1988). Rural-urban migration and urban unemployment in Nigeria. Migration world magazine, 16(4/5), 16-20.

Al-Ali, N., Black, R., & Koser, K. (2001). The limits to'transnationalism': Bosnian and Eritrean refugees in Europe as emerging transnational communities. *Ethnic and racial studies, 24*(4), 578-600.

Andrade-Eekhoff, K. (2006). Migration and development in El Salvador: Ideals versus reality. *Migration Information Source.*

Arizpe, L. (1981). The rural exodus in Mexico and Mexican migration to the United States. *International Migration Review, 15*(4), 626-649.

Schiller, N. G., Basch, L., & Blanc, C. S. (1995). From immigrant to transmigrant: Theorizing transnational migration. *Anthropological quarterly*, 48-63.

Bernal, V. (1999). Migration, modernity and Islam in rural Sudan. *Middle East Report, 29*(2; ISSU 211), 26-28.

Boccagni, P. (2013). "Whom should we help first?" Transnational helping practices in Ecuadorian migration. *International Migration, 51*(2), 191-208.

Boehm, D. A. (2008). "Now I am a man and a woman!" Gendered moves and migrations in a transnational Mexican community. *Latin American Perspectives*, 35(1), 16-30.

Brown, R. P., Carmignani, F., & Fayad, G. (2013). Migrants' remittances and financial development: Macro-and micro-level evidence of a perverse relationship. *The World Economy, 36*(5), 636-660.

Brown, R. P., & Jimenez, E. (2008). Estimating the net effects of migration and remittances on poverty and inequality: comparison of Fiji and Tonga. *Journal of International Development: The Journal of the Development Studies Association, 20*(4), 547-571.

Browning, C. R. (2009). Illuminating the downside of social capital: Negotiated coexistence, property crime, and disorder in urban neighborhoods. *American Behavioral Scientist, 52*(11), 1556-1578.

Brumer, A. (2008). Gender relations in family-farm agriculture and rural-urban migration in Brazil. *Latin American Perspectives*, 35(6), 11-28.

Cameron, A. E., Cabaniss, E. R., & Teixeira-Poit, S. M. (2012). Revisiting the underclass debate: Contemporary applications to immigrants and policy implications. *Hispanic Journal of Behavioral Sciences*, 34(1), 23-42.

Carling, J. (2008). The determinants of migrant remittances. *Oxford review of economic policy*, 24(3), 581-598.

Carling, J., & Hoelscher, K. (2013). The capacity and desire to remit: Comparing local and transnational influences. *Journal of Ethnic and Migration Studies*, 39(6), 939-958.

Chen, A., & Groenewold, N. (2011). Regional equality and national development in China: Is there a trade-off?. *Growth and Change*, 42(4), 628-669.

Chevalier, J. M. (1983). There is nothing simple about simple commodity production. *The Journal of Peasant Studies*, 10(4), 153-186.

Chin, M. (2001). When coethnic assets become liabilities: Mexican, Ecuadorian and Chinese garment workers in New York City. *In Migration, transnationalization, and race in a changing New York* (eds) Héctor R. Cordero-Guzmán, Robert C. Smith and Ramón Grosfoguel, pp. 279–300. Philadelphia: Temple University Press.

Cohen, J. H. (2001). Transnational migration in rural Oaxaca, Mexico: Dependency, development, and the household. *American anthropologist, 103*(4), 954-967.

Cohen, J. H. (2004). The culture of migration in southern Mexico. *University of Texas Press*.

Cohen, J. H., & Chavez, N. M. (2013). Latino immigrants, discrimination and reception in Columbus, Ohio. *International Migration*, 51(2), 24-31.

Cohen, J., Jones, R., & Conway, D. (2005). Why remittances shouldn't be blamed for rural underdevelopment in Mexico: A collective response to Leigh Binford. *Critique of Anthropology, 25*(1), 87-96.

Cohen, J. H., Rios, B., & Byars, L. (2009). The value, costs, and meaning of transnational migration in rural Oaxaca, Mexico. *Migration Letters*, 6(1), 15-25.

Cohen, J. H., & Rodriguez, L. (2005). Remittance outcomes in rural Oaxaca, Mexico:

Challenges, options and opportunities for migrant households. *Population, Space and Place*, 11(1), 49-63.

Cohen, J. H., & Sirkeci, I. (2011). *Cultures of migration: The global nature of contemporary mobility.* University of Texas Press.

Constant, A., & Massey, D. S. (2002). Return migration by German guestworkers: Neoclassical versus new economic theories. *International migration*, 40(4), 5-38.

Conway, D. (2000). Notions unbounded: A critical (re) read of transnationalism suggests that US–Caribbean circuits tell the story better. Theoretical and Methodological Issues in Migration Research: Interdisciplinary, *Intergenerational and International Perspectives, Ashgate, Aldershot*, 203-26.

Crehan, K. A. (1997). The fractured community: Landscapes of power and gender in rural Zambia (Vol. 54). *Univ of California Press.*

Cunningham, W. (2001). Breadwinner versus caregiver: Labor force participation and sectoral choice over the Mexican business cycle. *The economics of gender in Mexico: Work, family, state, and market*, 85-132.

Davin, D. (1999). Internal migration in contemporary China. New York: St Martin's Press. Engbersen, Godfried, Arjen Leerkes, Izabela Grabowska-Lusinska, Erik Snel and Jack Burgers

Engbersen, G., Leerkes, A., Grabowska-Lusinska, I., Snel, E., & Burgers, J. (2013). On the differential attachments of migrants from Central and Eastern Europe: A typology of labour migration. *Journal of Ethnic and Migration Studies*, 39(6), 959-981.

Faist, T. (1997). The crucial meso-level. In International migration, immobility and development: *Multidisciplinary perspectives (eds) Thomas Hammar, Grete Brochmann, Kristof Tamas and Thomas Faist*, pp. 187–218. New York: Berg.

Faist, T. (2004). Towards a political sociology of transnationalization. The state of the art in migration research. *European Journal of Sociology/Archives Européennes de Sociologie*, 45(3), 331-366.

Fan, C. C. (1996). Economic opportunities and internal migration: a case study of Guangdong Province, China. *The Professional Geographer*, 48(1), 28-45.

Fields, G. S. (1975). Rural-urban migration, urban unemployment and underemployment, and job-search activity in LDCs. *Journal of development economics*, 2(2), 165-187.

Fitzgerald, D. (2008). Colonies of the little motherland: Membership, space, and time in Mexican migrant hometown associations. *Comparative Studies in Society and History*, 50(1), 145-169.

Fleisher, B. M., & Yang, D. T. (2006). Problems of china's rural labor markets and rural-urban migration. *Chinese Economy*, 39(3), 6-25.

Fletcher, P. L. (2021). La casa de mis sueños: *Dreams of home in a transnational Mexican community.* Routledge.

Foner, N. (2002). Second-generation transnationalism, then and now. In The changing face of home: *The transnational lives of the second generation (eds) Peggy Levitt and Mary C. Waters*, pp. 242–54. New York: Russell Sage Foundation.

Georges, E. (1992). Gender, class, and migration in the Dominican Republic: Women's experiences in a transnational community. *Annals of the New York Academy of Sciences*, 645, 81-99.

Gledhill, J. (2019). *Neoliberalism, transnationalization and rural poverty: a case study of Michoacan, Mexico.* Routledge.

Goldring, L. (2002). The Mexican state and transmigrant organizations: Negotiating the boundaries of membership and participation. *Latin American Research Review*, 55-99.

Greiner, C., & Sakdapolrak, P. (2013). Rural–urban migration, agrarian change, and the environment in Kenya: a critical review of the literature. *Population and Environment*, *34*(4), 524-553.

Grieshop, J. I. (2006). The envios of San Pablo Huixtepec, Oaxaca: food, home, and transnationalism. *Human Organization*, *65*(4), 400-406.

Guarnizo, L. E. (1997). The emergence of a transnational social formation and the mirage of return migration among Dominican transmigrants. *Identities Global Studies in Culture and Power*, *4*(2), 281-322.

Gupta, M. R. (1993). Rural-urban migation, informal sector and development policies A theoretical analysis. *Journal of Development Economics*, *41*(1), 137-151.

Zhang, J., Yi, J., & Ha, W. (2009). Inequality and internal migration in China: evidence from village panel data. *Human Development Research Paper*, (2009/27).

Harney, N. D., & Baldassar, L. (2007). Tracking transnationalism: Migrancy and its futures. *Journal of Ethnic and Migration Studies*, *33*(2), 189-198.

Harzig, C. (2017). Domestics of the world (unite?): Labor migration systems and personal trajectories of household workers in historical and global perspective. In *Immigration, Incorporation, and Transnationalism* (pp. 39-62). Routledge.

Heymann, J., Flores-Macias, F., Hayes, J. A., Kennedy, M., Lahaie, C., & Earle, A. (2009). The impact of migration on the well-being of transnational families: New data from sending communities in Mexico. *Community, Work & Family*, *12*(1), 91-103.

Huber, E., & Solt, F. (2004). Successes and failures of neoliberalism. *Latin American Research Review*, *39*(3), 150-164.

Itzigsohn, J., Cabral, C. D., Medina, E. H., & Vazquez, O. (1999). Mapping Dominican transnationalism: narrow and broad transnational practices. *Ethnic and Racial studies*, *22*(2), 316-339.

JULIUS, I. (1947). Economics of Migration, London: Kegan Paul. *Trench, Trubner*.

Kacar, D. (2010). Ankara, a small town, transformed to a nation's capital. *Journal of planning history*, *9*(1), 43-65.

Kaneff, D., & Pine, F. (Eds.). (2011). *Global connections and emerging inequalities in Europe: Perspectives on poverty and transnational migration*. Anthem Press.

Khattab, N., Johnston, R., Sirkeci, I., & Modood, T. (2010). The impact of spatial segregation on the employment outcomes amongst Bangladeshi men and women in England and Wales. *Sociological Research Online*, *15*(1), 24-36.

Kubal, A., & Dekker, R. (2011). *Contextualizing immigrant inter-wave dynamics and the consequences for migration processes* (No. 2011024). Norface Research Programme on Migration, Department of Economics, University College London.

Kubat, D., & H. Hoffmann-Nowotny (1981). Migration: Towards a new paradigm. *International Social Science Journal* 33 (2): 307–29.

Levitt, P. (2002). The ties that change: relations to the ancestral home over the life cycle. *The changing face of home: The transnational lives of the second generation*, 123-144.

Levitt, P., & Jaworsky, B. N. (2007). Transnational migration studies: Past developments and future trends. *Annual review of sociology*, *33*, 129.

Levitt, P., & Lamba-Nieves, D. (2013). Rethinking social remittances and the migration-development nexus from the perspective of time. *Migration letters*, *10*(1),

11-22.

Lin, X. (2013). *Gender, modernity and male migrant workers in China: Becoming a'modern'man.* Routledge.

Lindstrom, D. P. (1996). Economic opportunity in Mexico and return migration from the United States. *Demography, 33*(3), 357-374.

López, N. (2002). Race-gender experiences and schooling: second-generation Dominican, West Indian, and Haitian youth in New York city. *Race ethnicity and education, 5*(1), 67-89.

Louie, V. (2001). Parents' aspirations and investment: The role of social class in the educational experiences of 1.5-and second-generation Chinese Americans. *Harvard Educational Review, 71*(3), 438.

Mabogunje, A. L. (1970). Systems approach to a theory of rural-urban migration. *Geographical analysis, 2*(1), 1-18.

McKay, D. (2003). Cultivating new local futures: Remittance economies and land-use patterns in Ifugao, Philippines. *Journal of Southeast Asian Studies, 34*(2), 285-306.

McKenzie, D. J. (2006). Beyond remittances: the effects of migration on Mexican households. *International migration, remittances, and the brain drain,* 123-147.

Martin, P. L. (1991). *The unfinished story: Turkish labour migration to Western Europe: with special reference to the Federal Republic of Germany* (Vol. 84). International Labour Organization.

Massey, D. S., Arango, J., Hugo, G., Kouaouci, A., & Pellegrino, A. (1999). *Worlds in motion: understanding international migration at the end of the millennium: understanding international migration at the end of the millennium.* Clarendon Press.

Massey, D. S., Durand, J., & Malone, N. J. (2002). *Beyond smoke and mirrors: Mexican immigration in an era of economic integration.* Russell Sage Foundation.

Menchaca, M. (1995). *The Mexican outsiders: A community history of marginalization and discrimination in California.* Austin: University of Texas Press.

Mendola, M. (2012). Rural out-migration and economic development at origin: A reviewof the evidence. *Journal of International Development* 24 (1): 102–22.

Millard, A. V., Chapa, J., & Burillo, C. (2004). *Apple pie and enchiladas: Latino newcomers in the rural Midwest.* University of Texas Press.

Miller, D.B. (ed.) 1979. *Peasants and politics: Grass roots reactions to change in Asia.* New York: St. Martin's Press.

Moberg, M. (1996). myths that divide: immigrant labor and class segmentation in the Belizean banana industry. *American Ethnologist, 23*(2), 311-330.

Morauta, L., & Ryan, D. (1982). From temporary to permanent townsmen: migrants from the Malalaua District, Papua New Guinea. *Oceania, 53*(1), 39-55.

Naber, N. (2006). The rules of forced engagement: Race, gender, and the culture of fear among Arab immigrants in San Francisco post-9/11. *Cultural Dynamics, 18*(3), 235-267.

Narayan, A., Purkayastha, B., & Banerjee, S. (2011). Constructing transnational and virtual ethnic identities: A study of the discourse and networks of ethnic student organisations in the USA and UK. *Journal of Intercultural Studies, 32*(5), 515-537.

Näre, L. (2013). Migrancy, gender and social class in domestic labour and social care in Italy: An intersectional analysis of demand. *Journal of Ethnic and Migration Studies, 39*(4), 601-623.

Okólski, M. (1999). *Poland's migration: growing diversity of flows and people.* Ośrodek Badań nad Migracjami, Inst. Studiów Spo· lecznych UW.

Okpara, E. E. (1986). Rural-urban migration and urban employment opportunities in Nigeria. *Transactions of the Institute of British Geographers*, 67-74.

Oliver, C., & O'Reilly, K. (2010). A Bourdieusian analysis of class and migration: Habitus and the individualizing process. *Sociology*, *44*(1), 49-66.

Oppong, C., & Abu, K. (1987). Seven roles of women: Impact of education migration and employment on Ghanaian mothers.

Otero, G. (2019). *Farewell to the peasantry?: Political class formation in rural Mexico*. Routledge.

Paerregaard, K. (1998). The dark side of the moon: Conceptual and methodological problems in studying rural and urban worlds in Peru. *American Anthropologist*, *100*(2), 397-408.

Paerregaard, K. (2008). *Peruvians dispersed: A global ethnography of migration*. Lanham, MD: Rowman and Littlefield.

Parrado, E. A. (2006). Economic restructuring and intra-generational class mobility in Mexico. *Social Forces* 84 (2): 733–57.

Parrado, E. A., & Zenteno, R. M. (2001). Economic restructuring, financial crises, and women's work in Mexico. *Social Problems*, *48*(4), 456-477.

Parsons, C. A., & Smeeding, T. M. (Eds.). (2006). *Immigration and the Transformation of Europe*. Cambridge University Press.

Portes, A., Guarnizo, L. E., & Landolt, P. (1999). The study of transnationalism: pitfalls and promise of an emergent research field. *Ethnic and racial studies*, *22*(2), 217-237.

Portes, A. & Landolt, P. (1996). The downside of social capital. *The AmericanProspect* (May–June): 18–21, 94.

Portes, A., & Zhou, M. (2012). Transnationalism and development: Mexican and Chinese immigrant organizations in the United States. *Population and Development Review*, *38*(2), 191-220.

Poston Jr, D. L., Zhang, L., Gotcher, D. J., & Gu, Y. (2009). The effect of climate on migration: United States, 1995–2000. *Social Science Research*, *38*(3), 743-753.

Ratha, D. (2013). Remittances and poverty alleviation in poor countries. *The encyclopedia of global human migration*.

Ravenstein, E. G. (1889). The laws of migration. *Journal of the royal statistical society*, *52*(2), 241-305.

Razum, O., Sahin-Hodoglugil, N. N., & Polit, K. (2005). Health, wealth or family ties? Why Turkish work migrants return from Germany. *Journal of ethnic and migration Studies*, *31*(4), 719-739.

Rozelle, S., Guo, L., Shen, M., Hughart, A., & Giles, J. (1999). Leaving China's farms: survey results of new paths and remaining hurdles to rural migration. *The China Quarterly*, *158*, 367-393.

Schmalzbauer, L. (2008). Family divided: The class formation of Honduran transnational families. *Global networks*, *8*(3), 329-346.

Scovill, M., & Due, J. M. (1977). The Rural-Urban Income Profile of Uganda. *Illinois agricultural economics*, 28-33.

Semyonov, M., & Gorodzeisky, A. (2008). Labor migration, remittances and economic well-being of households in the Philippines. *Population Research and policy review*, *27*(5), 619-637.

Sezgin, Z. (2008). Turkish migrants' organizations: Promoting tolerance toward the diversity of Turkish migrants in Germany. *International Journal of Sociology* 38 (2):

78–95.

Simon, J. L. (1989). *The economic consequences of immigration*. Oxford: Basil Blackwell.

Sirkeci, I. (2006a). *The environment of insecurity in Turkey and the emigration of Turkish Kurds to Germany*. Lewiston, NY: Edwin Mellen Press.

Sirkeci, I. (2006b). Ethnic conflict, wars and international migration of Turkmen: Evidence from Iraq. *Migration Letters* 3 (1): 31–42.

Sirkeci, I. (2009). Transnational mobility and conflict. *Migration Letters* 6 (1): 3–14.

Sirkeci, I., Cohen, J. H., & Ratha, D. (Eds.). (2012a). *Migration and remittances during the global financial crisis and beyond*. World Bank Publications.

Sirkeci, I., Cohen, J. H., & Yazgan, P. (2012). Turkish culture of migration: Flows between Turkey and Germany, socio-economic development and conflict. *Migration Letters*, *9*(1), 33-46.

Standing, G. (1981). Migration and modes of exploitation: social origins of immobility and mobility. *The Journal of Peasant Studies*, *8*(2), 173-211.

Stephen, L. (2007). *Transborder Lives: Indigenous Oaxacans in Mexico, California, and Oregon*. Duke University Press.

Suárez, B., Barkin, D., DeWalt, B., Hernández, M., & Rosales, R. (1987). The nutritional impact of rural modernization: Strategies for smallholder survival in Mexico. *Food and Nutrition Bulletin*, *9*(3), 1-5.

Taylor, J. E., Arango, J., Hugo, G., Kouaouci, A., Massey, D. S., & Pellegrino, A. (1996). International migration and community development. *Population index*, 397-418.

Van Hear, N. (2004). *" I Went as Far as My Money Would Take Me": Conflict, Forced Migration and Class*. Centre on Migration, Policy & Society.

Veltmeyer, H. (2009). The World Bank on 'agriculture for development': a failure of imagination or the power of ideology?. *The Journal of Peasant Studies*, *36*(2), 393-410.

Vertovec, S. (2009). *Transnationalism*. London: Routledge.

Waldinger, R., Popkin, E., & Magana, H. A. (2008). Conflict and contestation in the cross-border community: hometown associations reassessed. *Ethnic and Racial Studies*, *31*(5), 843-870.

Weizhi, C. (1987). A Review of the Growth and Changes in China's Urban Population in the Past Thirty Years. *Chinese Sociology & Anthropology*, *19*(3-4), 42-53.

Wilk, R. (2006). "But the Young Men Don't Want to Farm Any More": Political Ecology. *Reimagining political ecology*, 149.

Wilk, Richard 2006. But the young men don't want to farm any more: Political ecology andconsumer culture in Belize. In *Reimagining political ecology* (eds)

Wu, H. X., & Zhou, L. (1996). Rural-to-urban migration in China. *Asian-Pacific Economic Literature*, *10*(2), 54-67.

Zaslavskaia, T. I., & Kalmyk, V. A. (1982). Social and Economic Problems in the development of Siberia. *Problems in Economics*, *25*(5), 53-74.

Zhu, N. (2002). The impacts of income gaps on migration decisions in China. *China EconomicReview* 13 (2–3): 213–30.

Zimmerer, K. S., & Bassett, T. J. (2003). Approaching political ecology. Political ecology: An integrative approach to geography and environment-development studies, 1-25.

CRISIS MIGRATORIA COMO MANIFESTACIÓN DE LA CRISIS SISTÉMICA. RASGOS FUNDAMENTALES DE LA MOVILIDAD HUMANA EN LA FRONTERA SUR DE MÉXICO

Daniel Villafuerte Solís y María del Carmen García Aguilar

Introducción

El propósito de esta contribución es reflexionar en torno a los procesos de movilidad humana en la frontera sur de México, los puntos de inflexión y las respuestas implementadas por los gobiernos del triángulo norte de Centroamérica (Guatemala, El Salvador y Honduras), de México y Estados Unidos, con énfasis en los ocurrido durante los cuatro años del gobierno de Donald Trump y lo que va del periodo de Joe Biden, así como del gobierno de Andrés López Obrador.

En análisis aspira a superar las visiones inmediatistas y superficiales de lo que se ha dado en llamar crisis humanitaria y avanzar en una perspectiva relacional y de totalidad que permita comprender la naturaleza de la crisis sistémica y su expresión en los países de la región, y de cómo ésta se manifiesta en una crisis migratoria sólo comparada con la oleada de refugiados que experimentó Guatemala a principios de los años ochenta del siglo XX como consecuencia del conflicto armado en ese país.

Para este ejercicio partiremos de una breve revisión de la idea de crisis, un recurso que nos permita saber de qué estamos hablando, su sentido de profundidad y de las posibilidades que tienen los países involucrados en el sistema migratorio de hacer de la migración una opción voluntaria. Pensar la crisis en abstracto y situada en el fenómeno migratorio, así como en las condiciones de posibilidad, obliga a mirar más allá de lo aparente.

Lo anterior implica analizar críticamente la realidad económica y sociopolítica de los países de origen de los migrantes. Esto constituye el sustrato sobre el que se originan de manera primaria las decisiones de dejar el hogar, el lugar de residencia de miles de centroamericanos. Otra consideración será ver el entorno y el *habitus* migratorio que lleva a asumir todos los riesgos que implica emprender la travesía, organizarse en caravanas o decidir estrategias como la de solicitar refugio en México o Estados Unidos.

La idea de crisis y de superproducción de la migración internacional

La idea de crisis ha sido recurrente: se alude a crisis global, a crisis climática, crisis económica, crisis financiera, crisis de valores, crisis civilizatoria, crisis de coyuntura, crisis estructural, crisis de la migración, crisis humanitaria. Si la crisis es una constante es pertinente preguntar: ¿Qué es una crisis? ¿Qué rasgos presenta, cuáles son los elementos constitutivos? Estas preguntas son básicas para saber de qué estamos hablando y dotar contenido al concepto.

En este sentido, Rodríguez (2014, p. 63) considera que "nadie sabe qué es, en qué consiste, donde surge, a quienes afecta realmente, en qué medida nos toca, hasta donde llega, de quién es la responsabilidad, quién puede solucionarla, qué matices tiene, cuánto durará, dónde empieza y dónde acaba, etc.". Rodríguez hace notar, de manera genérica, que la crisis tiene variadas connotaciones:

> Un cambio brusco en el curso de una enfermedad, ya sea para mejorarse, ya para agravarse el paciente; una mutación importante en el desarrollo de otros procesos, ya de orden físico, ya históricos o espirituales; una situación de un asunto o proceso cuando está en duda la continuación, modificación o cese; un momento decisivo de un negocio grave y de consecuencias importantes; un juicio que se hace de algo después de haberlo examinado cuidadosamente; una escasez, carestía; o una situación dificultosa o complicada (2014, pp. 69-70).

En cada ámbito de la vida social se pueden identificar alteraciones en el curso de un proceso como la economía, donde se reconoce que existe un ciclo con altas y bajas: auge, recesión, recuperación. Estos cambios se les denomina crisis cíclicas. Lo mismo se puede observar en los ámbitos de la sociedad, de la política y de la cultura. En la sociedad se habla del desgarramiento del tejido social, que conduce a la exclusión, el empobrecimiento y el conflicto; en la cultura se opera un cambio de unos valores por otros. En el ámbito político se registran cambios en el Estado, en el sistema político y de partidos que se expresan en procesos de ingobernabilidad en sectores o en espacios.

La ciencia no es ajena a las crisis, esta se expresa en el cambio de paradigma. Su origen está en que no permite explicar el fenómeno objeto de estudio. Thomas Kuhn (1971) explica en qué momento se produce una crisis, un desajuste entre la realidad y la representación de esa realidad en el pensamiento, lo que lleva a un cambio de paradigma.

Las crisis pueden ser coyunturales o de carácter estructural, esta última lleva a un cambio sustancial en la composición de un sistema. Immanuel Wallerstein insistió en la existencia de tres momentos del sistema capitalista histórico, el tercero de estos, el que estamos viviendo, es "el momento de la crisis estructural que implica el fin de este sistema y una transición hacia otro sistema diferente" (Wallerstein, 2005, p. 57).

La crisis ha sido una preocupación constante del pensamiento marxista, desde la formulación de *El Capital* y un conjunto de trabajos integrados por Colletti (1978), Amin, *et al* (1983), dan cuenta los esfuerzos por conformar una teoría de la crisis del capitalismo dada sus contradicciones. En los últimos tiempos se ha introducido la idea de la crisis civilizatoria, como síntesis de diversas crisis: económica, social, política, cultural, y ecológica. En la visión de Armando Bartra (2003) se trata de la "civilización capitalista", que se sitúa en un plano complejo, más allá de las visiones economicistas y positivistas, "cuyas repercusiones sobre nuestras vidas, y sobre el resto de las formas de vida en el planeta, son de la mayor importancia" (Bartra (2003, p.14). Implica la articulación de "modos" de consumo, de vivir, de producir y de pensar" (Ibid., p.15).

La palabra clave para prolongar la vida del capitalismo es el consumo y el hiperconsumo, la producción flexible, que implica obsolescencia programada, y mano de obra flexible, desprovista de protección y explotable bajo la figura del Prometeo cansado referido por Byung-Chul Han, también denominado "sujeto de rendimiento que se violenta a sí mismo, que está en guerra consigo mismo". En realidad, el sujeto de rendimiento, que se cree en libertad, se halla encadenado como Prometeo" (Chul Han, 2012, p.9)

En la línea argumental de Wallerstein en torno a la crisis, advierte la polarización demográfica entre el Norte y el Sur que afectará a los Estados. En este contexto avizora el siguiente escenario:

> Habrá un fuerte aumento de la migración Sur-Norte, legal o ilegalmente, lo que ya no tan importante. Y no hay mecanismos posibles para terminar con esta migración, y ni siquiera para limitarla seriamente. Las personas que querrían venir al Norte son reclutadas entre los más capaces del Tercer Mundo, y están determinadas a llegar. Habrá muchos empleos mal pagados para ellos. Y por supuesto, habrá una oposición política xenófoba contra ellos, pero eso no bastará para cerrarles las puertas (Wallerstein, 2005, pp. 176-177).

La OIT estimó para 2019 aproximadamente 2 000 millones de trabajadores informales, es decir, 60.1 por ciento de la fuerza de trabajo mundial (OIT, 2021, p.14). A esta situación estructural, es necesario considerar la pérdida de empleos durante 2020, que este organismo estimó en "8.8 por ciento del total de horas de trabajo, el equivalente a las horas trabajadas en un año por 255 millones de trabajadores a tiempo completo" (OIT, 2021, p.11). A pesar de la recuperación económica, la estimación de pérdidas de puestos de trabajo para 2021 es de 100 millones (OIT, 2021, p. 12).

Estas tendencias concuerdan con el incremento de la migración internacional cuyas proporciones han venido creciendo durante los últimos 15 años: de 2005 a 2010 se registró un incremento de 15.4 por ciento, mientras que en el periodo 2010-2020 el aumento fue de 27 por ciento (Unidad de Política Migratoria, 2021, p. 10). En las últimas tres décadas (1990-2020) los migrantes internacionales aumentaron en 83.4 por ciento al pasar de 152 986 157 a 280 598 105 personas (Ibid.). Estas cifras guardan una correlación positiva con los cambios ocurridos en el sistema capitalista.

En el caso de la migración internacional, la crisis se manifiesta en una sobre producción de los flujos migratorios frente a las posibilidades de absorción del sistema, el aumento de la clandestinidad frente a la imposibilidad de la contención, lo que lleva a la activación, por parte de los países receptores, de mecanismos de seguridad de sus fronteras, en las detenciones y deportaciones que violan los principios elementales del derecho internacional de los derechos humanos y de los acuerdos y convenciones internacionales en materia migratoria.

Este desequilibrio, que en principio fue coyuntural, se ha convertido en estructural. La razón es que las condiciones de posibilidad de la producción migratoria se han modificado en los países de origen, en particular en el caso centroamericano, pero también en otras latitudes de América Latina, el Caribe y fuera del continente, y que se visibilizan en la frontera sur de México, como parte del corredor global de la migración. Al mismo tiempo, también se produce y se profundiza la incapacidad de los países receptores de absorber los flujos migratorios, no sólo por razones económicas sino también por la carga social y política que ello implica para los Estados.

El desbalance entre el flujo migratorio y la capacidad de absorción del sistema está conduciendo al rechazo, manifiesto en prácticas de política migratoria como la fronterización, la detención y las deportaciones masivas. Para ello se hace uso de los medios jurídicos y del aparato de fuerza (policía, guardia nacional, ejército), así como de tecnologías para detectar los cruces al interior de los países y en las fronteras. Estamos en presencia, como indica Alarcón, de "un complejo régimen de deportación a través de una maquinaria legislativa y judicial para pretextar la expulsión de indocumentados" (2019, p.107).

Otra manifestación de la crisis corresponde a la forma en que se lleva a cabo la migración que ha pasado de pequeños grupos, casi invisibles, a grandes caravanas. También se manifiesta en el cambio de rutas con el propósito de eludir la vigilancia de autoridades migratorias. Se trata de rutas más largas, más peligrosas y con mayores costos económicos y humanos. Esto ha llevado a organismos internacionales de derechos humanos y de organizaciones de la sociedad civil a decir que estamos frente a una "crisis humanitaria", pero en realidad se trata de una crisis profunda cuyas raíces está en el rechazo a la población migrante.

Otra manifestación de la crisis migratoria es la complejidad que ha adquirido en los últimos años: primero la migración circular se convirtió en un fenómeno permanente, luego se produjo un cambio en el patrón migratorio donde no sólo los adultos varones emigraban sino también mujeres, a los que en los últimos años se han sumado familias y menores no acompañados. En este sentido Canales y Pizzonia consideran que:

> A diferencia de épocas anteriores, en la coyuntura actual las migraciones internacionales no sólo se han intensificado, sino que también se han *extensificado*, diversificándose en sus orígenes, destinos, modalidades migratorias y perfiles de los sujetos involucrados, como resultado de un cúmulo de procesos que denominamos globalización (Canales y Pizzonia), 2019, p. 7.

Se trata de un fenómeno global, lo mismo en oriente que en occidente, en Europa, Estados Unidos, África y América Latina, con distintas intensidades y efectos en la población migrante, refugiada, desplazada. Lo nuevo en la migración es la diversidad y el predominio de lo clandestino, de lo irregular, características de las expulsiones propiciadas por la lógica del sistema-mundo en su fase neoliberal-financierista, caracterizada por procesos de automatización en el sector industrial que requiere poca fuerza de trabajo, y la internacionalización del capital productivo en su modalidad de maquila. Así, "el capital que se valoriza bajo la forma de inversión financiera y que comparte intereses con el beneficio empresarial aparece como la fracción dominante del capital, la que muestra capacidad de marcar la pauta de las formas y el ritmo de acumulación" (Chesnais, 2003, p. 38).

Siguiendo el razonamiento de que el "régimen de acumulación" incluye como elemento esencial la dimensión de las instituciones (Chesnais, 2003, p. 37), se puede decir que el actual régimen, bajo la hegemonía del capital financiero, está conduciendo a un "nuevo régimen de migración", con la correspondiente contraparte que es el "régimen de deportación masiva", ya no sólo de Estados Unidos como afirma Alarcón, sino en todos los países de destino.

El "nuevo régimen de migración" tiene como base el desempleo, la precarización laboral y la pobreza, a lo que se añade el racismo, la xenofobia y la valoración política, la violencia y las guerras. El desempleo es una tendencia, lo nuevo es su profundidad y extensión. Rifkin (1996) había advertido "el fin del trabajo", cuya idea primordial es la contraposición del uso de las nuevas tecnologías frente a los puestos de trabajo. En años recientes, la automatización y digitalización han avanzado rápidamente, de manera que se confirma la tendencia a una "ronda de reestructuración mundial que promete expandir las filas de mano de obra superflua y extender la 'precarización' del trabajo" (Robinson, 2019: 79). La superfluidad de la fuerza de trabajo tiene una doble connotación, una negativa para la población y para el Estado, y otra positiva para el sistema y los empresarios, en este sentido Robinson expresa que:

> [...] la mano de obra superflua es crucial para el capitalismo global transnacional en la medida en que ejerce una presión bajista sobre los salarios en todas partes y permite que el capital transnacional imponga una mayor disciplina sobre aquellos que permanecen activos en el mercado laboral (Robinson, 2019, p. 86).

De acuerdo con Robert Castel, estamos frente a "una nueva cuestión social", en tanto que se produce de manera simultánea "una periferia precaria" y la "desestabilización de los estables", en tanto que "ha habido un nuevo crecimiento de la vulnerabilidad de las masas". [...] Así como el pauperismo del siglo XIX estaba inscrito en el núcleo de la dinámica de la primera industrialización, la precarización del trabajo es un proceso central, regido por las nuevas exigencias tecnológico-económicas de la evolución del capitalismo moderno" (Castel, 1997, p. 413).

Sin entrar en discusión sobre la validez del concepto de *Ejército Industrial de Reserva*, que para algunos conserva su potencia (Peña y Ocampo, 2019), en tiempos de la era digital lo que se observa es un crecimiento sostenido de un ejército de desocupados, subocupados y precarizados que busca emplearse en otros espacios fuera de su lugar de residencia, ya sea al interior del país o en otros países.

Otro indicador de la crisis de sobreproducción de la migración es el número de migrantes muertos en 2021. En este sentido, la ACNUR refiere que:

> La combinación entre conflictos -nuevos y antiguos- y el cambio climático, cuyo impacto es cada vez más desastroso, aumentó dramáticamente el número de personas desplazadas en este año. Desde Afganistán hasta Etiopía, la violencia, las persecuciones y las violaciones a derechos humanos desarraigaron a millones de personas. Muchas de ellas han enfrentado dificultades adicionales a causa de la pandemia de COVID-19, condiciones climáticas extremas, y políticas

47

fronterizas y leyes en materia de asilo cada vez más restrictivas (ACNUR, 2021)

Mientras las fronteras se cierran, los migrantes se movilizan en búsqueda de condiciones para sobrevivir. Las dificultades en el tránsito de personas migrantes han provocado miles de muertos y desaparecidos. La ONU ha estimado que entre 2014 y febrero de 2020 murieron en el Mediterráneo 20 014 migrantes (Noticias ONU, 05/03/2020).

Por su parte, el Proyecto Migrantes Desaparecidos de la OIM registra que desde 2014 a la fecha han desaparecido 45 377 migrantes, de los cuales 22 936 corresponden a la zona del Mediterráneo, 10 789 a África y 5 718 a América (OIM, 03/12/2021). Todos los días, todos los años se suman más muertos, el 2021 no fue la excepción, el recuento es trágico en todas las rutas migratorias.

> Un sinnúmero de personas refugiadas y migrantes perdieron la vida en 2021 tratando de cruzar cuerpos de agua, desde el Mediterráneo al Mar de Andamán y el Canal de la Mancha. Hacia finales de noviembre, casi 1 600 personas murieron tan solo en el Mar Mediterráneo; la mayoría de ellas tratando de llegar a Italia desde Libia y Túnez (ACNUR, 2021).

Las muertes, secuestros, violaciones, torturas que sufren los migrantes forman parte del nuevo régimen migratorio. La resistencia contra la fronterización y del "no vengan" o el "no pasarán", frente a la "rebelión de las masas", que pese a todas las barreras arriesgan su vida, configura una nueva realidad que descubre el verdadero rostro de un mundo en crisis donde la vida sólo es útil para el capital en la medida en que se es consumidor o se es explotado.

La movilidad humana (incluyendo todas las formas de desplazamiento) es un acontecimiento irreversible en el marco de la globalización neoliberal. No hay marcha atrás. En este marco, Bauman considera que "se ha perdido la posibilidad de encontrar un atajo que conduzca a un mundo más habitable para los seres humanos (2010, p. 45). Aun cuando lo hubiera, "tampoco hay multitudes ansiosas por cruzar en estampida ese puente, suponiendo que tal viaducto estuviera diseñado, ni vehículos capaces de llevar a quienes estén dispuestos hasta el otro lado y dejarlos ahí sanos y salvos". Aunque este pesimismo pudiera considerarse paralizante, la lectura de la realidad y acontecimientos que ocurren en todas partes parecen dar la razón a Bauman.

Fronterización, infiltración y caravanas migrantes como síntoma de la crisis

La fronterización ha llegado a su nivel más alto. Hoy más que en otro momento, los muros y las fronteras adquieren excepcional centralidad para contener la migración, es parte de las contradicciones que enfrenta la globalización que discursivamente plantea la apertura, el libre movimiento de dinero y mercancías, personificada en empresas globales. La emergencia de la pandemia de la COVID-19 es un elemento adicional que ha profundizado la fronterización en todo el mundo.

Los migrantes irregulares hacen recordar el clásico libro de Franz Fanon, *Los condenados de la tierra*. Estos han sido las víctimas del desarrollo, de la modernización y la modernidad capitalista que ha generado asimetrías, diferenciación y exclusión social, pobreza, ha condenado a millones de personas a vivir en condiciones miserables. Las favelas en Kenia, en Río de Janeiro, en México, en Honduras, Guatemala, El Salvador, son ejemplos de la paulatina destrucción de la vida de las comunidades. Al mismo tiempo, asistimos al punto más alto de una crisis de movilidad humana, en la que miles de personas migrantes y solicitantes de refugio infiltran las fronteras, los muros y las distintas barreras para sobrevivir.

Las fronteras no detienen los flujos migratorios, pero imponen sufrimiento, menosprecio, ultraje, violencia física y simbólica, hasta la muerte. ¿Qué es lo que motiva a la población a desafiar todos los obstáculos, incluso a riesgo de perder la vida? Las razones para emigrar son muy poderosas: salvar la vida y garantizar su reproducción con mayor certidumbre. Estas constituyen una fuerza de arrastre que supera cualquier desafío para llegar a la tierra prometida, donde suponen encontrarán las condiciones para su realización plena, quizá familia, trabajo, ingresos seguros y, sobre todo, saber que su vida no está amenazada como en su lugar de origen o residencia.

La migración y el refugio, como las dos caras de un mismo fenómeno de movilidad humana para salvar la vida, están mostrando de manera nítida la función de las fronteras en un mundo que se reivindica global, sin fronteras y con libertad. Más allá de la discursividad sobre la existencia de una globalización sin fronteras o al menos de fronteras flexibles, vivimos una realidad donde crecen las fronteras que se vuelven barreras para la población que intenta llegar a un destino que supone menos hostil y donde podrá encontrar alojamiento y trabajo, veamos algunos ejemplos:

La frontera sur de México

La frontera sur de México se convirtió en espacio de llegada de miles de migrantes y solicitantes de refugio de Centroamérica, Sudamérica y Caribe, así como también de África y Asia. En particular las localidades de Tapachula, en el estado sureño de Chiapas, y Tenosique, estado de Tabasco, que son las puertas más grandes de la frontera sur pues constituyen el corredor que conecta con Centroamérica y más hacia el sur del continente.

En particular, durante 2020 y 2021 Tapachula se convirtió en el epicentro de la movilidad humana transnacional. La ciudad fronteriza más grande entre México y Guatemala experimentó una de las transformaciones más significativas: los pobladores de Tapachula no imaginaron hace 20 años que este espacio, considerada, en otro momento, como la capital económica de Chiapas, con una boyante producción agrícola y agroindustrial, se convertiría en un nodo del corredor global de la migración. Hasta los noventa sólo se tenía la migración internacional, con los jornaleros guatemaltecos y luego, con la crisis de los precios internacionales del café, miles de pequeños productores chiapanecos emigraron a Estados Unidos.

Se ha hecho énfasis del fenómeno de las caravanas migrantes, poco se ha dicho sobre lo que está detrás, de lo que lo produce, en particular desde la narrativa de Estados Unidos que mira en los desplazamientos una amenaza a su seguridad nacional, que considera a los migrantes portadores del mal, de terrorismo y narco tráfico.

Las caravanas de migrantes pueden ser leídas como síntoma, es decir como señal de algo que está sucediendo. Las caravanas que se han dado a partir de octubre de 2018 revelan una señal de alarma de lo que viene ocurriendo en varios países del mundo. La emigración masiva de venezolanos, haitianos, guatemaltecos, salvadoreños y hondureños, que arriban a la frontera sur de México, a la ciudad de Tapachula, revela una profunda crisis del sistema económico y sociopolítico que debe ser analizada en toda su complejidad, incluyendo una visión geopolítica, en donde se puede encontrar las huellas de la dependencia y la dominación por parte de Estados Unidos.

La frontera sur de México tiene que ser leída junto con la dinámica de la frontera norte de Guatemala. Este espacio se ha convertido en los últimos años en el gran embudo, que sólo es posible entenderla en su relación con el espacio fronterizo de México. La función de la frontera guatemalteca cobró mayor importancia a partir de que el gobierno de ese país fue obligado a firmar el acuerdo de tercer país seguro. Esto ocurrió la Oficina Oval de la Casa Blanca el 26 de julio de 2019, con la presencia del ministro guatemalteco Enrique Degenhart. En esta ocasión Trump expresó: "Un evento muy importante. Llevamos mucho tiempo trabajando con Guatemala y ahora podemos hacerlo de la manera correcta. Va a ser fantástico para ellos y fantástico para Estados Unidos. Este acuerdo histórico acabará con los coyotes y los contrabandistas" (The White House, 26/07/2019).

A partir de la firma del acuerdo, el gobierno de Guatemala ha cumplido cabalmente la instrucción de no dejar pasar las caravanas de migrantes hondureños que se organizaron durante 2020 y 2021. El jueves 1 de octubre de 2020, en medio de la pandemia, más de 3 mil hondureños entraron a territorio guatemalteco con la idea de llegar a Estados Unidos, esto hizo que el presidente Alejandro Giammattei, ordenara la aplicación del estado de Prevención en 22 departamentos, en particular en la ruta migratoria que comprende los departamentos de Izabal, Petén, Zacapa, El Progreso, Jutiapa y Chiquimula. En esa ocasión el presiente expresó: "no vamos a permitir que extranjeros que están utilizando medios ilegales puedan contaminar y poner en riesgo a los guatemaltecos" (Escobar, 01/10/2020).

Fue la primera caravana en tiempos de COVID-19, por eso el presidente Giammattei declaró que "se bloqueará el ingreso de estas personas que están violentando la ley, sobre todo porque **están usando niños no acompañados, están haciendo escudos humanos** con mujeres y ancianos, y nos están vulnerando a nosotros los guatemaltecos" (BBC Mundo, 01/10/2020).

La caravana "fue desmantelada en el Departamento del Petén la noche del sábado (3 de octubre, 2020) por elementos del Ejército de ese país y la Policía Nacional Civil (PNC), donde se registró un enfrentamiento" (Cuarto Poder, 05/09/2020). Mario Búcaro, embajador de Guatemala en México, declaró "que el gobierno de su país logró el retorno de 3 500 integrantes de la caravana, gracias al despliegue policiaco-militar que se instaló desde la frontera con Honduras hasta la de México" (Cuarto Poder, 05/09/2020).

El 15 de enero de 2021 se formó la caravana más grande desde que se organizó la primera, en octubre de 2018. Partió de San Pedro Sula, Honduras, y en su recorrido en territorio guatemalteco se estimó en 9 mil personas. La caravana hondureña logró pasar la frontera con Guatemala, sin embargo, el 16 de enero fue detenida por el Ejército guatemalteco en el kilómetro 177 a la altura del poblado Vado Hondo, en Chiquimula. En el acto se produjo un enfrentamiento con saldo de varios heridos, algunos migrantes lograron pasar la barrera. El día 17 de enero la policía lanzó gas lacrimógeno sobre la caravana para hacerla retroceder, al día siguiente la Policía Nacional Civil y fuerzas militares contuvieron la caravana, con saldo de varios heridos (Román, 18/01/2021).

Guatemala y Honduras cruzaron acusaciones, la Cámara de Industria de Guatemala indicó en un comunicado: "hacemos un llamado a las autoridades del Gobierno de Honduras, para que encuentren una respuesta ante esta situación que está poniendo en riesgo a millones de centroamericanos, dentro de los que también se encuentran niños y menores de edad"; entre tanto Honduras refirió "el Estado de Honduras exhorta al Estado de Guatemala a investigar y esclarecer las acciones realizadas por los cuerpos de seguridad guatemaltecos" (Román, 18/01/2021).

Las caravanas organizadas en Tapachula

Frente al relativo fracaso de las caravanas en su intento por transitar hacia México, con destino a Estados Unidos, durante 2021 la infiltración de la frontera sur se fue dando de manera individual o en pequeños grupos, de tal forma que Tapachula se convirtió en el principal espacio de recepción de migrantes, muchos de ellos optaron por solicitar refugio como un mecanismo para transitar por territorio mexicano y llegar, en la primera oportunidad, a Estados Unidos. La capacidad de las instituciones para atender a las personas desplazada fue rebasada, de manera que los trámites se fueron demorando y eso llevó a generar brotes de inconformidad. Esto llevó a que los migrantes y solicitantes de refugio organizaran marchas, bloqueos de vialidades y, finalmente, la organización de caravanas.

El sábado 28 de agosto (2021), se produjo la primera caravana organizada desde Tapachula. Las estimaciones fueron de alrededor de mil personas compuesta en su mayoría por haitianos, centroamericanos y extracontinentales, donde se podía observar a jóvenes, menores y embarazadas. Las autoridades les dejaron avanzar unos kilómetros y cerca del poblado Cruz de Oro, municipio de Tuzantán, fueron contenidos por elementos de la Guardia Nacional. En la contención se observan escenas de violencia, un haitiano con un niño en brazos es tirado al piso, la escena que más se difundió fue la del agente de migración que golpeó en la cabeza a un migrante. Después del fallido intento de avanzar hacia la Ciudad de México, el sábado 4 de septiembre (2021) unos 400 migrantes centroamericanos y haitianos salieron de Tapachula.

El sábado 23 de octubre (2021), sale de Tapachula una nutrida caravana formada mayormente por centroamericanos, las estimaciones varían entre 2 mil y 4 mil migrantes. Su propósito era llegar a la Ciudad de México y agilizar sus trámites de estatus migratorio con la intención de continuar a Estados Unidos. Durante varias semanas estos migrantes han estado tramitando una solicitud de condición de refugiado o una visa humanitaria que les permita moverse en territorio mexicano.

A diferencia de la caravana de agosto, en la de octubre se registra menor la cantidad de haitianos. Además, de acuerdo con Luis García Villagrán, director del Centro de Dignificación Humana, "hay más de 60 mujeres embarazadas, más de mil niños", varios con alguna discapacidad, así como hombres enfermos y "al menos una docena de gente que va en silla de ruedas". Esto, dijo, "es un verdadero éxodo de la pobreza, causa mucho dolor lo que estamos viendo" (Henríquez y Xantomila, 24/10/2021).

La caravana, dirigida por Irineo Mújica, de la organización Pueblos sin Fronteras y por Luis García Villagrán de Centro de Dignificación Humana, es un síntoma de la formación del sujeto político migrante que recurre a la organización, al uso de las herramientas jurídicas (el amparo, la demanda, el asumir derechos humanos) y a la protesta social que se ha visto reflejada en diversas marchas realizadas en la ciudad de Tapachula. Comisión Nacional de los Derechos Humanos (CNDH) emitió un comunicado donde hace saber lo siguiente:

> Luego de que este Organismo Nacional tuvo conocimiento de la inminente salida de aproximadamente cuatro mil personas migrantes hacia la capital del país, solicitó a autoridades federales y de los estados de Chiapas, Tabasco y Oaxaca implementar medidas para salvaguardar su integridad y derechos fundamentales, sobre todo, ante la posibilidad de que se recurra al uso de la fuerza pública para contenerlos; además de que durante su tránsito requerirán atención especializada y la provisión de satisfactores básicos en materia de alimentación, salud y seguridad (CNDH, 22/10/2021).

El organismo pide a las secretarías de gobierno de los estados referidos, así como a la Guardia Nacional, Seguridad y Protección Ciudadana que, *"en caso de recurrir al uso de la fuerza, ésta se realice en armonía con los principios de legalidad, absoluta necesidad y proporcionalidad*, así como brindar seguridad y protección perimetral" (CNDH, 22/10/2021).

El tapón del Darién como frontera

Otra expresión de la crisis es la emergencia de lugares que antes no aparecían en el mapa de los flujos migratorios y que en 2021 se hicieron visibles por la cantidad de migrantes que transitaron, en particular personas de Haití. Una de estas es la del Darién que se ubica en territorio panameño y que es considerado una de las zonas más peligrosas del mundo para el cruce de migrantes.

Muchos no vienen directamente de Haití, sino de Chile, Bolivia, Ecuador y Colombia. Cada día llegan, estima Astrid Suárez, más de mil migrantes a Necoclí, tras cruzar la frontera con Ecuador. Un pasaje para embarcarse en Necoclí llega a costar 50 dólares, la demanda supera a la oferta y hay que esperar (Suárez, 13/09/2021).

Sandra, una mujer migrante que espera en el puerto colombiano de Necoclí, dice: "Voy para México y para Estados Unidos, tengo más de 20 días en Necoclí. Ahora gracias a Dios vamos a salir de aquí, vamos a ir para que Dios nos ayude a prosperar… el país de nosotros (Haití) está en crisis y nosotros tenemos familia" (Suárez, 13/09/2021). Necoclí es un punto estratégico en el tránsito de migrantes, que conecta los pueblos de Acandí y Capurganá, que son la entra al llamado tapón del Darién.

Según Jorge Tabón, alcalde de Necoclí, entre la población migrantes se cuentan "mujeres embarazadas y los niños llegan a nuestro municipio en muy mal estado, con problemas respiratorios y gastrointestinales, que son las consultas que más se presentan en el hospital" (Suárez, 13/09/2021).

La cantidad de migrantes irregulares que cruzaron el llamado tapón del Darién durante 2021 fue extraordinaria: entre enero y noviembre de 2021, según cifras oficiales (Servicio Nacional de Migración, 2021), alcanzó 125 799, de los cuales 78 468 fueron haitianos y 17 603 de nacionalidad cubana; le siguen en orden de importancia Chile, Brasil, Venezuela y Bangladesh, que junto a los primeros sumaron 117 789, y sólo Haití y Cuba representaron 76.4 por ciento del total.

Bielorrusia-Polonia

Otro ejemplo de infiltración y fronterización es lo que ocurrió en 2021 con la llegada de miles de iraquíes a la frontera polaca con el propósito de entrar a la Unión Europea. Frente a las acusaciones de las autoridades de Polonia y de otros países europeos en sentido de que Moscú está detrás de la crisis migratoria, el presidente ruso, Vladimir Putin declaró: "quiero que todo el mundo lo sepa. No tenemos nada que ver con eso" (Sputnik, 13/11/2021). Putin fue enfático al señalar quiénes son los verdaderos culpables de la crisis: "no debemos olvidar de dónde vienen estas crisis asociadas a los migrantes. ¿Qué, es Bielorrusia la casusa de estos problemas o algo así?, no, estas razones fueron creadas por los propios países occidentales, incluidos los europeos. Son de naturaleza política, militar y económica" (Sputnik, 13/11/2021).

Las declaraciones fueron subiendo de tono, el presidente Putin fue directo al expresar que las ideas del humanismo en las que dice basarse la política de Occidente se contradicen en la práctica: "cuando la guarda frontera polacos golpean a estos migrantes, disparan encima de sus cabezas con armas de fuego, ponen sirenas y dirigen cañones de luz hacia su campamento, donde se encuentran niños y mujeres en sus últimos meses de embarazo" (RT, 14/11/2021).

En medio de estas declaraciones, Stanislaw Zaryn, vocero de los servicios secretos de Polonia, indicó que "ha comenzado el mayor esfuerzo para reforzar la frontera de Polonia jamás registrado", mientras que Mariusz Kaminski, ministro del Interior de ese país, refirió: "La defensa dura de la frontera es nuestra prioridad. Hemos aumentado el número de guardias fronterizos, policías y soldados. Estamos **esperando plenamente preparados**" (RT, 8/11/2021). El primer ministro polaco fue más lejos al afirmar que:

> sellar la frontera polaca es nuestro interés nacional. Pero hoy está en juego la estabilidad y la seguridad de toda la UE. Este ataque híbrido del régimen de Lukashenko está dirigido a todos nosotros. No seremos intimidados y defenderemos la paz en Europa con nuestros socios de la OTAN y la UE (Sputnik, 9/11/2021).

Estas declaraciones ocurren en medio de la presencia de un gran grupo de personas, entre mil y 5000, mayoritariamente iraquíes, en la frontera de Polonia con la idea de entrar a la Unión Europea. Las imágenes son impresionantes, el despliegue de soldados, vehículos y una barrera de alambre con navajas. Mientras se observa a los migrantes tratando de romper la valla con unas pinzas, el soldado trata de impedir arrojando un líquido sobre el migrante.

María Zajárova, vocera de relaciones exteriores de Rusia, criticó la actitud del gobierno de Polonia y recordó que este país participó en la invasión a Irak en 2003: "recuerden que **Irak fue destrozado** con **participación muy activa de Varsovia**: más de 2.000 soldados polacos invadieron este país soberano para imponer la democracia" (RT, 8/11/2021). Frente a las críticas del gobierno británico hacia el gobierno de Rusia, en el sentido de que la crisis migratoria fue preparada, Zajárova fue enérgica al señalar que:

> Lo que sí fue planificado minuciosamente fue la invasión del Reino Unido en Irak. 45.000 soldados británicos ayudaron a Estados Unidos a ocupar ese país, matar a sus ciudadanos y saquear las riquezas de su subsuelo. Reino Unido tiene una clara responsabilidad histórica **por todo lo que pasa en esta región** desde aquel momento (RT, 14/11/2021).

Además, Zajárova recordó que "Londres es responsable de "la muerte de iraquíes, **la destrucción del Estado iraquí**, el interminable flujo de refugiados, la aparición del Estado Islámico y las catástrofes humanitarias" (RT, 14/11/2021).

Frontex, la agencia que administra las fronteras de la Unión Europea, se ha declarado incapaz de hacer frente a un problema geopolítico, al que se calificado de "extremadamente delicado", por lo que pidió al bloque a actuar. Fabrice Leggeri, director de la institución explicó que "Frontex no está presente en la frontera porque Varsovia ha desplegado 12 000 guardias fronterizos y 13 000 soldados en el lugar" (Sellier, 10/11/2021).

Entretanto, el parlamento polaco aprobó el 14 de octubre (2021) reformas a la ley nacional sobre extranjeros para legalizar las expulsiones y con ello negar la solicitud de asilo realizada después del cruce irregular. Además, aprobó la construcción de un muro para impedir el cruce de migrantes irregulares cuyo costo estimado ronda los 353 millones de euros (Barrero, 15/10/2021).

En esto se puede encontrar una similitud con estados Unidos que tuvo una participación destacada en el apoyo militar a gobiernos impopulares de Centroamérica, que provocaron la confrontación armada durante muchos años, y ahora rechaza a los migrantes a sabiendas que el resultado histórico de la movilidad humana se encuentra en la historia de intervención en esos países, financiando a los ejércitos y sosteniendo gobiernos antidemocráticos.

México, como país de tránsito, igual que Colombia y Panamá, así como Bielorrusia, ahora son objeto de políticas de contención de Estados Unidos, y en el último caso de la Unión Europea. Con Donald Trump ocurrió que México tuvo que desplegar a la recién creada Guardia Nacional para contener las caravanas migratorias. Como el caso de la migración iraquí y de otros países árabes, el responsable directo de la migración centroamericana es Estados Unidos.

La crisis en cifras: la migración centroamericana en tiempos de Trump

La historia se repite de nuevo como tragedia. La semana del 22 al 27 de marzo de 2021 sonaron las alarmas en Estados Unidos por el incremento en el número de aprehensiones en su frontera sur. Esta crisis no es suma cero, de acuerdo con la interpretación de Jorge Durán los beneficiarios de esta crisis son los coyotes, las redes de tráfico de personas, para superar la crisis propone:

Si se quiere hacer algo para superar la crisis, se debe empezar por combatir a los traficantes, desmantelar sus redes, sus casas de seguridad, sus vínculos con las policías, aplicar la extinción de dominio a unidades de transporte, hoteles y casas donde los esconden, combatir la extorsión que se hace a través de los sistemas de transferencia y procesar a los traficantes (Durand, 28/03/2021).

Parte de lo que plantea Durand, el gobierno de México lo ha venido haciendo; en las caravanas que comenzaron en octubre de 2018, las autoridades detuvieron algunos líderes que, según la versión oficial, alientan esta forma de migración; se congelaron cuentas que supuestamente han servido para apoyar la movilidad. Incluso se habló de las redes de tráfico, y se especuló que gente con mucho poder en Estados Unidos, como el magnate George Soros, estaba financiando las caravanas para generar un problema político al gobierno de Donald Trump. Parecía que estábamos frente a la construcción de hipótesis conspirativas. Sin embargo, hasta ahora no hay datos contundentes que sustenten estas sospechas.

Cuadro 1. Aprehensiones realizadas por la patrulla fronteriza en la frontera sur de Estados Unidos, según año fiscal

	El Salvador	Guatemala	Honduras	Total
2016	71 938	74 601	52 952	199 491
2017	49 760	65 871	47 260	162 891
2018	31 369	115 722	76 513	223 604
2019	89 811	264 168	253 795	607 774
2020	16 484	47 243	40 101	103 828
2021*	32 915	97 730	98 554	229 199
Total	**292 277**	**665 335**	**569 175**	**1 526 787**

Fuente. Elaboración propia con base a datos de CBP. *Hasta marzo.

En los Cuadros 1, 2 y 3 se puede observar el incremento en el número de detenciones durante el periodo de Donald Trump, sólo fue atenuado por la crisis pandémica que implicó el cierre de fronteras. Con Biden en el poder (20 de enero de 2021), se produce un relajamiento en la política migratoria de la Casa Blanca; el cambio de funcionarios y el anuncio de un nuevo tratamiento de la cuestión migratoria hace que las cifras comiencen a aumentar, al punto que durante el primer año del nuevo gobierno se produce un notable incremento en detenciones de migrantes del Triángulo Norte: de enero a noviembre totalizaron 733 287, frente al mismo periodo en el año 2019 que sumaron 534 635 (CBP, 2022).

Cuadro 2. Aprehensión de menores no acompañados, según año fiscal

	El Salvador	Guatemala	Honduras	Total
2016	17 572	18 913	10 468	46 953
2017	9 143	14 827	7 784	31 754
2018	4 949	22 327	10 913	38 189
2019	12 021	30 329	20 398	62 748
2020	2 189	8 390	4 454	15 033
2021*	7 775	18 372	11 949	38 096
Total	**53 649**	**113 158**	**65 966**	**232 773**

Fuente. Elaboración propia con base a información de la CBP. *Hasta marzo.

Los cuadros muestran que la crisis del sistema migratorio no estalló con Biden, venía de atrás. El año fiscal 2019 (octubre 2018-septiembre 2019), en plena campaña para la reelección de Donald Trump se registra una cifra cercana a los 63 mil menores migrantes detenidos, es la cantidad más alta desde la crisis de 2014, cuando se llegó a 64 mil menores aprehendidos. Al parecer la campaña no permitió fijarse en lo que estaba ocurriendo en la frontera sur de Estados Unidos, el recambio político, la espera del resolutivo del Consejo Electoral y el veredicto definitivo del Congreso, jugaron un papel importante. Llegó la pandemia de la COVID-19 y esto permitió una pausa, en el impulso de los flujos migratorios a tal grado que redujo al mínimo la migración de los menores no acompañados.

Otro aspecto importante de la crisis del sistema migratorio es la migración de familias, lo que la patrulla fronteriza llama unidades familiares, que alcanza el máximo nivel en 2019, luego en 2020 bajan dramáticamente como consecuencia de la pandemia y comienza a repuntar en 2021.

Cuadro 3. Aprehensión de Unidades Familiares, según año fiscal

	El Salvador	Guatemala	Honduras	Total
2016	27 114	23 067	20 226	70 407
2017	24 122	24 657	22 366	71 145
2018	13 669	50 401	39 439	103 509
2019	56 897	185 233	188 416	430 546
2020	4 335	10 905	10 485	25 725
2021*	7 797	18 769	38 921	65 487
Total	**133 934**	**313 032**	**319 853**	**766 819**

Fuente. Elaboración propia con base a información de la CBP. *Hasta marzo

Llama la atención el caso de Honduras que por mucho rebasa a El

Salvador, con una diferencia muy pequeña con Guatemala, aunque en primeros meses de 2021 en unidades familiares lo duplica. En las aprehensiones generales Honduras y Guatemala mantuvieron números similares durante el periodo de Trump.

El 2020 fue el más difícil para los migrantes debido al confinamiento por la COVID-19 y el endurecimiento de las fronteras. En este año las autoridades de México registran las cifras más bajas de todo el periodo de Donald Trump (2017-2020). La suma de los cuatro años fue de 442 305 detenciones y 389 333 devoluciones (deportaciones) a su país de origen. Sin embargo, en 2020 se registró la cifra más baja: 75 399 detenciones y 57 019 deportaciones. En cambio, las cifras más altas durante el periodo indicado se registraron en 2018, pero sobre todo en 2019 cuando México firma el acuerdo para contener la migración centroamericana: en 2018 la cantidad de presentados fue de 115 008, mientras que para 2019 alcanzó 152 138. En lo que se refiere a devoluciones se obtuvo 110 017 en 2018 y 142 958 en 2019, es la cifra más alta de la administración Trump, y del primer año del presidente Biden.

En 2021 se vivió un proceso de relajamiento del confinamiento, sobre todo por razones económica. En este contexto, ese año fue extraordinario en flujos migratorios. En la frontera sur de México, hasta el mes de noviembre, se reportó 199 645 detenciones (Unidad de Política Migratoria, 2021b), la mayor cantidad registrada desde 2005 cuando fueron asegurados[1] 221 948 migrantes del Triángulo Norte[2]. Lo interesante es que 2021 mostró el verdadero rostro del régimen migratorio. En última instancia, lo que revela es la crisis global que no puede resolver el fenómeno migratorio.

La cifra de 2021 también es un indicador de que la política del gobierno de Biden y la colaboración que presta México se mantiene sin cambios fundamentales, sobre todo en lo que respecta a la contención. Se observa un pequeño cambio con respecto a la política de Trump que tiene que ver con el TPS, en particular en lo que respecta a Haití pues el Departamento de Seguridad Nacional decidió extender por 18 meses este beneficio, pero la dependencia aclara que "aplicará solo a aquellas

---

[1] La nomenclatura ha ido cambiando, en ese año se les denominada "asegurados", luego cambió por "alojados" estaciones migratorias, y en los últimos años se les llama "presentados"; no obstante, la condición de los migrantes no cambia: son aprehendidos y deportados.
[2] Unidad de Política Migratoria, 2006c.

personas que ya residen en los Estados Unidos a partir del 21 de mayo de 2021 y cumplen con todos los demás requisitos" (Homeland Security, 2021).

La administración de la crisis: Propuestas de México y Estados Unidos para el Triángulo Norte de Centroamérica

El sistema mundo-imperial presenta una contradicción elemental: las convenciones y el derecho internacional de los derechos humanos reconocen el derecho a emigrar, sin embargo, en la práctica, no está garantizado, todo lo contrario. Más aún si se trata de migración irregular.

Durante el gobierno de Donald Trump la crisis migratoria se administró con el aparato de fuerza, tanto en México como en Estados Unidos. Se impuso a la región del Triángulo Norte los llamados acuerdos de Tercer País Seguro, con lo que la frontera de Estados Unidos se externalizó para que los países centroamericanos sirvieran de contenedores. Se militarizaron las fronteras y se avanzó en la construcción del muro fronterizo en Estados Unidos[3]; al interior de ese país se expidieron sendos decretos para echar abajo mecanismos de protección de migrantes como el de Acción Diferida para los Llegados en la Infancia (DACA, por sus siglas en inglés); el de Estatus de Protección Temporal (TPS, por sus siglas en inglés) para evitar la deportación; y el de Cero Tolerancia que implicó la separación de menores de sus padres como medida de castigo y presión. Así mismo, se endurecieron las medidas para solicitudes de refugio, se aprobó el título 42 para deportaciones exprés, con el pretexto de la COVID-19.

El 7 de junio de 2019 se emite una declaración conjunta entre México y Estados Unidos cuyos términos han permanecido todo el año 2021. El compromiso más duro para México quedó expresado en el rubro "Reforzamiento de las acciones para asegurar el cumplimiento de la Ley en México", en los siguientes términos:

México incrementará significativamente su esfuerzo de aplicación de la ley

---

[3] La construcción del muro fronterizo fue un discurso de campaña y de ejercicio de gobierno. En la práctica, Trump no cumplió por diversas razones, incluyendo la disposición de recursos que inicialmente se proyectó un requerimiento de 25 mil millones de dólares y que, al final, solo consiguió 15 mil millones, incluyendo lo desviado del Departamento de Defensa y lo autorizado por el Congreso. En términos reales, aunque las cifras no son nada precisas, se estima que se construyeron poco más de 700 kilómetros, pero la mayor parte correspondió a reparaciones y sólo 129 kilómetros fue de muro nuevo (véase BBC Mundo, 21/01/2021).

mexicana a fin de reducir la migración irregular, incluyendo el despliegue de la Guardia Nacional en todo el territorio nacional, dando prioridad a la frontera sur. México está tomando acciones decisivas para desmantelar las organizaciones de tráfico y trata de personas, así como sus redes de financiamientos y transporte ilegales. Asimismo, México y Estados Unidos se comprometieron a fortalecer la relación bilateral, incluyendo el intercambio de acciones coordinadas a fin de proteger mejor y garantizar la seguridad en la frontera común (SRE, 07/06/2019, cursivas añadidas).

Fueron cuatro años de terror para los migrantes que intentaron cruzar la frontera, y, sin embargo, los flujos no se detuvieron (Cuadro 1), la razón es que las condiciones de posibilidad no sólo se sostuvieron, sino que se ampliaron con la pandemia y el desempeño de los gobiernos centroamericanos. La migración fue abordada con mucha violencia, la mayor demostración fue la política de "tolerancia cero"[4].

Después de la administración de Trump, México y Estados han decidido administrar la crisis migratoria de otra manera, mediante acuerdos de mutuo consentimiento, unos escritos otros verbalizados, otros de facto. El gobierno de Andrés Manuel López Obrador se propuso desde el inicio incidir en un cambio en las condiciones estructurales que hacen posible la migración irregular en Guatemala, El Salvador y Honduras (el llamado Triángulo Norte). La propuesta inicial se expresa en la formulación de dos documentos guía para avanzar y concretar las acciones. Por un lado, la propuesta elaborada por la Comisión Económica de América Latina (CEPAL, 2019), y por otro el Plan Nacional de Desarrollo (DOF, 12/07/2019) donde se sintetiza las líneas generales planteadas en el documento de la CEPAL.

Las propuestas esenciales contenidas en estos documentos después de casi tres años de ejercicio de gobierno de la llamada Cuarta Transformación (4T) no han tenido trascendencia en el gobierno de Estados Unidos. En la administración de Donald Trump se impuso a México, mediante la amenaza de sanciones económicas onerosas para el país, la tarea de detener los flujos migratorios mediante medidas punitivas, reforzamiento de fronteras y vigilancia a lo largo de las rutas migratorias.

---

[4] Véase Department of Justice, 2021.

Joe Biden fue investido el 20 de enero de 2021, convirtiéndose en el 46 presidente de Los Estados. Biden anunció la abolición de la construcción del multicitado muro fronterizo, con México y un nuevo tratamiento sobre el tema. Durante la campaña política prometió cambios importantes, primero echando abajo las medidas más lesivas como la estrategia "tolerancia cero", la restitución del programa DACA y el TPS, así como la propuesta de una reforma migratoria. No habló de echar abajo los acuerdos de tercer país seguro con los países del Triángulo Norte, aunque prometió eliminar el mecanismo "Protocolos de Protección al Migrante" (MPP, por sus siglas en inglés), también llamado "Quédate en México". Este dispositivo fue generado a partir del 25 de enero de 2019, mediante el memorándum emitido por la Secretaria de Seguridad Nacional, Kirstjen Nielsen, denominado "Orientación política para la implementación de los protocolos de protección al migrante", que en términos prácticos es un acuerdo de tercer país seguro de facto.

> De acuerdo con el MPP, los ciudadanos y nacionales de países distintos de México ("nacionales de terceros países") que lleguen a los Estados Unidos por tierra desde México, ilegalmente o sin la documentación adecuada, pueden ser devueltos a México de conformidad con la Sección 235 (b) (2) (C) por la duración de sus procedimientos de deportación de la Sección 240 (Nielsen, 25/01/2019).

Un informe publicado por Wola hace un balance del acuerdo, entre sus hallazgos se puede destacar el siguiente párrafo:

> México intensificó drásticamente el control migratorio después de que el gobierno de Trump amenazó con imponer aranceles a los productos mexicanos en junio de 2019. Como resultado de estas medidas contra la migración, *las detenciones de migrantes por parte de las autoridades mexicanas se dispararon en junio y julio, a más del triple del número de detenciones en el mismo período en 2018. México detuvo a 31,416 migrantes en junio, el total mensual más alto de todos los datos disponibles públicamente desde 2001* (Meyer e Isacson, 2019: 5, cursivas añadidas).

El referido informe plantea una serie de conclusiones, entre la que destaca la siguiente:

> *En lugar de buscar medidas políticas sólidas para hacer frente a este flujo*

mixto de personas, el gobierno de Trump recortó la ayuda a Centroamérica,
puso casi fin a la posibilidad de acceder al asilo en la frontera entre los
Estados Unidos y México, e intimidó a México y Centroamérica para que
aceptaran programas que les externalizan las obligaciones de protección
internacional de los Estados Unidos (Meyer e Isacson, 2019: 7,
cursivas añadidas).

El presidente electo Joe Biden, critica a su antecesor y plantea en
términos muy claros las problemáticas del triángulo norte de
Centroamérica:

> Actualmente, el Triángulo Norte enfrenta enormes desafíos de
> violencia, organizaciones criminales transnacionales, pobreza e
> instituciones públicas corruptas e ineficaces. Esto está
> obligando a demasiadas familias, niños no acompañados y
> adultos a tomar una decisión insostenible: dejar atrás todo lo
> que saben y emprender un peligroso viaje para buscar una vida
> mejor, o quedarse y vivir bajo la constante amenaza de
> violencia, persecución, desesperanza o incluso muerte. La
> repuesta de Trump ha sido promulgar políticas migratorias
> draconianas que buscan deshacer nuestras leyes de asilo y
> refugiados, junto con severas reducciones en nuestra ayuda
> extranjera a la región. Trump no ha abordado el desafío de la
> migración irregular y abandonó nuestro compromiso con los
> derechos humanos y nuestros valores democráticos en el
> proceso. Y vemos los resultados de sus cesiones peligrosas y
> erráticas todos los días en la crisis humanitaria en nuestra
> frontera (Biden, 2020).

Frente a la política de Trump, Biden ofrece renovar la ayuda a la
región mediante una estrategia integral de cuatro años y una inversión
de 4 mil millones de dólares para abordar los factores que impulsan la
migración, mejorar la seguridad, reducir la pobreza y la corrupción, así
como impulsar el desarrollo. Sin embargo,

> Establece condiciones sólidas para el progreso verificable a fin
> de garantizar que los fondos de los contribuyentes
> estadounidenses se utilicen de manera eficaz; coloca la lucha
> contra la corrupción en el centro de la política de Estados
> Unidos en Centroamérica; organiza la inversión del sector
> privado, incluso a través de asociaciones público-privadas, para
> completar los fondos gubernamentales; invierte principalmente

en organizaciones de la sociedad civil que están en primera línea para aborda las causas fundamentales; renueva los esfuerzos para trabajar con México, Canadá y otros socios regionales de América Central y del Sur; y reconoce el papel central de la mujer como fuerza poderosa para el desarrollo (Biden, 2020).

Con Biden comenzó a tejerse un diálogo de entendimiento con el gobierno de México sobre la posibilidad de eliminar la imposición unilateral de Estados Unidos para que los solicitantes de refugio esperen la respuesta en territorio mexicano. De esta manera, en febrero de 2021 emitió una orden ejecutiva donde anuncia su decisión de cambiar el "Quédate en México", y comenzar a procesar los casos de personas migrantes en su país. Esta decisión fue celebrada por el gobierno de México (SRE, 12/02/2021), incluso la Comisión Interamericana de Derechos Humanos expresó su beneplácito por la disposición del Departamento de Seguridad Nacional de Estados Unidos (CIDH, 25/06/2021).

No obstante, el júbilo por la decisión de Biden duró muy poco porque una corte de Texas pidió a la Suprema Corte ordenar la instauración del "quédate en México", y a pesar de que La Casa Blanca indicó que apelaría la decisión, en la práctica se aceptó habida cuenta de que los flujos migratorios y las solicitudes de refugio estaban aumentando. En efecto, el 13 de agosto de 2021, el juez federal Matthew Kacsmaryk, de la corte de Texas ordenó restaurar el "Quédate en México" bajo el argumento de que la suspensión "violó la ley federal administrativa y no tuvo en cuenta los 'beneficios' del programa" (EFE, 14/08/2021).

Otra cuestión importante es que Biden ha mantenido el polémico Título 42 que los Centros para el Control y Prevención de Enfermedades de los Estados Unidos emitieron en marzo de 2020 por la COVID-19, un mecanismo bajo el cual son deportados inmediatamente los migrantes que ingresen o traten de ingresar a territorio estadounidense.

Al calor de la dinámica migratoria y de las negociaciones con México, durante el primer año del gobierno del presidente Biden se va configurando una política migratoria que, con matices, es muy similar a la de Donald Trump: seguridad fronteriza sin espavientos, incremento de las detenciones y deportaciones; restricciones en materia de refugio. Los matices son la promesa de apoyo en inversiones a través de empresas multinacionales, programa de apoyos "sembrando oportunidades", complementados con becas a estudiantes, se elimina la política de tolerancia cero y se deja en suspenso los programas DACA y TPS.

Además, en octubre (2021) se formalizó el Acuerdo Bicentenario sobre Seguridad, Salud Pública, y Comunidades Seguras entre México y los Estados Unidos que sustituyó la Iniciativa Mérida. En ésta el tema migratorio formó parte de su agenda y el Acuerdo Bicentenario se mantiene, en el comunicado conjunto se dice: "Afirmamos nuestro compromiso de expandir la cooperación binacional en contra del tráfico ilegal y trata de personas por parte de organizaciones criminales transnacionales" (SRE, 8/10/2021).

Más allá del discurso de buenas intenciones, el gobierno de Biden mantiene una férrea política de contención migratoria. En su primera visita a Guatemala la vicepresidenta Kamala Harris, encargada del tema migratorio, envió un contundente mensaje a los migrantes: No vengan. "EE.UU. seguirá haciendo cumplir nuestras leyes y asegurando nuestras fronteras (...). Si vienes a nuestra frontera, te harán regresar" (Lissardy, 9/06/2021).

Harris llego a Guatemala en visita oficial el 6 de junio (2021) para reunirse con el presidente de ese país, con líderes comunitarios y empresariales. Por supuesto, el tema central de la visita de la funcionaria fue la migración, articulado al de corrupción y el de inversiones para el impulso del desarrollo. Y es que el gobierno de Estados Unidos sabe que, pese a los recursos que ha destinado con este propósito, la migración no se ha detenido. Washington sabe que estos recursos no se han destinado a los propósitos originales. En parte es cierto, pero también debe considerarse que los fondos han sido insuficientes para un fenómeno que rebasa con mucho las condiciones de posibilidad: pobreza, exclusión, violencia, corrupción, ausencia de una política social, racismo, efectos del cambio climático.

Harris está consciente que las condiciones estructurales no pueden ser superadas en el corto plazo, en su visita a México, después de estar en Guatemala expreso que "el tema de las causas profundas no se va a resolver en dos días. No es un tema nuevo para Estados Unidos sentir las causas profundas en nuestras costas" (Kanno-Youngs, 8/06/2021).

La funcionaria sabe que los diversos programas implementados no han detenido la migración en la región. El mayor programa implementado en la región en materia de seguridad -Iniciativa Regional de Seguridad para América Central (CARSI, por sus siglas en inglés)-, homóloga de la Iniciativa Mérida, no frenó la violencia y tampoco contuvo los flujos migratorios. La Iniciativa para la Prosperidad del Triángulo Norte de Centroamérica, implementada por Barack Obama, que recibió poco más de mil millones de dólares, también resultó un fracaso. Ahora se anuncia el programa "Sembrando Oportunidades" y la iniciativa "Call to Action", veremos si al final del gobierno de López Obrador y de Biden por lo menos disminuye la migración.

> El día de hoy [1 de diciembre de 2021], México y Estados Unidos anuncian "Sembrando Oportunidades", un nuevo marco de cooperación para el desarrollo que aborda las causas fundamentales de la migración irregular proveniente de El Salvador, Guatemala y Honduras. Bajo este marco la Agencia Mexicana de Cooperación Internacional para el Desarrollo (Amexcid) y la Agencia de Estados Unidos para el Desarrollo Internacional (USAID) planearemos la coordinación de nuestros recursos y experiencia para ayudar a los ciudadanos de El Salvador, Guatemala y Honduras a construir futuros prósperos en sus comunidades de origen ((SRE, 1/12/2021).

En concordancia con este anuncio, y casi un año de gestión de Biden, el 13 de diciembre [2021], la vicepresidenta Harris anunció que empresas estadounidenses invertirán o ampliarán inversiones en Centroamérica para contribuir a disminuir la migración internacional. Se trata de las multinacionales PepsiCo, Grupo Mariposa, CARE International, Parkdale Mills, PriceSmart, Cargill, JDE Peet's, Mastercard, Microsoft, y Nespresso, que bajo la idea de abordar las causas fundamentales de la migración en el Triángulo Norte de Centroamérica se lanza la iniciativa denominada "Call to Action" (llamado a la acción). En esta iniciativa destaca las siguientes inversiones:

> **PepsiCo** se comprometió a invertir **190 millones de dólares** para infraestructura, la expansión de nuevas rutas de distribución y nuevas plantas en el norte de Centroamérica.

En el caso de Parkdale Mills, uno de los mayores productores de algodón, se anunció un nuevo presupuesto de **150 millones de dólares** que será destinado, en parte, a la construcción de **una nueva planta en Honduras**.

Por otra parte, la multinacional Cargill invertirá, adicionalmente, 150 millones de dólares para "**mejorar los medios de vida de los agricultores** y **desarrollar la resiliencia económica en Honduras, Guatemala y El Salvador**", según detalló el Gobierno estadounidense (RT, 13/12/2021).

Se trata de empresas que han sido repudiadas por grupos ambientalistas por considerar que han tenido impactos significativos en materia de recursos estratégicos como el agua, uso de materiales transgénicos y explotación de mano de obra barata. "Call to Action" es una versión modificada de la Iniciativa para Prosperidad del Triángulo Norte de Centroamérica lanzada por el presidente Obama y gestionada por el vicepresidente Biden, que implicaba, como ahora, el compromiso de los gobiernos de la región de invertir fondos para el desarrollo del programa, al igual que el sector privado. La nueva iniciativa pretende apoyar a 15 millones de personas en toda la región y las líneas de acción esbozadas por la vicepresidenta Harris van en el siguiente sentido:

promover una agenda de reformas; inclusión digital y financiera; seguridad alimentaria y agricultura climáticamente inteligente; adaptación climática y energía limpia; educación y desarrollo de la fuerza laboral; y acceso a la salud pública. Sirve como un componente de nuestra estrategia integral para abordar las causas fundamentales de la migración, lo que implicará compromisos significativos de recursos del gobierno de EE. UU. para apoyar el desarrollo a largo plazo de la región, incluidos los esfuerzos para fomentar las oportunidades económicas, fortalecer la gobernanza democrática y combatir la corrupción. y mejorar la seguridad. Este enfoque aprovechará los compromisos y recursos de los gobiernos de la región, así como las alianzas con bancos multilaterales de desarrollo e instituciones financieras internacionales (The White House, 13/12/2012, párrafo 21).

Las medidas anunciadas para contener la migración se inscriben en el Diálogo Económico de Alto Nivel, que tuvo lugar en Washington el 19 de diciembre de 2021. Este se sustenta en cuatro pilares: "i) Reconstruir juntos; ii) Promover el desarrollo económico, social y sustentable en el sur de México y Centroamérica; iii) Asegurar las herramientas para la prosperidad futura y iv) Invertir en nuestro pueblo" (SRE, 09/09/2021). Aquí es importante señalar el propósito del segundo pilar que se vincula con el tema que nos ocupa:

> Promoverá que EE. UU. brinde cooperación técnica para atender las causas estructurales de la emigración en el norte de Centroamérica. Particularmente, colaborará con el Gobierno de México en los programas de Sembrando Vida y Jóvenes Construyendo el Futuro en la región. Asimismo, las respectivas agencias de Estados Unidos implementarán actividades para desarrollar las cadenas de valor; por ejemplo, a través de la mejor vinculación entre productores agrícolas y consumidores o la creación de proyectos bancables que atraigan inversión privada. Ambos países colaborarán para fomentar el comercio y promover la inversión en proyectos productivos que fomenten el desarrollo regional (SRE, 09/09/2021).

Nuestro pronóstico es que la migración no se detendrá, aún en el supuesto de que los recursos anunciados en verdad lleguen a la población. Esto con base a tres razones: 1) no cuestiona el modelo económico, que es generador de expulsiones; 2) los estados centroamericanos no tienen una política social inclusiva para adultos, jóvenes, mujeres, población marginada; 3) las remesas tienen un efecto demostración en comunidades de origen de los migrantes, además de la existencia de redes migratorias y comunidades transnacionales que propician la migración.

Reflexiones finales

La frontera sur de México enfrenta una situación inédita en materia de movilidad y derechos humanos. El escenario supera la oleada de refugiados ocurrida a principios de 1980, como consecuencia de la guerra civil en la región, especialmente en Guatemala, cuando México recibió a 120 mil desplazados. De acuerdo a datos oficiales (Secretaría de Gobernación, 2022), 2021 cerró con 131 448 solicitantes de refugio (220 por ciento más que en 2020), llama la atención el caso de Haití que ocupó el primer lugar con el 39.4 por ciento del total y Honduras en segundo lugar con 27.6 por ciento. Por diversas circunstancias fue el año de la movilidad haitiana, que por diversas rutas de países de Sudamérica llegaron hasta el tapón del Darién, a travesaron Centroamérica, y finalmente a Tapachula. La cifra pudo ser mayor si se toma en cuenta que muchos de ellos -entre 10 y 15 mil- llegaron, en septiembre de 2021, por otras vías a la localidad fronteriza de Del Río, en Texas, Estados Unidos. Otro dato relevante es que, del total de solicitudes, 65 por ciento se realizaron en Tapachula, Chiapas, en 2019 y 2020, y 68.2 por ciento en 2021, lo que muestra la centralidad que ocupa esta ciudad en la frontera sur de México.

En los países que integran el Triángulo Norte, la génesis de la movilidad humana está en los problemas estructurales que desataron los conflictos armados y que no ha logrado resolver la democracia liberal-procedimental. Además, esta región tiene en común una economía precaria, basada en la producción de bienes primarios, turismo y la industria maquiladora; con una fuerte concentración de ingresos y de recursos productivos.

La violencia y la corrupción son elementos constitutivos de estos países, que se originan por la descomposición del tejido social, la exclusión sociopolítica, la ineficiencia del Estado, el manejo de las élites políticas, la negación a la participación política. Los tres países mantuvieron organismos internacionales de coadyuvancia al combate de la corrupción, el más destacado fue la Comisión Internacional Contra la Impunidad en Guatemala (CICIG, luego siguió la Misión Internacional Contra la Corrupción y la Impunidad de Honduras (MACCIH) y, finalmente, la Comisión Internacional contra la Corrupción e Impunidad en El Salvador (CICIES), el primero apoyado por la ONU y los segundos por la OEA.

La OIM ha señalado que "los tiempos han cambiado drásticamente. La migración es ahora una cuestión política de primer orden, entrelazada con los derechos humanos, el desarrollo y la geopolítica a nivel nacional, regional e internacional" (IOM, 2019: XV). Este organismo es contundente cuando refiere que la migración "está muy relacionada con las transformaciones mundiales más amplias en los ámbitos económico, social, político y tecnológico que están afectando a una gran variedad de cuestiones de política de alta prioridad" (IOM, 2019:1). Esta declaración tiene una importancia fundamental porque redimensiona el fenómeno de la movilidad humana y lo posiciona más allá del marco tradicional interpretativo que veía fundamentalmente una cuestión económica, de oferta y demanda de fuerza de trabajo.

La declaración de la OIM obliga a trascender el diagnóstico normativo, así como las medidas para cambiar la condición de la migración forzada a una de carácter voluntaria. Al final de cuentas, parafraseando a Appadurai, los migrantes son "chivos expiatorios" de la era de la globalización. Este autor considera que, "después de todo, los extranjeros, los enfermos, los nómadas, los disidentes religiosos y similares grupos sociales migratorios han sido siempre blanco del prejuicio y la xenofobia" (Appadurai, 2007: 60). El fenómeno migratorio en la segunda mitad de la década del siglo XXI es consecuencia de la lógica y naturaleza del sistema, cuya respuesta a su incapacidad para ofrecer una salida humana es el rechazo, el despojo, la condena, la brutalidad.

Los países de destino, en particular Estados Unidos, se reservan el derecho de admisión para mantener el país en orden, no es casual que el Pacto Mundial sobre Migración tenga tres ejes: segura, ordenada y regular. La política migratoria se traduce en reglas y acciones, de manera que la seguridad es un elemento esencial para los países de llegada de migrantes en tanto que éstos son portadores del "mal" o por lo menos son sospechosos; por lo tanto, no se puede permitir el desorden en el que cabe la irregularidad como elemento predominante de las migraciones: "El espacio en orden es un espacio gobernado por reglas, mientras que la regla es la regla en tanto en cuanto prohíbe y excluye" (Bauman, 2005: 47).

Recuperando a Bauman (2005) se podría decir que los migrantes son los parias de la modernidad. En esta denominación también caben los refugiados: "son parias y forajidos de una nueva especie, productos de la globalización y epítomes y encarnaciones del espíritu de frontera de ésta" (2010:61). Expresado en otro sentido, "los refugiados son apátridas, pero lo son en un sentido novedoso: su carencia de patria es elevada a un nivel totalmente nuevo por la inexistencia de ese Estado su afiliación estatal nominal evoca (Ibid.).

La movilidad humana del siglo XXI se inscribe en esa dialéctica que implica la necesidad de exacerbar la "autoexploración" y la superexplotación que abona a la reproducción de la "sociedad de rendimiento" y beneficia a los que más tienen. Esta "sociedad activa" conduce a una "sociedad de dopaje". "El dopaje en cierto modo hace posible un rendimiento sin rendimiento" (Chul Han, 2012: 71). Muchos migrantes en Estados Unidos pueden resistir horas extras de trabajo extenuante gracias al dopaje. Atraídos por el espejismo del dólar y el sueño americano, los migrantes caminan sin importar los peligros que acechan.

Los migrantes que viajan por las rutas más peligrosas son los otros Dreamers, porque son también son soñadores, son víctimas del sueño americano y del espejismo del dólar, expuestos cotidianamente a sufrir violaciones a sus derechos humanos, incluso la muerte como ha ocurrido con las masacres en el norte de México y en los accidentes carreteros como el acontecido recientemente en Tuxtla Gutiérrez, Chiapas, que dejó 55 muertos. Estos Dreamers que sueñan con encontrar trabajo en Estados Unidos y enviar dinero a su casa, son seres humanos marcados por has huellas indelebles de un sistema que expulsa a la población, y los expone a manos de la delincuencia. Este sistema es denominado por Naïr como "sistema-mundo imperial". Lo imperial, subraya el autor, es "el proceso de formación de las nuevas clases dirigentes mundiales, de sus culturas y de las formas de consciencia común que comparten. [...] El advenimiento de estas clases internacionales responde a la globalización del comercio, de las culturas y a la inserción de los poderes políticos nacionales en el marco mercantil mundial" (2003, p. 25).

Hoy el mundo está en manos de un puñado de milmillonarios que deciden sobre el destino de la humanidad. En efecto, tres datos lo describen con toda claridad: 1) en 2019, los 2 153 millonarios que había en el mundo poseían más riqueza que 4 600 millones de personas; 2) los 22 hombres más ricos del mundo poseen más riqueza que todas las mujeres de África; 3) el 1% más rico de la población posee más del doble de riqueza que 6 900 millones de personas (Oxfam Internacional, 2020, p. 8).

Referencias

ACNUR. (2021). En el frente de la crisis mundial de desplazamiento. Disponible en https://www.unhcr.org/spotlight/es/2021/12/en-el-frente-de-la-crisis-mundial-de-desplazamiento/#_ga=2.56809450.1557054924.1640746116-1872682288.1640746116, consultado el 28 de diciembre de 2021.

Alarcón, R. (2019). El régimen de la deportación masiva desde Estados Unidos y los migrantes mexicanos. En: Canales, Alejandro y Pizzonia, Alejandro (coordinadores). *Movilidad, migraciones y trabajo en el capitalismo global* (pp. 107-120). Anthropos.

Amin, S. (2005). *Dinámica de la crisis global.* Siglo XXI.

Appadurai, A. (2007). *El rechazo de las minorías.* Barcelona: Tusquets Editores.

Barrero, N. (15/10/2021). Inmigración: Polonia legaliza la devolución en las fronteras. Disponible en: https://www.rtl.fr/actu/international/ immigration-la-pologne-legalise-le-refoulement-aux-frontieres-7900085838, consultado el 18 de noviembre de 2021.

Bartra, A. (2003). Presentación. En: Ornelas, Raúl (Coordinador). *Crisis civilizatoria y superación del capitalismo* (pp. 25-57). UNAM-Instituto de Investigaciones Económicas.

Bauman, Z. (2005). *Vidas desperdiciadas. La modernidad y sus parias.* Barcelona: Paidós.

Bauman, Z. (2010). *Mundo consumo.* Buenos Aires: Paidós.

BBC Mundo. (01/10/2020). La primera caravana de migrantes en tiempos de coronavirus se dirige a EE.UU. a un mes de las elecciones. Disponible en: https://www.bbc.com/mundo/noticias-america-latina-54379864, consultado el 10 de enero de 2021.

BBC Mundo. (21/01/2021). Cuánto se construyó del muro de Trump en la frontera con México que Biden mando parar en el primer día de su mandato. Disponible en: https://www.bbc.com/mundo/noticias-internacional-55733573, consultado el 20 de octubre de 2021.

Biden, J. (2020). The Biden Plan to build security and prosperity in partnership with the people of Central America. Disponible en https://joebiden.com/centralamerica/, consultado el 15 de enero de 2021.

Castel, R. (1997). Las metamorfosis de la cuestión social. Una crónica del salariado. Buenos Aires: Paidós.

CBP. (2021). U.S. Border Patrol Southwest Border Apprehensions by Sector. Disponible en: https://www.cbp.gov/newsroom/stats/southwest-land-border-encounters/usbp-sw-border-apprehensions?_ga=2.76102998.217 313209.1617566435-642942123.1616776697, consultado el 04 de abril de 2021.

CBP. (2022). Aprehensiones en la frontera sur de Estados Unidos. Disponible en: https://www.cbp.gov/newsroom/stats/southwest-land-border-encounters, consultado el 2 de enero de 2022.

CEPAL. (2019). Hacia un nuevo estilo de desarrollo. Plan de Desarrollo Integral El Salvador-Guatemala-Honduras-México. México: Naciones Unidas.

Chesnais, F. (2003). La teoría del régimen de acumulación financiarizado: contenido, alcance e interrogantes. *Revista de Economía Crítica*, núm.1, 37-72.

Chul Han, B. (2012). *La sociedad del cansancio.* Barcelona: Herder Editorial.

CIDH. (25/06/2021). La CIDH saluda terminación de los "Protocolos de Protección del Migrante", y llama a Estados Unidos a adoptar políticas migratorias que incorporen un enfoque de derechos humanos. En: http://www.oas.org/es/cidh/jsForm/?File=/es/cidh/prensa/comunicados/202 1/158.asp, consultado el 30 de junio de 2021.

CNDH. (22/10/2021). CNDH emite medidas cautelares para proteger a la caravana migrante en su trayecto de Chiapas a la Ciudad de México. Disponible en: https://www.cndh.org.mx/documento/cndh-emite-medidas-cautelares-paraproteger-la-caravana-migrante-en-su-trayecto-de, consultado el 24 de octubre de 2021.

Cuarto Poder. (05/09/2020). México sella frontera con Guatemala. Disponible en: https://www.cuartopoder.mx/chiapas/mexico-sella-frontera-con-guatemala/340013/#:~:text=Por%20su%20parte%2C%20el%20embajador,Honduras%20hasta%20la%20de%20M%C3%A9xico, consultado el 20 de junio de 2020.

Colletti, L. (1987). *El marxismo y el "derrumbe" del capitalismo.* México: Siglo XXI Editores.

Department of Justice. (2021). Review of the Department of Justice's Planning and Implementation of Its Zero Tolerance Policy and Its Coordination with the Departments of Homeland Security and Health and Human Services. Disponible en: https://oig.justice.gov/sites/default/files/ reports/21-028_0.pdf, consultado el 10 de marzo de 2021.

DOF (Diario Oficial de la Federal). (12/07/2019). Plan Nacional de Desarrollo 2019-2024. Disponible en: http://www.dof.gob.mx/index.php?year=2019&month=07&day=12&edicion=MAT, consultado el 10 de abril de 2021.

Durand, J. (28/03/2021). Crisis migratoria. *La Jornada.* Disponible en: https://www.jornada.com.mx/notas/2021/03/28/politica/crisis-migratoria-jorge-durand/, consultado el 29 de marzo de 2021.

EFE. (14/08/2021). Juez de Estados Unidos ordena restaurar el programa migratorio 'permanezcan en México'. *Prensa Libre.* Disponible en: https://www.prensalibre.com/internacional/juez-de-estados-unidos-ordena-restaurar-el-programa-migratorio-permanezcan-en-mexico-breaking/, consultado el 10 de octubre de 2021.

Escobar, I. (01/10/2020). Caravana migrante: Giammattei declara estado de Prevención; hondureños serán detenidos y retornados. *Prensa Libre.* Disponible en: https://www.prensalibre.com/guatemala/politica/ caravana-migrante-giammattei-declara-estado-de-prevencion-hondurenos -seran-detenidos-y-retornados-breaking/, consultado el 20 de marzo de 2021.

Henríquez, E. y Xantomila, J. (24/10/2021). Falla intento de contener otra caravana migrante. *La Jornada.* Disponible en: https://www.jornada.com.mx/notas/2021/10/24/politica/falla-intento-de-contener-otra-caravana-migrante/, consultado el 25 de octubre de 2021.

Homeland Security. (2021). El secretario Mayorkas designa a Haití para el estatus de protección temporal por 18 meses. Disponible en: https://www.dhs.gov/news/2021/05/22/secretary-mayorkas-designates-haiti-temporary-protected-status-18-months, consultado el 10 de diciembre de 2021.

International Organization for Migration (IOM). (2019). World Migration Report 2020. Ginebra.

Kanno-Youngs, Zolan. (8/06/2021). "Kamala Harris afila su imagen con un franco mensaje sobre la migración". The New York Times, 8 de junio de 2021. Disponible en https://www.nytimes.com/es/2021/06/08/ espanol/kamala-harris-mexico.html, consultado el 22 de noviembre de 2021.

Kuhn, T. (1971). *La estructura de las revoluciones científicas.* México: Fondo de Cultura Económica.

Lissardy, G. (9/06/2021). Kamala Harris. 'no podemos ayudar a incendiar la casa de alguien y luego culparlos por huir': las duras críticas a la vicepresidente de EE.UU.

tras su visita a Guatemala y México. *BBC News Mundo*. Disponible en: https://www.bbc.com/mundo/noticias-america-latina-57409258, consultado el 20 de diciembre de 2021.

Meyer, M. y Isacson, A. (2019). El "muro" antes del muro. Resumen de informe. Wola, diciembre. Disponible en: https://www.wola.org/es/ analisis/informe-wola-muro-aumento-medidas-migracion-frontera-sur-mexico/, consultado el 20 de noviembre de 2020.

Naïr, S. (2003). *El imperio frente a la diversidad del mundo*. Barcelona: Random House.

Nielsen, K. (25/01/2019). Policy Guidance for Implementation of the Migrant Protection Protocols. Homeland Security. Disponible en: https://www.dhs.gov/publication/policy-guidance-implementation-migrant-protection-protocols, consultado el 10 de diciembre de 2020.

Noticias ONU. (05/03/2020). Los migrantes muertos en el Mediterráneo desde 2014 suman más de 20 000. Disponible en: https://news.un.org/es/story/2020/03/1470681, consultado el 10 de abril de 2021.

OIM. (03/12/2021). Missing Migrants Projet. Disponible en: https://missing migrants.iom.int/, consultado el 3 de diciembre de 2021.

OIT. (2021). *Perspectivas Sociales y del Empleo en el Mundo: Tendencias 2021*. Ginebra.

Oxfam Internacional. (2020). Tiempo para el cuidado. El trabajo de cuidados y la crisis global de desigualdad. Reino Unido.

Peña, A. A. y Ocampo, N. (2029). "El ejército Industrial de reserva y la superexplotación del trabajo, categorías de análisis necesarias para comprender el siglo XX1. En: Sotelo, Adrián (coordinador). *El trabajo en el capitalismo global* (pp. 67-75). Anthropos.

Rifkin, J. (1996). *El fin del trabajo*. Nuevas tecnologías contra puestos de trabajo: el nacimiento de una nueva era. Barcelona: Paidós.

Robinson, W. (2019). Desigualdad salvaje global: el precariado y la humanidad superflua. En: Sotelo, Adrián (coordinador). *El trabajo en el capitalismo global* (pp. 79-92). Anthropos.

Rodríguez, Á. (2014). La crisis del concepto de 'crisis'. *Revista Alfa*, núm. 33, año XVII, 60-75.

Román, J. (18/01/2021). "Enfrentamiento: policía y Ejército desalojan a migrantes hondureños en Vado Hondo, Chiquimula". Prensa libre, 18 de enero de 2021. Disponible en https://www.prensalibre.com/guatemala/ migrantes/enfrentamiento-policia-y-ejercito-desalojan-a-migrantes-hondurenos-en-vado-hondo-chiquimula-breaking/, consultado el 10 de marzo de 2021.

RT. (13/12/2021). Kamala Harris anuncia nuevas inversiones de compañías en Centroamérica para abordar las 'causas fundamentales' de la migración. Disponible en: https://actualidad.rt.com/actualidad/413556-harris-anunciar-inversiones-centroamerica-migracion, consultado el 14 de diciembre de 2021.

RT. (14/11/2021). Moscú responde a las acusaciones de Londres por la crisis migratoria: '45 000 soldados británicos ayudaron a EE.UU. a ocupar Irak'. Disponible en: https://actualidad.rt.com/actualidad/410270-moscu-crisis-migratoria-europa-britanicos-irak, consultado el 15 de noviembre de 2021.

RT. (8/11/2021). Polonia pone en alerta a militares en la frontera con Bielorrusia, y Lituania envía fuerzas adicionales ante la concentración de refugiados en la zona. Disponible en: https://actualidad.rt.com/ actualidad/409640-polonia-poneralertas-militares-frontera-bielorrusia-lituania, consultado el 12 de noviembre de 2021.

Secretaría de Gobernación. (2022). La COMAR en números. Estadísticas a diciembre 2021. Disponible en: https://www.gob.mx/comar/articulos/ la-comar-en-numeros-291861?idiom=es, consultado el 7 de enero de 2022.

Sellier, J. (10/11/2021). GUEST RTL-Polonia: el jefe de Frontex acusa a Bielorrusia de 'orquestar' la crisis migratoria. Disponible en: https://www.rtl.fr/actu/international/invite-rtl-pologne-le-patron-de-frontex-accuse-la-bielorussie-d-orchestrer-la-crise-migratoire-7900095251, consultado el 13 de noviembre de 2021.

Servicio Nacional de Migración. (2021). Datos abiertos. Disponible en: https://www.migracion.gob.pa/transparencia/datos-abiertos, consultado el 3 de enero de 2022.

Sputnik. (13/11/2021). Putin: Rusia no tiene 'nada que ver' con la crisis migratoria en la frontera entre Polonia y Bielorrusia. Disponible en: https://www.dw.com/es/putin-rusia-no-tiene-nada-que-ver-con-crisis-migratoria-en-frontera-entre-polonia-y-bielorrusia/a-59810166, consultado el 14 de noviembre de 2021.

Sputnik. (9/11/2021). Polonia: crisis migratoria con Bielorrusia amenaza 'la seguridad de toda la UE'. Disponible en: https://www.dw.com/es/ polonia-crisis-migratoria-con-bielorrusia-amenaza-la-seguridad-de-toda-la-ue/a-59762232, consultado el 12 de noviembre de 2021.

SRE. (07/06/2019). Declaración conjunta México-Estados Unidos. Disponible en: https://www.gob.mx/cms/uploads/attachment/file/ 467956/Declaracio_n_Conjunta_Me_xico_Estados_Unidos.pdf, consultado el 14 de septiembre de 2021.

SRE. (12/02/2021). "Information on changes to the Migrant Protection Protocols (MPP) announced by the US". Press Release 71. Disponible en: https://www.gob.mx/sre/prensa/information-on-changes-to-the-migrant-protection-protocols-mpp-announced-by-the-us, consultado el 20 de febrero de 2021.

SRE. (09/09/2021). Reactivación del Diálogo Económico de Alto Nivel entre México y Estados Unidos. Disponible en: https://www.gob.mx/sre/ articulos/reactivacion-del-dialogo-economico-de-alto-nivel-entre-mexico-y-estados-unidos-282322?idiom=es, consultado el 25 de septiembre de 2021, consultado el 25 de octubre de 2021.

SRE. (8/10/2021). Declaración conjunta para el Diálogo de Alto Nivel de Seguridad entre México y Estados Unidos. Disponible en: https://www.gob.mx/sre/prensa/declaracion-conjunta-para-el-dialogo-de-alto-nivel-de-seguridad-entre-mexico-y-estados-unidos, consultado el 12 de noviembre de 2021.

SRE. (1/12/2021). México y Estados Unidos anuncian "Sembrando Oportunidades". Comunicado conjunto Relaciones Exteriores-ANEXCID-DOS-USAID. Disponible en: https://www.gob.mx/sre/ prensa/comunicado-conjunto-sobre-sembrando-oportunidades?idiom=es, consultado el 10 de enero de 2021.

Suárez, A. (13/09/2021). Niños migrantes zarpan de Colombia para enfrentar el Darién. Disponible en: https://apnews.com/article/noticias-0b069d2974b7317fe00b7d27300a382d/, consultado el 27 de septiembre de 2021.

The White House. (26/07/2019). Remarks by President Trump al Signing of Safe Trird Country Agreement Whith Guatemala. Disponible en: https://www.whitehouse.gov/briefings-statements/remarks-president-trump-signing-safe-third-country-agreement-guatemala/, consultado el 20 de enero de 2020.

The Withe House. (13/12/2012). Vicepresidente Kamala Harris Announces New Commitments as Part f the Call to Action for the Private Sector to Deepen Investmen in Central America, Now Totaling Over $1.2 Billon. Disponible en: https://www.whitehouse.gov/briefing-room/statements-releases/2021/12/13/vice-president-kamala-harris-announces-new-commitments-as-part-of-the-call-to-action-for-the-private-sector-to-deepen-investment-in-central-america-now-totaling-over-1-2-billion/, consultado el 20 de diciembre de 2021.

Unidad de política Migratoria. (2006c). Boletines estadísticos. Boletín Anual 2005. Disponible en: http://www.politicamigratoria.gob.mx/es/Politica Migratoria/CuadrosBOLETIN?Anual=2005&Secc=3, consultado el 10 de diciembre de 2021.

Unidad de Política Migratoria. (2021a). Movilidades. Análisis de la movilidad humana 2020, año 2, número 8. México: Secretaría de Gobernación.

Unidad de Política Migratoria. (2021b). Boletín Mensual de Estadísticas Migratorias 2021. Disponible en: http://www.politicamigratoria.gob.mx/ es/PoliticaMigratoria/Boletines_Estadisticos, consultado el 15 de diciembre de 2021.

Wallerstein, I. (2005). *La crisis estructural del capitalismo*. San Cristóbal de Las Casas: CIDECI-Contrahistorias.

FLUJOS MIGRATORIOS LATINOAMERICANOS RECIENTES EN MÉXICO: ORIGEN NACIONAL Y HUELLA TERRITORIAL EN EL PAÍS

Jéssica N. Nájera Aguirre

Introducción

México es parte de un Sistema Migratorio Regional, denominado como Sistema migratorio Centroamérica-México (Castillo, 2010) o Subsistema migratorio mesoamericano Durand (2016), que vincula territorialmente y políticamente a México, Centroamérica y Estados Unidos a partir de procesos migratorios internacionales mayoritariamente de sur a norte en el que el territorio de destino privilegiado es el estadounidense. En este sistema migratorio, cada país se define por categorías geopolíticas que se han construido históricamente: Centroamérica como región de origen de migrantes, México como país de origen de migrantes y país de tránsito de migrantes centroamericanos, y Estados Unidos como país de destino hegemónico. Sin embargo, en la última década México se ha configurado adicionalmente como un país de destino, ante las experiencias de migración en tránsito truncadas en este territorio y la llegada de personas migrantes en búsqueda de protección internacional, como se verá más adelante.

La existencia de una región centroamericana de emigraciones históricas con raíces estructurales (CEPAL, 2019) se sostiene en una combinación cada vez más compleja de motivadores para la salida a otros países, entre ellos, las persistentes condiciones de pobreza, las precarias condiciones laborales y el acceso al trabajo, el incremento de la violencia y sus efectos en otras esferas de la vida cotidiana, la destrucción de bienes y formas de producción debido a eventos climatológicos y geológicos, y finalmente, a la inercia demográfica del incremento de poblaciones jóvenes y pocas oportunidades laborales (Nájera y Rodríguez, 2020; CEPAL 2018). Si bien, todas estas características han sostenido los procesos migratorios centroamericanos en el siglo XXI cuyo destino privilegiado es Estados

Unidos (López, 2018); en los años recientes, se han incrementado las migraciones forzadas por violencia y, en consecuencia, han disminuido las migraciones económicas, en términos relativos (Gómez, 2015).

En las movilidades poblacionales internacionales, las fronteras entre países no sólo son el límite de un Estado-nación, son también espacios de entrada, tránsito y estancia de personas extranjeras. En el caso del Sistema Migratorio Centroamérica, México y Estados Unidos, la región centroamericana destaca por la existencia del Convenio CA-4, con el cual la población de Guatemala, Honduras, El Salvador y Nicaragua pueden movilizarse por estos cuatro países sin la necesidad de contar con un pasaporte o visa. Esta permisibilidad a la movilidad en el norte de Centroamérica posiciona a la frontera Guatemala-México como la primera frontera internacional para la que se requiere un documento migratorio internacional para la entrada y estancia en territorio mexicano, incluso ante movilidades de paso y estancias temporales.

La frontera sur de México colindante con Guatemala y Belice es un límite internacional sin muros ni vallas, por el que se movilizan poblaciones co-fronterizas y transitan poblaciones latinoamericanas en viajes con destino a Estados Unidos. La mayor dinámica poblacional en esta frontera ocurre entre México y Guatemala, donde poblaciones guatemaltecas se trasladan a trabajar, visitas o compras a las entidades mexicanas de Chiapas y Tabasco, tanto de manera documentada como indocumentada, por decenas de pasos fronterizos sin vigilancia del Instituto Nacional de Migracion (INM) y por puntos fronterizos con vigilancia migratoria. La región fronteriza formada por Chiapas y Guatemala es la zona de mayores movilidades transfronterizas y transnacionales –representadas por migraciones en tránsito hacia Estados Unidos e inmigraciones tanto de población centroamericana como latinoamericana y del caribe (Nájera, 2021).

Aunque en México el contacto migratorio latinoamericano inicia en la frontera sur del país, en la historia de las migraciones regionales la frontera norte de México –vecina con Estados Unidos- ha sido la frontera mexicana de mayor importancia migratoria, política, económica, social y cultural. La invisibilidad de la frontera sur de México respecto a la extrema visibilidad de la frontera norte con Estados Unidos, han llevado a la denominarla como la "otra frontera de México" (WOLA, 2014), una frontera que era comparativamente menos relevante, pero que desde el inicio del siglo XXI se ha situado como un espacio de observación y control estratégico de los flujos migratorios con destino a Estados Unidos. De acuerdo con Villafuerte (2009), las fronteras internacionales se tornan en espacios geoestratégicos o geopolítico, particularmente cuando la dinámica migratoria regional "inusuales" por lo que atraen la atención mediática, política y social de los países vinculados a dichos flujos migratorios. Es entonces, cuando las fronteras imaginarias, como las nombra Perez (2008), se hacen reales u objetivas, tanto para las personas migrantes como para los Estados-nación.

Es así que, aunque los flujos migratorios centroamericanos y latinoamericanos que atraviesan por México para desplazarse hacia Estados Unidos iniciaron en la década de 1980, la frontera sur de México y las entidades que la componen han cobrado interés político y social en momentos específicos en el tiempo, cuando se mediatiza su importancia como límite internacional del país y adicionalmente, como un límite de Estados Unidos, a pesar de no serlo. La denominada "externalización de la frontera norteamericana", señalada por Fernández y Rodríguez (2016), ha significado para México adoptar o fortalecer programas de control migratorio de los flujos migratorios irregulares cuyo destino es Estados Unidos, algunos con financiamiento estadounidense donde prevale la detección y detención migratoria, la modernización de la vigilancia fronteriza y la devolución de las personas migrantes al país de origen. La gobernabilidad de las migraciones en este Sistema migratorio regional se lleva a cabo en México y "desde" Estados Unidos en territorio mexicano.

Desde el año 2001 con el ataque a las Torres Gemelas en el vecino país del norte, una perspectiva de seguridad y securitización migratoria generada en Estados Unidos fue trasladada a México (Benitez, 2011);[1] el país estadounidense ha liderado las políticas y programas de control y vigilancia migratoria en la región mesoamericana con el interés de desincentivar las migraciones hacia su territorio, a través del asesoramiento y financiamiento de acciones migratorias para el control migratorio, particularmente en las zonas fronterizas mexicanas. Es así que las frontera sur y norte de México se han convertido en espacios geopolíticos estratégicos para el control de las migraciones

---

[1] De acuerdo con Herrera y Artola (2011), el vínculo entre seguridad y migración es tangible en las prácticas de control de la migración irregular y los problemas o riesgos asociados a ella, como la trata y tráfico de personas, falsificación de documentos y propensión al desarrollo de actividades ilícitas (narcotráfico) por engaño, presión o coerción a los migrantes por parte de grupos delictivos.

internacionales con destino a Estados Unidos, lo que ha significado un corrimiento de fronteras del norte hacia el sur mexicano (Villafuerte, 2009).

En la última década, el Estado mexicano ha adoptado una política migratoria enfocada en el control y regulación migratoria, enfocada en la frontera sur del país y principalmente en el estado de Chiapas, desplegando programas específicos como el "Programa Frontera Sur" en 2014, enfocado en controlar el flujo migratorio de Centroamérica hacia Estados Unidos cuyas principales acciones son la detención y la repatriación al país de origen (COLEF-CNDH, 2016). En los años 2018 y 2019, a petición (y presión) del gobierno estadounidense comandado por Donald Trump, México inició prácticas de control migratorio a lo largo de su frontera sur para detener la entrada de las denominadas "Caravanas migrantes" procedentes de Centroamérica y cuyo destino declarado era Estados Unidos. En dichos años, el Estado Mexicano adicionó a los operativos de control migratorio en la frontera sur de México, facultad exclusiva de las autoridades migratorias del INM, el apoyo de la Guardia Civil (policía); evidenciando la puesta en marcha de una estrategia de seguridad nacional en oposición a una de seguridad humana (Ortega y Morales, 2021).

Adicionalmente a los flujos de migrantes en situación migratoria irregular que buscaban desplazarse en grupos organizados de la frontera sur de México hasta la frontera norte para entrar a Estados Unidos, el año 2018 se caracterizó por el inicio de un (intenso) período de solicitudes de protección internacional (refugio) en México ante la Comisión Mexicana de Ayuda al Refugiado (COMAR). Una parte de las personas que viajaban en las Caravanas migrante consideraban que su desplazamiento forzado fue motivado porque su vida se encontraba en peligro o amenazada en el país de origen, motivo por el cual se buscaba refugio en Estados Unidos o en México —como país alternativo. En las actuales migraciones a México, los factores contextuales de los países de origen, que detonan desplazamientos generalizados de población, son indicativos definitorios para el otorgamiento de protección internacional a grupos de población de países específicos (como Venezuela), así como la identificación de una causa válida y comprobable para el otorgamiento individualizado de refugio, asilo o protección complementaria.

Es por ello que, en el marco del Sistema migratorio regional, en el año 2018, con la identificación de una "crisis migratoria" en Centroamérica a partir de los diálogos bilaterales entre Estados Unidos, México y con el apoyo de Comisión Económica para América Latina y el Caribe (CEPAL), se ha logrado el otorgamiento de protección humanitaria específicamente a población hondureña. Pero adicionalmente, se ha trabajado en el diseño de iniciativas de desarrollo integral en la región a fin de detener la emigración de su población (CEPAL, 2021). Ante estas experiencias de protección humanitaria combinadas con migraciones en tránsito, México se ha convertido en un país de destino de población centroamericana, latinoamericana y del caribe, e incluso de poblaciones fuera del continente –como las migraciones de población haitiana, venezolana y africana desde el año 2015 que llega a México y cuyo destino privilegiado es también Estados Unidos (Coulange y Castillo, 2020; Gandini, Prieto y Lozano, 2019; Ray y Leyva, 2020).

En el año 2020, la dinámica migratoria en México y particularmente sus fronteras con Guatemala y Estados Unidos se vio afectada por el inicio de la pandemia por COVID19. Las personas migrantes en movilidad por México tuvieron que permanecer en el país, de manera voluntaria o forzada, por tiempos específicos; la movilidad se transformó en inmovilidad o en estancamiento humano –como lo denomina Tapia et al. (2017). En este escenario, algunas ciudades de la frontera sur y norte de México fueron el escenario de procesos migratorios de establecimiento, temporal o casi permanente, de población que iba en tránsito hacia Estados Unidos o de población en búsqueda de protección internacional y cuyos trámites se vieron ralentizados tanto por el incremento inaudito de número de solicitudes como por los momentos de inactividad generados por las restricciones y confinamiento de la sociedad mexicana por la pandemia.

Es así que las actuales migraciones en México, como en gran parte de América Latina, se caracterizan por ser migraciones mixtas, es decir, movilidades internacionales definidas por la inter conexión entre múltiples causas estructurales (violencias y crisis económicas; a nivel macro), distintos flujos migratorios (migrantes y refugiados; a nivel meso) y motivos personales varios para salir del lugar de origen (a nivel micro) (Lorenzen, Frausto y Orozco, 2018). Como señala Van, Brubaker y Bessa (2009), las causas de la migración pueden ser múltiples y simultáneas, por lo que la distinción entre un desplazamiento migratorio voluntario o forzado se vuelve cada vez más completo.

En estas dinámicas de movilidad poblacional entre países de la región latinoamericana, la medición de los flujos migratorios entre países emisores y países receptores es determinante para reconocer los vínculos políticos y sociales internacionales (Martínez y Orrego, 2016). Los censos de población y encuestas especializadas permiten identificar, cuantificar y caracterizar la inmigración internacional o extranjera en un país de destino, pero es menos probable dar cuenta de los flujos migratorios que pasan por un país de tránsito, hacia otro país. Las denominadas migraciones en tránsito suelen ser movilidades menos visibles, cuantificables y caracterizables, relacionadas con la usual característica de clandestinidad por indocumentación migratoria necesaria para la movilidad internacional; por lo que el registro administrativo por parte de las autoridades migratorias o instituciones encargadas del otorgamiento de refugio o asilo se tornan relevantes para la visibilidad de la migración en tránsito y la búsqueda de protección internacional.

Para el caso mexicano, como señala Rodríguez (2016), una medición completa de los flujos migratorios en tránsito por México con destino a Estados Unidos debería considerar a las personas migrantes detenidas en territorio mexicano cuyo destino era el vecino país del norte, más las personas migrantes que logran cruzar territorio mexicano y llegar a Estados Unidos y que adicionalmente no son detectados ni devueltos al país de origen por parte de las autoridades migratorias estadounidenses. Es así que a pesar de que los registros de detenciones de migrantes en situación migratoria irregular en México son una medición incompleta del flujo, refiere a la estimación más aproximada del fenómeno. En general, los migrantes internacionales son detenidos o "rescatados" por el INM, llevados/ "presentados" / "alojados" en Estaciones Migratorias y posteriormente son deportados/ "devueltos" / "repatriados de manera segura" a su país de origen; sólo algunos de los detenidos permanecen en retención migratoria hasta que se emite una resolución a solicitudes de protección humanitaria internacional.[2]

---

[2] Es relevante señalar que el Instituto Nacional Migración de México ha adoptado en el tiempo, ante un interés de cambiar hacia una perspectiva de seguridad humana, distintos eufemismos para nombrar a las detenciones y retenciones de personas migrantes en sus instalaciones hasta ser deportados al país de origen.

El presente capítulo tiene como objetivo analizar los actuales flujos migratorios internacionales latinoamericanos que arriban a México (2010-2021), en tránsito por el país con destino a Estados Unidos y aquellos en búsqueda de protección internacional en México como alternativa al no regreso al país de origen y ante la imposibilidad de iniciar el trámite en territorio estadounidense; se busca reconocer la especificidad regional de dichas dinámicas migratorias (a través del país de origen de las personas migrantes) y los retos territoriales de atención y establecimiento de personas migrantes en el país (a través de las entidades de tránsito y estancia). Para la estimación y caracterización de los flujos migratorios que llegan a México se recurre a las detenciones de personas migrantes por parte de las autoridades migratorias mexicanas (INM) por no contar con la documentación migratoria requerida para entrar y permanecer en el país, como una aproximación a las experiencias de migrantes que tenían como destino final desplazarse hasta Estados Unidos;[3] y en el caso de la búsqueda de protección internacional, se analizan las solicitudes de refugio ante la COMAR y la emisión de documentación migratoria relacionada con visas humanitarias, protección internacional y permisos de residencia.

El análisis parte de tres supuestos a dialogar: i) a nivel regional, México se ha acentuado y diversificado la dinámica del Sistema migratorio mesoamericano donde México es país de tránsito de población centroamericana pero un reciente incremento como opción de destino, y adicionalmente, México ha emergido como parte de un corredor migratorio latinoamericano al ser país de tránsito y destino de diversos flujos migratorios latinoamericanos originados desde el sur de América hasta Estados Unidos; ii) a nivel regional y nacional, a pesar del incremento inusitado de migrantes solicitantes de refugio en México, el país mantiene un preponderante papel como país de tránsito de migrantes con destino a Estados Unidos; y iii) a nivel nacional, la llegada de personas migrantes y solicitantes de protección internacional a México contribuye a la configuración de una huella migratoria territorial desigual en el país, en la que las entidades de las fronteras representan los mayores retos de atención a poblaciones migrantes en

---

[3] Una forma aproximada para reconocer el destino final de las personas migrantes que pasan por México y son detenidas por el INM es a través de la Encuesta sobre Migración en la Frontera Sur de México (EMIF SUR), la cual es aplicada a una muestra de población guatemalteca, hondureña y salvadoreña devuelta a su país de origen en la que se pregunta respecto al lugar al que se dirigían, en promedio el 70% de los detenidos declararon que su destino final era Estados Unidos (Colef et al., 2019).

comparación con otras regiones del país.

Flujos migratorios en México: llegadas y formas de estancia

La mayoría de las migraciones internacionales en tránsito por México tienen como destino final Estados Unidos y se caracterizan por su situación migratoria indocumentada o irregular debido a la dificultad de obtener un documento migratorio mexicano o estadounidense que les permita entrar de manera regular a ambos países. Es por esta característica, que una parte del flujo de migrantes latinoamericanos que intenta transitar por México es detenida por los agentes del Instituto Nacional de Migración de México (INM). Como puede observarse en la gráfica 1, el flujo migratorio registrado en México de mayor cuantía es el de migrantes en tránsito por el país, con un valor promedio de 100 mil detenciones anuales, en los últimos diez años (2010 a 2021), por lo que se muestra que existe un tránsito de migrantes constantes por el país, en el que cada día el INM detiene en promedio a 274 migrantes por estar en México sin un documento migratorio que avale su estancia.

Gráfica 1
Flujos de migrantes internacionales en México, según tipo de registro administrativo
(2010-2021)

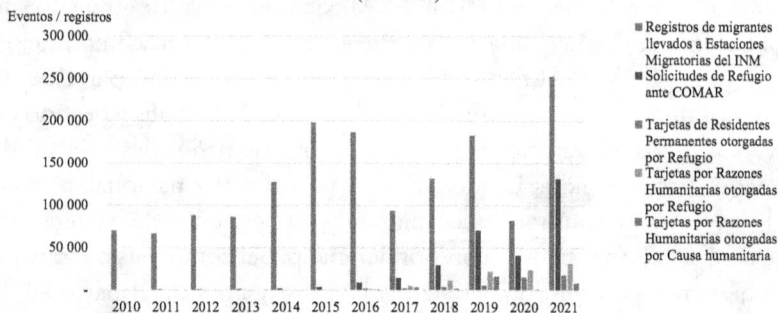

Fuente: Elaboración propia con registros de 2010-2021 en el Boletín Mensual de Estadísticas Migratorias de la Unidad de Política Migratoria, Registro e Identidad de Personas, SEGOB; y de Solicitudes de refugio por la Comisión Mexicana de Ayuda al Refugiado (COMAR).

En la década de análisis, destacan tres momentos con incrementos importantes en el flujo de migrantes en tránsito detenidos en México: el primero, ocurre entre los años 2015 y 2016, con 198 mil y 186 mil detenciones respectivamente, debido a dos eventos, el primero generado en México con la adopción de una práctica generalizada de revisiones y detenciones migratorias por parte del INM iniciada en el año 2014, pero particularmente en Chiapas —entidad fronteriza de

México con Guatemala; y el segundo generado en los países de origen, relacionado con las pérdidas económicas y sociales ocasionadas por el fenómeno climatológico de "El niño" en Centroamérica en el año 2015, el cual ocasionó sequías, pérdida de cultivos básicos (frijol y maíz) y la consecuente escasez de alimentos, afectando principalmente a poblaciones vulnerables campesinas, rurales y en situación de pobreza (CEPAL, 2018; FAO, 2016; GWP, 2016).

El segundo momento ocurre entre 2018 y 2019 con 131 mil y 182 mil detenciones de migrantes, relacionado principalmente con la llegad de las Caravanas migrantes centroamericanas a México con destino a Estados Unidos. Es de destacar, que dicho incremento migratorio estuvo relacionado con los posicionamientos políticos respecto al tema migratorio en Estados Unidos y en México en los meses previos a las Caravanas; en el año 2017, iniciaba el gobierno de Donald Trump en Estados Unidos con declaraciones que postulaban el cierre de la frontera estadounidense con México y la detención y deportación de toda persona que arribara a dicho país, por esta razón como puede observarse en la gráfica, el flujo de migrantes con destino a dicho país disminuyó sustantivamente ante la incertidumbre generada. En oposición al clima de detención migratoria planteado desde Estados Unidos, en México el recién elegido presidente Andrés Manuel López Obrador (2018) postulaba una política migratoria humanitaria en la que todo migrante que llegara a territorio mexicano sería recibido en el país (Leutert, 2020).

El posicionamiento migratorio con perspectiva humanitaria de México fue una de las circunstancias que motivaron a las denominadas Caravanas Migrantes, que arribaron al país desde octubre de 2018 y durante el 2019. Las diversas caravanas que entraron por la frontera sur del país (Tapachula, Chiapas) tenían el propósito desplazarse colectivamente hasta la frontera norte del país (particularmente a Tijuana, Baja California), para solicitar la entrada a Estados Unidos; se movilizaron entre 6 mil y 10 mil personas, principalmente de origen hondureño, salvadoreño y guatemalteco (Contreras, París y Velasco, 2021; COLEF, 2018). La movilidad internacional en caravanas fue una forma de salir de las sombras impuestas por la clandestinidad de la migración indocumentada (Reichman, 2013) y representó la posibilidad de cruzar México de manera segura y acompañada, así como la posibilidad de solicitar la entrada a Estados Unidos de manera grupal.

Sin embargo, los vínculos políticos entre ambos países, forzaron a México a implementar acciones extraordinarias de detección, detención y deportación de personas migrantes por parte del Instituto Nacional de Migración; por su parte, la Patrulla Fronteriza de Estados Unidos también aprehendió a más de 600 mil personas de El Salvador, Guatemala y Honduras, entre octubre de 2018 y septiembre de 2019 (Contreras, París y Velasco, 2021).

Finalmente, el tercer momento de incremento en el flujo migratorio por México es el año más reciente, en 2021 el INM realizó 252 mil detenciones de migrantes en el país, monto no observado en ningún año previo. Ante los devastadores efectos de la pandemia por COVID-19 en la región latinoamericana se intensificó la emigración internacional –individual y nuevamente en caravanas- por México en búsqueda de mejores oportunidades en Estados Unidos, donde adicionalmente el escenario político cambiaba con la llegada del nuevo mandatario Joe Biden (2021), quien promovía una gestión migratoria más humana –a diferencia de su antecesor[4]. Para México, el año 2021 significó una nueva crisis migratoria en el país ante el aumento de las personas migrantes en busca del "sueño americano"; por el incremento en las detenciones y deportaciones realizadas por el INM, pero también por el incremento de las solitudes de refugio en el país ante la COMAR, como se presenta a continuación.

Una de las formas más recientes de llegada a México de personas migrantes es la búsqueda de protección internacional. México, como otros países, se ha regido desde la década de los cincuenta del siglo XX por los acuerdos internacionales relativos a la protección internacional a personas migrantes; sin embargo, desde el año 2011, con la promulgación de Ley Sobre Refugiados, Protección Complementaria y Asilo Político (DOF, 2011) el país estableció los lineamientos internos

---

[4] Entre las principales acciones llevadas a cabo por Biden desde inicios de 2021 se encuentran: detener la construcción del muro en la frontera con México, terminar con la separación de los hijos de inmigrantes ilegales de sus padres y madres, y anular el Protocolo de Protección de Migrantes (MPP, por sus siglas en inglés, y mejor conocido como "Quédense en México"/Remain in Mexico), que preveía que los solicitantes de asilo en Estados Unidos debían esperar la aprobación o rechazo de su solicitud del lado mexicano de la frontera, a dicha población se le permitió ingresar a Estados Unidos y acelerar los procedimientos de asilo. Esta serie de acciones animaron a las personas migrantes a aventurarse nuevamente al sueño americano, a pesar de que, en junio de 2021, la vicepresidenta de dicho país, Kamala Harris, intentaba detener los nuevos flujos migratorios a su país, declarando "No vengan. Los Estados Unidos seguirán imponiendo las leyes vigentes y se asegurarán nuestras fronteras". Durante 2021, la migración hacia Estados Unidos continuó intentado llegar a ese país (DW, 2022).

para el otorgamiento de refugio, protección complementaria y asilo político a las personas extranjeras que lo soliciten. De acuerdo con dicha ley, todo extranjero que llega a territorio nacional tiene derecho a solicitar refugio o protección internacional (artículo 11); cuando i) compruebe temores fundados de ser perseguido en su país por motivos de raza, religión, nacionalidad, género, pertenencia a determinado grupo social u opiniones políticas, y que no pueda o, a causa de dichos temores, no quiera regresar a él y ii) cuando ha huido de su país de origen, porque su vida, seguridad o libertad han sido amenazadas por violencia generalizada, agresión extranjera, conflictos internos, violación masiva de los derechos humanos u otras circunstancias que hayan perturbado gravemente el orden público (artículo 13).

Desde el año 2015 las solicitudes de refugio en México ante la COMAR se han incrementado de manera sistemática y exponencial pasando de 3 mil solicitudes en dicho año a 131 mil solicitudes en 2021. Como puede observe en la gráfica 1, es evidente que la cuantía de dicho flujo migratorio solicitante de protección internacional es sistemáticamente menos de la mitad del flujo de migrantes en tránsito detenidos por México.[5]

La dinámica migratoria en búsqueda de protección internacional puede comprenderse en cuatro momentos en el tiempo: i) antes de 2015, un período de poco registro de solicitudes de refugio (menor a 2 mil 500 solicitudes); ii) entre 2015 y 2017, un primer incremento sostenido de solicitudes de refugio de 3 mil a 14 mil, debido a la llegada de grupos de migrantes de determinados países como se verá más adelante; iii) entre 2018 y 2019, años de llegada de las Caravanas migrantes centroamericanas, cuando algunos de sus integrantes iniciaron la búsqueda de protección internacional en territorio mexicano ante la imposibilidad de solicitarlo en Estados Unidos, pasando de 29 mil y 70 mil solicitudes, y iv) el año 2021 con un incremento abrupto de solicitudes de refugio, al llegar a más de 131 mil solicitudes, conformándose como el año de la crisis del refugio en México.

De acuerdo con Paris (2019), el abrupto crecimiento de solicitudes de refugio en los años de las Caravanas migrantes (2018 y 2019) representó la primera crisis del refugio para México, debido a la

---

[5] Entre 2017 y 2021, las solicitudes de refugio representan el 15, 22, 38, 50 y 52% de las detenciones de migrantes, respectivamente.

emergencia humanitaria que significó para la COMAR la atención a miles de personas (COMAR). Esos años también fueron el momento de llegada e instalación de organismos internacionales encargados de la ayuda a refugiados, como la ACNUR, la cual se ha mantenido en el país hasta la fecha. Por su parte, la disminución observable en el número de solicitudes de refugio en el año 2020, fue producto de la crisis sanitaria por COVID-19, relacionado con el cierre de fronteras y la consecuente interrupción de la movilidad poblacional por la frontera sur de México.

Durante el trámite de refugio, el gobierno mexicano otorga como documentación migratoria temporal una Tarjeta de Visitante por Razones Humanitarias por razones de Refugio (TVRH-R) en tanto se resuelve la solicitud de protección internacional; cuando la resolución es positiva, la persona migrante recibe una Tarjeta de Residente Permanente por razones de Refugio (TRP-R), mientras que si es negativa, la persona puede ser devuelta a su país de origen, o recibir una Tarjeta de Visitante por Razones Humanitarias como una alternativa temporal a la no devolución por considerar que la vida de la persona podría estar en peligro si vuelve en ese momento a su país. Dentro de estas formas de estancia migratoria documentada en el país, las personas en búsqueda de protección internacional en México presentan un incremento sustantivo de 2015 a 2021, tanto en TVRH — al pasar de tan sólo 272 tarjetas a 31 mil tarjetas otorgadas por refugio- como entre las TRP, las cuales pasaron de 524 tarjetas a 17 mil residencias permanentes por refugio en el último año de observación.

Las TVRH, como instrumento de protección temporal a personas migrantes extranjeras en México con necesidades de protección internacional, han tenido un carácter polivalente, discrecional y temporal, a decir de Torre (2021), en tanto que cada gobierno federal en turno ha utilizado dicho instrumento de regulación migratoria ante necesidades distintas. Entre 2015 y 2016 se entregaron TVRH a migrantes haitianos mientras esperaban una resolución a la solicitud de refugio en Estados Unidos; entre 2018 y 2019, en el momento de las Caravanas Migrantes y en el marco del "Programa Emergente de Emisión de Tarjetas de Visitante por Razones Humanitarias", las TVRH fueron utilizadas como "salvoconducto" para cruzar el territorio mexicano y continuar el viaje a Estados Unidos (Torre, 2021). En el año 2021, las personas migrantes venezolanas, haitianas y centroamericanas en espera de resolución a su solicitud de protección internacional en la frontera sur de México (Tapachula, Chiapas), han solicitado se les otorgue una TVRH para poder continuar con el viaje hacia Estados Unidos.

Finalmente, cuando el Estado mexicano, a través de la COMAR, resuelve no otorgar la condición de refugiado a la persona migrante, el Estado mexicano puede ofrecer temporalmente "Protección Complementaria" a la persona migrante, atendiendo el principio de no devolución a un país donde su vida o sus derechos se verían amenazados, en peligro o vulnerados. Esta protección internacional alternativa temporal se registra a través de las Tarjetas de Visitante por Razones Humanitarias otorgadas por Causa humanitaria (TVRH-CH), las cuales son sistemáticamente menores a las tarjetas de reconocimiento de refugio u otras formas de resolución positivas. Adicionalmente, como puede observarse en la gráfica 1, dicha forma de estancia temporal en México fue principalmente utilizada en el año 2019 cuando se otorgaron 16 mil tarjetas y en el año 2021 con 8 mil tarjetas otorgadas.

El análisis histórico respecto a solicitudes y otorgamientos de protección internacional a personas migrantes extranjeras en México muestra el incremento sistemático de dicho flujo migratorio desde el año 2015 a la fecha, a través del otorgamiento del derecho a la estancia permanente o temporal en el país. Sin duda, el año 2021 ha sido el momento crítico en cuanto a atención migratoria de este flujo, y a pesar de que la legislación migratoria establece que a ningún extranjero, que entra al país por sus fronteras o aeropuertos, se le puede denegar el derecho de solicitud de protección internacional, ni se le puede devolver al país donde su vida peligre (derecho de no devolución), en los últimos años, de acuerdo a relatos de organizaciones nacionales e internacionales de acompañamiento a personas migrantes, se han registrado negaciones de atención humanitaria y realizado devoluciones migratorias que ponen en riesgo los derechos humanos de dichas personas migrantes (Sin Fronteras, 2021).

Si bien en México existe una diversidad de formas de llegada y estancia migratoria en el país para las personas migrantes extranjeras, la migración en tránsito por el país con destino a Estados Unidos continúa siendo el flujo migratorio más importante, por lo que México mantiene su posición geográfica y política internacional como país de tránsito de migrantes, con una creciente posición como país de destino

—temporal o permanente- para aquellos en búsqueda de protección internacional.

Origen nacional de los flujos migratorios

De manera sistemática el flujo de migrantes internacionales en tránsito por México con destino a Estados Unidos está compuesto mayoritariamente por población originaria del norte de Centroamérica (Guatemala, Honduras y El Salvador). El denominado Sistema Migratorio Mesoamericano persiste año tras año y es visible en México a través de las detenciones de personas migrantes que se movilizan sin un documento migratorio por la región. Como puede observarse en la gráfica 2, las detenciones de personas originarias de Centroamérica corresponden, en promedio, al 90% de las detenciones de cada año entre 2010 y 2021. Sin considerar el año más reciente, la mayoría de las detenciones migratorias son de población originaria de Guatemala, Honduras y El Salvador, cuyo valor promedio en el período es de 44 mil, 42 mil y 12 mil detenciones respectivamente; observando el predominio de la población guatemalteca a lo largo de 2010-2020, y la baja participación de la población salvadoreña.

Sin embargo, la migración hondureña en tránsito por México ha mostrado una mayor magnitud que la guatemalteca desde el año 2018 y hasta la actualidad. Las Caravanas migrantes en 2018 y 2019 se originaron en San Pedro Sula, Honduras, por lo que su composición por país de origen, fue esencialmente hondureña. Adicionalmente, como se señaló en el apartado anterior, en el año 2021 las detenciones de migrantes se incrementaron abruptamente, así que, de las 250 mil detenciones en el año, 108 mil correspondieron a personas hondureñas, es decir, el 43% de las detenciones nacionales, un monto insólito en la historia de las migraciones en México (como puede observarse en el mapa 1). En oposición a la preponderancia de las migraciones originarias de los países del norte de Centroamérica, la migración de Nicaragua se comprende como un flujo de reciente aparición por México, especialmente porque su movilidad internacional es privilegiadamente fronteriza con destino a Costa Rica. En el año 2010 las detenciones de nicaragüenses fueron 833, pero en el año 2021 éstas ascendieron a poco más de 13 mil detenciones.

Aunque casi la totalidad de las detenciones migratorias es de población centroamericana, un 2.0% (en promedio) de las detenciones migratorias nacionales es de personas originarias de las Islas del Caribe. A pesar de representar un porcentaje comparativamente menor, con menos de 2 mil detenciones al año procedentes de dicha región, en los años 2015, 2016, 2019 y 2021, éstas representaron un porcentaje de 5, 11, 6 y 10% respectivamente, con un valor de 9 mil, 21 mil, 11 mil y 24 mil detenciones en el año más reciente. De la región caribeña, compuesta por Cuba, Haití, República Dominicana y Jamaica, destacan los dos primeros países como los principales orígenes de las personas migrantes en tránsito por México y con destino privilegiado a Estados Unidos.

Gráfica 2
Eventos de extranjeros detenidos en estaciones migratorias, según continente (2010-2021)

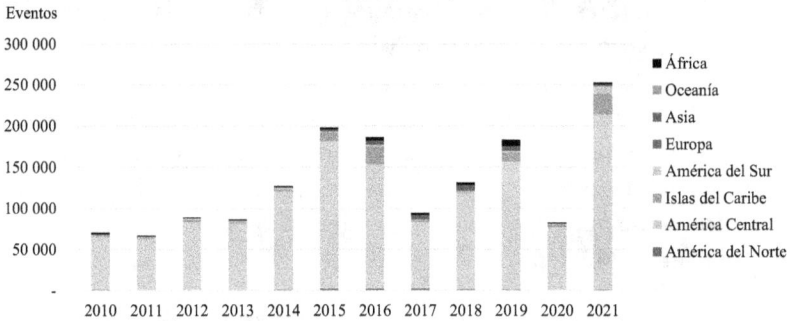

Fuente: Elaboración propia con registros de 2010-2021 en el Boletín Mensual de Estadísticas Migratorias de la Unidad de Política Migratoria, Registro e Identidad de Personas, SEGOB.

Gráfica 3
Eventos de extranjeros alojados en estaciones migratorias, según país de nacionalidad (2010-2021)

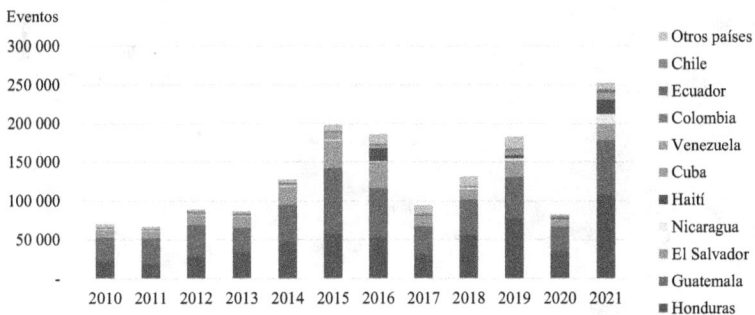

Fuente: Elaboración propia con registros de 2010-2021 en el Boletín Mensual de Estadísticas Migratorias de la Unidad de Política Migratoria, Registro e Identidad de Personas, SEGOB.

Si bien las migraciones y detenciones de personas cubanas en México han sido persistentes en los años, con un promedio anual de

1,600 detenciones, destacan los años 2015, 2019 y 2021 con más de 9 mil, 7 mil y 6 mil detenciones respectivamente. El año 2015 fue un año clave para la entrada de los originarios de este país a Estados Unidos, adelantándose a un posible cambio en la regulación migratoria que permitía la entrada privilegiada a dicho país; y desde 2017, con la nueva regulación migratoria estadounidense de cierre a la inmigración, los cubanos comenzaron la migración a Estados Unidos vía México como otros migrantes latinoamericanos (UPMRIP, 2020).

En el caso de Haití, las detenciones de migrantes de dicho país eran en promedio 730 detenciones al año, pero con dos momentos en período de alta migración y detención migratoria en el país. Por un lado, el año 2015 con la llegada de población haitiana procedente de Brasil que tenía el interés de llegar a Estados Unidos. (Coulange y Castillo, 2020) y una parte fue detenida en 2016 (17 mil personas) y otra obtuvo una Tarjeta de Visitante por Razones Humanitarias (TVRH) como medio para la protección humanitaria temporal en tanto se resolvía la atención humanitaria por parte del gobierno estadounidense. En el año 2021 fue un nuevo incremento inesperado a través de las 18 mil detenciones de migrantes de origen haitiano, principalmente en la frontera sur de México.

Mapa 1. Flujo de migantes en tránsito a través de detenciones de migrantes latinoamericanos en México por parte de las autoridades migratorias (2021)

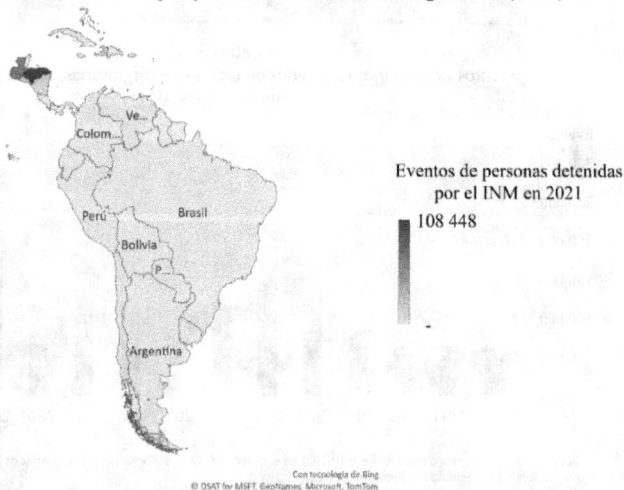

Eventos de personas detenidas
por el INM en 2021
108 448

Con tecnología de Bing
© DSAT for MSFT, GeoNames, Microsoft, TomTom

Los siguientes tres países latinoamericanos de alta cuantía entre el flujo de migrantes indocumentados detenidos por el INM son personas originarias de América del sur, que, aunque al igual que las Islas del Caribe, representan menos del 2% de las detenciones nacionales anuales, alrededor de 1,500 detenciones anuales promedio, son un reflejo del alcance de los corredores migratorios latinoamericanos. Las migraciones y detenciones de Sudamérica provienen esencialmente de Colombia, Ecuador, Venezuela y Chile, con detenciones promedio de 480, 410, 163 y 24 detenciones al año entre 2010 y 2020. Es de destacar que, para todos los orígenes mencionados, en el año 2021 se registraron incrementos en las detenciones no imaginables: más de 3 mil detenciones de venezolanos, casi mil detenciones de colombianos, más de mil detenciones de ecuatorianos y más de dos mil de personas chilenas. Es pertinente señalar que, para algunos países de origen, como Venezuela, la magnitud del flujo es baja en las detenciones de migrantes indocumentados, pero es la más importante entre las solicitudes de refugio –como se presenta más adelante.

Finalmente, otras regiones del mundo también son origen de personas migrantes que buscan el "sueño americano", de tal manera que la migración en tránsito por México no es un asunto circunscrito a América Latina y El Caribe. Al igual que la región caribeña o del sur latinoamericano, las detenciones de personas originarias de otros continentes también representan sistemáticamente menos del 2% del total de detenciones nacionales, o son casi nulas como las procedentes de Europa y Oceanía. En estas detenciones extra continentales destacan las 23 mil detenciones de población originaria de Asia entre 2016 y 2019 y las 7 mil detenciones de personas migrantes originarias de África en el año 2019 (con una primera presencia en el año 2016 cuando se detuvieron a casi 4 mil migrantes africanos). De acuerdo con UPMRIP (2020), la migración extra continental proveniente de Asia son esencialmente personas originarias de India, y las provenientes de África, de Camerún y República Democrática del Congo –quienes en su mayoría han llegado a América Latina vía Brasil y desde ahí han iniciado el viaje a México con destino a Estados Unidos.

En las migraciones en tránsito por México sistemáticamente se señala que las principales causas de movilidad son motivaciones económicas relacionadas con la búsqueda de un trabajo o mejores condiciones de vida en general, por lo que las migraciones son consideradas voluntarias en tanto que no fueron forzadas –lo que sin duda puede cuestionarse en escenarios de alta vulnerabilidad. Por su parte, aquellos desplazamientos forzados por persecución o amenazas a la vida, donde las personas están en búsqueda de protección internacional en un país distinto al suyo, emergen como flujos migratorios focalizados en ciertos países y en ciertos momentos del tiempo.

En el período 2013-2021, las personas solicitantes de refugio en México eran en su mayoría originarias de Centroamérica (77% en promedio en cada año), relevancia de origen migrante similar al flujo de migrantes en tránsito por México con destino a Estados Unidos, por lo que la búsqueda de protección internacional es otra forma adicional de movilidad poblacional y vinculación entre los países parte del Sistema Migratorio Mesoamericano. Alrededor de la mitad de las solicitudes de refugio en cada año son de personas originarias de Honduras; la importancia relativa de este grupo disminuye en los años en que otros países cobran relevancia, como en el año 2017 con la llegada de población venezolana en búsqueda de protección internacional o el año 2021 con el incremento de las solicitudes de refugio de personas haitianas –en ambos años las solicitudes de refugio hondureñas representaron el 29 y 28%, respectivamente.

Gráfica 4
Solicitudes de refugio en México según nacionalidad de las personas migrantes

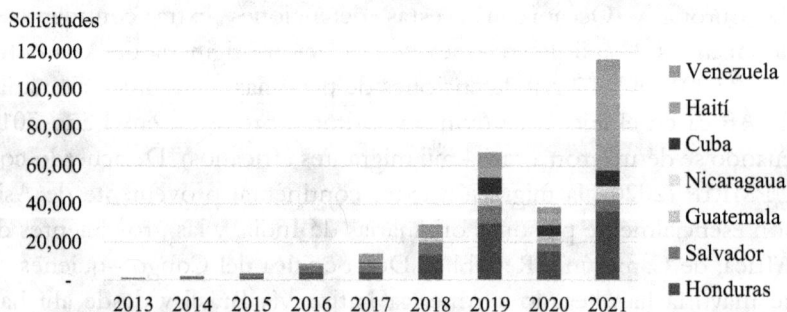

Fuente: Elaboración propia con base en Reporte de Solicitudes de Refugio de la Comisión Mexicana de Ayuda a Refugiados (COMAR) de México.

Al igual que el flujo migratorio en tránsito por México, las solicitudes de refugio en el país se incrementaron sustantivamente en los años 2018 y 2019 con la llegada de las Caravanas migrantes centroamericanas. Las solicitudes de refugio de población originaria de los tres países del norte de Centroamérica fueron menores a 5 mil en cada país hasta el año 2017; sin embargo, éstas se incrementaron abruptamente desde el año 2018: para la población hondureña: se pasó de 4 mil solicitudes en 2017 a 13 mil en 2018, 30 mil en 2019 y 36 mil en 2021; entre la población salvadoreña, el aumento fue de 3 mil en 2017, a 6 mil en 2018, 9 mil en 2019 y una disminución a 6 mil en 2021; y para la población guatemalteca en 2017 fueron tan solo 676 solicitudes, en 2018 fueron mil solicitudes, pero en 2019 se incrementó cerca de 4 mil y en 2012 poco más de 4 mil. De 2019 al 2021, la COMAR recibió la mayor cantidad de solicitudes centroamericanas en el período, sumando 81 mil solicitudes de hondureños, 19 mil de salvadoreños y 11 mil de guatemaltecos.

En el caso de los migrantes procedentes de la región del Caribe, destacan las solicitudes de refugio de población haitiana, las cuales fueron poco más de 5 mil en 2019 y 2020, pero representaron el número más cuantioso de solicitudes de refugio en la historia de México, más de 51 mil. Es de destacar que la mayoría de éstas solicitudes fueron realizadas a la entrada de la frontera sur de México, por lo que la población haitiana ha tenido que permanecer en Chiapas por varios meses, lo que ha significado un momento social, político y jurídico complejo por la atención a dicha población en espera de una resolución de su solicitud de protección internacional. Por otra parte, también se han registrado solicitudes de refugio de población cubana, durante 2018 se presentaron 8 mil solicitudes, en 2019 el número bajó a 5 mil y en 2021 volvió a incrementarse a más de 8 mil. En los últimos 3 años, la COMAR recibió más de 63 mil solicitudes de refugio de población haitiana y 22 mil solicitudes de población cubana.

La llegada de población venezolana al país en búsqueda de protección internacional en México inició intensamente en el año 2017, ya que hasta el año 2016 la COMAR registraba menos de 400 solicitudes. En 2017 el monto de solicitudes de personas originarias de Venezuela ascendió a poco más de 4 mil solicitudes (casi igualando al número de solicitudes de hondureños ese mismo año), durante 2018 eran tan cuantiosas como las de los salvadoreños (poco más de 6 mil solicitudes), en 2019 fue sin duda el año de mayores solicitudes de refugio de población venezolana, ascendiendo a más de 7 mil solicitudes, para culminar 2021 con 6 mil solicitudes. Es relevante señalar que, cuando existen factores contextuales (a nivel local) que obligaron la salida masiva de población por motivos de violencia generalizada, violación masiva a derechos humanos u otras circunstancias que hayan perturbado gravemente el orden público, la Declaración de Cartagena exhorta a que los países donde se solicita refugio consideren dicho contexto como un atenuante o comprobante de desplazamientos forzados generalizados y no ser tratado como una causante individual (Brito, 2021). Para el gobierno mexicano, éste ha sido el caso de las 23 mil solicitudes de refugio de población venezolana que llega a México entre 2018 y 2021, por ello, casi la totalidad de dichas solicitudes (99%) se han resuelto favorablemente para esta población (COMAR, 2022).

Mapa 2. Solicitudes de refugio en México según país de origen (2021)

Con tecnología de Bing
© DSAT for MSFT, GeoNames, Microsoft, TomTom

Huella territorial de los flujos migratorios

Las fronteras son lugares de entrada, salida y estancia de personas migrantes en movilidad internacional. En el caso de México, la frontera sur de México colindante con Guatemala es una región que históricamente ha sido puerta de entrada de población procedente del sur, tanto de población guatemalteca vecina como de población migrante centroamericana con el interés de desplazarse hasta Estados Unidos y, en la última década, de población del caribe y del sur latinoamericano. Por la dirección sur a norte de los flujos migratorios con destino al país hegemónico norteamericano, la mayoría de las detenciones de migrantes en situación irregular llevadas a cabo por INM ocurren en la frontera sur del país, particularmente en la entidad fronteriza de Chiapas, colindante con Guatemala, y mayoritariamente en dos regiones fronterizas: la región del Soconusco, lugar en el que se encuentra la principal ciudad mexicana fronteriza, Tapachula, colindante con la localidad de Tecún Umán (Guatemala); y la región Meseta Comiteca Tojolabal, espacio en el que se ubica el paso fronterizo de La Mesilla (Guatemala)-Frontera Comalapa (Chiapas).

Como puede observarse en la gráfica 5, en la frontera sur de México (Chiapas y Tabasco) se lleva a cabo la mitad de las detenciones de migrantes internacionales indocumentados en el país (51% en promedio, entre 2010 y 2021), representando 66 mil detenciones promedio anual. Sin embargo, dado la variable comportamiento del flujo migratorio en tránsito por México, en los años 2015, 2016, 2019 y 2021, las detenciones en esta región fronteriza fueron superiores a las 100 mil. Sin embargo, es en Chiapas donde se concentran las mayores acciones de control migratorio, particularmente detenciones, ya que en promedio en dicha entidad se registra el 41% de las detenciones – dejando en Tabasco el 10% de las detenciones nacionales (53 mil y 13 mil detenciones promedio al año, de 2010 a 2021).

Chiapas es sin duda la entidad fronteriza de mayores retos poblacionales, sociales, políticos y migratorios del país respecto a la migración en tránsito por el país. Es un espacio de vigilancia y atención a personas migrantes, pero también de apoyo a las personas en situación de movilidad por parte de albergues, organizaciones de la sociedad civil y organismos internacionales, principalmente en Tapachula, ciudad en la que se encuentra la Estación Migratoria más grande en todo el país ("Siglo XXI").

Gráfica 5
Eventos de extranjeros detenidos en estaciones migratorias, según región (2010-2021)

Fuente: Elaboración propia con registros de 2010-2021 en el Boletín Mensual de Estadísticas Migratorias de la Unidad de Política Migratoria, Registro e Identidad de Personas, SEGOB.

Como puede observarse en el mapa 3, Chiapas y Tabasco son entidades de alta detención de personas migrantes, pero la segunda se caracteriza por un menor dinamismo poblacional, urbano (conexiones de vías de comunicación nacional e internacional con Guatemala) e institucional, y en consecuencia menor dinamismo migratorio. Sin embargo, ambas entidades son la entrada de una de las rutas migratorias más importantes del país por ser la más corta para llegar a destino a Estados Unidos, la denominada "Ruta migratoria del Golfo", la cual agrupa tres entidades: Chiapas/Tabasco, Veracruz y Tamaulipas (Martínez, Cobo y Narvaez, 2015). Esta vinculación territorial, posiciona entonces a Veracruz, como la tercera entidad de mayores puestos de control y verificación migratoria, y lugar de la segunda Estación Migratoria más grande del país (Acayucan, la cual en 2007 tenía una capacidad de atención de 800 personas y en 2019 es de más de 50 mil). La región sur-centro agrupa a Veracruz, Oaxaca y Guerrero, donde ocurre el 17% de las detenciones migratorias del país en promedio (11, 5 y 1%, respectivamente).

Es así que, alrededor del 68% de las detenciones de personas migrantes en México ocurre antes de llegar al centro del país. En las regiones centro, centro norte y norte ocurren los menores registros de detenciones de migrantes (menos del 15% nacional, promedio 2010 a 2021). A pesar de que por las 18 entidades agrupadas en dichas regiones también se transita en los desplazamientos hacia la frontera norte del país, en ellas ocurre un bajo número de detenciones, 19 mil en promedio.

En la ruta migratoria sur a norte, las seis entidades mexicanas[6] que conforman la frontera norte de México, puerta de entrada a Estados Unidos, son un espacio de bajos niveles de detención migratoria, alrededor del 15% de las detenciones nacionales promedio (21 mil detenciones). Sin embargo, existen 3 momentos en el tiempo que determinan la importancia de esta región: antes de 2015, las detenciones eran menores a 15 mil; entre 2015 y 2020, oscilaron alrededor de 23 mil; pero en 2021, se registraron poco más de 68 mil detenciones –representando el 27% de las detenciones nacionales. Tamaulipas es la entidad de la frontera norte de mayores detenciones, al interior de la región, en 2021 se registraron 23 mil detenciones, igualando las detenciones en Veracruz y Tabasco, entidades parte de la "Ruta migratoria del Golfo".[7]

---

[6] Baja California, Sonora, Chihuahua, Coahuila, Nuevo León y Tamaulipas.
[7] En el año 2020, en Tamaulipas hubo más detenciones que en Tabasco o Veracruz (16 mil comparado

En el caso de movilidades internacionales en búsqueda de protección internacional, el incremento en la vigilancia migratoria en la frontera sur de México, el cierre y control migratorio en la frontera México-Estados Unidos y la incertidumbre del trámite migratorio en territorio estadounidense, han provocado que algunas personas migrantes opten por iniciar dicha solicitud de refugio o asilo a lo largo de las entidades de paso por México. De acuerdo a la regulación migratoria mexicana, la entidad en la que una persona migrante inicia un trámite de solicitud de refugio es el territorio en que debe permanecer hasta obtener la resolución correspondiente, por lo que es común que entidades de tránsito de migrantes, sean también entidades de solicitudes de refugio.

Como puede observarse en la gráfica 6, la mayoría de las solicitudes de refugio se presentan en la frontera sur de México, en 2018 representaban el 63% de las solicitudes nacionales y en 2021 el 78% (18 mil y 102 mil solicitudes, respectivamente); y la mayoría ocurre en la entidad fronteriza de Chiapas (de 56 a 72% en los años referenciados, 16 mil y 95 mil, respectivamente). Si a estas entidades se le adiciona las solicitudes presentadas en Veracruz,[8] entidad parte de la "Ruta

6 mil y 4 mil 500 respectivamente), mientras que, en el año 2021, en Tamaulipas se registró la misma tendencia que Tabasco y Veracruz (23 mil detenciones comparadas con 29 mil y 21 mil detenciones respectivamente).

[8] La COMAR cuenta con cuatro oficinas de atención: Chiapas, Veracruz, Tabasco, Ciudad de México y, desde 2020, Baja California. En la oficina de Veracruz se condensan las solicitudes de Oaxaca, Quintana Roo, Campeche y Yucatán; mientras que, en la oficina de la Ciudad de México, se registra

migratoria del Golfo", conforman un territorio en el que se representan 8 de cada 10 solicitudes de refugio en el país (71% en 2018 y 82% en 2021).

Gráfica 6
Solicitudes de refugio en México ante COMAR,
según entidad de registro

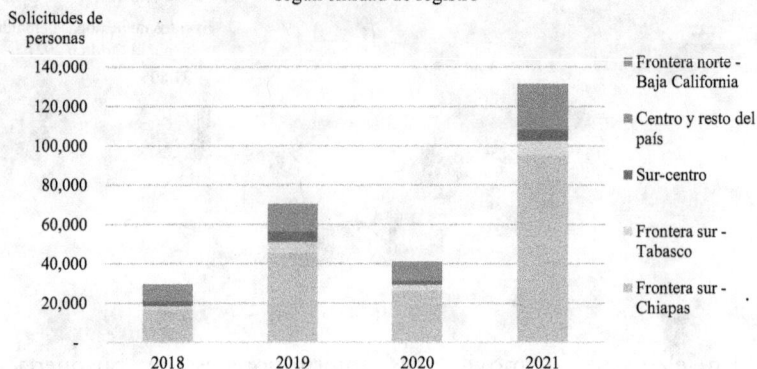

Fuente: Elaboración propia con base en Reporte de Solicitudes de Refugio de la Comisión Mexicana de Ayuda a Refugiados (COMAR) de México.

Desde el año 2020, la COMAR instauró una oficina de representación en Baja California, donde se ubica la ciudad fronteriza de Tijuana, una de las principales ciudades de la frontera norte a la cual llegan migrantes mexicanos e internacionales rumbo a Estados Unidos, a fin de atender el crecimiento exponencial de personas migrantes que llegaron desde el 2019 en búsqueda de protección internacional en dicho país. Algunas personas optaron por iniciar el trámite en México desalentados por la complejidad o postergación de atención por parte de las autoridades migratorias estadounidenses. A pesar de las pocas solicitudes registradas en esta entidad (mil trescientas, mil setecientas y poco más de 4 mil solicitudes de refugio de 2019 a 2021), es posible observar el incremento sustantivo en el último año. Finalmente, como se observa en la gráfica 6, las solicitudes de refugio iniciadas en las 24 entidades federativas restantes del centro y norte del país, representan el 20% de las solicitudes nacionales promedio; con un monto de entre 8 mil a 19 mil solicitudes en 2018 y 2021.

La espera de las personas migrantes mientras está en proceso la solicitud de refugio no se lleva a cabo en abstracto, las personas se establecen temporalmente en las ciudades donde inician el trámite, por

---

las solicitudes de las 24 entidades restantes que conforman el país.

al menos 45 días –aunque con el incremento de solicitudes en el país, particularmente en los últimos años, dicho tiempo puede extenderse a más de seis meses. En dicho periodo de espera, las personas migrantes se incorporan a ciudades como Tapachula (en Chiapas), Ciudad de México, Tijuana (en Baja California) y Acayucan (en Veracruz). Destaca la frontera sur de México, desde el año 2018 y 2019 con la llegada de las Caravanas migrantes centroamericanas, donde Tapachula se convirtió en un territorio con una alta intensidad migratoria de paso y de estancias por solicitudes de protección internacional. En el año 2020, ACNUR participó en la creación del albergue "Hospitalidad y Solidaridad" en Tapachula"[9], un espacio exclusivo para la atención y acompañamiento a personas refugiadas y solicitantes de asilo. En el caso de la frontera norte del país, la ciudad de Tijuana, es el espacio de llegada, estancia, espera e inicio de trámites de solicitud de refugio en el país; de acuerdo con Paris (2019), el asentamiento e incorporación de las personas migrantes a la sociedad fronteriza, se realizó lamentablemente en condiciones precarias, debido a la falta de apoyos públicos para cubrir necesidades básicas y garantizar sus derechos económicos, sociales y culturales.

Mapa 4. Solicitudes de refugio en México según entidad (2021)

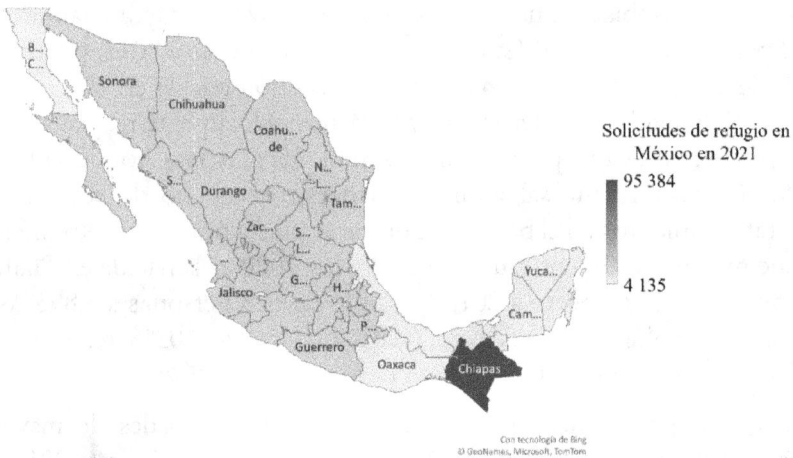

Es de destacar el caso de la Ciudad de México, como capital del país,

[9] https://hospitalidadysolidaridad.com/albergue/

y de otras ciudades de zonas metropolitanas como Monterrey (en Nuevo León) y Guadalajara (en Jalisco), por también convertirse en espacios de establecimiento temporal o asentamiento permanente ante el inicio de trámites de refugio en dichos lugares (Faret et al, 2021) o por ser parte de las ciudades-refugio incorporadas a programas de apoyo e integración a personas refugiadas dirigidos por organismos internacionales como ACNUR.

Con el escenario migratorio hasta aquí mostrado, se puede señalar que México continúa siendo y refuerza su papel como un país de tránsito de migrantes con destino a Estados Unidos, pero también es un territorio de asentamiento de migrantes y refugiados, sea por la imposibilidad de continuar con el trayecto migratorio o por la espera a una resolución a la solicitud de protección internacional. Es así que un hecho profundamente relacionado con la movilidad poblacional es el establecimiento o asentamiento en los lugares de paso o estancias obligadas. De acuerdo con el Censo de Población y Vivienda de México 2020, el número de personas nacidas en un país distinto a México (y a Estados Unidos) residentes en el país fue de 414,986 personas,[10] cuando cinco años atrás el monto se inmigrantes internacionales se estimó en 267,879 personas (Nájera, 2020); es así que durante el quinquenio 2015-2020, la población extranjera en México se incrementó en 54.9% respecto a la estimada en 2015.

La población nacida en Guatemala es la de mayor cuantía en el país, en el año 2020 ésta creció un 32% respecto a 2015, pasando de 42 mil personas a 56 mil; pero la población nacida en Honduras y en El Salvador, crecieron 143 y 86% respectivamente respecto a la estimada en 2015 –pasando de 14 mil a 35 personas hondureñas y de 10 mil a 19 mil salvadoreñas. En este escenario de llegadas y establecimientos en el país, es de destacar que la población extranjera que mayor crecimiento tuvo entre 2015 y 2020 es la nacida en Haití, con un 837% respecto a 2015, pasando de 629 personas a 5,895; así como la población nacida en Cuba, que creció 103% respecto a 2015, pasando de 12 mil a 25 mil personas.

Como puede observarse en el mapa 5, las entidades de mayor establecimiento de inmigrantes internacionales en el país entre 2015 y

---

[10] En esta estimación no fue considerada la población residente en México nacida en Estados Unidos debido al intenso vínculo migratorio, familiar y fronterizo entre ambos países, donde la mayoría de las personas nacidas en Estados Unidos son mexicanos por ascendencia.

2020 fueron la Ciudad de México y Chiapas (22 mil y 19 mil personas respectivamente), seguidas de Quintana Roo, Nuevo León y el Estado de México (14 mil, 13 mil y 19 mil personas respectivamente) y en tercer lugar, entidades del centro del país como Querétaro y Jalisco, así como Baja California fronteriza con Estados Unidos –todas con 8 mil personas.

Mapa 5. Inmigrantes internacionales residentes en México (2020)

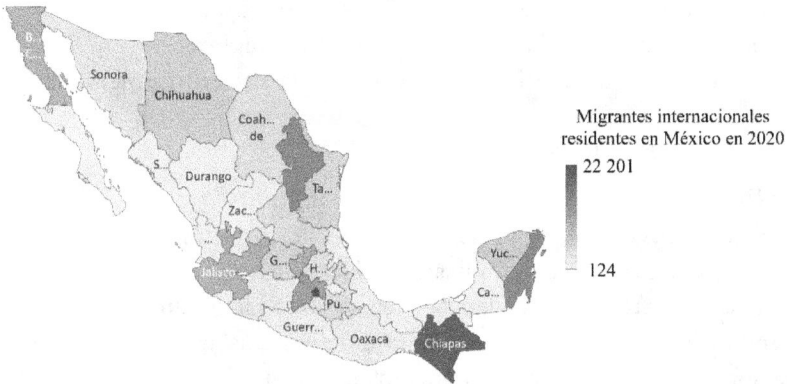

Migrantes internacionales
residentes en México en 2020

22 201

124

Con tecnología de Bing
© GeoNames, Microsoft, TomTom

Como se ha mostrado a lo largo de este análisis, el flujo migratorio, los trámites de refugio y el establecimiento temporal en el país se presenta de manera heterogénea en el país. En el mapa anterior se observa que destacan, en primer lugar, las zonas metropolitanas del país: principalmente el centro, con la Ciudad de México y el Estado de México –que lo rodea–; así como la ciudad de Guadalajara (Jalisco) y la ciudad de Monterrey (Nuevo León, entidad de la frontera norte del país). En segundo lugar, destacan las dos entidades (y ciudades) fronterizas de mayor relevancia en el tema migratorio: Tapachula (en la frontera sur, Chiapas) y Tijuana (en la frontera norte, Baja California). En tercer lugar, se adicionan otras entidades como Quintana Roo, espacio al que arriba población extranjera de diversos países de origen, por ser una zona de playa de alto turismo, así como Querétaro, una entidad de paso de migrantes, cercana a la capital del país.

En estas entidades mexicanas, el trabajo de acompañamiento y apoyo a migrantes en tránsito, en solicitudes de refugio y en procesos de establecimiento en México es permanente y se ha intensificado en el quinquenio 2015-2020, en él participan instituciones de gobierno, albergues, comedores, iglesias, organizaciones de la sociedad civil, organismos internacionales y la sociedad local. Se realizan acciones de atención directa en regularización migratoria, acceso a salud, alimentación, vivienda y trabajo, lo que en su conjunto se aproxima a una perspectiva migratoria de incorporación e integración en México. El incremento de la presencia y establecimiento de personas migrantes procedentes de América Latina en México en la última década es una muestra de la combinación de proyectos migratorios en los que prevalece el sueño americano y se opta por la alternativa mexicana.

Conclusiones

En el estudio de los flujos migratorios poblacionales, las características de los países de origen, tránsito y destino son relevantes. Las recientes crisis económicas, políticas, ambientales y sociales – particularmente por violencia- en países latinoamericanos han significado para el norte de este continente una mayor afluencia de personas a México con la intención de transitarlo y llegar a Estados Unidos –país hegemónico como destino migratorio-, buscando un mejor bienestar o protección internacional (refugio) para las personas y sus familiares. El estancamiento de personas migrantes con destino a Estados Unidos (migraciones truncadas) producto del escenario político-migratorio de contención estadounidense, así como de prácticas del reforzamiento de las políticas y acciones de regulación y control migratorio por parte del gobierno mexicano han hecho de México un país no sólo de tránsito de migrantes latinoamericanos sino también de destino de migrantes, con establecimientos voluntarios u obligados, de manera temporal o permanente. México como un país de destino alternativo, al menos temporalmente, donde se activan procesos de incorporación a la vida local.

En esta dinámica, desde el 2015, México es escenario de intensos flujos de migrantes en tránsito y de la llegada de población en búsqueda de refugio, privilegiadamente población centroamericana, caribeña y sudamericana (particularmente venezolana). Los incrementos del flujo migratorio irregular por México aquí mostrados están relacionados con. Esta tendencia en México por la securitización de sus políticas y prácticas migratorias ha llevado no sólo al incremento de puestos de control, detención y devolución de personas migrantes en situación indocumentada a su país de origen, a través del Instituto Nacional de Migración (INM), sino incluso a negar el derecho a la búsqueda de protección internacional (refugio), así como a abonar en crear una narrativa de criminalización a las personas migrantes, particularmente en las zonas fronterizas del país con mayor afluencia migratoria.

A pesar de no haber muros ni vallas que detengan la migración latinoamericana procedente del sur de México, el control migratorio en la entidad fronteriza de Chiapas con Guatemala es el muro migratorio de la población proveniente de Centroamérica, El Caribe y Suramérica. En este territorio fronterizo se observan las principales tendencias de la movilidad poblacional internacional por el país, al conectar los sistemas regionales de migración; donde migraciones del sur de Latinoamérica se extienden hasta el norte del continente, además de la histórica y más afluente dinámica del subsistema migratorio mesoamericano en el que se vincula las poblaciones y los gobiernos de Centroamérica, México y Estados Unidos, donde a los persistentes flujos de población guatemalteca, hondureña y salvadoreña, se han adicionado la población nicaragüense y motivaciones producto del clima político de persecución y la expansión de la violencia en las distintas esferas de la vida cotidiana.

Las tendencias migratorias aquí observadas muestran que la presencia de población migrante latinoamericana en México puede observarse a través de diversos flujos o con prevalencia en uno de ellos (migrantes en tránsito o en búsqueda de protección internacional); ejemplo de ello es la población venezolana, con baja presencia en los flujos de migrantes detenidos por las autoridades migratorias del país, pero con alta presencia en las solicitudes de refugiado, o de la población hondureña cuya representación en la migración en tránsito y en la búsqueda de protección internacional es alta en el último quinquenio (2015-2020). También se observa que en la búsqueda de un país donde se pueda salvaguardar la vida por el crecimiento de migraciones forzadas desde Centroamérica, el Caribe y Sudamérica, México ha sido destino de inmigrantes latinoamericanos desplazados y refugiados, desde el 2015, mientras que su papel como país de tránsito de migrantes ha sido permanente.

Se observa también que la mayoría de las personas migrantes, en tránsito y en búsqueda de protección internacional, son originarias de Centroamérica, lo que refuerza la identificación de un Subsistema Migratorio Mesoamericano; pero con cambios relativos a una composición migratoria mayoritaria de personas hondureñas y nicaragüenses producto de conflictos políticos en sus países y salvadoreños por la violencia generalizada. Sin duda, en la búsqueda de protección internacional en México destaca la población de origen venezolano, debido a la crisis humanitaria en el país, y donde decenas de países latinoamericanos han sido espacios de refugio.

En términos de la territorialidad de la movilidad poblacional, tanto en los flujos de migración en tránsito como en la espera en la resolución a un trámite migratorio, las personas transitan y se establecen en los territorios específicos, aquellos formados como "rutas migratorias" por el tránsito constante de los caminantes o aquellos en los que se han instalado instancias gubernamentales tanto para el control migratorio como para la asistencia a la protección internacional u organismos internacionales para el otorgamiento de apoyo humanitario. Por algunos territorios convergen todos los tipos de movilidad poblacional, como es caso de las zonas fronterizas de Chiapas (frontera sur) y Baja California (frontera norte), pero también las zonas metropolitanas del país por la confluencia de oportunidades laborales y de vida general pero también de instituciones nacionales e internacionales como la Ciudad de México, Guadalajara y Monterrey; en estas dinámicas los "territorios de paso" también son "territorios de establecimiento", y una perspectiva de movilidad se combina con una perspectiva de inmovilidad.

Es así que la huella migratoria territorial se observa a través del flujo de personas migrantes que transitan por ciertas ciudades (a pesar de que las personas siempre son distintas) y por aquellas que se establecen temporalmente ante la resolución de un trámite de refugio y se incorporan a lo local mientras esperan, pero también están aquellos que hacen una pausa en el trayecto migratorio para conseguir recursos y continuar el viaje y aquellos que llegaron a México con la intención de establecerse y se mantienen en la indocumentación migratoria por falta de formas o medios para regular su estancia en el país.

El inicio de la pandemia sanitaria por COVID-19 significó para las movilidades poblacionales en la región un estancamiento de población migrante en movimiento debido al cierre de fronteras y a la ralentización de trámites migratorios; México no fue la excepción al ser país de tránsito de personas cuyo país de destino también cerró sus fronteras internacionales y suspendió trámites de refugio, por lo que tanto la frontera norte de México con Estados Unidos, como la frontera sur de México con Guatemala, se convirtieron en un tapón migratorio, que con el paso de los meses ha funcionado como embudo migratorio. La crisis sanitaria y la vinculación política de países vecinos entre México y Estados Unidos han sido, hasta la fecha, las condiciones que determinan las prácticas migratorias que emergen ante cada emergencia migratoria.

En el estudio de la movilidad poblacional internacional, los actuales flujos migratorios que vinculan países de origen, tránsito y destino muestran que es necesario ampliar la comprensión de los fenómenos migratorios hacia condiciones y tipologías menos categóricas (uni-causal y uni-tipo) y trabajar desde una perspectiva de migraciones mixtas –reconociendo interacción entre los niveles macro, meso y micro en la decisión de migrar, así como de causas múltiples y acumuladas que detonan el momento de la emigración. En México, la actual dinámica de los flujos migratorios de tránsito por el país ha mostrado que un país de "paso de migrantes" es también como un país de destino de migrantes, aunque éste sea alternativo y temporal; y que la atención a personas migrantes de tipo humanitaria-temporal puede convertirse ante las circunstancias en apoyos para la integración.

Las interacciones entre flujos de tránsito y flujos de personas en búsqueda de refugio muestran también las transiciones migratorias entre las personas en situación de movilidad internacional: irregular, regular con permisos de tránsito por México a través de instrumentos de protección temporal como las visas humanitarias, regular con permisos de estancia temporal en lo que se resuelve una solicitud de refugio o asilo, regular con el otorgamiento de la condición de refugiado con un permiso de residencia permanente. Entre las personas migrantes en tránsito también emergen estrategias de búsqueda de regularización migratoria temporal, como son las visas humanitarias que cumplen una función de "salvoconducto" para desplazarse desde la frontera sur a la frontera norte del país –como ocurrió con las Caravanas migrantes en México desde 2018 a la fecha, así como estrategias "de oportunidad" en las que al ser detenidos inician solicitudes de protección internacional.

Ante el actual escenario migratorio en México, al que se adiciona el incremento de personas migrantes extranjeras residentes en el país entre 2015 y 2020, parecería plausible pensar en formas alternativas a la regularización migratoria de las personas migrantes presentes en el país, a fin de disminuir la vulnerabilidad migratoria, al menos para aquellas personas que ya han optado por la instalación e integración en la sociedad mexicana. Desde el 2015 en México se ha atendido enfáticamente a las personas migrantes solicitantes y refugiadas por parte de las instituciones nacionales, organismos internacionales y albergues locales, continuando con el descuido en la atención a otras formas de migración, como la migración en tránsito o las inmigraciones voluntarias, las primeras por considerarse irregulares y temporales (objeto único de atención de albergues) y las segundas por ser irregulares. En esta etapa inmigratoria en México resulta esencial una comunicación social certeza y humanizante ante la llegada y estancia de personas migrantes en el país, a fin de garantizar los derechos de todas las personas en movimiento y evitar expresiones y prácticas de discriminación, xenofobia e incluso racismo.

Referencias

Armijo Canto, N. (2011). Frontera sur de México: los retos múltiples de la diversidad, en Armijo, N. (ed.). *Migración y seguridad: nuevo desafío en México*. Colectivo de Análisis de la Seguridad con Democracia (CASEDE). México. pp. 35-51.

Benitez Manaut, R. (2011). México, Centroamérica y Estados Unidos: migración y seguridad, en Armijo, N. (ed.). *Migración y seguridad: nuevo desafío en México*. Colectivo de Análisis de la Seguridad con Democracia (CASEDE). México. pp. 179-192.

Brito Siso, C. (2021). La migración venezolana: inicios y consecuencias, en Del Álamo, N. y Picado, E.M. (Dirs.). *Políticas públicas en defensa de la inclusión, la diversidad y el género III. Migraciones y Derechos Humanos*. Ed. Universidad Salamanca. España. Pp. 44-53.

El Colegio de la Frontera Norte (COLEF) y Comisión Nacional de Derechos Humanos (CNDH) (2016). ¿Qué es el Programa Frontera Sur?. *Observatorio de Legislación y Política Migratoria*, Boletín Núm. 1. Febrero. México.

El Colegio de la Frontera Norte (COLEF) (2018). *Caravanas migrantes de Centroamérica*. https://www.colef.mx/estemes/caravanas-migrantes-de-centroamericanos/

El Colegio de la Frontera Norte, Unidad de Política Migratoria, Registro e Identidad de Personas, Consejo Nacional de Población, Consejo Nacional para Prevenir la Discriminación, Secretaría del Trabajo y Previsión Social, Secretaría de Relaciones Exteriores, Secretaría de Bienestar (2019). Serie histórica. Migrantes centroamericanos devueltos por las autoridades migratorias mexicanas 2009-2018. *Encuesta sobre Migración en la Frontera sur de México (EMIF SUR). Flujo de Migrantes guatemaltecos, hondureños y salvadoreños Devueltos por las Autoridades Migratorias de México.* https://www.colef.mx/emif/tabulados.html

Collyer, M. y De Haas, H. (2010). Developing dynamic categorizations of transit Migration. *Population, Space and Place*.18.4 (2012). Pp. 468-481.

Comisión Económica para América Latina y el Caribe (CEPAL) (2018). *Atlas de la migración en los países del norte de Centroamérica.* (LC/PUB.2018/23). Santiago.

Comisión Económica para América Latina y el Caribe (CEPAL) (2021). *Plan de Desarrollo Integral para El Salvador, Guatemala, Honduras y el sur-sureste de México.* Naciones Unidas. Síntesis (LC/TS.2021/7). Santiago.

Contreras D., C., París Pombo, M. D. y Velasco Ortíz, L. (2021). *Caravanas migrantes y desplazamientos colectivos en la frontera México-Estados Unido.* El Colegio de la Frontera Norte. México.

Coulange Méroné, S. y Castillo, M. Á. (2020). Integración de los inmigrantes haitianos de la oleada a México en 2016. *Frontera Norte.* Vol. 32, art. 11. pp. 1-23.

DOF (2011). *Ley sobre Refugiados, Protección complementaria y Asilo político.* México. https://www.gob.mx/cms/uploads/attachment/file/211049/08_Ley_sobre_Refugiados__Protecci_n_Complementaria_y_Asilo_Pol_tico.pdf

Deutsche Welle (DW) (2022). Biden y su política migratoria: ¿otro "Quédense en México"?. Jan F. Walter. 13 de enero. América Latina. https://p.dw.com/p/45UcY

Durand, J. (2016). El subsistema migratorio mesoamericano. en Heredia, C. (coord.). *El sistema migratorio mesoamericano.* CIDE y COLEF. Ciudad de México y Tijuana. México. pp. 23-59.

Faret, L., González, A., Nájera, J. y Tinoco, A. (2021). The city under constraint: International migrants' challenges and strategies to access urban resources in Mexico City. *The Canadian Geographer.* Special Section. Noviembre.

Fernández Casanueva, C. (2017). *La vida en una orilla del sur: Inmigración hondureña en dos ciudades de la frontera Chiapas-Guatemala.* CIESAS. México.

Fernández Casanueva, C. y Rodríguez, M. T. (2016). Hondureños migrantes en México: Del tránsito al asentamiento. *CANAMID Policy Brief Series.* PB#11. Noviembre.

Gandini, L., Prieto, V. y Lozano, F. (coord.) (2019). *Crisis y migración de población venezolana. Entre la desprotección y la seguridad jurídica en Latinoamérica.* UNAM, México.

Global Water Parnership Central America (GWP) (2016). *Análisis socioeconómico del impacto sectorial de la sequía del 2014 en Centroamérica.* Junio. Centroamérica.

Herrera Lasso, L. y Artola, J. (2011). Migración y seguridad: dilemas e interrogantes, en Armijo, N. (ed.), *Migración y seguridad: nuevo desafío en México.* Colectivo de Análisis de la Seguridad con Democracia (CASEDE). México, pp. 11-34.

Instituto Nacional de Estadística y Geografía (Inegi) (2021). *Censo de Población y Vivienda 2020. Presentación de resultados Estados Unidos Mexicanos.* México.

Jasso Vargas, R. (2021). Espacios de estancia prolongada para la población migrante centroamericana en tránsito por México. *Frontera Norte.* Vol. 33. Art. 4.

Leutert, S. (2020). Las políticas migratorias de Andrés Manuel López Obrador en México. *Escuela de Asuntos Públicos Lyndon B. Johhnson, Reporte de Investigación de Políticas.* Núm. 216. Mayo. Texas.

Lorenzen Martiny, M. J., Frausto Gatica, O. y Orozco Reynoso, Z. Y. (2018).

Neoliberalismo, violencia y migración de Centroamérica a los Estados Unidos. El caso de los menores migrantes no acompañados vistos desde el enfoque de las migraciones mixtas. En López C. N. (coord.). *Procesos migratorios en Centroamérica del siglo XXI*. UNAM. México. pp. 77-106.

Martínez, G., Cobo, S. y Narvaez, J.C. (2015). Trazando rutas de la migración de tránsito irregular o no documentada por México. *Perfiles latinoamericanos*. Vol. 23, núm. 45, pp. 127-155.

Nájera Aguirre, Jéssica N. (2020). La frontera México-Guatemala: un espacio de movilidades y migraciones poblacionales. En A. Hernández (coord.), *Puentes que unen y muros que separan. Fronterización, securitización y proceso de cambio en las fronteras de México y Brasil*. El Colegio de la Frontera Norte y Universidade Federal de Mato Grosso do Sul. pp. 153-183.

Organización de las Naciones Unidas para la Alimentación y la Agricultura (FAO) (2016). *Corredor Seco América Central: informe de situación*. Junio https://www.fao.org/3/br092s/br092s.pdf

Ortega Ramírez, Adriana S. y Morales Gámez, Luis M. (2021). (In) seguridad, derechos y migración. La Guardia Nacional en operativos en México. *IUS Revista del Instituto de Ciencias Jurídicas de Puebla*. Nueva época. Vol. 5, Núm. 47, enero-junio. pp. 157-182.

París Pombo, M. D. (2019). *La crisis del refugio en México*. https://observatoriocolef.org/boletin/la-crisis-del-refugio-en-mexico

Ray, M. y Leyva, R. (2020). Migrantes africanos indocumentados en México: Implicaciones para la salud pública. *Frontera Norte*. Vol. 32. Nota Crítica.

Reichman, D. (2013). Honduras: The Perils of Remittance Dependence and Clandestine Migration. *The Online Journal of The Migration Policy Institute*. Recuperado de https://www.migrationpolicy.org/article/honduras-perils-remittance-dependence-and-clandestine-migration

Rodríguez, E. (2016). Migración centroamericana en tránsito irregular por México: Nuevas cifras y tendencias. *CANAMID Policy Brief Series*. PB14. CIESAS. Guadalajara. México.

Sin Fronteras IAP (2021). *Foro "Solicitantes de asilo en tierra de nadie. La situación en los aeropuertos internacionales en México"*, realizado a través de Facebook Live por Sin Fronteras IAP. 2 de julio. https://youtu.be/yYXIupof3Y8

Torre Cantalapiedra, E. (2021). Las tarjetas de visitante por razones humanitarias: una política migratoria de protección ¿e integración? *EntreDiversidades. Revista de Ciencias Sociales y Humanidades*. Vol. 8. Núm. 2 (17). julio-diciembre. pp. 145-166.

Unidad de Política Migratoria, Registro e Identidad de Personas (UPMRIP) (2020). Personas migrantes extra continentales y extra regionales en los flujos en tránsito por México. *Rutas. Estudios sobre movilidad y migración internacional*. Núm. 1. Secretaría de Gobernación. México.

Unidad de Política Migratoria, Registro e Identidad de Personas (UPMRIP) (2021). Migración internacional: tendencias mundiales y dimensiones del fenómeno en México, 2020. *Movilidades. Análisis de la Movilidad Humana*. Diciembre. Edición Especial. Secretaría de Gobernación. México. http://www.politicamigratoria.gob.mx/work/models/PoliticaMigratoria/CEM/Publicaciones/Revistas/movilidades/8/movilidades8.pdf

Unidad de Política Migratoria, Registro e Identidad de Personas (UPMRIP) (2020). Análisis sobre la eventos de presentación y devolución de personas migrantes por parte del INM entre 2011 y 2019. *Movilidades. Análisis de la Movilidad Humana.* Abril. Núm. 4. Secretaría de Gobernación. México. http://www.politicamigratoria.gob.mx/work/models/PoliticaMigratoria/CEM/ Publicaciones/Revistas/movilidades/4/movno4.pdf

Van Hear, N., Brubaker, R. y Bessa, T. (2009). Managing Mobility for Human Development: The Growing Salience of Mixed Migration. *Research Paper 2009/20, junio, Human Development Reports.* Programa de las Naciones Unidas para el Desarrollo. http://hdr.undp.org/en/content/managing-mobility-human-development

Villafuerte Solis, D. (2009). La centralidad de las fronteras en tiempos de mundialización. *Comercio exterior.* Vol. 59. núm. 9. Septiembre. pp. 893-703.

IMPACTOS DE LAS REMESAS INTERNACIONALES EN LA ECONOMÍA DE MÉXICO Y LOS HOGARES PERCEPTORES. UN ANÁLISIS REGIONAL Y ESTATAL

Rodolfo García Zamora y Selene Gaspar Olvera

Introducción

Pese a la pandemia y sus múltiples impactos, las remesas internacionales de los migrantes recibidas por México en 2018 llegan a 33.8 mmd, en 2019 a 36.4 mmd, en 2020 a 40.6 mmd y se estiman llegaron a 51.58 mmd en 2021. Con esos incrementos las remesas se afianzan como la principal fuente de divisas al país. De hecho, de diciembre de 2018 a julio del 2021, las remesas recibidas en el país ascienden a 108.2 mmd (datos del Banco de México, 2021). Aún con la pandemia presente y sus impactos en el orden económico, social y humanos que generan un desplome del producto interno bruto nacional en 2020 de -8.5% y sin una política integral y de largo plazo sobre desarrollo, migración y derechos humanos se reitera la incoherencia y el desconocimiento del gobierno mexicano sobre los aportes de los migrantes mexicanos que viven en el exterior que por más de 40 años han apoyado con sus recursos monetarios y en especie, ya sea de manera individual o colectiva al país y a sus familias que viven en México. De enero de 1995 a julio de 2021 han ingresado al país 536,287 millones de dólares por concepto de remesas enviadas por los migrantes, tan solo en Estados Unidos viven 12 millones de migrantes mexicanos que luego de décadas siguen esperando ver materializada la voluntad política y su capacidad técnica del Estado para elaborar las políticas de desarrollo nacional que incidan en las causas estructurales que los hizo migrar, y las políticas migratorias que permitan una gestión adecuada de las siete dimensiones que tienen las migraciones en nuestro país con pleno respeto a los derechos humanos en la compleja situación de México en 2021.

Los migrantes mexicanos y sus remesas en los hechos han incrementado su aporte a la economía nacional en los últimos tres años cuando se han convertido en soporte del funcionamiento de la Cuarta

Transformación durante dos años y medio con un aporte equivalente a 2 billones de pesos, cifra superior a los 1.7 billones de pesos que recauda el gobierno de las empresas más grandes en el país, pese a que en los presupuestos 2019, 2020 y 2021 el gobierno y el Congreso mexicano redujeron los presupuestos migrantes y desaparecieron sus programas más importantes como el Programa 3x1, el Programa Fronteras y el Fondo de Apoyo Migrante para retornados y las partidas destinadas a los Consulados en Estados Unidos. Curiosamente ante el nuevo auge de las remesas en México en 2020 y 2021 se producen la idea de que las remesas son la clave para el desarrollo como sucedió de 2000 al 2008 desconociendo amplios debates nacionales y mundiales sobre ese tema en los que se esclareció que las remesas son ingresos privados, salarios internacionales y por si mismas no pueden generar desarrollo si no hay políticas económicas de desarrollo robustas.

En el contexto actual, el estudio tiene como objetivo analizar las remesas internacionales a nivel estatal y regional, así como a nivel de hogares con la Encuesta Intercensal 2015 y la Muestra del Censo de Población y Vivienda de México 2020 y con la Encuesta de Ingreso y Gasto de los hogares 2020. La finalidad es abordar el tema de la dependencia creciente de las remesas y su importancia macroeconómica y su funcionalidad en la reducción de la pobreza de quiénes son los beneficiarios de esas remesas. A la luz de los resultados obtenidos nos apoyamos en el monto de remesas captadas por el Banco de México con énfasis en el periodo 2018 y 2020. Así como en información de Coneval sobre los niveles de pobreza 2018 y 2020.

Métodos y Datos

Sin duda, uno de los principales problemas que se enfrenta cuando se quiere generar estadística que den cuanta de los fenómenos demográficos y sus implicaciones sociales y económicas son las relativas a las fuentes de información que se utilizan y los problemas metodológicos particulares de cada una de ellas, aspectos que dificultan su comparabilidad (Gaspar, 2018). Un ejemplo de ellos son los resultados que se obtienen a partir de la muestra del Censo de Población y Vivienda 2020 y de la Encuesta de Ingreso y Gasto de los hogares (ENIGH) 2020. Como se sabe el Censo contabiliza viviendas censales, ese concepto de "Hogar censal" utilizado en el censo 2010 y ahora en el 2020 considera al total de ocupantes en las viviendas particulares habitadas como el hogar censal; al hacer esta equivalencia de conceptos, ya no es posible realizar la tipificación de los hogares para dichos proyectos (INEGI, s.f.). En cambio, la ENIGH permite distinguir entre viviendas y hogares. Además de esas diferencias, existen otros aspectos metodológicos a considerar (periodicidad, diseño de muestreo, periodo o fecha de levantamiento, método de recolección de la información, tamaño de muestra, etc.) como el hecho de que la ENIGH no incluye un reactivo para distinguir el lugar de nacimiento de las personas y la muestra del cuestionario ampliado sí (Gaspar, 2018). Para hacer más o menos comparables los datos de ambas encuestas es preciso considerar lo antes expuesto. Todo ello explica las diferencias que se muestran a continuación.

Los datos estimados con la ENIGH 2020 son a nivel de viviendas, con la finalidad de homologar los resultados con los de la muestra censal. Mientras la estimación puntual MCPV 2020 es de casi 1.8 millones de viviendas con remesas internacionales con la ENIGH 2020 se estima un valor de 1,564,957 viviendas, 207,457 (11.7%) menos respecto del dato MCPV 2020 (Cuadro 1). Las características de la MCPV 2020 y su tamaño de muestra estaría ofreciendo una mejor aproximación al número de viviendas (hogares censales) con remesas internacionales, cabe anotar que la ENIGH 2020 aun considera el marco muestral del Censo de Población y Vivienda 2010[1]. Desafortunadamente la MCPV 2020 solo indica si algún miembro de la vivienda recibió dinero de alguien que vive en otro país, lo que limita su estudio. En cambio, la ENIGH capta el monto de remesas lo que permite hacer un análisis más profundo del impacto de las remesas en el ingreso y gasto del hogar o la vivienda, si esta última es la unidad de análisis, con la limitante de que solo se puede hacer análisis a nivel nacional, por tamaño de localidad y para ciertos grupos de unidades geográficas regionales. Teniendo en cuenta los antecedentes y las bondades de ambos instrumentos nuestro estudio en un primer momento se basa en datos derivados MCPV 2020 a nivel nacional, regional y estatal. Posteriormente utilizamos datos relativos de la ENIGH 2020 a nivel regional con la cual se estima que 1,564,957 viviendas reciben remesas internacionales (4.4% de 34.2 millones de

[1] Marco Muestral: El marco de muestreo utilizado es el marco de propósitos múltiples del INEGI, está constituido con la información demográfica y cartográfica obtenida a partir del levantamiento del Censo de Población y Vivienda 2010.Tamaño efectivo de la muestra: 105 483 viviendas. Unidad de observación: El hogar. (INEGI).

viviendas), cifra que resulta subestimada comparada con la cifra del MCPV 2020 cuya unidad de análisis es la vivienda (1.8 millones de viviendas reciben remesas internacionales). Más aún si comparamos la cifra de hogares perceptores de remesas de la ENIGH 2020 con la estimación de ENIGH 2018 (1,646,253 hogares con remesas internacionales) la cual resulta inferior respecto de la de 2018, dato que confirma hasta cierto punto dicha subestimación. El análisis a nivel regional, considera las regiones migratorias definidas por Massey y Durand (2013)[2].

Cuadro 1. Hogares que reciben remesas internacionales 2020. Datos derivados de MCPV 2020 y ENIGH 2020

	MCPV 2020*		ENIGH 2020				
	Tamaño de muestra	Frecuencia ponderada	Tamaño de muestra	Frecuencia ponderada	Número de veces más grande (censal)	Diferencia: absoluta (censal-	Diferencia porcentual
Con remesas	298,721	1,768,651	5,225	1,561,194	57	207,457	11.7%
Sin remesas	3,713,080	33,119,833	82,529	33,673,628	45	-553,795	1.7%
No especificado	4,826	99,431					
Viviendas	4,016,627	34,987,915	87,754	35,234,822	46	-246,907	-0.7%

*Viviendas censales u hogares censales.

Fuente. SIMDE-UAZ. Estimación propia con datos Muestra Censal del Censo de Población y Vivienda 2020 (MCPV2020) y La Encuesta de Ingreso y Gasto de los Hogares (ENIGH).

Para complementar el estudio utilizamos datos del Banco de México. Generalmente para conocer el monto de remesas y sus impactos económicos se utilizan los datos del Banco de México y los captados por la Encuesta de Ingreso y Gasto de los Hogares (ENIGH), instrumentos estadísticos y de recopilación de información incomparable, ello obedece a la propia naturaleza de las fuentes de información (Gaspar y García 2018). Aun entre los propios instrumentos hay diferencias que es preciso tener presentes, pues tanto las encuestas, en particular esta, como la forma de captación de las

---

[2] Región Tradicional. Es el origen primordial de la corriente migratoria mexicana, se conforma por nueve entidades: Aguascalientes, Colima, Durango, Guanajuato, Jalisco, Michoacán, Nayarit, San Luis Potosí y Zacatecas. Región Norte. Históricamente ha tenido una importante participación en la migración a Estados Unidos, aunque de menor intensidad que la región Tradicional: Baja California, Coahuila, Chihuahua, Nuevo León, Sonora y Tamaulipas, Baja California Sur y Sinaloa. Región Centro. Se caracteriza por un fuerte dinamismo migratorio, sobre todo a partir de la década de los noventa, incluye a Hidalgo, Morelos, Puebla, Querétaro, Ciudad de México, México y Tlaxcala. Región Sur-Sureste. Se distingue por su emergencia en la incorporación a la corriente migratoria a Estados Unidos, la cual se inicia a partir de los años noventa. Incluye a Campeche, Chiapas, Guerrero, Oaxaca, Quintana Roo, Tabasco, Veracruz y Yucatán.

remesas del Banco de México han experimentado cambios importantes en el tiempo, lo que dificulta aún más su comparabilidad directa.

Uno de los reactivos más difíciles de captar en las encuestas es el de los ingresos monetarios, entre ellos el monto de remesas, por lo que es común que los ingresos captados en las encuestas tiendan más a estar subestimados que sobrestimados. Ello puede ser explicado, entre otras razones, a conocimiento y memoria de los ingresos del hogar del infórmate, al temor de informar dichos ingresos. En México no hay una cultura de registro de los ingreso y gastos, inestabilidad y variabilidad de los ingresos, que para el caso que nos compete dependen de la frecuencia y monto de los envíos y estos de la capacidad de los migrantes para mantenerse en el mercado laboral y del monto de sus ingresos y su capacidad de ahorro para enviar recursos a su país, ya sea que los generen por su cuenta o través de un empleador.

Como hemos señalado la ENIGH subestima el número de hogares perceptores de remesas, sin temor a equivocarnos, también el monto de remesas y su impacto en el ingreso y gasto de los hogares perceptores, lo que nos lleva suponer que el número de pobres en México sería mayor sin y considerando este recurso. No obstante, las limitaciones de la ENIGH, su uso reviste importancia por el nivel de análisis que permite y las mejoras que ha experimentado la encuesta con el tiempo.

En relación a los datos de remesas reportadas por el Banco de México existe un debate sobre lo que está captando, aspecto que en 2006 Tuirán, Santibáñez y Corona ponen en la mesa de debate al señalar que:

"las cifras oficiales generadas por el Banco de México se sustentan en algunas ambigüedades conceptuales y muestran marcadas diferencias con otras fuentes de información (sobre todo de censos y encuestas, las cuales sí son congruentes entre sí). En consecuencia, los autores sostienen que no todos los recursos registrados por el Banco de México en el rubro de remesas familiares son tales. Además de ese tipo de envíos, las estadísticas del Banco de México están contabilizando otro tipo de transferencias privadas (relacionadas con actividades lícitas e incluso con actividades ilícitas) (Tuirán, Santibáñez y Corona, 2006, p.1).

Otros estudios respaldan los hallazgos de los autores citados como

Pérez y Álvarez (2007) y Cervantes (2019). Una revisión de las definiciones, medios de captación y metodología de ambos instrumentos, datos del Banco de México (2021)[3] y la ENIGH, explican las diferencias y su no comparabilidad. Creemos que más bien la pregunta a formularse es como señala Canales (2008:1) "si las estimaciones del Banco de México tienen bases reales en la dinámica migratoria y el comportamiento remesador de los mexicanos, o si, por el contrario, se trata de problemas metodológicos asociados a los mecanismos de medición". Desde nuestro punto de vista ello depende de la metodología y medios de recolección de la información, los cuales son totalmente distintos a los adoptados en las encuestas. Sin embargo, dicha pregunta sale del alcance de este estudio, pero que se considera relevante mencionar toda vez que utilizamos datos de dicha institución y los aspectos metodológicos mencionados necesariamente se tienen que tener presentes para no subestimar o sobredimensionar el impacto económico y social de las remesas internacionales que ingresan a México.

Remesas. Producto de la reactivación económica en Estados Unidos y la solidaridad de los migrantes mexicanos

Al final del año 2020, cuando el país sufre los estragos de dos décadas de bajo crecimiento económico y los impactos del Covid-19, las remesas en México llegan a su nivel histórico de 40 mmd y surge el debate sobre cómo en condiciones de pandemia, en particular en Estados Unidos, con graves impactos económicos sobre los migrantes mexicanos en aquel país, las remesas llegan a ese nivel. Algunas posibles explicaciones a ese crecimiento son la larga historicidad de la migración mexicana y su enorme compromiso con sus familias en México, los miles de redes sociales transnacionales, la ubicación en determinados sectores laborales considerados como esenciales como la agricultura,

---

[3] Y la metodología de cálculo de remesas "consiste en sumar los montos que se reciben por vía electrónica y los que se entregan directamente en efectivo y especie. La información de remesas por vía electrónica (incluyendo money orders) se obtiene de los reportes de las operaciones de remesas que los participantes en el negocio de transferencias de fondos del exterior (empresas remesadoras y bancos) entregan al Banco de México. 3. Esta información incluye las remesas que son enviadas y recibidas en efectivo, en pesos, a través de empresas remesadoras, bancos o intermediarios (tiendas, farmacias, etc.). Por su parte, la información de transferencias en efectivo o en especie realizadas por residentes al exterior cuando visitan México (denominadas remesas directas), se obtiene de una encuesta realizada a residentes del exterior cuando visitan a familiares y amigos en México.4. Dicha encuesta estuvo a cargo del Banco" (Banco de México: 2021:2).

alimentos, hostelería y cadenas de cuidado, más los programas de estímulos fiscales del gobierno de Estados Unidos para reactivar la economía que en parte beneficiaron a los migrantes mexicanos residentes y ciudadanos, más una mayor solidaridad familiar ante la pandemia explican el comportamiento del aumento de las remesas en 2020 y 2021.

En los últimos veinte años en diversos foros en México, Estados Unidos, América Latina y en el mundo, se ha debatido sobre el impacto de las remesas, el desarrollo económico, la bancarización, el desarrollo regional y el desarrollo local. Organismos como la OCDE, el Banco Mundial, el Banco Interamericano de Desarrollo, los Foros Mundiales de Migración y Desarrollo y los Foros Sociales de Migración de 2006 a 2018 y otros más finalmente pusieron en su justa dimensión la naturaleza de las remesas como ahorro de los migrantes en el exterior, que son recursos privados que se gastan como el ingreso de cualquier trabajador en el consumo familiar de alimentos, vestido, vivienda, educación, salud y queda en promedio un 5% para ahorro, todo ello respaldado por los datos estadísticos derivados de las encuesta de hogares que captan los envíos de dinero desdés el exterior por algún miembro del hogar que vive fuera del país.

La migración internacional y las remesas por sí mismas no generan desarrollo, se requieren políticas públicas robustas de desarrollo económico que aprovechen los beneficios de la migración internacional y reduzcan sus costos para ello. A nivel agregado no cabe duda que las remesas tienen grandes impactos en los principales países receptores como India, China, México, Filipinas y en Centroamérica, pero, luego de 20 años en ausencia de políticas integrales de desarrollo y migración los principales beneficiarios de ellas han sido las grandes corporaciones comerciales, de líneas aéreas y viajes, telefónicas, turísticas y de transferencia de remesas como señalaba reiteradamente Manuel Orozco ya hace 20 años.

Curiosamente el 24 de junio en el diario el Financiero de México (2021) aparece el resumen de un conversatorio promovido por Rafael Fernández de Castro con Manuel Orozco de Dialogo Interamericano, Isabel Cruz de la AMUCSS y Carlos Serrano de BBVA-Bancomer México. En dicho evento destacaron tres temas: el aumento inusitado de las remesas en 2020 y 2021, los impactos en la economía y la vida nacional y la necesidad de propuestas para capitalizar el impacto de las remesas en la economía y vida social del país. Reconociendo las restricciones del tiempo , el formato y el objetivo de ese evento, resaltamos como positivo la realización del mismo, el destacar el reiterado aporte migrante por cuatro décadas al país, el explicar que el aumento de las remesas en este periodo de pandemia se explica por la especificidad histórica de los migrantes mexicanos en Estados Unidos y las políticas de apoyo fiscal a la población y diferentes sectores económico, y que vinieron a ser muy importantes en las comunidades receptoras para enfrentar los impactos sanitarios y económicos de la pandemia y plantear la necesidad de buscar verdaderas propuestas de desarrollo económico que incidan en las causas de la migración. Las limitaciones del evento fueron no recuperar los análisis y propuestas sobre remesas y políticas públicas de desarrollo realizados en México y el mundo por más de 20 años, no plantear claramente la naturaleza privada de las remesas como ingreso de los trabajadores mexicanos en el exterior y sus familias en México, no reconocer que México tiene 40 años con migración internacional y remesas crecientes y no han cambiado las causas estructurales de la migración; olvidar la marginación, pobreza y violencias crecientes, la ausencia de referencias a los impactos del TLC y del T-MEC sobre los diversos sectores de la economía nacional, el mercado interno y el empleo, y la falta de una evaluación critica del modelo económico vigente por 39 años orientado al exterior y sin políticas de desarrollo regional y sectorial como plataforma de una política de Estado de generación masiva de empleo. Además, las cifras presentadas sobre 30 millones de hogares en México con 10 millones de hogares receptores de remesas y el impacto de las remesas en el 5% del PIB nacional parecen poco consistentes y requieren mayor fundamentación.

Importancia de las remesas en las entidades y regiones del país

Solimano y Allendes (2007), sostienen que una crisis económica puede ir acompañada de devoluciones de la moneda doméstica, crisis en el sector bancario y crecimiento negativo del PIB per cápita, caídas bruscas en los estándares de vida, contracción del producto, desempleo, reducción de salario real e inseguridad económica como sucede en México. A pesar de la crisis económica que ha generado el COVID-19, las remesas internacionales que ingresan a México han rebasado cualquier expectativa, pues los montos captados por el Banco de México no tienen precedente (Gráfica 1). De acuerdo con datos del Banco Mundial, a nivel global México ocupa la tercera posición con el mayor monto de remesas en 2020 (4.4%del PIB), le anteceden la India y China. Datos estimados con MCPV 2020 indican que 1.8 millones de viviendas en México recibieron remesas internacionales (5.1% del total) e ingresaron en 2020 40,601 millones de dólares y de enero a julio de 2020 ha ingresado 69.4% del monto recaudado en 2020 (28,187 millones de dólares). Dicho crecimiento puede atribuirse a la recuperación del empleo, en particular de los mexicanos que radican en Estados Unidos, así como a la solidaridad de los mexicanos en el exterior y un posible aumento de las remesas producto de la incertidumbre ante los estragos económicos y sanitarios del COVID-19 en Estados Unidos y México.

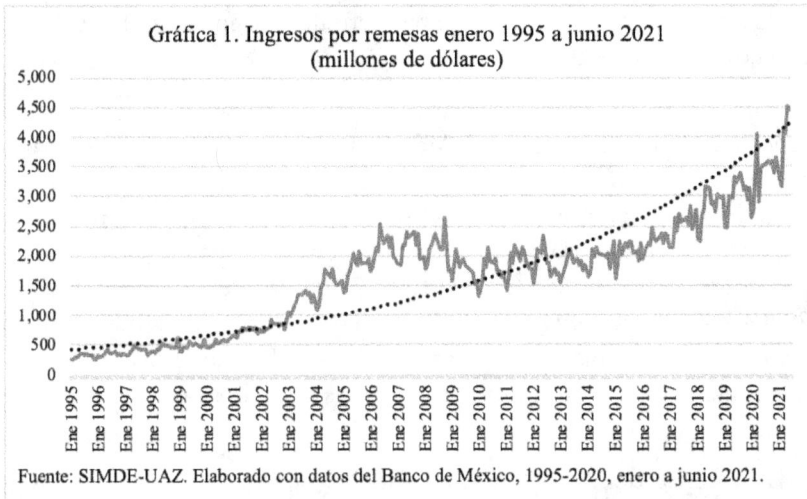

Gráfica 1. Ingresos por remesas enero 1995 a junio 2021 (millones de dólares)

Fuente: SIMDE-UAZ. Elaborado con datos del Banco de México, 1995-2020, enero a junio 2021.

El comportamiento de las remesas, al menos en el caso mexicano, está asociado al crecimiento histórico del empleo de la población inmigrante mexicana y la concentración de las remesas en los estados tradicionales de emigración hacia la nación vecina. Después de alcanzar una tasa de desempleo de 17.1% en abril de 2020, su tasa de desempleo descendió a 6.3% en marzo del 2021 y en abril de ese año alcanzó una cifra del 4.7%, cifra inferior a la alcanzada por el conjunto de otros inmigrantes (6.2%) y de los nativos (6.2%) (García y Gaspar, 2021). Los datos presentados permiten conjeturar que los inmigrantes mexicanos que radican en Estados Unidos, país de donde proviene el 95% de las remesas internacionales, han encontrado formas para mantenerse empleados y han redoblado sus esfuerzos para enviar más remesas a México, muy y a pesar de lo defraudados que deben sentirse ante las decisiones que ha tomado el gobierno actual de reducción presupuestal a los Consulados mexicanos en Estados Unidos sobre la desaparición de programas importantes como el Programa 3x1 para migrantes, el Fondo de Apoyo Migrante y el Programa Fronteras.

Respecto a los impactos, las remesas familiares de los hogares perceptores tienen un efecto positivo diferencial a nivel estatal y regional, contribuyen al gasto del hogar a través del consumo de bienes y servicios y en algunos casos al ahorro y a la inversión de negocios, a la productividad agrícola y a la disminución de la pobreza. 1.8 millones de hogares censales recibieron remesas familiares internacionales (5.1% de 34.9 millones de hogares censales) en 2020, apenas 200 mil más que en 2015 (1.6 millones de hogares censales) según los datos de la Encuesta Intercensal 2015).

Un primer aspecto a destacar es que la distribución de las remesas reportadas por el Banco de México y la de los hogares censales perceptores de remesas estimadas MCPV 2020 son congruentes. El flujo de remesas reportadas por el Banco de México se concentra en la región Tradicional y la región Centro al igual que los hogares censales perceptores de remesas (entre 41.4 y 39.8% respectivamente y entre 22.8% y 20.9% respetivamente), cabe destacar que la congruencia en la distribución a nivel estatal se mantiene. La diferencia entre la distribución de la región Norte son apenas del 2.2% y de la región Sur-sureste de 1.3%.

Al interior de las regiones, los estados que destacan con la mayor proporción tanto en el flujo de remesas como en el número de hogares censales perceptores de remesas son los estados de Jalisco (8.8% y 10.2% respectivamente), Michoacán (10.0% y 8.9% respectivamente) y Guanajuato (8.5% y 7.8% respetivamente). De la región Centro el Estado de México (5.9% vs 5.7%) y la Ciudad de México (5.3% y 3.1%), en conjunto estas entidades concentran el 11.2% de las remesas reportadas por el Banco de México en 2020 y el 8.8% del total de hogares perceptores de remesas. De la región Norte destacan en ambos indicadores, Baja California, Chihuahua y Sinaloa. De la región Sur-sureste Guerrero, Oaxaca y Veracruz en ese orden de importancia. De acuerdo con datos del Banco de México, todas las regiones en estudio experimentaron incrementos en el flujo de remesas, de hecho, las remesas a nivel nacional incrementaron en 63.8% entre 2015 y 2020. La región Norte y la región Tradicional observan los mayores incrementos en los flujos de remesas, no obstante, la región Centro y Sur-sureste observan incrementos por arriba del 50% (Cuadro 2).

Cuadro 2. Flujo de remesas y hogares perceptores de remesas, 2015 y 2020

	Remesas (2015)	Remesas (2020)	Distribución porcentual 2015	Distribución porcentual 2020	Incremento porcentual 2015 y 2020
Flujo de remesas					
Tradicional	10,046	16,820	40.5%	41.4%	67.4%
Norte	4,036	7,052	16.3%	17.4%	74.7%
Centro	6,027	9,255	24.3%	22.8%	53.6%
Sur-sureste	4,676	7,474	18.9%	18.4%	59.8%
Total	24,785	40,601	100.0%	100.0%	63.8%
Hogares perceptores de remesas					
Tradicional	673,444	704,322	42.1%	39.8%	4.6%
Norte	308,905	345,499	19.3%	19.5%	11.8%
Centro	318,727	370,308	19.9%	20.9%	16.2%
Sur-sureste	298,090	348,522	18.6%	19.7%	16.9%
Total	1,599,166	1,768,651	100.0%	100.0%	10.6%

Fuente.SIMDE-UAZ. Estimación de los autores con base en datos del Banco de México 2015 y 2020. Y datos de INEGI, Encuesta Intercensal 2015 y Muestra del Censo de Población y vivienda 2020.

De acuerdo con el Banco de México (2021), el flujo de remesas internaciones tiene un importante efecto sobre la actividad económica, las entidades con los mayores montos de remesas tienden a concentrar su impacto en las actividades comerciales y los servicios y en el sector agropecuario. Señalan que los ingresos por remesas tienen un efecto indirecto sobre la producción bruta, particularmente en el sector terciario, pues una parte importante de los ingresos por remesas se orientan al consumo final de bienes y servicios (efecto directo).

La magnitud de los montos alcanzados por las remesas internacionales y su creciente importancia como fuente de financiamiento para el desarrollo local y regional, sobre su potencialidad para la reducción de la pobreza, promotor de desarrollo y como sustituto de la responsabilidad del Estado en el bienestar de la población han propiciado un importante debate (García, 2006; Canales, 2008). Lo cierto es que las remesas internacionales constituyen en el origen de los migrantes un medio que contribuye a mejorar las condiciones de vida de las familias de los migrantes y contrarrestan el empobrecimiento de los hogares perceptores producto de las crisis económicas recurrentes, la pandemia y los efectos de las políticas neoliberales preexistentes (Canales, 2005). Pero las remesas circulan tanto en el origen como en el destino de los migrantes, aunque en montos y frecuencia mucho menores. Las remesas que salen de las familias de migrantes hacia sus destinos son un apoyo fundamental para la permanencia de los migrantes en tiempo de crisis económica, alto desempleo e incertidumbre, lo que hace que ese intercambio remesador sea más importante que nunca (Gaspar y García, 2020).

Impacto macroeconómico de las remesas

Las remesas tienen un impacto diferencial en el PIB de las entidades y regiones perceptoras. De acuerdo con Aragonés, Salgado y Ríos (s.f) desde una visión histórica estructural las remesas crean una serie de distorsiones estructurales como dependencia hacia las remesas, exacerban los conflictos sociales y las brechas económica deteriorando sus estructuras sociales y generando mayor emigración, familiar o individual, ante la falta de alternativas para mantener los estándares de vida que las remesas les permiten. Desde esta visión las remesas tienen poco impacto en el desarrollo económico de las entidades y regiones que las reciben. Así mismo, indican que desde la visión positivista se sostiene que las remesas tienen efectos multiplicadores en la economía del país, las regiones y entidades federativas del país al crear empleos, incrementar los ingresos de los hogares perceptores de remesas, así como, la demanda de bienes y servicios cubiertos en parte con las remesas percibidas. Sostienen basados en los estudios de Durand, Parrado y Massey, 1996; Canales y Montiel, 2004; Massey y Parrado, 1998; Durand, 1994 y Jones, 1998 que las remesas constituyen una forma de ahorro migrante que se convierte en capital productivo, generador de negocios, crecimiento económico y actividad empresarial al menos en el nivel local y regional. Los autores citados consideran que los efectos multiplicadores de las remesas no son tan claros toda vez que existen diversos factores que los afectan como "la falta de encadenamientos productivos locales, las importaciones, la estrechez del mercado interno, y otros problemas estructurales de la economía mexicana (p. 49). Para Canales (s.f.) las remesas más que ahorros de los migrantes constituyen una transferencia que los migrantes hacen de sus salarios para contrarrestar los efectos económicos adversos que prevalecen en México al financiar la reproducción material de las familias.

Los datos del Banco de México, dan cuenta de que el flujo de remesas ha mantenido una tendencia creciente desde 1995, año en que se tiene información disponible al respecto. Nuestras estimaciones apuntan a que las remesas tienen un efecto positivo en el PIB a nivel nacional, en las entidades y regiones del país, este impacto positivo hace que las remesas sean vistas como una importante fuente de divisas que hace que algunas unidades geográficas del país sean vistas como dependientes de las remesas. En ese caso se sitúa la región Tradicional cuyo peso de las remesas en el PIB es de 6.1%, entre los estados que la conforman destacan Michoacán (12.2%) y Zacatecas con una participación del 10.6%, Nayarit (6.9%) y Guanajuato (6.6%) entidades que se han caracterizados por pérdidas importantes de su población en edad laboral debido a la emigración internacional (Cuadro 3).

De acuerdo con Canales las remesas colectivas de los migrantes han cobrado relevancia y para algunas entidades del país como Zacatecas, Michoacán y Guanajuato, estados para los cuales las remesas constituyen una importante fuente de financiamiento para infraestructura social y productiva ante la falta de fondos públicos. Adicionalmente estimamos las remesas como porcentaje de la Inversión Extranjera Directa (IED), dato que reafirma la importancia económica de las remesas captadas por el Banco de México para el país y para el conjunto de las entidades federativas que lo conforman (Cuadro 3).

Las remesas internacionales de los migrantes de la región Sur-sureste y la región Centro, regiones catalogadas como emergentes, representan el 3.4% y 2.0% del PIB. La participación de las remesas en el PIB en la región Centro es más importante para los estados de Morelos (5.4%), Hidalgo (4.9%) y Puebla (4.5%). Para todos los estados de esta región las remesas de los migrantes son más importantes que la IED. A pesar de que las remesas de la región Sur-sureste tiene una participación del 3.4% en el PIB para los estados de Guerrero, Oaxaca y Puebla son muy importantes, estas constituyen el 10.7%, 10.1% y 5.8% del PIB respectivamente. En general en los estados donde las remesas tienen una participación importante en el PIB, prevalece el rezago social y económico lo que supone que sin las remesas internacionales las condiciones serían más deprimentes, lo que a su vez explica la intensificación de la emigración de estos estados (Cuadro 3).

Cuadro 3. Importancia económica de las remesas por entidad federativa y región migratoria 2019. Remesas como porcentaje del PIB y de IED

Entidad y región migratoria	REM/PIB (2019)	REM/IED 2019	Entidad y región migratoria	REM/PIB (2019)	REM/IED 2019
Michoacán	12.2%	111.9%	Morelos	5.4%	20.8%
Zacatecas	10.6%	583.4%	Hidalgo	4.9%	332.6%
Nayarit	6.9%	487.8%	Puebla	4.5%	70.3%
Guanajuato	6.6%	412.0%	Tlaxcala	3.6%	108.4%
Durango	6.2%	227.1%	Querétaro	2.6%	87.3%
San Luis Potosí	5.0%	1217.0%	Estado de México	1.9%	60.8%
Jalisco	4.1%	335.6%	Ciudad de México	0.9%	74.4%
Colima	4.0%	159.1%	**Centro**	**2.0%**	**52.3%**
Aguascalientes	3.2%	151.3%			
Tradicional	**6.1%**	**297.9%**	Guerrero	10.7%	58.4%
			Oaxaca	10.1%	393.7%
Sinaloa	3.4%	88.8%	Chiapas	5.8%	637.8%
Chihuahua	2.7%	14.2%	Veracruz	2.8%	3176.7%
Tamaulipas	2.4%	44.3%	Yucatán	1.2%	29.3%
Baja California	2.3%	81.2%	Quintana Roo	1.0%	50.0%
Sonora	1.5%	29.5%	Tabasco	0.9%	138.7%
Coahuila	1.5%	354.5%	Campeche	0.3%	139.9%
Nuevo León	1.0%	126.7%	**Sur-sureste**	**3.4%**	**218.9%**
Baja California Sur	0.8%	53.7%			
Norte	**1.8%**	**60.7%**	**Nacional**	**3.0%**	**106.9%**

Fuente. SIMDE-UAZ. Estimación de los autores con base en datos del Banco de México 2019 e INEGI, Cuentas Nacionales 2019, Secretaría de Economía.

Remesas internacionales vs pobreza

En México hay 55.7 millones de personas en pobreza, casi 4 millones más que en 2018, en términos relativos significa un incremento del 7.3%. Las regiones migratorias con la mayor concentración de personas en condición de pobreza son la Centro (35.2%) y la Sur-sureste (31.9%) en conjunto agrupan al 67.1% de la población en pobreza y el 41.2% de las remesas enviadas al país. Para los estados que conforman la región Sur-sureste la proporción de población pobre oscila entre [49.5%-75.5%], el estado con la mínima proporción la tiene Tabasco y con la máxima Chiapas. Las entidades de esta región concentran el 18.4% de las remesas pero solo Guerrero, Oaxaca, Veracruz y Puebla agrupan el 16.2%, con todo, y aun con remesas internacionales, en estos estados seis de cada diez personas son pobres; es decir, al menos tienen una carencia social de entre seis indicadores de rezago (educativo, acceso a servicios de salud, acceso a la seguridad social, calidad y espacios de la vivienda, servicios básicos en la vivienda y acceso a la alimentación) y su ingreso es insuficiente para adquirir los bienes y servicios que requieren para satisfacer sus necesidades alimentarias y no alimentarias (CONEVAL, Glosario).

La región Centro concentra 22.8% de las remesas internacionales, de ese porcentaje el Estado de México, la Ciudad de México y Puebla agrupan el 15.8%. Sin excepción todas las entidades de la región Centro observa un incremento de la población en pobreza, en particular Querétaro (24.1%), Tlaxcala (20.4%), El estado de México (18.6%), Puebla (10.1%) y la Ciudad de México (19.2%), destaca Puebla y Tlaxcala con el porcentaje más alto de población en pobreza, seis de cada diez son pobres, estado en las que las remesas reportadas representan el 4.5% y 3.6% del PIB respectivamente. Cabe destacar que solo el estado de Tlaxcala observa una disminución en el monto de remesas internacionales.

En términos proporcionales la región Norte (13.0%) y la región Tradicional (19.9%) de emigración concentran el menor valor de población en pobreza, pero el mayor valor en la percepción de remesas, 41.4% la región Tradicional y 17.4% la región Norte. Sin duda los niveles de pobreza en México serían mayores sin los recursos monetarios y en especie enviados por los migrantes que residen fuera del país (Gráfica 2 y Gráfica 3).

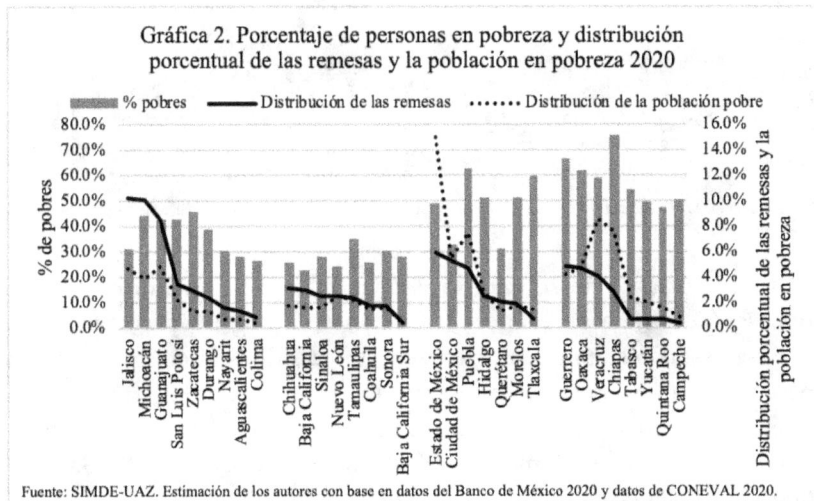

Gráfica 2. Porcentaje de personas en pobreza y distribución porcentual de las remesas y la población en pobreza 2020

Fuente: SIMDE-UAZ. Estimación de los autores con base en datos del Banco de México 2020 y datos de CONEVAL 2020.

La migración internacional y las remesas internacionales como principal beneficio de la migración tienen un efecto estadísticamente significativo sobre la reducción de la pobreza en los hogares que las reciben (Banco Mundial, 2006 citado en Solimano y Alledes 2007). Sin embargo, este medio que depende de la capacidad económica del migrante, para determinar el monto enviado, y de su destreza para mantenerse empleado en tiempos de crisis económica, coloca a un número importante de hogares perceptores en continua vulnerabilidad y riesgo de caer en pobreza (Delgado y Gaspar, 2018).

No obstante, el impacto económico de las remesas en la economía del país y en la reducción de la pobreza y el rezago social de los hogares perceptores, cabe anotar que no hay una relación directa entre remesas y reducción de la pobreza (Delgado y Gaspar 2018), sí consideramos que no todos los hogares del país son perceptores de remesas internacionales ni todos los migrantes son remesadores.

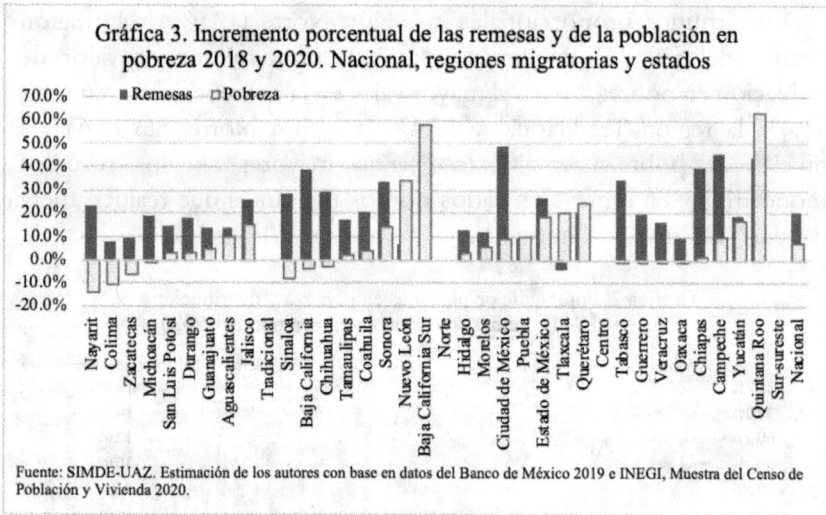

Gráfica 3. Incremento porcentual de las remesas y de la población en pobreza 2018 y 2020. Nacional, regiones migratorias y estados

Fuente: SIMDE-UAZ. Estimación de los autores con base en datos del Banco de México 2019 e INEGI, Muestra del Censo de Población y Vivienda 2020.

Es importante no sobredimensionar el impacto económico de las remesas pues para un número importante de hogares perceptores de remesas estas resultan insuficientes y no contribuyen en igual medida para reducir las desigualdades sociales o mantenerlos fuera de la pobreza, a otros los coloca en un estado de vulnerabilidad ante la ausencia de remesas (Canales 2007, Delgado y Gaspar 2018, García y Gaspar 2018, Gaspar y García, 2020).

No hay que perder de vista que solo el 5.1% de los hogares censales (1.8 millones de hogares) reciben remesas internacionales. En el nivel regional solo el 9% de los hogares censales de la región Tradicional reciben remesas internacionales, 4.4% de la región Norte, 3.3% de la región Centro y 4.4% de la región Sur-sureste. En la región tradicional sobresalen Zacatecas (13.2%), Michoacán (12.3%), Nayarit (11.6%), Durango (8.8%) y Guanajuato (7.8%), con el mayor peso relativos de los hogares censales con remesas internacionales. De la región Norte, Sinaloa (6.2%), Baja California (6.1%), Chihuahua (5.5%). De la región Centro, Morelos (7.0%), Hidalgo (6.1%) y Puebla5.1%) y de la región Sur-Sureste Guerrero (11.0%) y Oaxaca (7.6%). En el resto de las entidades la proporción de hogares con remesas son inferiores al 5%. En general, se puede observar que siguen siendo las entidades de mayor tradición migratoria las que concentran un porcentaje mayor de hogares perceptores de remesas (Gráfica 4).

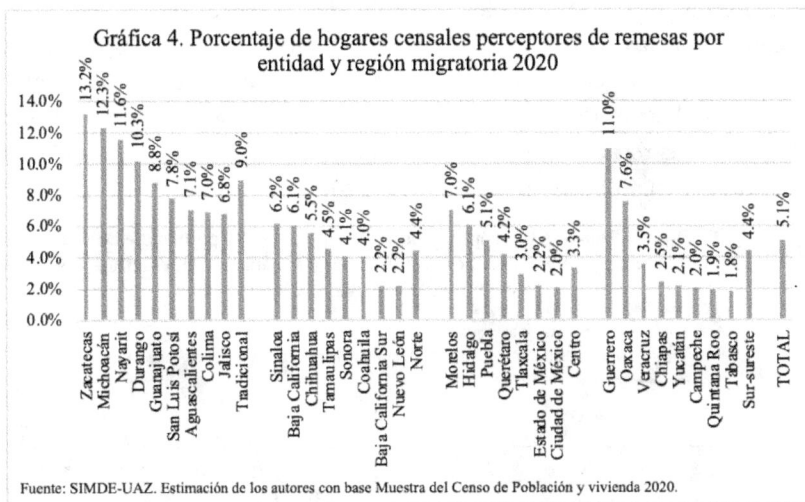

Gráfica 4. Porcentaje de hogares censales perceptores de remesas por entidad y región migratoria 2020

Fuente: SIMDE-UAZ. Estimación de los autores con base Muestra del Censo de Población y vivienda 2020.

Finalmente se analizan las remesas per cápita y la proporción de pobres en cada entidad y el porcentaje de población con ingresos laborales inferiores al costo de la canasta alimentaria para el año 2020. Las remesas reportadas por el Banco de México, como hemos visto superan la inversión extranjera directa, estas constituyen la mayor fuente de ingresos de divisas del país. De acuerdo con Orozco (s.f) y Delgado y Gaspar (2018) la desigualdad y la mala distribución del ingreso son determinantes fundamentales de la pobreza y las remesas se convierten en un mecanismo paulatino para enfrentarla. A pesar de la importancia económica que las remesas internacionales como principal fuente de divisas para México estas son insuficientes para superar la pobreza, pues como señalan el principal detonante de la

131

pobreza y la desigualdad social es la mala distribución del ingreso. La estadística que se presenta permite observar por un lado la desigualdad en los distintos estados del país y ayudan a entender porque las remesas familiares de los migrantes no resuelven el problema de la pobreza, incluso en la región tradicional de emigración en la que se observan los ingresos por remesas per cápita más altos. Los valores de pobreza para los estados de esta región son muy cercanos a la media nacional (Michoacán, Zacatecas, Nayarit, Durango y San Luis potosí), ello se explica a que un porcentaje alto de la población tiene ingresos laborales inferiores al costo de la canasta alimentaria. Solo la región Norte observa los menores niveles de pobreza y ostentan el menor porcentaje de población con ingresos laborales inferiores al costo de la canasta alimentaria. Los altos niveles de pobreza de la región Centro, con excepción de la Ciudad de México y de la región Sur-sureste se explican en gran parte por el alto porcentaje de personas con ingresos laborales inferiores al costo de la canasta alimentaria, mientras el ingreso laboral no mejore las remesas poco pueden hacer para mejorar los altos niveles de pobreza en ambas regiones (Gráfica 5).

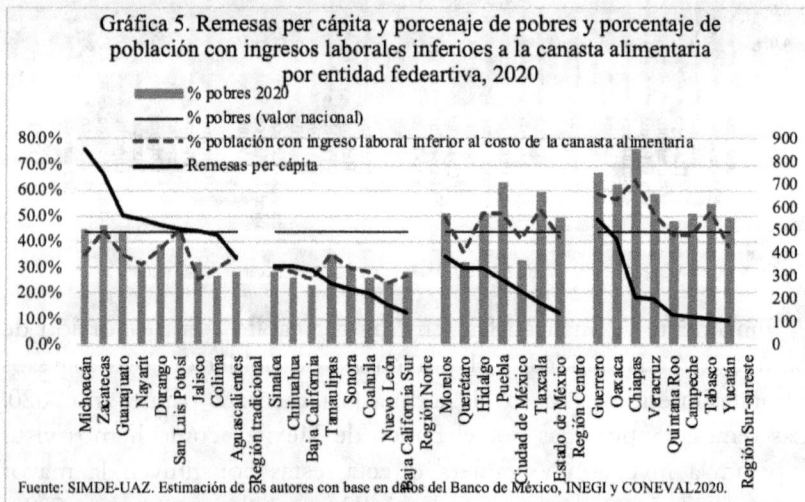

Gráfica 5. Remesas per cápita y porcenaje de pobres y porcentaje de población con ingresos laborales inferioes a la canasta alimentaria por entidad fedeartiva, 2020

Fuente: SIMDE-UAZ. Estimación de los autores con base en datos del Banco de México, INEGI y CONEVAL2020.

Conclusiones

Cuando la pandemia del Covid 19 afecta a todo el mundo en 2020 crece el debate internacional sobre su impacto en el envío de las remesas a los diferentes países receptores planteando en general que las remesas caerían por el doble impacto de la pandemia y la recesión económica entre un 20 y 30%. Sin embargo, no sucedió así en el caso de varios países, entre ellos México. En efecto, en ese año las remesas recibidas en México ascienden a 40.6 mil millones de dólares que benefician a 1.8 millones de hogares (5.1% de 34. 9 millones), 200 mil hogares más que en 2015.

En los últimos meses de 2020 y al inicio del 2021 se genera un debate adicional sobre las causas del aumento de las remesas enviadas a México pese a la pandemia y la caída en la actividad económica en Estados Unidos, se coincide en la especificidad de la migración mexicana en ese país por su historicidad, masividad y su arraigo en sectores económicos específicos denominados durante la pandemia como esenciales, junto con el tema de la solidaridad de los migrantes mexicanos hacia sus familias y comunidades de origen. En ese debate se reiteran debates que se hicieron durante la primera década del siglo XXI sobre los impactos positivos de las remesas a nivel nacional, sobre las regiones, los diferentes sectores económicos, el bienestar de los hogares receptores y el desarrollo local y regional. Se coincide en que las remesas tienen impactos macroeconómicos positivos para los países receptores e impactos económicos multiplicadores en las regiones donde se reciben e invierten tales recursos, reconociendo que la mayor parte de las remesas se gasta en el consumo familiar al igual que todos los salarios y su impacto más importante es en el comercio y los servicios. Luego de veinte años los impactos de las remesas no han sido significativos en el desarrollo económico regional y local, pero, si en los indicadores de bienestar y de infraestructura social de los hogares y comunidades receptoras, especialmente cuando junto con las remesas familiares se realizaron cientos de obras comunitarias con remesas colectivas a través del Programa 3x1 del 2002 al 2019.

De acuerdo al Banco de México persiste la tendencia de la concentración del flujo de las remesas y de los hogares receptores en las regiones Tradicional y Centro de la migración internacional con el 41.4% y 39% y 22.8% y 20.9% respectivamente. Regionalmente los estados con mayor flujo de remesas y hogares receptores de ese ingreso son Jalisco (18.8% y 10.2%), Michoacán (10% y 8.9%) y Guanajuato (8.5% y 7.8%). Las remesas a nivel nacional se incrementaron 63.8% entre 2015 y 2020. La región Norte y Tradicional tuvieron el mayor aumento en el flujo de remesas, que en el caso de las regiones Centro y Sur fue mayor al 50%.

En cuanto al impacto de las remesas sobre el producto interno bruto, ellas representan el 6.1% en la región Tradicional, destacando Michoacán (12.2%), Zacatecas (10.6%), Nayarit (6.9%) y Guanajuato (6.6%). Es importante destacar como esta región es la que cuenta con las más importantes organizaciones migrantes mexicanas en Estados Unidos que del 2002 al 2019 estuvieron promoviendo cientos de proyecto de infraestructura social mediante el Programa 3x1, con importantes efectos positivos en la infraestructura social y bienestar de la población.

Respecto al impacto de las remesas sobre la pobreza es muy importante reconocer como en los estados donde ese ingreso representa una mayor proporción del producto interno bruto persiste un mayor rezago económico y social, que en ausencia de las remesas sería mayor. En general, las regiones Norte y Tradicional concentran la menor proporción de población en pobreza (13% y 19.9%) y los mayores montos de percepción de remesas (17.4% y 41.4%, respectivamente). En general, en ausencia de las remesas en México la pobreza sería mayor a la que se reconoce actualmente de 55 millones de personas, por ello, es importante, valorar que son 1.8 millones los hogares receptores de ese ingreso (5.1%). A nivel regional, en la zona Tradicional 9% de los hogares reciben remesas, la zona Norte 5.4% y 4.4% en la zona Sur-sureste. En la región Tradicional Zacatecas presenta el mayor porcentaje de hogares receptores (13.2%), Michoacán 12.3%) y Nayarit (11.6).

En el mensaje del presidente López Obrador el primero de septiembre con motivo de sus tres años al frente del gobierno de México, además de presentar el gran aumento de las remesas que enviaron los migrantes al país como un logro de su gestión (sin explicar porque fueron expulsados 12 millones de mexicanos fuera del país, principalmente a Estados Unidos, en los pasados cincuenta años) se reitera en que no habrá cambios en el manejo de la política económica de austeridad, del neoliberalismo asistencial aplicado en su sexenio, que no habrá la reforma fiscal postergada por más de 60 años, reconociendo, en los hechos, que la dinámica del país seguirá dependiendo de las exportaciones, de la recuperación económica de Estados Unidos, del T-MEC y la inversión extranjera directa ante la ausencia de una estrategia integral de desarrollo para el país con políticas públicas sectoriales y regionales, con una fuerte inversión pública como soporte central, articulada con la inversión privada y exterior con el empleo como prioridad nacional. Así, se reitera la dependencia creciente de las remesas y el reconocimiento verbal al aporte migrante, pero, sin ninguna propuesta de una política de Estado sobre desarrollo económico, migración y derechos humanos, pese a las diferentes propuestas hechas por la Sociedad Civil Transnacional de 2010 a 2021. Todo indica que no se logrará al crecimiento del PIB del 6% en 2024 anunciado en Plan Nacional de Desarrollo 2019-2024, que no habrá cambios en las causas estructurales de la migración y como sucedió en los últimos 40 años la economía nacional dependerá de la economía de Estados Unidos, de las exportaciones a su mercado y de las remesas. Pero, estas no podrán seguir creciendo de forma indefinida por el envejecimiento de la población migrante, la posible regularización de 3 millones de migrantes mexicanos bajo el gobierno de Biden y el resentimiento de los migrantes ante su exclusión de la agenda nacional, de las políticas públicas y presupuestos, y la marginación deliberada en el sistema electoral nacional.

Referencias

Aragonés, A. M., Salgado, U., & Ríos, E. (2008). ¿ A quién benefician las remesas?. *Economía unam*, *5*(14), 37-55.

Banco de México (2021). Flujos de Divisas a México y Medidas de Acompañamiento a Migrantes y sus Familias. Extracto del Informe Trimestral Octubre - Diciembre 2020, Recuadro 1, pp. 21-27, documento publicado el 3 marzo de 2021. https://www.banxico.org.mx/ publicaciones-y-prensa/informes-trimestrales/recuadros/ %7BCBD8DC ED-4C67-1E1E-834C-DA5CB1AFA7CF%7D.pdf

Canales Cerón, A. I. (2008). Remesas y desarrollo en América Latina: Una relación en busca de teoría. *Migración y desarrollo*, (11), 5-30.

Canales Cerón, A. I. (s.f). El papel económico y productivo de las remesa en México. Una visión crítica. http://meme.phpwebhosting.com/~migracion/modules/seminarioe/canalesalejandro.pdf

Cervantes González, J. A. (2019). Las remesas y la medición de la pobreza en México. FR. CEMLA. Foro remesas América Latina y el caribe. Notas de remesas. https://www.cemla.org/foroderemesas/notas/2019-09-notas deremesas-03.pdf

CONEVAL (S.f.). Glosario. https://www.coneval.org.mx/Medicion/Paginas/Glosario.aspx [28082021].

Durand, J., & Massey, D. S. (2003). Clandestinos: Migración México-Estados Unidos en los albores del siglo XXI. Miguel Ángel Porrúa.

Olvera, S. G., & Zamora, R. G. (2020). Pobreza y vulnerabilidad rural 2008-2018. Impacto de transferencias monetarias en la pobreza rural. *Ola Financiera*, (35), 52-98.

García Zamora, R., & Gaspar Olvera, S. (2018). La Gran Recesión 2007-2009 e impacto en las remesas en México.

García Zamora, R. (2006). Migración internacional, remesas y desarrollo en México al inicio del siglo XXI.

Gaspar Olvera, S. (2018). Medición de la emigración de México a Estados Unidos, 1950-2016. *Revista Región y Sociedad*, No.73.

INEGI (s.f.). Ficha técnica. Serie histórica censal e intercensal. Consulta de indicadores. https://www.inegi.org.mx/contenidos/programas/ccpv/cpvsh/doc/serie_censal_ficha_indicadores.pdf [28082021].

Orozco, M. (s.f.). Remesas en la región de América Latina y el Caribe. Un análisis de su impacto económico. Consejo nacional de Población. http://www.conapo.gob.mx/work/models/CONAPO/migracion_internacional/migint_desarrollo/11.pdf [28082021].

Akaki, P. P., & Colín, P. L. Á. (2007). Las remesas familiares en México y sus inconsistencias. *Análisis económico*, *22*(51), 223-252.

Solimano, A. y Allendes, C. (2007). Migraciones internacionales, remesas y el desarrollo económico: la experiencia Latinoamericana. Macroeconomía del desarrollo. No. 59. División de Desarrollo Económico. Naciones Unidas CEPAL. https://repositorio.cepal.org/bitstream/handle/11362/5426/S0700878_es.pdf?sequence=1&isAllowed=y

Tuirán Gutiérrez, R., Santibáñez Romellón, J., & Corona Vázquez, R. (2006). El monto de las remesas familiares en México:¿ mito o realidad?. *Papeles de población*, *12*(50), 147-169.

Wise, R. D., & Olvera, S. G. (2018). Confrontando el discurso dominante: las remesas bajo el prisma de la Experiencia Mexicana. *REMHU: Revista Interdisciplinar da Mobilidade Humana*, *26*, 243-263.

LA MIGRACIÓN DE TRÁNSITO POR MÉXICO. EFECTOS LOCALES DE PROBLEMÁTICAS GLOBALES[1]

Mirko Marzadro, Ismael García Castro

Introducción

Lelio Mármora en la introducción a su libro "Las políticas de migraciones internacionales" aclara que todas las políticas migratorias tienen fundamentos ideológicos y teóricos que orientan sus objetivos y ofrece un panorama histórico en macro etapas, (por así decirlo), que han guiado la acción de varios estados nacionales entre el siglo XIX y XX. "En época moderna, hasta el comienzo del siglo XX la lógica de la ocupación y explotación territorial sirvió para legitimar el desplazamiento sea de esclavos desde África a las colonias e internamente de indígenas, que de trabajadores desde Europa y Asia al Nuevo Mundo. A partir del 1920 se asiste paulatinamente a la afirmación de una lógica de selección restrictiva y de protección frente a la inmigración. Con la década del 1930, a causa de la crisis económica mundial del 1929, se refuerza la lógica de la protección de la mano de obra nacional frente a la real o potencial competencia de los trabajadores inmigrantes. En 1940 dicha lógica persiste asumiendo caracteres político – culturales de salvaguarda de valores nacionales, mientras que a partir de la década del 1970 con la crisis económica internacional del 1973 se refuerza nuevamente la posición restrictiva como medida de protección para los trabajadores nativos" (Mármora, 2002 , p. 24).

A pesar de que Mármora indica el comienzo de un periodo de posición restrictiva en 1973 a casi medio siglo de distancia, al parecer todavía hoy esa lógica es la que guía el diseño e implementación de la política y gestión migratoria (de inmigración) de varios países, sobre todo de los de las economias avanzadas. En los últimos años se han perfilado acuerdos regionales que prevén, por un lado, espacios de movilidad que van más allá del estado nación y, por otro lado, formas

---

[1] Una primera versión del presente capítulo fue presentada por parte de los autores en la 7th Migration Conference, Bari (Italia), 18-20 de junio de 2019.

de control de las fronteras nacionales y regionales que externalizan algunas funciones a países limítrofes, como el control de la migración de tránsito, o acuerdos de "tercer país seguro" con estados limítrofes. El caso de la Unión Europea es el más contundente pero no es el único. Dichas nuevas forma de gestión de la inmigración, que como veremos se funda, por lo menos en el discurso, en los principios de los DD.HH., tiene un grado de complejidad que permite avanzar la hipótesis que estamos en una nueva macro-etapa de la política de inmigración que sigue siendo restrictiva pero en un contexto globalizado en el cual quizás lo más interesante no es el análisis de la política y gestión migratoria de los países de inmigración como la Unión Europea, Estados Unidos o Canadá, sino analizar las política y gestión migratoria de los países de tránsito con los cuales las grandes potencias establecen acuerdos de cooperación. Dicho esto, nos concentraremos en la política y gestión migratoria de México en los últimos años tratado de contestar a la siguiente pregunta: ¿Es posible leer la complejidad y contradicción de una política y gestión migratoria como la mexicana de los últimos años como el resultado de lógicas globales y regionales (América del Norte y Centroamérica) que apuntan a contener otros problemas (seguridad nacional, protección del mercado del trabajo, lucha al narcotráfico, etc.)?

La caravana migrante y la emergencia de la nueva política y gestión migratoria mexicana en el comienzo del sexenio del presidente Andes Manuel López Obrador.

En octubre del 2018 empezó un fenómeno social internacional, "desde abajo" por así decirlo, que corresponde a la salida de varias caravanas migrantes que desde los países del Triángulo Norte de Centroamérica caminando se dirigen a algunos lugares de la Frontera Sur de México pidiendo internarse al país para recorrerlo con destino a la frontera de Estados Unidos con la finalidad de solicitar el ingreso a dicho país. Visto desde el punto de vista del territorio mexicano se trata de una migración de tránsito.

Varias asociaciones de la sociedad civil siguen el fenómeno sea para brindar apoyo de tipo humanitario que para mantener informada la opinión pública y tratar que se cumplan con los compromisos en materia de derechos humanos en los tratados internacionales de los cuales es parte el Estado mexicano como: la Convención sobre el

Estatuto de los Refugiados (adoptadas por parte de la Asamblea de las Naciones Unidas en 1951, y en vigor desde el 1954) (ACNUR, 1951); el Protocolo sobre el Estatuto de los Refugiados (1967) (ACNUR, 1967); la Convención contra la Tortura y otros Tratos o Penas Crueles, Inhumanos o Degradantes (1984 / 1987) (CNDH, 1984); entre otros. En uno de los primeros informes de la sociedad civil organizada que salió en redes sociales el 21 de octubre del 2018 se puede leer:

"Las organizaciones que estamos trabajando en Frontera Sur, queremos señalar que lo que está ocurriendo en este momento y de lo cual somos testigos, no tiene precedente alguno. Si bien el paso de personas migrantes es un hecho que viene ocurriendo desde hace muchos años, lo cierto es que, desde los años '80, no habíamos tenido noticia de un evento de esta magnitud en el cual miles de personas están buscando, de manera desesperada, ingresar a México con la finalidad de buscar protección. La diferencia sustancial entre lo ocurrido con las personas refugiadas guatemaltecas en la frontera con Campeche y esto que ocurre hoy en Tapachula, radica en que hasta el momento ningún país centroamericano se encuentra en "conflicto armado". Reiteramos que el origen de la Caravana responde a un contexto de violencia y pobreza generalizada en donde las condiciones mínimas de vida digna y respeto a los derechos humanos no han sido garantizadas, lo que obliga a miles de personas a desplazamientos forzados, como los que estamos presenciando[2]" (Otros Mundos AC, 2018).

En otras palabras, se trata de flujos migratorios mixtos, en los cuales como estrategia de protección y para lograr su objetivo los migrantes se mueven ya no en forma individual o en pequeños grupos buscando la invisibilidad, sino colectivamente y buscando apoyo y protección, hecho que comporta una necesidad por parte de las autoridades de México como país de tránsito (principalmente, aunque no solamente) y de Estados Unidos como país de desino, de dar respuestas que vallan más allá del "blindaje de las fronteras".

Concentrémonos en las complejas negociaciones que México acaba de resolver con Estados Unidos de América para poder introducir el tema de los efectos nacionales y locales de la política y gestión

---

[2] Firman: American Friends Service Committee oficina Latinoamérica y el Caribe, Servicio Jesuita a Refugiados (JRS) y Servicio Jesuita a Migrantes (SJM), Voces Mesoamericanas Acción con Pueblos Migrantes AC, Médicos del Mundo Suiza, Centro de Derechos Humanos Fray Matías de Córdova AC. y Otros Mundos Chiapas. Con el acompañamiento de SweFOR México.

migratoria mexicana en tema de migración de tránsito.

Es notoria internacionalmente la campaña mediática antiinmigración de Donald Trump en periodo electoral y postelectoral como fueron notorias sus declaraciones acerca de la construcción de un muro fronterizo y de la participación de México a la edificación o, mejor dicho, al reforzamiento de esa barda para contener la inmigración hacia Estados Unidos y consecuentemente, de alguna forma de la transmigración por México. A los mensajes públicos constantes y persistentes en 2017 y 2018 del mandatario se observaron reacciones que en forma clara afirmaron que el gobierno mexicano no participaría en la construcción de dicho muro fronterizo.

Sin embargo, la complejidad de la cuestión, y de la emergencia de las múltiples caravanas migrantes que desde octubre del 2018 han cruzado la Frontera Sur de México dirigiéndose hacia la Frontera Norte han llevado el exmandatario norteamericano a ejercer una presión en materia de política económica internacional para lograr su objetivo. Es decir, externalizar a México buena parte de la gestión de su política migratoria en materia de contención de flujos por un lado y de atención a los solicitantes asilo y refugio por el otro.

Vale la pena usar espacio para presentar los hechos del mes de junio 2019. En el artículo "Estados Unidos congela aranceles; aplicará México su ley migratoria" que el diario La Jornada publicó sábado 8 de junio se reportan dos tuits del presidente de USA: "Me complace informarles que Estados Unidos de América ha logrado un acuerdo firmado con México. Las tarifas programadas para ser implementadas por EU el lunes [10 de junio] contra México, son así suspendidas indefinidamente" y "México, por su parte, ha acordado tomar medidas firmes para frenar la marea de migración por México, y hasta nuestra frontera sureña. Esto se está haciendo para reducir en gran medida, o eliminar, la inmigración ilegal llegando desde México y a Estados Unidos" (La Jornada, 2019).

Las tarifas arancelarias mencionadas (correspondientes al 5%) hubieran sido una decisión unilateral del gobierno de Estados Unidos en contra de lo establecido en el Tratado de Libre Comercio de América del Norte (TLCAN) vigente a partir del 1996 entre Canadá, Estados Unidos, y México. Fue una estrategia de presión política que actuando sobre un asunto de política económica como las relaciones comerciales se propone resolver otra cuestión de carácter internacional como la inmigración y solicitudes de asilo y refugio que han aumentado exponencialmente a frente del endurecimiento de los controles fronterizos y de las medidas de seguridad en la Frontera Sur de Estados Unidos dificultando grandemente el fenómeno de la inmigración mexicana, centroamericana y de otros países del mundo por la frontera terrestre entre México y USA.

El lunes 10 de junio el Canciller Marcelo Ebrard desde su Twitter da a conocer la declaración conjunta entre México y el vecino país del Norte[3] en el preámbulo de la cual se afirma que "ambos países reconocieron la importancia fundamental de resolver rápidamente la emergencia humanitaria y la situación de seguridad prevalecientes (…) para alcanzar una solución duradera" y por dicha razón acordaron lo siguiente:

1. Reforzamiento de las acciones para asegurar el cumplimiento de la Ley en México.

La primera acción va encaminada a vigilar la Frontera Sur con una concentración de 6 mil policías de la de la Guardia Nacional más los que están destinados a las principales rutas de transito de los migrantes. El objetivo es que todos los que entren por Frontera Sur se registren y dependiendo de su procedencia nacional puedan gozar de una tarjeta de visitante fronterizo que los habilita a moverse en determinado espacio geográfico del sur del país, es decir bloquear la migración de tránsito.

2. Instrumentación de la sección 235(b)(2)(C) [de Ley de inmigración y nacionalidad de Estados Unidos][4].

La segunda consiste en extender de inmediato a toda la Frontera Sur de Estados Unidos lo establecido en la sección 235(b)(2)(C) de la Ley de inmigración y nacionalidad que permite devolver a extranjeros, no mexicanos, a México para que aguarden en suelo mexicano el desarrollo de su proceso migratorio en EUA. Es decir, los migrantes en tránsito de las caravanas cruzarán la frontera para solicitar asilo/refugio (únicas categorías con un cierto grado de probabilidad de ser admitidas), su solicitud será registrada y esos migrantes en tránsito regresaran en los municipios fronterizos de México. México se

---

[3] El texto integral de la Declaración está a disposición en (Gobierno de México, 2019).
[4] El texto completo de la Ley es consultable en (US Congress)

compromete a recibir a todos los que hayan recibido citatorio y otorgarles una visa temporal por razones humanitaria, es decir los convertirá de migrantes en tránsito a inmigrantes, con la posibilidad de entrar y salir del territorio nacional, gozar de servicios sociales como salud y educación y sobre todo poder buscar empleo y trabajar en el periodo en el cual se resuelve su admisión a los Estados Unidos.

No es claro todavía que pasaría en caso de deniego de la solicitud, hecho que muy probablemente pasará en forma masiva ya que en general hay una discrepancia muy grande entre las solicitudes de asilo/refugio y las que se resuelven positivamente. Eso para aclarar que los migrantes en tránsito con su nueva condición de "estancia por razones humanitarias" podrían convertirse con futuros procedimientos administrativos en residentes permanentes.

3. Acciones adicionales.

Los Gobiernos de los 2 países se dan un tiempo de 90 días para evaluar la pertenencia de las acciones acordadas y, de ser necesario establecer otras.

4. Estrategia Regional en curso.

Este 4to y último punto es bastante interesante, aunque no es nuevo como veremos en el siguiente acápite. El 18 de diciembre los presidentes de USA y México se comprometieron a fortalecer y a ampliar la cooperación bilateral para fomentar el desarrollo económico y aumentar la inversión en el sur de México y Centroamérica para crear una zona de prosperidad. Eso a raíz de un acuerdo entre los gobiernos de México, Honduras, Guatemala y El Salvador suscrito el 1 de diciembre llamado Plan de Desarrollo Integral en el cual los 4 gobiernos con el apoyo de la Comisión Económica para el América Latina y el Caribe (CEPAL) sentaron las bases para el diseño de una estrategia común para la prevención del fenómeno migratorio y atacando sus causas estructurales simultáneamente[5] (SRE, 2018). Se trata en otras palabras de prevenir el fenómeno migratorio: emigración de los países del Triángulo Norte, inmigración en Estados Unidos y migración de tránsito por México.

Las reacciones, sobre todo de la sociedad civil organizada, al acuerdo y sus puntos han sido grosso modo las siguiente: (a) que

---

[5] Mientras tanto la CEPAL ha elaborado un diagnóstico para el Plan Integral: (CEPAL, 2019).

México, con el despliegue de la Guardia Nacional para detener nuevos migrantes en tránsito en Frontera Sur, y registrarlos como visitantes regionales de forma temporal sustancialmente los va pronto a expulsar del territorio nacional y consecuentemente se trataría de participar en la construcción de un "muro fronterizo" o barrera de contención como se quiera llamarla para hacer más seguras las fronteras de Estados Unidos (dicha acción no es nueva como veremos). (b) que al aceptar la Instrumentación de la sección 235(b)(2)(C) México estaría dando un paso hacia lo que podría pronto convertirse en un acuerdo de tercer país seguro. Cabe mencionar que Estados Unidos desde el 2002 tiene un acuerdo de tercer país seguro con Canadá. Si se llegara a firmar un acuerdo de tercer país seguro con México, los migrantes (internacionales) en tránsito por México que se dirigen a las fronteras con Estados Unidos y allí pretenden pedir asilo/refugio tendrían forzosamente que pedirlo en México. (c) Por ende hay perplejidades sobre el respeto de los derechos humanos de los migrantes por parte de los agentes del Instituto Nacional de Migración y de la Guardia Nacional, tema fundamental ya que como veremos en el próximo acápite es un principio fundamental de la nueva Ley de Migración aprobada en 2011.

Si la migración de transito no es un fenómeno nuevo en México, seguramente el modo en el cual se ha dado a partir de octubre 2018 es un cambio radical en el fenómeno. A dicho cambio se están dando respuestas que ya se han visto en los sexenios pasados.

La descriminalización de la inmigración irregular y la emergencia de la migración de tránsito en la legislación migratoria mexicana, en un contexto de aumento generalizado de la violencia como resultado de la lucha al narcotráfico. El Sexenio del presidente Felipe Calderón.

El año 2008 marcó un antes y después en el avance acerca de una normatividad migratoria nacional reconociendo la movilidad humana como derecho humano. Es en aquel año que las Cámaras de los Diputados y Senadores aprobaron por unanimidad la reforma a la Ley General de Población (LGP) descriminalizando, por fin, la inmigración irregular (Camara de Diputados del H. Congreso de la Unión, 2018). El internarse irregularmente al país ya no constituye un reato perseguible penalmente sino una falta administrativa (Calderón

Chelius, 2012, p. 24).

Entre en 2011 y 2012 se aprobaron 3 leyes y una importante reforma constitucional que vale la pena mencionar.

Ley sobre Refugiados y Protección Complementaria (Cámara de Diputados del H. Congreso de la Unión, 2011), que establece un marco legal propio, antes contenido en la LGP, y proporciona una definición amplia de refugiado incluyendo la de protección complementaria gracias a la cual el extranjero que no haya sido reconocido como asilado o refugiado según los términos de la Ley puede no ser devuelto "al territorio de otro país en donde su vida se vería amenazada se encontraría en peligro de ser sometido tortura u otros tratos o penas crueles, inhumanos o degradantes" (art 2, inc. VII).

El 6 de junio del 2011 se reforman y adicionan algunos párrafos del artículo 1ero de la en Constitución Política de los Estados Unidos Mexicanos materia de DD. HH. "En los Estados Unidos Mexicanos todas las personas gozarán de los derechos humanos reconocidos en esta Constitución y en los tratados internacionales de los que el Estado Mexicano sea parte, así como de las garantías para su protección, cuyo ejercicio no podrá restringirse ni suspenderse, salvo en los casos y bajo las condiciones que esta Constitución establece" (Camara de Diputados del H. Congreso de la Unión, 2011). Si dicha reforma constitucional se puede considerar la base del andamiaje legislativo en materia de migración (migración, refugio, trata) es evidente que los migrantes deberían ser sujetos de derechos y respetar sus garantías individuales. Sin embargo, la lógica de la seguridad pública (mexicana y de Estados Unidos) entra en conflicto con dicho principio.

Ley General para Prevenir, Sancionar y Erradicar la Trata de Personas y para la Asistencia de las Víctimas de esos Delitos se aprueba en el periodo más álgido de la así llamada "lucha al narcotráfico" en la cual se visibilizó como los migrantes en tránsito son extremadamente vulnerables llegando a ser víctimas de abusos que llegan a ser extremos (Cámara de Diputados del H. Congreso de la Unión, 2012). El Padre Solalinde habla al respeto de "holocausto migratorio". El caso más horriblemente conocido a nivel internacional es el de la masacre de San Fernando en Tamaulipas, lugar en el cual en el año 2010 fue encontrada una fosa común con 72 cuerpos de migrantes en tránsito asesinados (Calderón Chelius, 2012, p. 32). La Comisión Nacional de los Derechos

Humanos (CNDH) en su informe del 2009, relató la compleja problemática y la falta de voluntad por parte de las autoridades competentes de atenderla (CNDH, 2009).

Pasamos rápidamente a la Ley de Migración.

El artículo 2do presenta los principios en los cuales se sustenta la política migratoria, vale la pena mencionar por lo menos 4:

"(a) **Congruencia** de manera que el Estado mexicano garantice la vigencia de los derechos que reclama para sus connacionales en el exterior, en la admisión, ingreso, permanencia, tránsito, deportación y retorno asistido de extranjeros en su territorio. (b) **Enfoque integral** acorde con la complejidad de la movilidad internacional de personas, que atienda las diversas manifestaciones de migración en México como país de origen, tránsito, destino y retorno de migrantes, considerando sus causas estructurales y sus consecuencias inmediatas y futuras. (c) **Responsabilidad compartida** con los gobiernos de los diversos países y entre las instituciones nacionales y extranjeras involucradas en el tema migratorio. (d) **Hospitalidad y solidaridad** internacional con las personas que necesitan un nuevo lugar de residencia temporal o permanente debido a condiciones extremas en su país de origen que ponen en riesgo su vida o su convivencia, de acuerdo con la tradición mexicana en este sentido, los tratados y el derecho internacional".

En el artículo 1ero aparece no solamente la salvaguarda de los derechos humanos de todos los migrantes (incluyendo los transmigrantes) como principio sino la necesidad de preservación de la soberanía y seguridad nacional. No se menciona la seguridad publica sino la soberanía y seguridad nacional mientras que al parecer las acciones de gestión migratoria puestas en marcha también después de la promulgación de la Ley de Migración (Cámara de Diputados del H. Congreso de la Unión, 2021)y su Reglamento (Cámara de Diputados del H. Congreso de la Unión, 2014) parecerían haberse concentrado en contener problemáticas de seguridad públicas (narcotráfico internacional) y delicados equilibrios e intereses con otros países como vimos en el acápite anterior. Es decir, existe una responsabilidad compartida internacional que, pero no adopta un enfoque integral, ni precisamente hospitalario, solidario y congruente.

La migración de tránsito en el sexenio del presidente Enrique Peña: el Programa Especial de Migración y el Programa Frontera Sur: entre DD. HH. de los migrantes en el discurso y seguridad (inter)nacional y contención de los flujos en la práctica.

En el sexenio 2012-18 por primera vez en la planificación nacional del desarrollo aparece un instrumento específico para atender la problemática migratoria. Se trata del Plan Especial de Migración (PEM) 2014-2018 (INM, 2014) que tiene la finalidad de instrumentar el Objetivo 5.4 del Plan Nacional de Desarrollo "Velar por los intereses de los mexicanos en el extranjero y proteger los derechos de los extranjeros en el territorio nacional" (Gobierno Federal, 2013).

El PEM tiene 5 objetivos articulados en estrategias y líneas de acción. Escudriñando el Programa se nota como en la retórica de la primera parte la atención a todos los migrantes (inmigrantes, emigrantes, transmigrantes y retornados) en el respeto de los DD. HH. es muy clara. Sin embargo, analizando las líneas de acción se evidencia como desaparece casi por completo la problemática de los migrantes de tránsito, citados en forma específica solo en las 4.3.3 y 4.3.4 (p. 70) que prevén "acercar los servicios de salud en zonas fronterizas y de tránsito de migrantes a través de unidades móviles" y "asegurar la atención médica a mujeres migrantes víctimas de violencia sexual y a migrantes embarazadas durante su tránsito por México"; a la par que en la 5.1.3 (p. 72) que se focaliza en "incrementar acciones de prevención y vigilancia policial en zonas de tránsito de migrantes para reducir la incidencia delictiva".

En otras palabras, a pesar de la existencia del título 5to de la Ley de Migración que se ocupa "de la protección a los migrantes que transitan por el territorio nacional", no se prevé una instrumentación que mire a una gestión de la migración de tránsito con un enfoque de protección integral (Cámara de Diputados del H. Congreso de la Unión, 2021).

Sin embargo, a los pocos meses de haberse publicado el PEM, como resultado de una crisis humanitaria declarada por parte de Estados Unidos a causa del gran aumento de migración centroamericana en su Frontera Sur, y más específicamente de menores no acompañados, el Gobierno del vecino país del norte entabla negociaciones internacionales para contener ese flujo. De allí que el 7 de julio del 2014 el presidente Enrique Peña anuncia la creación de la Coordinación de Atención Integral de la Migración en la Frontera Sur como organismo desconcentrado de la Secretaría de Gobernación encargada de instrumentar el Programa Frontera Sur (PFS) (Gobierno Federal, 2014). El PFS se compone de 5 líneas de acción: (1) paso formal y ordenando en los puntos de control fronterizo; (2) mejoramiento de las infraestructuras física, tecnológica y de la atención en los 12 puntos de control fronterizo; (3) mejoramiento de la atención a migrantes en salud, en las estaciones migratorias (aseguramiento) y mayor apoyo a los albergues gestionados por parte de las OSC; (4) corresponsabilidad regional y multilateral; (5) brindar atención y ayuda humanitaria al migrante, y garantizar el estricto respeto a sus derechos humanos.

El nuevo programa no encuentra coherencia con los objetivos, estrategias y líneas de acción del PEM. Su aplicación intensiva durante el primer año ha permitido una reducción del 58% del flujo de menores migrantes no acompañados de Centroamérica que llegan a la Frontera Sur de Estados Unidos. "Desde la perspectiva de México, los datos comparados sobre detenciones de migrantes demuestran que la política mexicana hacia la transmigración es de contención y deportación, política que se intensificó a partir de 2014 con la aplicación del Programa Frontera Sur" (Castañeda, 2016, p. 3).

Como señalan Bobes y Pardo las OSC comparten "la opinión que el Programa Frontera Sur representa uno de los mayores retrocesos respecto a la Ley de Migración, ya que fomenta una vuelta a la criminalización de la migración, y aumenta los controles y riesgos para los migrantes; o sea, en lugar de elevar los mecanismos de protección de los derechos, en realidad ha aumentado la vulnerabilidad de los migrantes" (Bobes León & Pardo Montaño , 2016, p. 70).

Conclusiones

Como mencionamos en el resumen de esta ponencia en el marco del Doctorado en Estudios Regionales con énfasis en América del Norte de la Universidad Autónoma de Sinaloa los autores del paper están desarrollando un análisis sobre la estructuración en México de un "territorio de la migración de transito" y los factores que promueven y dificultan la conformación de una "Red de ciudades hospitalarias" en la cual los gobiernos locales puedan asumir un rol activo.

Consideramos que es fundamental asumir una perspectiva sistémica y observar los fenómenos sociales, los comportamientos de los actores estatales y no estatales y la aplicación de la Ley y de los programas en niveles macro, meso y micro analíticos. Dicho eso, en el presente texto nos concentramos, en forma preliminar y absolutamente "in progress" en factores macro, o, mejor dicho en fuerzas exógenas (por así decirlo) que en los últimos 10 años han creado una práctica securitista y de rechazo a la migración en tránsito, sin evidentes avances hacia acuerdos regionales que ataquen el problema en su complejidad, a pesar de la existencia de un andamiaje legislativo en pro de los DD. HH. que permitiría la instrumentación de una política y gestión migratoria realmente: congruente, que adopte un enfoque integral, de responsabilidad compartida (interna e internacional), hospitalaria y solidaria.

Reiterando la pregunta avanzada en la introducción: ¿Es posible leer la complejidad y contradicción de una política y gestión migratoria como la mexicana de los últimos años como el resultado de lógicas globales y regionales (América del Norte y Centroamérica) que apuntan a contener otros problemas (seguridad nacional, protección del mercado del trabajo, lucha al narcotráfico, etc.)? Consideramos que estamos en una nueva época según la categorización de Lelio Mármora, y que vale la pena seguir analizando bajo diferentes enfoques teóricos (geopolítica y DD. HH. en las relaciones internacionales, por ejemplo) para poder comprender límites y espacios de oportunidades de acción en la gestión migratoria a nivel meso (estados) y micro-local (municipios, OSC).

Referencias

ACNUR. (28 de 07 de 1951). acnur.org. Recuperado el 01 de 12 de 2021, de Convención sobre el Estatuto de los Refugiados: https://www.acnur.org/5b0766944.pdf

ACNUR. (31 de 01 de 1967). acnur.org. Recuperado el 01 de 12 de 2021, de Protocolo sobre el Estatuto de los Refugiados: https://www.acnur.org/ 5b076dcd4.pdf

Asamblea Legislativa del Distrito Federal. (07 de 04 de 2011). Ley de Interculturalidad, antención a migrantes y movilidad humana en el Distrito Federal. (G. d. Federal, Ed.) Gaceta Oficial del Distrito Federal (1069), p.. 3-12. Recuperado el 01 de 12 de 2021, de https://data.consejeria.cdmx. gob.mx/portal_old/uploads/gacetas/4d9dc73af28c5.pdf

Bobes León, V. C., & Pardo Montaño, A. M. (2016). Política migratoria en México: Legislación, imaginarios y actores. México: Flacso.

Calderón Chelius, L. (2012). Cambios en la agenda migratoria: entre el nuevo marco jurídico y las nuevas formas de migración en México. En T. Ramírez García, & M. Á. Castillo, México ante los recientes desafíos de la migración internacional (p. 19-50). Mexico: CONAPO. Recuperado el 15 de 06 de 2019, de https://imumi.org/attachments/mexico_recientes_desafios.pdf

Camara de Diputados del H. Congreso de la Unión. (10 de 06 de 2011). Constitución Politica de los Estados Unidos Mexicanos. Diario Oficial de la Federación. Recuperado el 15 de 06 de 2019, de https://www.diputados. gob.mx/LeyesBiblio/pdf/CPEUM.pdf

Cámara de Diputados del H. Congreso de la Unión. (28 de 01 de 2011). Ley sobre Refugiados, Protección Complementaria y Asilo Político. Diario Oficial de la Federación. Recuperado el 15 de 06 de 2019, de https://www.diputados.gob.mx/LeyesBiblio/pdf/LRPCAP_111120.pdf

Cámara de Diputados del H. Congreso de la Unión. (14 de 06 de 2012). Ley General para Prevenir, Sancionar y Erradicar los Delitos en Materia de Trata de Personas y para la Protección y Asistencia de las Víctimas de estos Delitos. Diario Oficial de la Federación. Recuperado el 15 de 06 de 2019, de https://www.senado.gob.mx/comisiones/trata_personas/docs/LGP SEDMTP.pdf

Cámara de Diputados del H. Congreso de la Unión. (23 de 05 de 2014). Reglamento de la Ley de Migración. Diario Oficial de la Federación. Recuperado el 15 de 06 de 2019, de https://www.diputados.gob.mx/ LeyesBiblio/regley/Reg_LMigra.pdf

Camara de Diputados del H. Congreso de la Unión. (07 de 12 de 2018). Ley General de Población. Diario Oficial de la Federación. Recuperado el 15 de 06 de 2019, de https://www.diputados.gob.mx/LeyesBiblio/pdf/140_ 120718.pdf

Cámara de Diputados del H. Congreso de la Unión. (11 de 11 de 2020). Ley sobre Refugiados, Protección Complementaria y Asilo Político. Diario Oficial de la Federación. Recuperado el 01 de 12 de 2021, de https://www.diputados.gob.mx/LeyesBiblio/pdf/LRPCAP_111120.pdf

Cámara de Diputados del H. Congreso de la Unión. (20 de 05 de 2021). Ley de Migración. Diario Oficial de la Federación. Recuperado el 01 de 12 de 2021, de https://www.diputados.gob.mx/LeyesBiblio/pdf/LMigra_2005 21.pdf

Castañeda, A. (02 de 2016). Olservatorio de Legislación y Política Migratoria, COLEF - CNDH. Recuperado el 1 de 12 de 2021, de ¿Que es el programa Frontera Sur?: https://observatoriocolef.org/wp-content/uploads/2016/ 06/BOLET%C3%8DN-1-Alejandra-Casta%C3%B1eda.pdf

CEPAL. (2019). Hacia un nuevo estilo de desarrollo. Plan de Desarrollo Integral El Salvador-Guatemala-Honduras-México. Diagnóstico, áreas de oportunidad y recomendaciones de la CEPAL. México. Recuperado el 15 de 06 de 2019, de https://www.gob.mx/cms/uploads/attachment/file/ 462720/34.Hacia_un_nuevo_estilo_de_desarrollo___Plan_de_Desarrollo_Integr al_El.pdf

CNDH. (10 de 12 de 1984). cndh.org.mx. Recuperado el 01 de 12 de 2021, de Convención contra la Tortura y otros Tratos o Penas Crueles, Inhumanas o Degradantes: https://www.cndh.org.mx/DocTR/2016/JUR/A70/01 /JUR-20170331-II21.pdf

CNDH. (15 de 06 de 2009). cndh.org.mx. Recuperado el 15 de 06 de 2019, de Informe especial sobre los casos de secuestro en contra de migrantes: https://www.cndh.org.mx/sites/default/files/doc/Informes/Especiales/2009_

migra.pdf

COPRED. (20 de 06 de 2017). Consejo para Prevenir y Eliminar la Discriminación de la Ciudad de México. Recuperado el 01 de 12 de 2021, de https://copred.cdmx.gob.mx/comunicacion/nota/cdmx-ciudad-santuario-para-personas-refugiados

Gobierno de México. (07 de 06 de 2019). gob.mx. Recuperado el 15 de 06 de 2019, de Declaración Conjunta México Estados Unidos: https://www.gob.mx/cms/uploads/attachment/file/467956/Declaracio_n_Conjunta_Me_xico_Estados_Unidos.pdf

Gobierno Federal. (20 de 05 de 2013). Plan Nacional de Desarrollo 2013 – 2018. Diario Oficial de la Federación . Recuperado el 15 de 06 de 2019, de http://www.dof.gob.mx/nota_detalle.php?codigo=5299465&fecha=20/05/2013

Gobierno Federal. (08 de 07 de 2014). Decreto por el que se crea la Coordinación para la Atención Integral de la Migración en la Frontera Sur. Diario Oficial de la Federación. Recuperado el 15 de 06 de 2019, de http://www.dof.gob.mx/nota_detalle.php?codigo=5351463&fecha=08/07/2014

INM. (30 de 04 de 2014). https://www.gob.mx/inm/documentos/programa-especial-de-migracion-pem-2014-2018-18281. Diario Oficial de la Federación. Recuperado el 15 de 06 de 2019, de https://www.gob.mx/ inm/documentos/programa-especial-de-migracion-pem-2014-2018-18281

La Jornada. (08 de 06 de 2019). Estados Unidos congela aranceles; aplicará México su ley migratoria. La Jornada. Recuperado el 15 de 06 de 2019, de https://www.jornada.com.mx/2019/06/08/politica/002n1pol#

Mármora, L. (2002). Las políticas de migraciones internacionales. Buenos Aires: Paidos-OIM.

OIM. (2019). Glosario de la OIM sobre migración. Ginebra, Suiza. Recuperado el 20 de diciembre de 2021, de https://publications.iom.int/ system/files/pdf/iml-34-glossary-es.pdf

Otros Mundos AC. (21 de 10 de 2018). https://otrosmundoschiapas.org/. Recuperado el 01 de 12 de 2021, de https://otrosmundoschiapas.org/ temas-analisis/36-defensa-de-los-derechos-colectivos/3026-actualizacion-sobre-denuncia-de-hechos-durante-el-exodo-migrante-en-la-frontera-sur-de-mexico

RECI. (2018). https://www.ciudadesinterculturales.com/. Recuperado el 01 de 12 de 2021, de https://www.ciudadesinterculturales.com/: https://www.ciudadesinterculturales.com/

SRE. (01 de 12 de 2018). gob.mx/sre. Recuperado el 15 de 06 de 2019, de México, El Salvador, Guatemala y Honduras acuerdan nuevo Plan de Desarrollo Integral para atender fenómeno migratorio: https://www.gob. mx/sre/prensa/mexico-el-salvador-guatemala-y-honduras-acuerdan-nuevo-plan-de-desarrollo-integral-para-atender-fenomeno-migratorio

US Congress. (s.f.). U.S. Citizenship and Inmigration Services. Recuperado el 15 de 06 de 2019, de Immigration and Nationality Act: https://www.uscis.gov/legal-resources/immigration-and-nationality-act

Wikipedia. (9 de 10 de 2021). Wikipedia. Recuperado el 1 de 12 de 2021, de Iniciativa Mérida: https://es.wikipedia.org/wiki/Iniciativa_M%C3%A9 rida

MIGRACIÓN, PRECARIEDAD Y CUIDADOS: MUJERES HONDUREÑAS EN TRÁNSITO HACIA ESTADOS UNIDOS

Marisol Pérez Díaz, Mirza Aguilar Pérez,

Introducción

La globalización neoliberal ha colocado en una situación conflictiva la participación de las mujeres migrantes en el mercado laboral. Por un lado, la falta de oportunidades laborales en sus lugares de origen las ha obligado a insertarse como trabajadores a través de la migración. Por otro, debido a la división sexual del trabajo aún imperante, muchas mujeres migrantes siguen siendo confinadas a trabajos asociados a cuidados y servicios, cada vez más precarizados (Hochschild 2003; Kofman 2014).

En muchos casos, las mujeres migrantes se encuentran ante sociedades tradicionales que las estigmatizan cuando se insertan en el mercado laboral, mencionando que, al hacerlo, incumplen con las normas de cuidado de su propia familia. Además, las normas patriarcales siguen privilegiando las tareas reproductivas de las mujeres al interior de los hogares, bajo la justificación de que el cuidado no remunerado mantiene la estabilidad familiar (Juliano 2006; Kofman & Raghuram 2015).

En este sentido, este texto tiene como objetivo principal analizar la importancia del cuidado no remunerado en las trayectorias migratorias de mujeres en su tránsito hacia Estados Unidos y cómo esto se relaciona con las cadenas de cuidado y precariedad. Asimismo, destacamos las complejas relaciones que se tejen entre las mujeres migrantes y aquellas que desempeñan trabajo no pago como cuidadoras, tanto en los lugares de origen como en los de tránsito.

Este artículo se divide en seis secciones, siendo la primera esta introducción. En la segunda sección, identificamos algunos de los motivos que estas mujeres tuvieron para optar por la migración internacional, así como su perfil sociodemográfico, quienes en su mayoría son jefas de familia y envían remesas a sus familias.

En la tercera sección nos enfocamos en el cuidado no remunerado como estrategia en las diferentes etapas de la trayectoria migratoria de las mujeres migrantes hondureñas.

En la cuarta parte presentamos el apartado metodológico, cualitativo y etnográfico, centrado principalmente en entrevistas en profundidad y en observación participante y no participante.

En la quinta sección, presentamos el análisis de datos a partir de un criterio multifactorial (formas de cuidado, lugar y cuidadoras). Clasificamos y realizamos un análisis de las narrativas de las entrevistadas, organizadas en tres subsecciones. En primer lugar, identificamos los contextos de vida de las mujeres migrantes antes de dejar sus lugares de origen y su relación con el trabajo no remunerado (cuidado). Luego, presentamos las narrativas de las mujeres hondureñas en el momento de la travesía respecto a las estrategias de cuidado de los demás. Posteriormente, presentamos las narrativas de las mujeres, respecto al cuidado no remunerado, en un albergue en la frontera sur de México. En la última sección presentamos las conclusiones.

Migración de mujeres hondureñas: un perfil histórico y sociodemográfico

A finales de la década de los 90, los daños ocasionados por el huracán Mitch (1998) a Centroamérica aceleraron el incremento de la migración internacional de origen hondureño hacia Estados Unidos que, en ese momento, buscaba ingresar al territorio de ese país a través del Estatus de Protección Temporal (TPS, por sus siglas en inglés). Los problemas económicos desatados después de Mitch, así como, la débil situación económica del país y la actividad de las pandillas, incrementaron la desigualdad, el desempleo, la violencia y la marginación. Por ello, en los primeros años del siglo XXI, hubo un nuevo incremento de la migración de hondureños hacia el exterior.

A inicios de este siglo, un hecho que reconfiguró las ideas de migración y seguridad a nivel mundial fueron los ataques terroristas del 11 de septiembre de 2001. Después del 11 de septiembre, en el discurso de seguridad nacional, los flujos migratorios -especialmente irregulares- se empezaron a percibir como amenazas a la seguridad y a la cultura de los países de tránsito y acogida. En este contexto, Estados Unidos implementó una serie de iniciativas y políticas de inmigración más restrictivas, tanto en su propio territorio como en países vecinos, vía la externalización de fronteras (Mezzadra y Nielson, 2013). A partir de esto, el territorio mexicano empezó a destacar como espacio ideal para contener la movilidad de cualquier persona que despertara sospecha de amenazas para Estados Unidos.

A pesar de la implementación de estos mecanismos migratorios severos y violentos, la migración centroamericana en tránsito hacia Estados Unidos no se ha detenido. En el caso de la migración femenina, desde mediados de la década de los 2000, se registró un aumento como consecuencia del proceso de feminización de la jefatura del hogar y del aumento de la violencia contra las mujeres.

Tanto en México como en Estados Unidos se ha observado que las mujeres migrantes provenientes de Honduras se caracterizan por ser, principalmente, mujeres jóvenes y de pertenecer a estratos sociales bajos; en su mayoría solteras o solteras con hijos, que generalmente se insertan en mercados laborales precarios relacionados con los cuidados y los servicios, sin dejar de realizar trabajo reproductivo al interior de sus familias (Hondagneu-Sotelo 2011). Por desgracia, como argumentan Silvey y Parreñas (2019), la mayoría de las trabajadoras domésticas y de cuidados, que son migrantes, están atrapadas en ciclos de deuda, pobreza y migración laboral en los lugares de tránsito y acogida, sin que esto signifique una merma en su capacidad para seguir enviando remesas.

Mujeres migrantes hondureñas: entre las cadenas de cuidado y las de precariedad

Algunos estudios (Hondgneu-Sotelo y Ávila 1997; Menjívar 2012; Merla 2012), han mostrado cómo se organizan las prácticas de cuidados a través de las fronteras. Además, otras investigaciones se han centrado en la situación de las mujeres durante la migración de tránsito por México (Díaz Prieto y Kuhner 2007; Villanueva Domínguez, 2012) y las prácticas maternales de las mujeres que se instalan en los espacios de tránsito (Asakura 2012). Otros estudios muestran cómo la producción, la reproducción y la reproducción social se entrelazan durante la migración de diferentes maneras (Willers 2018). Este estudio se centra en el último corpus de investigación.

El cuidado ocurre en todos los sectores de la economía, no solo en el sector doméstico donde generalmente no se paga, sino también en la economía paga a niveles micro, meso y macro (Williams 2018). Hay dos tipos de actividades de cuidado: (i) actividades de cuidado personal directo, como alimentar a un bebé o ayudar a una persona mayor a bañarse; y (ii) actividades de cuidado indirecto, como limpiar o cocinar. Estos dos tipos de actividades de cuidado frecuentemente se superponen en la vida cotidiana, tanto en los hogares como en las instituciones.

Según la OIT (2018), el trabajo de cuidado no remunerado es un tema central para determinar si las mujeres ingresan y permanecen en los mercados laborales y la calidad de los trabajos que realizan. El cuidado como categoría se relaciona con otros conceptos, como la reproducción social y el trabajo doméstico. En este sentido, una noción central es el de cadena internacional de cuidados porque ofrece una crítica implícita a las divisiones binarias entre las esferas productiva y reproductiva de la economía al destacar que las trabajadoras domésticas y de cuidados se emplean para garantizar el trabajo reproductivo (Pearson y Kusakabe 2012).

El cuidado en las sociedades latinoamericanas está social y culturalmente asociado a la maternidad (Lagarde 2001). En el contexto de la migración internacional, las mujeres migrantes desarrollan estrategias para seguir asumiendo la maternidad aún a la distancia (Asakura 2012). Este fenómeno ha sido denominado "maternidad transnacional" (Hondagneu-Sotelo y Ávila 1997), e involucra las estrategias que utilizan las madres migrantes para seguir cuidando y educando a sus hijos e hijas que permanecen en sus países de origen.

La mayoría de las mujeres hondureñas continúan realizando actividades de cuidado en la ruta migratoria, pero es difícil hacerlo por la violencia y la precariedad que ellas mismas enfrentan. Rachel Silvey y Rhacel Parreñas (2019) desarrollaron la categoría "cadena de precariedad" para ilustrar las inseguridades financieras y del mercado laboral que las trabajadoras migrantes comparten con sus familias como causa y consecuencia de su migración[1]. Usamos este concepto para explicar las situaciones de precariedad que resultan de su empleo

---

[1] Cabe mencionar que el término "cadenas de precariedad" fue ocupado por Silvey y Parreñas para hablar de situaciones en Medio Oriente, sin embargo, por su relevancia, es puesto en discusión en este texto para analizar las experiencias de las mujeres migrantes hondureñas

en países de tránsito y/o destino, y de la violencia que enfrentan en el trayecto migratorio.

El concepto "cadena de precariedad" (Silvey y Parreñas 2019) dialoga con el concepto de cadena de cuidado, que se refiere al traslado de las mujeres del trabajo de cuidado de lugares de menores ingresos a lugares de mayores ingresos. Las cadenas de precariedad se refieren a la transferencia de empleos inseguros, continuos de violencia e inseguridad financiera (bajos salarios, endeudamiento) entre lugares y personas.

Metodología

Esta investigación tiene un enfoque cualitativo. Se obtuvieron los datos a través de una combinación de estrategias de investigación: revisión y análisis documental, entrevistas en profundidad y observaciones etnográficas.

Para la caracterización de los flujos migratorios hondureños y las transformaciones en la región de estudio, consultamos estadísticas y bibliografía generada en México, Centroamérica, Europa y Estados Unidos. Posteriormente, realizamos trabajo de campo y recolectamos información etnográfica a través de la observación participante y no participante. Parte fundamental del trabajo fueron las entrevistas realizadas en el municipio de Tenosique, Tabasco, durante dos estancias cortas en el Albergue para migrantes ubicado en ese municipio. En dicho Albergue se realizaron entrevistas tanto al personal que labora ahí, como a mujeres migrantes, en dos periodos, el primero, entre julio y agosto de 2017 y, el segundo, entre julio y agosto de 2018. Se realizaron las siguientes entrevistas:

Se realizaron las siguientes entrevistas:

Pseudónimo	Edad	Estado civil	Departamento	Municipio
Laura	48	Separada con 7 hijos	Choluteca	San Marcos de Colón
Cielo	22	Unión libre con 1 hija	Francisco Morazán	Tegucigalpa
Carmen	36	Unión libre con 1 hija	Cortés	San Pedro Sula
Charlotte	31	Unión libre con 5 hijos	Atlantida	Roatan
Ana	24	Separada con 1 hijos	Cortés	San Pedro Sula
Brenda	33	Unión libre con 1 hija	Francisco Morazán	Tegucigalpa
Yareli	35	Soltera	Francisco Morazán	Tegucigalpa
Graciela	34	Separada con 4 hijos	Cortés	San Pedro Sula
Britany	25	Separada con 1 hijo	Cortés	San Pedro Sula
Esli	14	Soltera	Cortés	Potrerillos

Fuente. Elaboración propia con base al trabajo de campo, 2022

El Municipio de Tenosique, Tabasco, fue elegido para esta investigación por las siguientes razones: i) el tránsito de personas hondureñas por este municipio se ha incrementado en los últimos años[2] y, ii) el Albergue, desde su apertura, es uno de los que recibe más mujeres migrantes de origen hondureño.

El cuidado en las distintas etapas de las trayectorias migratorias

La globalización neoliberal ha llevado a la mercantilización y privatización de diversos servicios, incluidos los de reproducción social. Muchas mujeres pobres se ven obligadas a emigrar. Estas poblaciones pueden considerarse excedentes en sus países de origen, pero necesarias en los lugares de tránsito y/o destino.

Melissa Wright (2006) analiza el "mito de la mujer desechable del Tercer Mundo", y explica cómo a través de la construcción de ese mito, las mujeres jóvenes y en edad laboral del sur global se convierten en un sujeto condicionado "natural" y "culturalmente" para trabajos, principalmente relacionados con los cuidados o los servicios. El mito proporciona un medio adecuado para generar una estructura organizacional "legítima" que promueve la sobreexplotación de esta mano de obra, tanto en sus lugares de origen como en los lugares de tránsito o destino.

Según varias autoras (Juliano 1999; Enrenreich y Hochschild 2003; Hondagneu-Sotelo 2011), esto es el resultado de ciertos estereotipos y creencias, sobre lo qué es y debe ser una mujer, prevalecientes tanto en los lugares de origen como en los de destino.

En el caso de los lugares de tránsito y destino, las mujeres hondureñas, y en general las latinas, se asocian con capacidades amorosas. Esos estereotipos sirven para insertarlas, de manera "automática", en nichos laborales relacionados con el cuidado o los servicios (Hochschild 2003). La narrativa cultural de que son "naturalmente" buenas cuidadoras, cariñosas y amas de casa "naturales", las hace atractivas para este tipo de mercados, legitimando incluso su movilidad. Además, las mujeres migrantes juegan un papel

---

[2] Desde finales de 2005, las rutas de ingreso de centroamericanos se han diversificado luego de los daños causados por el huracán Stan a las vías del tren del tramo que partía de Chiapas. A partir de ese momento, la frontera entre Guatemala y Tabasco se convirtió en un punto de entrada vital para la migración centroamericana.

importante en el desempeño de tareas en las poblaciones de los países de tránsito o de acogida, como proveedoras de cuidado moral, disciplina y socialización, cuidado emocional y material (Federici 2004; Juliano 2006; Kofman y Raghuram 2015). Lo que es importante destacar, es que las mujeres migrantes realizan trabajo productivo, a la vez que continúan realizando trabajo reproductivo (Hochschild 2003; Ong 2006; Cross 2010; Oboler 2014).

En las narrativas de las mujeres migrantes entrevistadas identificamos múltiples intersecciones entre las formas de cuidado (pago y no pago) y los espacios donde se producen. Con base en estos criterios, clasificamos y analizamos las narrativas de las entrevistadas, organizadas en dos subsecciones: 1) Mujeres en Honduras. Parentesco y cuidados no remunerados, 2) Estrategias de cuidados en el camino migratorio, y 3) Cuidados y estigmas en el albergue.

Mujeres en Honduras. Parentesco y cuidados no remunerados

Según la Organización Internacional del Trabajo (OIT), en 2015, había 2100 millones de personas necesitadas de cuidados (1900 millones de niñas y niños menores de 15 años de edad, de los cuales 800 millones eran menores de 6 años, y 200 millones de personas mayores que habían alcanzado o supe- rado la esperanza de vida saludable). De aquí a 2030, se prevé que el número de beneficia-rios de cuidados ascenderá a 2300 millones, a saber, 100 millones más de personas mayo-res y 100 millones más de niñas y niños de edades comprendidas entre los 6 y los 14 años (OIT 2018, 21).

Como hemos mencionado, sin excepción, las mujeres realizan la mayor parte de los cuidados (remunerados y no remunerados) a nivel mundial. Las cuidadoras no remuneradas brindan atención o apoyo no remunerado a miembros de la familia o miembros de la comunidad (menores, adultos mayores, enfermos crónicos) que tienen necesidades de atención o apoyo en el contexto de relaciones familiares, comunitarias u otras relaciones afectivas. Las formas no remuneradas de prestación de cuidados a veces pueden estar acompañadas por prestaciones o subsidios de protección social (según sean las políticas de cuidado existentes en cada país).

Las mujeres como cuidadoras no remuneradas son fundamentales en países como Honduras porque no existen servicios universales de cuidado de niñas, niños y adultos mayores o existe poco apoyo para que las infancias y las adolescencias continúen la escuela. Sobre esto, Laura narró lo difícil que resulta el cuidado no remunerado:

> Cuando murió mi mamá, me quedé con mis hermanos. Nos quedamos solos con mi padre. En mi país, algunas mujeres se quedan solas con sus hijos. Ellos [los hombres] solo hacen niños y los dejan. Una de mis tres hijas se quedó con su hijo, está sola. Eso es lo más difícil para mí porque ella [ahora] está cuidando a mis hijos menores, y no tiene el apoyo de un hombre. Otra de mis hijas tiene marido, pero sólo si su marido le da permiso puede cuidar a sus hermanos. (Laura, entrevista 2018).

Como podemos observar, la historia de Laura es significativa ya que muestra cómo la desigualdad social y de género ha sido un factor fundamental en la repetición del ciclo de cuidados. Es decir, el rol de cuidadora de Laura ahora lo repiten sus hijas.

Laura tuvo que salir de Honduras porque "las maras" le estaban cobrando "derecho de piso" para dejarla vender productos comestibles. Laura tiene siete hijos (tres mujeres y cuatro varones), cinco de ellos son adultos, pero dos son menores de edad (11 y 13 años). De las tres hijas, una está casada, la segunda ejerce una profesión y la menor es madre soltera. La hija a quien se delega la responsabilidad del cuidado no remunerado es a la madre soltera, quien trabaja en el sector informal. Lo anterior, porque la hija de Laura, quien cuida a sus hermanos, es considerada al interior de su familia como un "fracaso" porque no está casada.

Las hijas de las mujeres migrantes no son las únicas responsables del cuidado en las familias. Cuando no hay descendencia o aún se consideran dependientes, el cuidado suele recaer en otras mujeres de la familia, generalmente las abuelas, las madres, las hermanas, las tías o incluso amigas (Ariza, 2007; Hondagneu-Sotelo, 2007; Oliveira 2018).

En el caso de Carmen, su abuela la cuidaba mientras su madre trabajaba en la maquila.

> No crecí con mi mamá. Crecí con mi abuela y ella vivía en la capital [Tegucigalpa]. Allí viví mis primeros 15 años. Estudié en

una escuela pública. Mi abuela me apoyaba con mis estudios. Después mi abuela ya no pudo pagar mis estudios. En el tiempo que yo no estudiaba, mi mamá me llevó a San Pedro Sula y allí aprendí a trabajar en la maquila (Carmen, entrevista 2018).

La negociación del cuidado tiene un papel fundamental en el proceso migratorio (Oliveira 2018). En una economía global (…) las responsabilidades de cuidado de la madre migrante son, con frecuencia, reasignadas a otro miembro del hogar, generalmente una mujer, que ahora tiene que asumir los deberes de cuidado adicionales, en ausencia de la madre (Gammage y Stevanovic 2019, 7). Sobre esto Cielo menciona:

> Tengo una hija de dos años que se llama Miriam. Se quedó en Honduras con mi mamá, que vive sola y puede dedicarle tiempo a mi hija. Mis hermanas viven cerca y también la ven. Mis hermanas llevan a mis sobrinos a casa de mi mamá para que ella los cuide. Mis hermanas venden [en el mercado]; mi madre cuida a los niños, ella tiene 52 años. Mi mamá ha cuidado a todos sus nietos. Ahorita hay un niño de cuatro meses de mi hermana (Cielo, entrevista 2018).

La mayoría de las mujeres migrantes dejan el cuidado de los niños a otra mujer de su propia familia. Lo anterior, debido a que, por desgracia muchas de las mujeres han sufrido violencia de pareja o han tenido problemas con las familias de sus parejas o exparejas, lo que les genera desconfianza, por lo que solo recurren a dejar a los hijos al cuidado de la familia paterna en casos excepcionales. Al respecto, podemos examinar la experiencia de Lilia, encargada del módulo de mujeres en el Albergue:

> […] Muchas veces, aunque huyen al exterior por otros motivos (pandillas, violencia estructural, etc.), si viven violencia intrafamiliar. Dicen: no me maltrató, pero cuando estaba borracho me pegaba […] Otras veces dicen: el padre es muy bueno con los niños, pero como pareja tenemos problemas, y entonces él y su familia les van a empezar a decir que soy mala madre porque los dejé (Lilia, entrevista 2018).

Como se mencionó anteriormente, las estrategias de cuidado son fundamentales porque esas prácticas muestran la complejidad de conciliar la vida familiar y la migración.

Estrategias de cuidados en el camino migratorio

La frontera entre Guatemala y Chiapas ha sido la puerta de entrada recurrente de los migrantes centroamericanos a México. Sin embargo, a fines de 2005, las rutas de ingreso de centroamericanos se diversificaron luego de los daños causados por el huracán Stan a las vías del tren del tramo costero. Desde entonces, la frontera entre Guatemala y Tabasco se ha convertido en un punto de entrada para las personas migrantes centroamericanas. Como resultado de estos cambios, las rutas El Ceibo-Tenosique (66 km) y El Naranjo-Tenosique (54 km) pasaron a formar parte de los itinerarios de los migrantes de Centroamérica y extracontinentales.

Si bien a fines de 2005 cruzar y transitar por Tabasco implicaba menores riesgos (Martínez, Cobo & Narváez, 2015), en los últimos años ha proliferado en la región un incremento de la economía criminal. Desafortunadamente, las poblaciones migrantes, principalmente irregulares, se ven fácilmente amenazadas por esta economía criminal.

La violencia delictiva y otros obstáculos presentes en las rutas migratorias han hecho que las mujeres opten por desarrollar estrategias de supervivencia relacionadas con el cuidado. Las estrategias de supervivencia que emplea la mayoría de las mujeres migrantes se basan en dos cosas: 1) el cuidado de los demás (principalmente, cuando tienen hijos) y 2) el cuidado de sí misma, ambos cuidados no remunerados.

Un ejemplo de mujeres migrantes brindando cuidados a otras es el caso que nos compartió Larissa:

> Tuve que huir de Honduras, mi hermano fue asesinado. Salí antes que mi esposo, con mi hijo. Cuando llegamos a México, mi hijo tenía diarrea y no sabía qué hacer. El coyote nos había dejado. Tenía miedo de que mi hijo muriera. Para mí, el camino fue difícil. Era la selva pura, un camino muy largo. Recuerdo que me tiraba al suelo por las noches y solo abrazaba a mi hijo (Larissa, julio de 2017).

El miedo explica por qué entre las estrategias de cuidado y de autocuidado de las mujeres migrantes está unirse a otros migrantes, incluso cuando estos incurren en prácticas violentas contra ellas. Al respecto, Lilia compartió lo siguiente:

Las mujeres migrantes casi siempre se juntan en grupo […] en el camino se encuentran con un grupo y se unen […] A veces, cuando viene un grupo de mujeres con un solo hombre, generalmente es un coyote. Creo que viajan con un coyote cuando deciden viajar al norte (norte de México). Las que se quedan aquí para refugiarse o hacer algún trámite son las que no pueden pagar un coyote. Si se unen a un grupo, se ayudan mutuamente para llegar hasta aquí. En el camino muchas que vienen con niños se ayudan cargando o cuidando a los niños propios o de las otras (Lilia, entrevista 2018).

A lo largo de la ruta migratoria, muchas mujeres enfrentan problemas asociados con el cuidado de los otros (hijos, hermanos, familiares, etcétera). Entre los problemas más visibles se encuentran la alimentación, el acceso a servicios de higiene, la falta de alojamiento, etc. En algunos casos, los cuerpos de las mujeres son "sacrificados". Muchas mujeres cuidadoras prefieren superar ellas mismas las dificultades a través de su cuerpo antes que exponer a los otros (hijos, hermanos, familiares, etcétera). Por lo tanto, no es extraño observar la exacerbación de la violencia contra las mujeres o los cuerpos feminizados, principalmente a través de formas de destrucción corporal como la violación y la violencia sexual (Segato 2014).

Cuidados y estigmas en el albergue

Según lo observado en el trabajo de campo, comúnmente las prácticas cotidianas de las mujeres migrantes en el Albergue, especialmente las actividades de cuidado no remunerado, se relacionan con la sospecha, la condena y la producción de estigmas.

La sospecha se relaciona con el hecho de que no cumplen o cuestionan los roles tradicionalmente asignados, principalmente el de "madre-esposa" y, por ende, el de cuidadoras (Lagarde 2001). En este sentido, en el Albergue, las mujeres migrantes son señaladas como "malas cuidadoras" por tres motivos principales. En primer lugar, por dejar a sus hijos o hijas al cuidado de otra mujer en sus lugares de origen (principalmente, su madre o una hermana), al considerarse una forma de "abandono". En segundo lugar, cuando deciden migrar con su descendencia, por "exponerlos" a los peligros de la migración. En tercero, por exceso o falta de cuidado dentro del Albergue. En este sentido, como menciona Peltola (2016, 23), sobre la experiencia migratoria de las familias en los países nórdicos, "la posición de las mujeres [...] como inmigrantes provoca una necesidad intensificada de "demostrar" que son "buenas madres" en los países extranjeros". En el caso de las mujeres hondureñas entrevistadas, estos estigmas provienen, en la mayoría de los casos, de las propias personas migrantes con quienes conviven.

En el albergue escuchamos varios comentarios cuestionando la decisión de Karla de traer a su hija a México. Algunas mujeres migrantes dijeron de ella: "es mala madre, cómo es posible que trajera a la niña con tantos riesgos" (Diario de campo, julio de 2017).

Karla llegó al Albergue el 3 de agosto de 2017. Desde el primer momento llamó la atención de todos, cargaba a su hija de un año, que era tan pequeña que parecía que cargaba una muñeca, los comentarios entre las mujeres migrantes sobre el comportamiento de Karla con su hija no se hicieron esperar. Las mujeres le decían "siempre tienes a la niña sucia" o "por qué no estás atenta a cambiarle el pañal; le va a provocar un sarpullido". Estos comentarios hicieron que Karla no interactuara con otras mujeres, por lo que pasaba más tiempo con hombres y personas de la comunidad LGBTIQ. Esa separación provocó otro tipo de comentarios, ahora relacionados con su moral sexual, ya no fue cuestionada sobre su maternidad, sino estigmatizada sobre su supuesta relación promiscua con hombres (Diario de campo, julio de 2017).

Los rumores intensifican la producción de estigmas. En el albergue, el intercambio de miradas o silencios entre migrantes reafirma esas nociones. Quien carga con el peso de un estigma (marcas en el propio cuerpo, formas de hablar y de expresarse), se siente inferior o diferente al "otro"; además de experimentar estar "en exhibición", en un escenario que le provoca un fuerte sentimiento de no saber lo que los demás están pensando sobre ella o él (Goffman 1963). Al respecto Lilia nos comentó:

Aquí en la casa [Albergue], creo que están muy fuertemente juzgadas, sobre todo entre ellas [...] el problema es que cada quien tiene una forma diferente de ser madre, de cuidar, entonces algunas dicen, hay que pegarles, y si no haces lo que te digo, no eres buena mamá. Ni siquiera distinguen cuando es maltrato, entonces es complicado, más porque sienten que el mundo las está juzgando. Aquí están [en el Albergue] en un espacio súper público, donde regularmente van a escuchar que dicen "Mamás cuiden a sus hijos". Por ejemplo, nunca dicen "padres, cuiden sus hijos". Los mismos hombres de la casa dicen "ay, estas mujeres no cuidan a sus hijos", por lo que están siendo juzgadas en un espacio público. En cambio, si hicieran estas cosas en la casa, seguramente nadie se daría cuenta. Sin embargo, aquí están expuestas, aquí se escucha "es que ella es la que no lo está haciendo bien", y a veces, quien lo dice, lo dice para que no la juzguen a ella, como una estrategia. Siguen teniendo la mirada del hombre puesta y entre ellas lo replican. Si un niño llora, nadie buscará al padre. Van a buscar a la madre para solucionar (el tema) (Lilia, entrevista 2018).

Durante el trabajo de campo, si bien pudimos observar la reproducción de diferentes formas de violencia, tanto visibles como invisibles, lo que más notamos fueron mandatos de género exacerbados. Si bien el Albergue es considerado un lugar seguro entre la población migrante, no está exento de la reproducción de violencias culturales y simbólicas, prevalentes en la sociedad en general, que reproducen estereotipos de género como mandatos de convivencia. En este sentido, no es extraño que las formas de convivencia estén plagadas de estas representaciones que incluso son reproducidas por la misma población migrante. En el caso de las mujeres, esta violencia simbólica y cultural está relacionada con el cuidado de los demás. El albergue -como lugar "seguro"- no escapa a la violencia simbólica.

Conclusiones

El trayecto migratorio de las mujeres migrantes de origen hondureño en tránsito por México hacia Estados Unidos, habla de violencia, precariedad y cuidados. Su experiencia apunta a la importancia de las relaciones de género para explicar la discriminación.

Encontramos que las mujeres migrantes son encaminadas a realizar trabajos productivos, sin que esto las exima de realizar tareas reproductivas, principalmente como cuidadoras, incluso en la ruta migratoria. Durante la salida, tanto las mujeres como sus familias juegan un papel importante en el cuidado no remunerado del hogar. También notamos las tensiones emocionales y materiales de la partida de las mujeres migrantes hondureñas, que se relaciona con la sociedad patriarcal de su país de origen.

En los espacios de tránsito o destino, se insertan en nichos de trabajo relacionados con actividades de cuidado o de servicio. Observamos, en este caso, un vínculo entre las mujeres migrantes de origen hondureño y un nicho laboral específico relacionado con la idea de que las mujeres latinas tienen capacidades inherentes de amor, cuidados y servicio. La narrativa cultural de que son "naturalmente" buenas cuidadoras, cariñosas y dedicadas al hogar, las vuelve atractivas para este tipo de mercados, legitimando su movilidad y deshistorizando su contexto. Como han señalado algunos autores (Hochschild 2003; Kofman y Raghuram, 2015) esto es producto de la construcción de creencias relacionadas con los estereotipos de "ser mujer".

Notamos que las mujeres migrantes despliegan una serie de estrategias de cuidado en la ruta migratoria como: unirse a un grupo, buscar pareja masculina o incluso, la más extrema, pagarle a un coyote. Todas estas estrategias de supervivencia no son suficientes. Por el contrario, en ocasiones contribuyen a crear cadenas de precariedad y perpetuar círculos de violencia. Hemos recopilado historias y testimonios que muestran que tanto el trabajo de cuidados no remunerado como la falta de autocuidado son solo dos ejemplos de esta violencia invisible que viven las mujeres migrantes.

Finalmente, observamos que, en el albergue de migrantes, las mujeres no escapan al estigma relacionado con el cuidado. Las instituciones, en este caso, el Albergue, no promueven el acoso; sin embargo, la lógica de la reproducción social no permite acabar con los estereotipos de género que condicionan a las mujeres migrantes y que culpabilizan a quienes no ejercen adecuadamente la buena maternidad y el adecuado cuidado de los otros (hijos, hijas, familiares, dependientes). En este sentido, la reproducción de mandatos de género está presente a lo largo de la trayectoria migratoria de estas mujeres.

Referencias

Ariza, M. 2007. Itinerario de los Estudios de género y migración en México. En Ariza, M. y Portes, A. (Eds), *El País Transnacional: Migración mexicana y cambio social a través de la frontera,* 453-511

Asakura, Hiroko. 2012. "Maternidad transnacional: efectos de la maternidad a distancia en la subjetividad de las mujeres migrantes centroamericanas en México" in *La migración y sus efectos en la cultura,* (coord.), Yerko Castro, N., (Colección Intersecciones). México: Consejo Nacional para la Cultura y las Artes

Castillo, Manuel Ángel. 2010. "Las migraciones centroamericanas al norte: ¿hacia un sistema migratorio regional?" En *Migraciones de trabajo y movilidad territorial*, Coord., Lara Flores, Sara María, México: Editorial Miguel Ángel Porrúa.

Díaz Prieto, G., & Kuhner, G. 2007. "Women migrants in transit and detention. Retrieved from Migration Information Source" http://www.migrationpolicy.org/article/women-migrants- transit-and-detention-Mexico

Ehrenreich, B. y Hochschild, A. (2003) *Global Woman: Nannies, maids and sex workers in the new economy*. Nueva York: Metropolitan Books.

Federici, S. 2004. *Calibán y la bruja. Mujeres, cuerpo y acumulación originaria.* Traficantes de sueños.

Fuentes, Antonio. 2012 *Necropolítica. Violencia y excepción en América Latina*, México: BUAP.

Galemba, R. 2017. "He used to be a Pollero" the securitisation on migration and the smuggler/migrant nexus at the Mexico-Guatemala border, *Journal of Ethnic and Migration Studies*.

Gammage, S., & Stevanovic, N. 2019. Gender, Migration and Care Deficits: What Role for the Sustainable Development Goals? *Journal of Ethnic and Migration Studies 45* (14): 2600–2620. doi:10.1080/1369183X.2018.14567 51.

Goffman E. 1963. Stigma: notes on the management of spoiled identity. London: Penguin Books.

Hochschild A. R. 2003. "Love and gold". In *Global Woman: Nannies, maids and sex workers in the new economy*, ed. Ehrenreich, B. y Hochschild, A. Nueva York: Metropolitan Books.

Hondagneu-Sotelo, Pierrete. 2011. *Doméstica: trabajadoras inmigrantes a cargo de la limpieza y el cuidado a la sombra de la abundancia.* México: Miguel Ángel Porrúa.

Hondagneu-Sotelo, Pierrete y Ávila, E. 1997. "I'm Here, but I'm there. the Meanings of Latina transnational Motherhood", en *Gender & Society, 11*(5), pp. 548-571

Juliano, Dolores. 2006. *Excluidas y marginales. Una aproximación antropológica.* Ediciones Cátedra, Universitat de Valencia, Instituto de la Mujer.

Kil, T., Wood, J. & Neels, K. 2017. "Parental leave uptake among migrant and native mothers: Can precarious employment trajectories account for the difference?" *Ethnicities, 0*(0), 1-36

Kofman, E. 2014. *Gendered migrations, social reproduction and the household in Europe.* Springer Science Business Media Dordrecht.

Kofman, E. & Raghuram, P. 2015. *Gendered migrations and global social reproduction.* Londres: Palgrave Macmillan.

Kosic, Ankica & Anna Triandafyllidou 2003. "Albanian immigrants in Italy: migration plans, coping strategies and identity issues", *Journal of Ethnic and Migration Studies*, 29(6), 997-1014, DOI: 10.1080/1369183032000171339

Lagarde, Marcela. 2001. *Cautiverios de las mujeres: madresposas, monjas, putas, presas y locas,* México: UNAM.

Martínez, G., Cobo, S. & Narváez, J. C. 2015. Trazando rutas de la migración de tránsito irregular o no documentada por México. *Perfiles latinoamericanos*, 23(45), 127-155.

Menjívar, C. 2012. "Transnational parenting and immigration Law: Central Americans in the United States". *Journal of Ethnic & Migration Studies, 38*(2), 301–322. doi:10.1080/1369183X. 2011.646423

165

Merla, L. 2012. "Salvadoran migrants in Australia: An analysis of transnational families' capability to care across borders". *International Migration, 53*(6), 153–165. doi:10.1111/imig.12024

Oboler, Susane. 2014. *Extraños desechables: raza e inmigración en la era de la globalización*

Organización Internacional del Trabajo [OIT]. 2018. *Care work and care jobs for the future of decent work.* Geneva, Switzerland: ILO.

Oliveira, G. 2018. *Motherhood across Borders. Immigrants and their children in Mexico and New York.* New York: University Press.

Ong, A. 2006. *Neoliberalism as Exception: Mutations in Citizenship and Sovereignty.* Duke University Press

París, María Dolores. (2017) *Violencias y migraciones centroamericanas en México.* México: El Colegio de la Frontera Norte

Pearson, R. & Kusakabe, K. 2012. "Who Cares? Gender, Reproduction, and Care Chains of Burmese Migrant Workers in Thailand", *Feminist Economics, 18*(2), 149-175, DOI: 10.1080/13545701.2012.691206

Peltola, M. 2016. "Respectable families: Discourses on family life, ethnic hierarchies and social positioning". *Ethnicities 16*(1), 22-39

Segato, Rita. 2014. *Las nuevas formas de la guerra y el cuerpo de las mujeres.* Colectivo editorial Pez en el árbol

Silvey, Rachel. & Parreñas. Rhacel. 2019. "Precarity chains: cycles of domestic worker migration from Southeast Asia to the Middle East", *Journal of Ethnic and Migration Studies*, DOI: 10.1080/1369183X.2019.1592398

Villanueva Domínguez, M. I. 2012. Género y migración: estrategias de mujeres migrantes centroamericanas en tránsito por México. In *Género y migración,* (Eds.), Enrique Tuñón Pablos & M. L. Rojas Wiesner, 93–116. México: San Cristóbal de las Casas, Chiapas: ECOSUR, COLEF, El Colegio de Michoacán, CIESAS.

Willers, Susanne. 2018. "Migration and reproductive strategies of Central American women in transit through Mexico", *Journal of Family Studies, 24*(1), 59-75, DOI: 10.1080/13229400.2017.1398102

Willers, Susanne. 2016. "Migración y violencia: las experiencias de mujeres migrantes centroamericanas en tránsito por México". *Sociológica (México), 31*(89), 163-195. http://www.scielo.org.mx/scielo.php?script=sci_arttext &pid=S0187-01732016000300163&lng=es&tlng=es.

Williams, F. 2018. "Care: Intersections of scales, inequalities, and crises". *Current Sociology,* 66(4), 547–561.

Wrigth, M. 2006. *Disposable Women and Other Myths of Global Capitalism.* New York and London: Routledge.

PARTICIPACIÓN DEL INMIGRANTE MEXICANO EN LA ECONOMIA DE MEXICO Y ESTADOS UNIDOS

Natalia Rodríguez Ariano

Introducción

La inmigración mexicana en Estados Unidos tiene un gran peso entre la población migrante, a pesar de la disminución de la inmigración mexicana indocumentada desde la segunda década del siglo XXI. México sigue ocupando los primeros lugares, de acuerdo al informe de López, Passel y Cohen (2021), en 2007 la población de inmigrantes no autorizados mexicanos era de 6,950 millones, es decir el 57% de una inmigración irregular total de 12.2 millones. En 2017 los inmigrantes mexicanos sin documentos representaron el 47% del total de la inmigración no autorizada, es decir, 4.9 de los 10.5 millones de inmigrantes no autorizados que radican en Estados Unidos. Lo anterior nos indica una disminución de la población irregular de acuerdo a Jorge Durand (2016), esto se debe a la cercanía entre ambos países y a la brecha económica y social que existe entre ambas naciones.

Es importante mencionar que, las particularidades de los inmigrantes mexicanos en Estados Unidos han cambiado, en comparación con las características que presentaron durante el siglo XX. Las tendencias de "la nueva fase migratoria de México hacia Estados Unidos" radican en factores como: la migración documentada, con estudios por encima de la media nacional mexicana[1] y por ser en mayoría femenina (Durand,2016) y (Gandini, 2018).

El objetivo principal es evidenciar el papel del migrante en la balanza de pagos mexicana, en específico el rubro de remesas y para el caso de Estados Unidos se analiza la aportación que la migración realiza en el sistema de pensiones y el efecto salarial que produce la llegada de estos seres humanos. Se hace énfasis en la contribución del migrante por el problema del envejecimiento de la población nativa y la escasez de la fuerza de trabajo para financiar a los jubilados. Asimismo, se aborda de manera breve, el aporte por parte de la migración indocumentada a la seguridad social, por medio de la recaudación de

---

[1] El nivel promedio de la educación mexicana es la tercera etapa del nivel básico, secundaria.

impuestos.

Para el análisis de México se estudia el incremento de las remesas provenientes de Estados Unidos y como estas desde 2016 representan la mayor entrada de divisas superando la inversión extranjera directa y son la principal o la única fuente de ingreso para algunos hogares mexicanos.

El método de investigación que se utilizó en este artículo fue un análisis deductivo. Se complementó con la búsqueda y análisis de datos, investigación bibliográfica enfocado en los temas de estudio. Otro factor importante fue la revisión y estudio de informes oficiales con la finalidad de enriquecer el trabajo.

Inmigrantes mexicanos en la economía estadounidense.

La inmigración indocumentada proveniente de México ha disminuido de manera gradual. De acuerdo con López, Passel y Cohen, (2021) en 2007 se reportaron 6.9 millones de inmigrantes no autorizados a consecuencia de la recesión de 2008, de las políticas restrictivas y punitivas hacia la inmigración descendió a 4.9 en 2017. En tanto, la disminución del flujo migratorio irregular mexicano se ha sustituido con el incremento de la población no autorizada proveniente de Centroamérica y Asia (Passel & Cohn, 2016). Con todo:

La mayoría de los 11 millones de migrantes que residen en Estados Unido, son de origen mexicano. Según Pew Research Center, el 52% de los migrantes indocumentados son de origen mexicano, aunque los números totales han disminuido en los últimos años. En el 2014 se estimaba que, del total de la fuerza laboral de Estados Unidos, unos 8 millones, eran inmigrantes no autorizados. Esta cifra equivale al 5% de la fuerza laboral total (Rebolledo, 2017).

De acuerdo con Rebolledo (2017) son nueve los sectores productivos, de un total de 15, en los cuales laboran inmigrantes, más del 20% son de origen mexicano. Esto se traduce en una aportación del 10% a la economía estadounidense depende de los últimos.

Apli, la primera plataforma online que consigue rápidamente personal calificado para turnos eventuales a partir de un día, examinó la distribución por sector y la productividad de trabajadores mexicanos en Estados Unidos. Según el U.S. Bureau of Labor Statistics. 15, 342,000 mexicanos trabajan en Estados Unidos, de los cuales, un 24%

trabaja de forma indocumentada (Rebolledo, 2017).

La población inmigrante ha impactado en los sectores primario y secundario. Es decir, en labores que difícilmente dejaran de ser requeridas por la sociedad estadounidense. Laboran en trabajos de ocio, hospitalidad, transporte, minería, hidrocarburos, comercio y algunos servicios profesionales, donde poco más del 10% son trabajadores mexicanos. En otros sectores públicos, información, salud, administración pública y educación representa un promedio del 7% (Rebolledo, 2017).

Uno de los sectores más importantes de la economía de Estados Unidos, la construcción, sería uno de los más afectados. Según Apli, el 18% de los 1, 780,000 trabajadores de la construcción son de origen mexicano y esta industria tiene un índice de desempleo de 4.5%, el menor en 10 años. Los datos de Apli sugieren que, sin mexicanos habría escasez de trabajadores para construir el muro fronterizo que Donald Trump prometió con tanta vehemencia durante la campaña.

En Estados Unidos, la alimentación depende de los 364,000 mexicanos que trabajan en la agricultura y pesca estadounidense. Según el estudio de Apli, un 20% de los trabajadores dedicados al campo son mexicanos, así como el 22% de los dedicados a la matanza y procesado de animales. De acuerdo con investigadores del Colegio de la Frontera Norte (COLEF), al menos 100,000 mexicanos agrícolas con visa para trabajar en Estados Unidos están en la incertidumbre debido a las amenazas de Trump. (Rebolledo, 2017)

El estudio que realiza Apli (citado en Rebolledo, 2017) concluye sobre el impacto significativo que provocaría expulsar a los trabajadores mexicanos:

a. En el Producto Interno Bruto de Estados Unidos el impacto sería del 10%, es decir más de 1500 millones de dólares por año.

b. La economía estadounidense regresaría a niveles económicos del 2008 que registró durante la crisis hipotecaria.

c. Los sectores con mayor pérdida económica serían los de comercio y el financiero, que representan un 32.5% de la economía estadounidense, seguida por el sector secundario, donde el porcentaje de la población migrante documentada e indocumentada laboran. Esto se debe por la necesidad de la sociedad al sector servicios y a que son trabajos que difícilmente dejaran de ser prescindibles.

Es importante mencionar que, a pesar del liberalismo económico, los crecientes ideales de democracia liberal junto con una multiculturalidad, impulsada por globalización, el conservadurismo nativista blanco persiste como una variable constante, arraigada en la sociedad y política estadounidense (Bauman, 2019). Algunos sectores de la población y de la élite gobernante sitúan a los inmigrantes como invasores captores de empleos que corresponden a los nativos, estigmatizándolos como delincuentes peligrosos (Huntington, 2019). Asimismo, en la sociedad estadounidense y las políticas antiinmigrante se ha normalizado las acciones punitivas de carácter racista y xenofóbico en contra de la inmigración.

Inmigrantes y su efecto salarial.

La premisa de que los migrantes ocupan trabajos y reducen los salarios de los estadounidenses, son parte de los argumentos en contra de la inmigración de cierta parte de la población que compite frente a ellos por los empleos, este rechazo incrementa en el caso de inmigración indocumentada.

Visto como una mecánica de la ley de Oferta y Demanda: entre más oferta de trabajadores irregulares a menor costo, mayor será en el decremento salarial del trabajador nativo. Basándose en este argumento Donald Trump se justificó para pretender deportar a 11 millones de inmigrantes indocumentados, aludiendo a su bajo nivel educativo. Dentro de esta lógica conservadora nativista, intentó limitar el acceso a documentados con alta calificación, sin tomar en cuenta el aporte que realizan a la economía estadounidense (Porter, 2017). En contraparte, la promesa de campaña del mandatario demócrata John Biden, fue dar amnistía a 11 millones de irregulares, su cumplimiento dependerá de la aprobación de la cámara de senadores estadounidense.

La Gráfica 1 muestra la baja salarial que ocurre con la llegada de los indocumentados en la sociedad estadounidense. Donde se tiene un salario mínimo establecido que incluye prestaciones de ley, dada una oferta de trabajo (Z_0), situando el nivel del salario mínimo en el punto

1.

Gráfica 1. Disminución salarial (sin indocumentados)

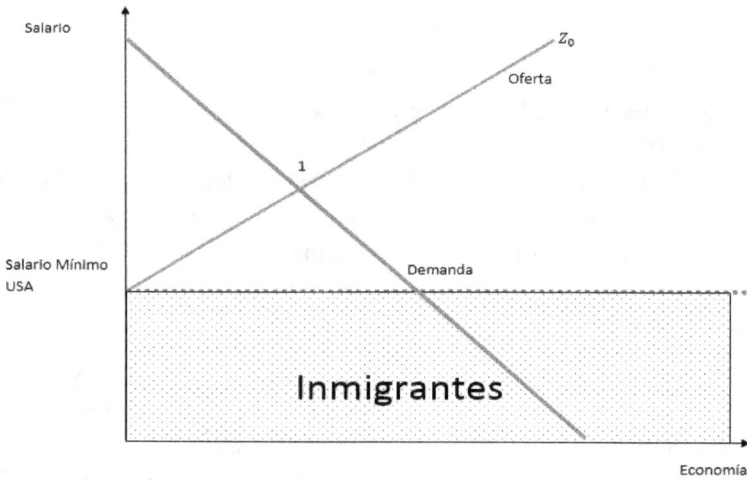

Fuente. Elaboración propia con base en (Novelo, 2009).

Gráfica 2. Disminución salarial (con trabajadores indocumentados) "efecto hacia abajo"

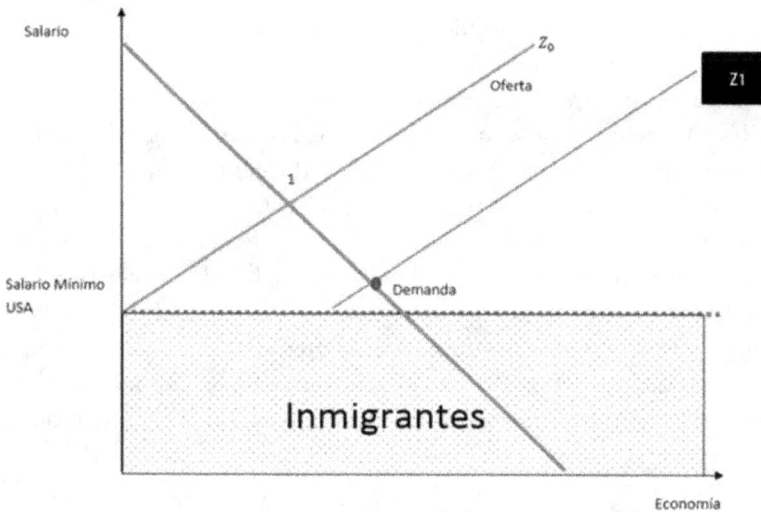

Fuente. Elaboración propia con base en (Novelo, 2009).

Si se incorpora a la población indocumentada, quienes aceptan un salario menor al mínimo sin prestaciones de ley, el empleador acepta la fuerza de trabajo de más personas a menor precio, la oferta de empleo se desplaza a la derecha de (Z_0) a (Z_1), y repercute en la demanda de ocupación hasta llegar a un nivel por debajo del salario mínimo. La diferencia entre salario mínimo y el salario del inmigrante (es decir, un salario ilegal se observa en el área punteada). Es importante recordar, que la norma laboral es muy diferente al mundo del laboral.

En la ocupación de Estados Unidos existe un salario "industrial" y cuenta una fuerza nativa de trabajo. Pero, la demanda de trabajo parte del salario mínimo, entonces quien oferta por debajo del mínimo, y evidentemente por fuera de la ley, crea una nueva oferta más atractiva para los empleadores, que tiene como consecuencia una nueva oferta del trabajador más un salario migrante, por debajo del mínimo y si prestaciones de ley.

De acuerdo con Porter (2017) en su reporte para el New York Times, "ocho de los 15 empleos que se espera tendrán un crecimiento más rápido entre 2014 y 2024" del sector servicios, como asistentes para el hogar, cuidadores de enfermos, ayudantes de cocina, además de otras labores que difícilmente un nativo haría y que no requieren una preparación especial.

El trabajo del indocumentado no podría suplantar la labor del estadounidense promedio, de acuerdo con Porter (2017), los trabajos que requieren comunicación son un impedimento para la mayoría de los inmigrantes irregulares, debido a que no tienen dominio del idioma inglés. Menciona que a medida en que las empresas invierten para aprovechar la mano de obra barata, también generan nuevas y mejores oportunidades de empleo para los nativos estadounidenses y que estos últimos ocupen puestos de mayor rango. Es decir, la capacitación de trabajadores para mejorar su desempeño laboral y obtener mejores puestos y un mejor salario, brinda una oportunidad a la fuerza de trabajo indocumentada o de baja calificación a conseguir un empleo, mientras que la población nativa adquiere mayor conocimiento para laborar en puestos de mayor calificación. Se debe recordar que los inmigrantes, en mayoría indocumentados mexicanos, ocupan el 20.10% del sector de la construcción y el 13.8% en el sector servicios y en tercer lugar el sector manufacturero con un 13.2% del total de mexicanos que viven en Estados Unidos (BBVA, 2021).

La dinámica de las industrias es similar en cuanto al trabajo de indocumentados, es decir, los salarios bajos de los inmigrantes les resultan convenientes a los empleadores estadounidenses en varios sectores. Un ejemplo de ello, es en 1964 al finalizar el programa Bracero de manera oficial, la irrupción en la dotación de mano de obra barata no incidió en el incremento del salario de los agricultores, esta fue una de las razones por las que se eligió introducir maquinaria en lugar de pagar salarios más elevados (Porter, 2017).

Grafica 3. Ocupación de la inmigración mexicana por sectores

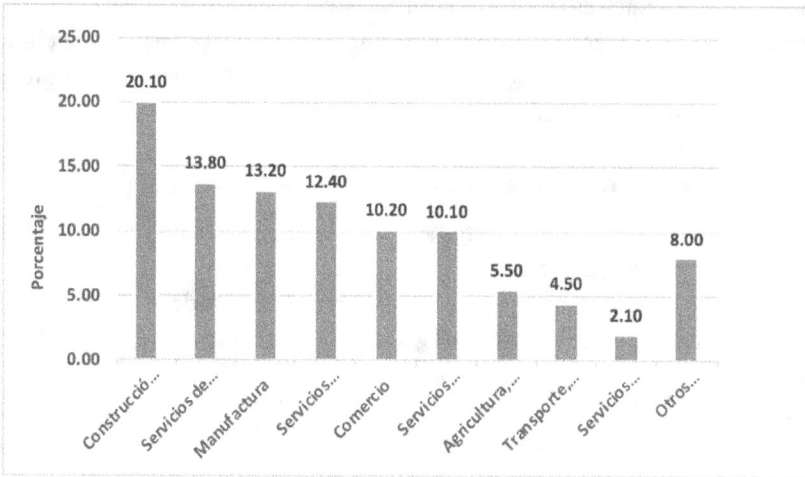

Fuente. Elaboración propia con datos del (BBVA, 2021).

El impacto de la inmigración en las empresas, se debe al bajo costo, donde también repercute en trabajadores estadounidenses, promoviéndolos en puestos con mayor remuneración y que requiere más comunicación, evitando el enfrentamiento ante la nueva competencia.

> "De hecho, los beneficios de la inmigración provienen de la especialización ocupacional", afirmó Ethan Lewis, profesor adjunto de Economía en Dartmouth College. "Los inmigrantes que están relativamente concentrados en trabajos menos interactivos y más manuales, dejan el camino libre a los originarios para que se especialicen en lo que son relativamente buenos: trabajos que requieren una comunicación intensa" (Porter, 2017).

Un análisis sobre los grupos vulnerables de trabajadores de Estados Unidos (los hombres, los jóvenes, estudiantes que abandonan el bachillerato y los afroamericanos) de Estados Unidos menciona: "Los salarios de empleos que requieren un alto grado de comunicación se movieron en una relación en aumento en comparación con los que solo requerían habilidades manuales" (Porter, 2017).

Por tanto, uno de los principales inconvenientes de Estados Unidos en el largo plazo de seguir con la política migratoria restrictiva será la falta de inmigrantes poco calificados. Esta mano de obra ha servido para evitar problemas de estancamiento por el envejecimiento de la fuerza de trabajo, es decir, de continuar con las políticas restrictivas y excluyentes, se precisará satisfacer las necesidades laborales incluyendo el sistema de pensiones, debido a la participación creciente del migrante a la economía estadounidense.

Inmigrantes, dentro del sistema de pensiones

El papel de los inmigrantes es un factor primordial dentro de la nueva era migratoria[2] como lo señala Durand (2016), esto se debe a la función que ha desempeñado en el aspecto demográfico. Debido a las políticas migratorias restrictivas y a las imposiciones a nivel federal y estatal, el crecimiento de la población y de los mercados laborales son menores en comparación con los del siglo XX y avance de la globalización. De acuerdo con Aragonés (2006) las tasas de natalidad han disminuido de manera considerable en países desarrollados, lo que afecta a la población económicamente activa. Donde se espera que, para la mitad del presente siglo, las naciones pertenecientes a la OCDE reduzcan un 10% la fuerza laboral de su país, lo que repercutirá en una escasez de trabajadores.

Estados Unidos tiene una población en proceso acelerado de envejecimiento a medida que los *baby boomers*[3] llegan a la edad de retirarse del mercado laboral. De acuerdo con Partida (2002) "En el próximo cuarto de siglo los adultos mayores aumentarán 84%, lo que significa que Estados Unidos empezará a sufrir en el corto plazo de una escasez relativa de fuerza de trabajo debido a la disminución de la población en edad económicamente activa (Partida, 2002, p. 73) en

---

[2] Jorge Durand, hace una periodización de la migración México Estados Unidos de la migración México Estados Unidos desde la independencia fe Texas en 1936 hasta la primera década del siglo XXI y oscilan alrededor de 20 años cada una. La Nueva fase migratoria, es la última periodización que señala Durand e inició a partir de la Gran Recesión de 2008. También se caracteriza por las particularidades de historicidad, masividad y vecindad, pero se le agregan las nuevas tendencias de legalidad, calificación y se trata de una migración en mayoría femenina.
[3] Los nacidos después de la Segunda Guerra Mundial hasta 1964.

(Alba, Castillo, & Verduzco, 2010).

Si comparamos la situación demográfica entre la población extranjera y la nativa se observa que en la primera el conjunto de los adultos es más joven que la segunda, con un 36% entre los 18 y los 34 años contra un 31%, mientras que sólo una muy pequeña minoría entre los extranjeros es mayor de 55 años (11%). Por otro lado, únicamente 9% de la población inmigrante es más joven de 18 años, en comparación con el 28% de los nativos. Si además tomamos en cuenta que la tasa de fertilidad de las mujeres provenientes del exterior es un poco mayor que en las nacidas en Estados Unidos, con 2.1 y 1.9 hijos por mujer respectivamente, entonces se puede comprender por qué la migración tiene un efecto positivo en relación con los procesos demográficos en Estados Unidos [...]la fuerza de trabajo de los migrantes mexicanos la situación es muy interesante, pues 87% de ellos se encuentran en el rango de los 15 a los 64 años, en contraste con el grupo de los no inmigrantes, para los cuales esta proporción es sólo del 64%, lo que refleja justamente el problema al que estamos aludiendo en relación no sólo con los mercados de trabajo sino con los pagos que la seguridad social tiene que hacer en términos de jubilaciones (Aragonés, 2006, pp.34 - 35).

A esto se agrega lo dicho por la Administración de Seguridad Social estadounidense, que afirma el impacto positivo de la inmigración sobre el Fondo de Pensiones. De acuerdo con Aragonés (2006) Estados Unidos sería un país insolvente para 2037, de ocurrir esto, el impuesto a nómina incrementará un 1.89% y de esta manera tener solvencia hasta 2075 (p. 35).

... con un flujo neto de 1.21 millones de individuos cada año el mismo fondo permanecería solvente hasta 2039 y el incremento al impuesto disminuiría a sólo 1.75%. Por el contrario, si la inmigración neta anual fuera tan baja como 655 mil, la insolvencia se adelantaría al año 2036 y el incremento requerido en los impuestos se elevaría a 2.01% (Aragonés, 2006, p. 36)

Dentro de los países desarrollados el fenómeno demográfico es preocupante para el sistema de pensiones, en Estados Unidos, los *baby boomers* están llegando al final de su vida laboral. Dado este contexto, la llegada de los inmigrantes es indispensable, por las mayores tasas de fertilidad en relación con la población nativa y evidentemente su participación económica aportará grandes recursos a la seguridad social a través de sus impuestos

> Existe, en este aspecto, una tendencia de la sociedad y de la economía estadounidense a restarle viabilidad a la relación virtuosa entre generaciones (generaciones traslapadas), que se verifica con el sistema de seguridad social, específicamente en el financiamiento de las pensiones. Los trabajadores en activo se convierten en los responsables de financiar las pensiones de los asalariados que, por edad, salen del mercado de trabajo; la encanización de la fuerza de trabajo de Estados Unidos y la imposibilidad práctica de sustitución por la vía del crecimiento natural de la población, representa un problema de largo alcance, en el que la regularización de los inmigrantes apunta a una forma de solución, siempre que (como suele suceder) los poderes formales rehúyan la alternativa de aumentar los impuestos: (Novelo, 2006 b, p. 216).

Cuadro 1. Realidad y previsión de la relación trabajadores en activo por pensionado en Estados Unidos

Año	Trabajadores por pensionado
1950	2
1994	3.3
2025	16
2037	Insolvente

Fuente. *Federal Old Age and Survivors Insurance and Disability Insurance Trust Funds* (OASDI], Washington, 2000, p. 34, empleada por Rodolfo Tuirán en la i.e. Reunión del diálogo mexicano/mexicano estadounidense, 17 y 18 de febrero de 2001, Tijuana, México y citada por Rafael Fernández de Castro, "La migración sobre la mesa de negociación", en el libro *Cambio* y *continuidad en la política exterior de México,* hiel, México, 2002, pp. 120-121. Las cifras corresponden, en el último de los años considerados, a un mercado de trabajo cerrado a la inmigración legal en (Novelo, 2006 b, p.217) y (Aragonés, 2006, p.35).

Como se muestra en el recuadro anterior, sin la población inmigrante van a faltar trabajadores para cubrir funciones esenciales en la sociedad estadounidense, ya que dentro de diez años habrá más adultos mayores, es decir una población envejecida y relativamente escasa en mano de obra y poca calificación. Consecuentemente, esto repercutirá en una insolvencia en el sistema de pensiones.

En síntesis, algunos de los fenómenos sociales por los que se encuentra Estados Unidos desde inicio del siglo XXI son el envejecimiento y la poca fertilidad de la población nativa, que se agudizan con el tiempo. El gobierno necesita tomar en cuenta el papel del inmigrante, ya que es parte de una solución y representa un aporte esencial por su participación en la población económicamente activa, con un efecto positivo en el sistema de pensiones, ante el envejecimiento de la sociedad *originaria*.

Aporte de los inmigrantes mexicanos al financiamiento de seguridad social

Como lo señala la Ley Texas Proviso, ningún empleador puede contratar a un trabajador sin papeles que autoricen su estancia en territorio estadounidense y permitan trabajar al inmigrante. Asimismo, a partir de la segunda mitad del siglo XX, la documentación falsa para laborar se popularizó entre los indocumentados. De esta forma los inmigrantes irregulares son contribuyentes al gobierno federal y lo que pagan de impuestos es una cantidad mayor de lo que le cuestan al Estado en programas de beneficio social y educación (Durand, 2016).

Novelo (2009), afirma que la relación entre la agenda de derecha estadounidense y la nueva etapa nativista sostiene que fenómenos sociales por los que se encuentra Estados Unidos desde inicio del siglo XXI, como el tema de inmigración repercute en el abuso de la asistencia pública, el déficit presupuestario, seguridad nacional, delincuencia y el narcotráfico. Además, el autor sostiene que es una confusión programada y que se basa en datos imaginarios y en presunciones incomparables. En donde las propuestas restriccioncitas apoyan el cierre de la frontera con México, de acuerdo con esta propuesta excluyente, Huntington menciona al respecto:

Aparte de los dominicanos (54.9% de los cuales reciben subsidios), la proporción de perceptores mexicanos de ayudas sociales (el 34%) excedía la de todos los demás grupos procedentes de otros 18 países incluidos en el análisis. Según un estudio del uso de las ayudas sociales por parte de inmigrantes de una docena de regiones y países, realizado en 2001, las familias mexicanas inmigrantes ocupaban el primer lugar, ya que un 34.1% de las mismas utilizaban dichas prestaciones, en comparación con el 22.7% del total de las familias inmigrantes y el 14.6% de las familias de estadounidenses nativos (Huntington, 2004, p. 275).

La posición de Huntington es evidente, su afición por minimizar los beneficios otorgados por los inmigrantes y engrandecer los costos y problemáticas que surgen alrededor de la población inmigrante. Esto se debe a su posición supremacista y conservadora que caracteriza sus declaraciones en gran parte infundadas y alejadas de la realidad.

En 1990, poco después de la Ley de Amnistía, los indocumentados aportaron 1.2 miles de millones de dólares a la seguridad social; esta cantidad en 1998 incrementó a casi cuatro mil millones. Es decir, en menos de una década, los inmigrantes irregulares aportaron a la seguridad social de Estados Unidos 20 mil millones de dólares por medio del pago de impuestos (Aragonés, 2006, p. 36).

Las variables migración y la seguridad social tienen una relación directa positiva, esto se debe al aporte de los inmigrantes a la seguridad social, y como esta crece junto con la inmigración. Se hace referencia a la contribución de los irregulares, la cual oscila entre los 7 billones de dólares anuales, sin recibir algún beneficio. También se refiere al financiamiento en la seguridad social estadounidense es sostenido significativamente por los indocumentados, esto se debe en gran parte, a la reforma del presidente Reagan la Ley de Reforma y Control de Inmigración (IRCA por sus siglas en inglés), donde se castiga a los empleadores de irregulares (Novelo, 2009).

La mecánica de esta transferencia de recursos comienza con la que Durand y Massey definen como la etapa de la *clandestinidad* en el flujo migratorio indocumentado de México al país vecino; la penalización de los empleadores de trabajadores ilegales obliga a que aquéllos verifiquen que el trabajador posee la documentación necesaria y, como no es así, éstos recurren a los falsificadores de documentos, fuertemente penalizados, también, en las reformas de 1996 (IIRIRA). Cuando el inmigrante compra una identificación falsificada (que incluye un número inexistente o incorrecto de seguro social y cuya validez no suele ser verificada por quien lo contrata), comienza una retención de impuestos sobre la nómina que el empleador -se supone- entrega al gobierno federal (Novelo, 2006 b, pp. 215 - 216).

En las cuentas de la seguridad social surgen errores como los números equivocados o inexistentes, los que son registrados en un archivo especial y se emplean a favor de los trabajadores estadounidenses y no de los que hacen la contribución, es decir los individuos con papeles falsos[4]. Lo anterior "no es considerado por Huntington, especialmente porque demuestra, contra todas las características conservadoras, que los indocumentados contribuyen mucho más en impuestos de lo que reciben en servicios" (Novelo, 2006 b, pp. 216).

Los inmigrantes irregulares aportan una suma elevada en impuestos y una contribución a la seguridad social, sin el derecho de gozar de estos servicios. En consecuencia, existe el temor de matricular a sus hijos en escuelas estadounidenses, ser localizados y deportados (Gortari, 2000).

> Según la Asociación Estadounidense de Abogados de Inmigración, los inmigrantes ganan 240 000 millones de dólares al año y pagan 90 000 millones en impuestos, mientras que sólo reciben 5 000 millones en servicios sociales.[...] En un sentido más amplio, y pese a las dificultades que acompañan a una medición precisa, el profesor Edward Taylor, de la Universidad de California, estima que la aportación de los inmigrantes hispanos (dominantemente mexicanos) a la economía de Estados Unidos supera los 200 000 millones de dólares anuales (Novelo, 2006, p. 216) .

Varias organizaciones en favor de los inmigrantes muestran la aportación que realizan los indocumentados de miles de millones de dólares en impuestos destinados a obras públicas federales, estatales y locales (Agencia EFE, 2018).

> Un estudio del Instituto sobre Impuestos y Política Económica, la población indocumentada aporta cerca de 12.000 millones en tributos cada año, a pesar de que no puede beneficiarse de la gran mayoría de programas públicos. Esa cifra incluye 7.000 millones en ventas e impuestos especiales, 3.600 millones en impuestos a la propiedad y 1.100 millones en impuestos a la renta (Agencia EFE, 2018).

Los inmigrantes tienen varias contribuciones a nivel micro y macroeconómico. Además, los irregulares ayudan a fortalecer

---

[4] Haciendo referencia a los inmigrantes indocumentados

programas como la seguridad social, de personas que no son elegibles para beneficiarse de esa aportación económica.

Los trabajadores indocumentados pagan alrededor del 8% de sus ingresos en impuestos estatales y locales, un dato superior al 5,4 % que abona la clase más rica del país (Agencia EFE, 2018).

Según declaraciones de Philip Wolgin, director general de políticas de Inmigración del Centro de Acción del Centro para el Progreso Estadounidense CAP (por sus siglas en inglés) los inmigrantes generan ingresos fiscales de sus negocios, de sus empleos y su poder adquisitivo, estas cantidades desaparecerán si los inmigrantes abandonaran el país. Añade Wolgin en 2018 (Agencia EFE, 2018).

Las administraciones ya sean demócratas o republicanas tienen el conocimiento de las contribuciones económicas de los inmigrantes, en específico la contribución de los inmigrantes indocumentados, pero no reconocen la importancia de esta aportación y tampoco que son una base importante para la economía y sociedad de Estados unidos.

De acuerdo con el informe en línea de la agencia EFE del 2018 el ex mandatario republicano Donald Trump, abordó el tema sobre el pago de impuestos de los indocumentados, es alrededor de 12 000 millones de dólares cada año.

Según datos del CAP, el 91 % de los beneficiarios de ese programa están empleados o van a la universidad y pagan sus impuestos, lo que se traduce en más ingresos locales, estatales y federales, mientras que el 5 % de ellos inició su propio negocio [...] De hecho, los *dreamers* pagan un total de 1.800 millones en tributos, de acuerdo con el análisis del Instituto sobre Impuestos y Política Económica (Agencia EFE, 2018).

Por otra parte, el flujo de nacionales ha disminuido en comparación de años anteriores, como en el 2007 donde se alcanzó el nivel más alto de inmigrantes mexicanos con un 56.96% del total de los irregulares. Consecutivamente y debido a restricciones en las políticas migratorias la población indocumentada empezó a disminuir e incrementó la migración documentada y calificada proveniente de México, con estudios superiores a la media nacional[5]. De esta forma los inmigrantes mantienen su contribución a la seguridad social, por medio del pago de diferentes impuestos y continúa el crecimiento de las remesas en la

---

[5] El promedio de la educación en México es el nivel básico superior, secundaria.

economía mexicana, el cual no se visto afectado, por el contrario (Passel & Cohn, 2016) y (Pew Research Center, 2016).

Las últimas estimaciones del CAP en el año 2017, reflejan una protección permanente para los indocumentados significaría una contribución de 39.300 millones a la Seguridad Social y al programa Medicare en los próximos diez años, con estas cifras se cosetearía casi dos veces el muro que propuso el ex mandatario Donald Trump desde su campaña electoral, lo que indica que el aporte económico del inmigrante en este rubro es significativo para la economía estadounidense (Agencia EFE, 2018).

México y los emigrantes

De acuerdo con Mendoza (2014) y desde una perspectiva económica, los aspectos relevantes de las remesas son su volumen, el ingreso que representan y en un nivel menor, la baja circularidad desde la fase de los indocumentados[6], siguiendo la cronología planteada por Durand (2017). Las remesas son el ahorro generado, enviado o traído a su regreso por los migrantes. También, se encuentran los mecanismos para distribuir los recursos financieros entre el consumo y la inversión; las remesas tienen un papel estabilizador macroeconómico, efectos en crecimiento económico y la distribución del ingreso en el corto y largo plazo.

En un aspecto económico a Corto Plazo el envío de dinero desde el exterior se relaciona con la capacidad de incrementar las reservas de divisas y su efecto en el equilibrio macroeconómico y crecimiento económico. Las remesas tienen un efecto positivo en el PIB y en la propensión marginal a consumir (Mendoza, 2014, p. 227).

Los envíos de dinero desde el exterior están relacionados con el PIB per cápita de las naciones que reciben las divisas y una correlación débil de los países que reciben flujos de migrantes (The World Bank, 2006).

---

[6] En la cronología elaborada por Durand, la fase de los indocumentados, es la quinta fase y abarca de 1964 a 1886. Surgió al finalizar el acuerdo entre México y Estados Unidos, "El Programa Bracero". Ese periodo se caracterizó por el movimiento chicano, el Programa de industrialización Fronterizo, Maquiladoras en 1965, el final del "milagro mexicano" (crecimiento sostenido del 6% aproximadamente), la crisis económica de Estados Unidos por el incremento en los precios del petróleo en 1973 y la propuesta de Ley Simpson- Mazzoli, IRCA. (Durand, 2017: 270 - 271)

Remesas en la balanza de pagos mexicana.

Desde la segunda mitad del siglo XX y debido a la clandestinidad de los inmigrantes, las remesas han elevado sus niveles de manera significativa en 2021 se recibieron más de 51,594 millones de dólares aproximadamente, es decir, un incremento del 27.1% respecto al año anterior. Lo anterior nos indica que hay una relación indirecta entre las políticas migratorias que repercuten en lo referente al tema de la disminución de los indocumentados, pero no el nivel de envío de divisas (Li Ng, 2022).

Gráfica 4. Estimación de la migración no autorizada total en Estados Unidos

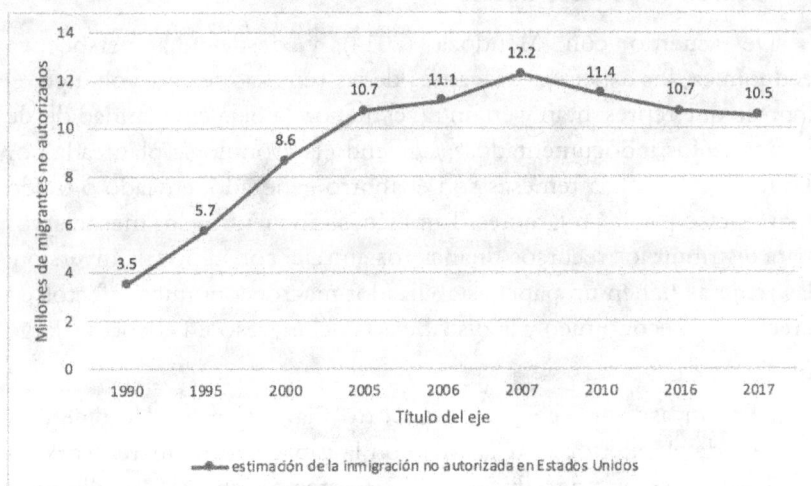

Fuente. Elaboración Propia con datos del Pew Research Center, 2021.

La cifra de indocumentados mexicanos ha disminuido desde 2010, después de que alcanzó su punto más alto en 2007, calculando 6.9 de acuerdo con los datos del Pew Research, Center 2021. En el año 2017 se estimó una reducción a 5.5 millones de indocumentados, es decir, menos de la mitad de la población indocumentada. Las poblaciones que han incrementado los niveles de indocumentados, son la migración asiática y la migración proveniente del triángulo de Centro América (Guatemala, Honduras y el Salvador).

Cabe destacar dos puntos fundamentales, de acuerdo con Mendoza (2014):

- Disminución o erradicación de la circularidad migratoria

por el incremento de las políticas migratorias restrictivas y acciones en contra de los indocumentados mexicanos.

- Debido a la agresividad de las políticas migratorias y a los castigos por su incumplimiento, los inmigrantes envían su ahorro, además de ello, mandan parte de su patrimonio aunado al vaciamiento de sus cuentas de ahorro. Desde la administración de Barack Obama con su política migratoria pendular[7] las amenazas se han intensificado, debido a la xenofobia y nativismo latente en gran parte de la sociedad estadounidense.

Gráfica 5. Comparación de la estimación de la población no autorizada mexicana y de otros países

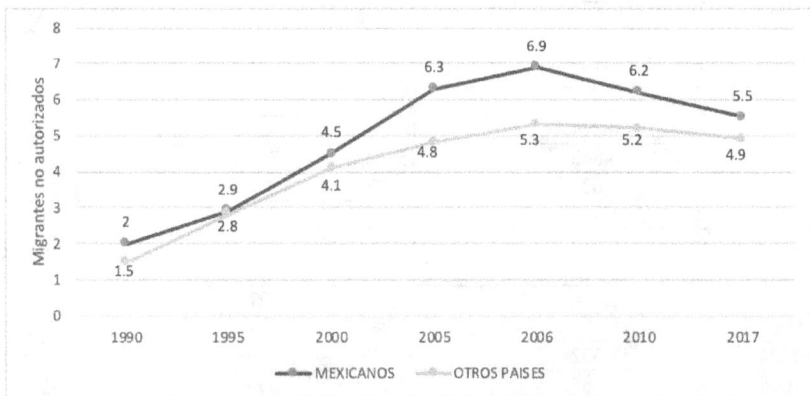

Fuente. Elaboración Propia con datos del Pew Research Center, 2021.

Desde 2016, el incremento del envío de remesas las convirtió en una fuente vital de los recursos financieros en la economía mexicana. El incremento de las remesas ha sido alrededor del 4% y el 7%. El año 2021 las remesas cerraron con un incremento del 27.1% en comparación del año 2020, es decir, una cantidad de 51 594 millones de dólares, a pesar de la crisis sanitaria global provocada por la COVID-19 (Li Ng 2022).

La alta participación en el PIB nacional propició diferentes efectos dentro de la economía, tanto a nivel macroeconómico como microeconómico. En el primer caso, la participación de las remesas en

---

[7] Con política pendular, se hace referencia a las declaraciones en favor a la inmigración y al mismo las acciones y políticas que se llevaron a cabo en contra de la población inmigrante.

Cuadro 2. Remesas en México

Año	Monto (Millones de dólares)	Operaciones para la recepción de remesas (Millones)	Remesa promedio (Dólares)	Crecimiento de remesas respecto al año anterior
1980	699	*	*	
1981	860	*	*	23.14
1982	845	*	*	-1.82
1983	983	*	*	16.36
1984	1,127	*	*	14.68
1985	1,157	*	*	2.68
1986	1,290	*	*	11.46
1987	1,478	*	*	14.54
1988	1,898	*	*	28.42
1989	2,212	*	*	16.60
1990	2,494	*	*	12.71
1991	2,660	*	*	6.67
1992	3,070	*	*	15.42
1993	3,333	*	*	8.57
1994	3,475	*	*	4.25
1995	3,673	11,263	326.1	5.70
1996	4,224	13,208	320.1	15.00
1997	4,865	15,369	316.2	15.18
1998	5,627	19,420	290.3	15.66
1999	5,910	20,937	282.4	5.02
2000	6,573	17,999	365.2	11.22
2001	8,895	27,744	320.6	35.34
2002	9,814	29,954	327.7	10.33
2003	15,139	47,986	315.2	54.25
2004	18,332	57,013	320.9	21.09
2005	21,688	64,922	333.7	18.31
2006	25,567	74,185	344.3	17.88
2007	26,059	75,651	344.4	1.92
2008	25,145	72,628	345.5	-3.51
2009	21,306	67,110	317.5	-15.27
2010	21,304	67,536	314.9	-0.01
2011	22,803	69,861	326.0	7.04
2012	22,438	71,611	312.6	-1.60
2013	22,303	76,752	290.6	-0.60
2014	23,647	80,529	293.7	6.03
2015	24,785	84,719	292.5	4.81
2016	26,993	91,557	295.2	8.91
2017	30,291	93,422	308.7	12.22
2018	33,677	104,56	321.6	11.18
2019	36,439	111,74	325.7	8.2
2020	40,605	119,38	340	11.4
2021	51,594	136,48	371	27.1

Fuente. Elaboración propia con datos del (Secretaría de Gobernación/Consejo Nacional de Población/Fundación Bancomer A.C, 2017), (Li Ng, et al, 2020), (Statista, 2022), (Li Ng, 2022) y (Banco de México 2022)

el PIB del año 2021 fue del 4%, y en el segundo caso, los hogares mexicanos se vieron beneficiados como única o principal fuente de ingreso, incrementando su consumo (Mendoza, 2014).

Las remesas representan una parte indispensable de los recursos financieros provenientes del exterior. En el siguiente cuadro se muestra la remisión de divisas desde 1980, explicando el crecimiento anual y el promedio de envío por individuo.

De acuerdo con informes anuales del Banco de México, la importancia de las remesas repuntó en los años noventa durante la negociación y después de la firma del TLCAN. Tomando en cuenta que el envío de divisas es un fenómeno altamente correlacionado con los flujos migratorios. Para algunos hogares mexicanos este es el único ingreso familiar enviado de nacionales que viven en el exterior, en este caso de mexicanos que viven en Estados Unidos. Las implicaciones económicas y sociales son variadas (Secretaría de gobernación/ Fundación BBVA Bancomer/ Consejo Nacional de Población, 2015).

> Las Remesas son consideradas como una reserva estratégica para el desarrollo regional y local a pesar de que sólo una pequeña proporción se destine a la inversión productiva (Luna, 2009, p. 55).

La consecuencia de grandes movimientos migratorios desde la década de 1990 y principios de siglo explican el crecimiento exponencial de las remesas, a partir de ese momento. El incremento del flujo migratorio rebasó los 4.3 millones de mexicanos y en 2000 se registró 8.8 millones, este aumento no fue visible para las políticas públicas de los estados del sur (Luna, 2009, p. 54).

En la gráfica Remesas a México en millones de dólares, se puede observar que después de la firma del TLCAN en el año 1994 el envío de remesas incrementó aceleradamente, la expectativa era mejorar las condiciones de empleo y elevar el nivel de este en México, de modo que la emigración disminuiría significativamente. Sin embargo, el efecto fue inverso, aunado a la crisis económica en México de 1995[8] fueron principales incentivos para emigrar. Por otro lado, la gráfica muestra cómo en el año 2007 hubo un incremento en el envío de remesas a México con una cifra de 26 058.8181, teniendo un declive

---

[8] El "efecto Tequila"

considerable en 2008, debido a la situación económica mundial iniciada en Estados Unidos (Banco de México, 2018).

Grafica 6. Remesas a México en millones de dólares

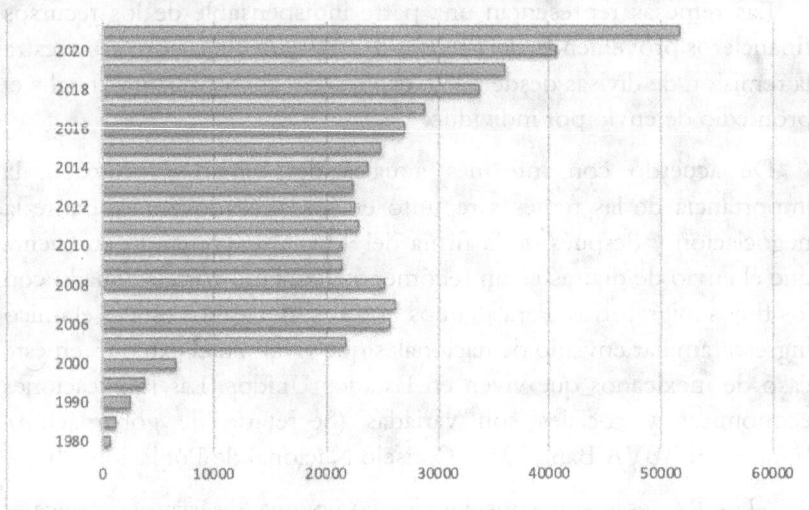

Con el cierre del año fiscal de Estados Unidos en 2016, los datos muestran un aumento significativo para la economía nacional respecto a la entrada de divisas.

> El ingreso de remesas a México alcanzó un nuevo record durante 2017, con 28 mil 771 millones de dólares, provenientes de los connacionales en el exterior. Esta contabilidad supero en 6.6 % la cifra reportada en 2016. […] La mejoría en el mercado laboral en Estados Unidos que ha beneficiado a la población de origen mexicano que reside en ese país, así como la política antiinmigratoria del presidente Trump, que elevó el temor de deportaciones en este grupo de la población, son factores que impulsaron la captación de estos recursos (Usla & Leyva, 2018, p. 4).

Después se observan las repercusiones de la crisis de 2008 hasta 2010, para tener una recuperación absoluta en 2014. Desde 2016 las remesas representan la mayor entrada de divisas y han crecido aproximadamente entre un 5% y 6% anual. En 2018 y 2019 el crecimiento fue de 8% aproximadamente, mientras que en 2020 a pesar de la crisis sanitaria el incremento fue del 11% aproximadamente de acuerdo con los datos del Banco de México.

En medio de una crisis pandémica y los inicios de una crisis económica, debido a la primera, la tendencia histórica que han presentado las remesas muestra la incapacidad económica y laboral de México, al no poder ofrecer oportunidades de trabajo a sus nacionales, por tanto, se ven en la necesidad de abandonar su lugar de origen. De esta manera, lo demuestra el incremento de las remesas en 2021 respecto al año anterior fue de 27.1%, es decir, el monto ahorrado y enviado por los mexicanos que radican en Estados Unidos fue de 51.594 millones de dólares (Li Ng, 2022).

Gráfica 7. Remesas a México, porcentaje anual

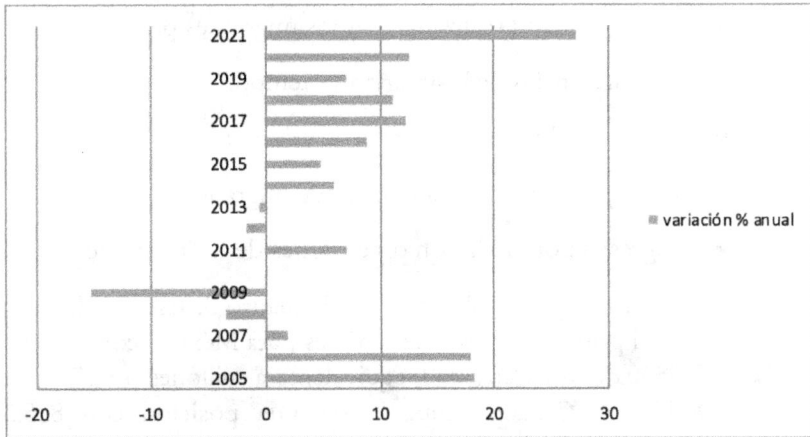

Fuente. Elaboración propia basada en datos del Banco de México 2022.

En la gráfica anterior, se observa el decremento del envío de remesas en los años 2008 y 2009, consecuencia de la crisis inmobiliaria originada en Estados Unidos. A partir de ese periodo la inmigración indocumentada mexicana en Estados Unidos comenzó a disminuir medio millón por año. Al mismo tiempo la recuperación de las remesas como porcentaje del Producto Interno Bruto anual fue hasta el año 2014 registrando niveles positivos en comparación con años anteriores. En ese mismo año, el crecimiento de las remesas fue de 6%, este porcentaje incrementó en 2015, donde México se posicionó como el cuarto receptor de divisas del mundo con 24.785 millones de dólares, los envíos crecieron a una tasa anual de 4.8%.

En 2020, el incremento de las remesas de acuerdo con el BBVA Research fue de un 11.4% en comparación con 2019, una diferencia de

4 559 millones de dólares. A pesar de la crisis sanitaria las remesas continuaron con el incremento creciente desde 2014. En 2021 el crecimiento de estas divisas fue del 21.7%, por encima del año pasado.

La mayoría de las divisas que se envían como remesas a México se transfieren en pequeñas cantidades. Durante el año 2001 el monto promedio de envío fue de 300 dólares. El inmigrante para poder enviar el dinero debe pagar una cuota que varía entre el 3 y el 5 % del total enviado (García, 2002). Para el año 2021 el promedio de envíos fue de 381 dólares, lo que indica un incremento del 78.74% del monto enviado promedio en 20 años.

Las remesas se originan de cinco fuentes frecuentes como:

- Transferencias realizadas por los migrantes permanentes.

- Transferencias de los migrantes temporales.

- Envíos de los descendientes de migrantes.

- Flujo y reservas por el retorno de migrantes.

- Ingresos por jubilación o pensiones de los migrante

- Como se puede observar en el Cuadro 3, Estados Unidos es el principal emisor de remesas para México, con más del 95% del total en 2020, equivalente a millones 49 272.3 de dólares, Canadá ocupa la segunda posición con 825.5 millones de dólares. El 98.9 % de las remesas enviadas a México se realiza por transferencia electrónica de las cuales el 22.9% se paga a través de una institución bancaria (BBVAA Research, 2021) y (Li Ng, 2022).

- La cuenta corriente de la balanza de pagos desde 2016 ha registrado un incremento creciente en las remesas en comparación al año anterior, con un registro mayor a los aproximadamente entre los 4 y 6 millones de dólares, posicionándose como la entrada principal de divisas al país, el principal o única fuente de ingresos para hogares mexicanos, superando a los ingresos por el turismo y la inversión extranjera directa; al mismo tiempo, esta fuerte entrada de divisas favorece a la economía mexicana. (Banco de México, 2018) y (BBVA, 2021).

Cuadro 3. Principales emisores de remesas a México en millones de dólares

País de origen	Transferencia	%
Estados Unidos	49 272.3	95.5
Canadá	825.5	1.6
Otros	1 496.2	2.9

Fuente. Elaboración propia con datos del Banco de México y del Anuario de migración y remesas 2021 (BBVA Research 2021).

Cuadro 4. Principales medios de transferencia de remesas en México

Medio de transferencia	Millones de dólares	%
transferencias electrónicas	51 026.46	98.9
efectivo y especie	361.15	0.7
giro postal o bancario	206.37	0.4

Fuente. Elaboración propia con datos del Banco de México y del Anuario de migración y remesas 2021 (BBVA Research 2021).

Cuadro 5. Instituciones receptoras de remesas en México

Monto por institución receptora		%
Institución no bancaria	39 778.97	77.1
Bancos	11 804.72	22.9

Fuente. Elaboración propia con datos del Banco de México y del Anuario de migración y remesas 2021 (BBVA Research 2021).

Mientras que, en Estados Unidos las medidas tomadas por el ex presidente Trump incentivaron el envío de remesas.

> "Si consideramos que las remesas familiares son una modalidad de ahorro para los migrantes, en el incremento observado en el flujo durante 2017 obedece también a ala política antiinmigratoria de la administración de Donald Trump" mencionó Alejandro Cervantes economista de Banorte-Ixe. (Usla & Leyva, 2018, p. 4).

De acuerdo con Usla & Leyva (2018), los trabajadores mexicanos en Estados Unidos continuaron con la idea de una mayor probabilidad de ser deportados, lo que redujo significativamente su expectativa de ingreso permanente y, en consecuencia, tuvieron una mayor propensión a ahorrar y a enviar parte de su patrimonio.

Jesús Cervantes, gerente de estadísticas económicas del Centro de Estudios Monetarios Latinoamericanos (CEMELA), indicó que la recuperación de las remesas hacia México fue a partir de 2014 y se debe al avance sustancial en el empleo de los mexicanos inmigrantes en Estados Unidos, que se ha acompañado de un aumento en sus remuneraciones y en consecuencia, de la masa salarial (Usla & Leyva, 2018).

Estados Unidos es el principal emisor de remesas para México, con más del 95% del total en 2021, equivalente a 49, 272.3 millones de dólares, Canadá ocupa la segunda posición con 825.5 millones de dólares. Alrededor del 98.9 % de los envíos al país se realiza por transferencia electrónica de las cuales el 77.1% se paga a través de una institución no bancaria (Li Ng, 2022) y (BBVA, 2021, p. 102).

Conclusión

Una de las razones que explican la emigración es la falta de empleo, la precarización del ingreso y el diferencial salarial entre México y Estados Unidos, entre otros factores. Consecuentemente, la falta de oportunidades económicas y sociales ha caracterizado a México, frente a su vecino del norte, pone en evidencia el fuerte impacto que tiene en la economía mexicana; la disminución del salario estadounidense, constituye el salario mínimo que debería tener México para equilibrar los flujos migratorios y la economía del país, de esta forma más personas estarían demandando trabajo a nivel nacional.

Por otro lado, gran parte del aporte económico del inmigrante a Estados Unidos, se debe en gran parte al envejecimiento de los nativos y la necesidad de incrementar el número de personas activas, de esta manera, el papel del migrante es fundamental para poder financiar el sistema de pensiones, la seguridad social y en general para la sociedad estadounidense debido a que realizan trabajos que difícilmente dejaran de ser necesarios, como lo son los sectores primario y secundario. Los empleos que son rechazados por *los nativos* estadounidenses por considerarlos denigrantes o peligrosos son los que ocupan los indocumentados.

Por lo anterior, la legalización de los indocumentados, debido a su incremento, al porcentaje que representan en la sociedad y su contribución a la economía estadounidense puede ser una alternativa que beneficiaría a la economía estadounidense. Dicha estrategia de legalización a la inmigración indocumentada ya ha fue empleada en el gobierno de Ronald Reagan con la amnistía de 1986 y fue utilizada en la plataforma electoral 2020 por el actual mandatario demócrata John Biden, aún se encuentra en la etapa de propuesta de ley, falta la aprobación del Senado estadounidense.

En cuanto a México, las remesas continúan incrementando su nivel a pesar de la disminución de los inmigrantes irregulares. Esto se debe a dos posibles causas: la primera, es por la pérdida de las características de los flujos migratorios del siglo XX, una población con un nivel escolar menor al de la media nacional (tercer nivel de educación básica, también conocido como secundaria) y masculina. Por, las nuevas tendencias que presenta la población mexicana en el siglo XXI, cuyo destino es Estados Unidos y son una mayor calificación (lo que se ha denominado fuga de cerebros), una población en mayoría femenina y documentada. Estas tendencias podrían indicar un mayor poder adquisitivo (por el estatus migratorio y calificación) y el y se ve reflejado en los envíos de divisas.

La segunda causa, sobre este incremento del envío de dinero desde el exterior, se debe a las políticas migratorias restrictivas y punitivas, en otras palabras, los irregulares saben que en cualquier momento pueden ser deportados de Estados Unidos, por su estatus legal. De esta manera, al tener incertidumbre con su estadía dentro de territorio estadounidense, deciden enviar además de sus ahorros parte de su patrimonio, es decir el stock adquirido lo convierten en flujo y se envía como remesa.

En este panorama de crisis pandémica a nivel global, ha propiciado la disminución de empleos, la incertidumbre económica, el cierre de fronteras, el acrecentamiento de los riesgos para cruzar las fronteras y sobre todo el incremento de las políticas restrictivas y punitivas hacia la inmigración y a pesar de los pronósticos desfavorables, el incremento de las remesas continuó con su tendencia histórica desde 2016. Este crecimiento fue aproximadamente de dos mil millones de dólares por año, cerrando el 2021 con un incremento del 27.1% respecto al año anterior. Es importante aclarar que a nivel microeconómico por ser el único o el mayor ingreso en muchos hogares mexicanos, el cual ayuda a mejorar su calidad de vida de muchas familias mexicanas. A nivel macroeconómico las remesas son parte fundamental para el crecimiento en los indicadores de la economía nacional. En contra parte los altos niveles de remesas muestran las carencias económicas y sociales de México, las cuales obligan a sus ciudadanos a dejar su país de origen sin importar los riesgos que conlleva cruzar la frontera de manera irregular, para poder solventar los gastos de su familia en territorio mexicano.

En tanto la contribución de esta investigación se debe a la importancia económica de los migrantes en ambas economías. Estados Unidos tiene la necesidad de la inmigración para solventar los programas económico-sociales debido a los problemas demográficos, sociales y económicos que presenta y como se demostró incrementaran en un mediano plazo. Finalmente, se confirma la hipótesis de que existe una necesidad, económica, social y demográfica hacia los inmigrantes, pero al mismo tiempo, existe una cultura de rechazo político y social derivado de un pensamiento de superioridad y conservadurismo nativista estadounidense.

Referencias

Aragonés, A. M. (2006). La migración de los trabajadores en los albores del milenio. (2006). *Sociológica*, *21*(60), 15–45. Recuperado de http://www.sociologicamexico.azc.uam.mx/index.php/Sociologica/article/view/268/246

Agencia Efe. (2018, 18 abril). Los inmigrantes indocumentados pagan miles de millones en impuestos cada año. Recuperado 5 de junio de 2018, de https://www.efe.com/efe/america/ame-hispanos/los-inmigrantes-indocumentados-pagan-miles-de-millones-en-impuestos-cada-ano/20000034-3588628

Alba, F., Castillo, M. Á., & Verduzco, G. (2010). *Los grandes problemas de México tomo III* [Colección] (1.a ed., Vol. III). Recuperado de https://2010.colmex.mx/tomos2.html

Arenillas, D. C., & José Li Ng, J. (2018, 2 mayo). México | Remesas crecen 4.0% en marzo hilando una racha de 4 meses de crecimiento. Recuperado de https://www.bbvaresearch.com/publicaciones/mexico-remesas-crecen-4-0-en-marzo-hilando-una-racha-de-4-meses-de-crecimiento-positivo/

Banco de México. (2020, 23 febrero). Balanza de pagos 2019. Recuperado 3 de marzo de 2020, de https://www.banxico.org.mx/informacion-para-la-prensa/comunicados/sector-externo/balanza-de-pagos/%7BDAAC13F5-F895-85D2-CA3A-21A35B13C7EF%7D.pdf

Banco de México. (2021, febrero). Estructura de información (SIE, Banco de México). Recuperado 24 de marzo de 2021, de https://www.banxico.org.mx/SieInternet/consultarDirectorioInternetAction.do?accion=consultarCuadro&idCuadro=CE81&locale=es

Banco de México. (2022, 1 febrero). Ingresos y Egresos por remesas, diciembre de 2021. Recuperado marzo de 2022, de https://www.banxico.org.mx/publicaciones-y-prensa/remesas/%7BB4F97FD6-A4A1-E287-392D-

385EF3FB39BD%7D.pdf

BBVA Research. (2021, julio). *Anuario de migración y remesas 2021*. Autor. Recuperado de https://www.bbvaresearch.com/publicaciones/anuario-de-migracion-y-remesas-mexico-2021/#:~:text=Actualmente%2C%20 entre%20mayo%20y%20junio,para%202021%2C%20a%2049%2C400%20md.

BBVA Research. (2018, mayo). *Las remesas crecen 4.0% en marzo hilando una racha de 4 meses de crecimiento*. México | Remesas crecen 4.0% en marzo hilando una racha de 4 meses de crecimiento. Recuperado de https://www.bbvaresearch.com/publicaciones/mexico-remesas-crecen-4-0-en-marzo-hilando-una-racha-de-4-meses-de-crecimiento-positivo/

Durand, J. (2016). *Historia mínima de la migración México-Estados Unidos*. Ciudad de México, México: El Colegio de México.

Furlong, A., & Netzahualcoyotzi, R. (2009). *Política económica neoliberal y migración* (1.a ed.). Puebla, México: Benemérita Universidad Autónoma de Puebla.

Gandini, L. (2018). Migración de alta educación, desarrollo y... derechos humanos ¿la incógnita de la ecuación? *Iztapalapa. Revista de Ciencias Sociales y Humanidades*, (84), 75–103. https://doi.org/10.28928/revistaiztapalapa/ 842018/atc3/gandinil

Gortari, D. C. S. (2000). *México: UN Paso Difícil a la modernidad*. España, España: Plaza & Janes Editores Sa.

Huntington, S. P. (2004). *¿Quiénes Somos? Los Desafíos a la Identidad Nacional Estadounidense*. Barcelona, España: Paidós.

Huntington, S. P. (2019). *El choque de civilizaciones*. Madrid, España: Ediciones Culturales Paidós.

Li Ng, J., Salgado, G. J. C., Espinosa, L. A., & Serrano, C. (2020, 7 octubre). Anuario de Migración y Remesas México 2020. Recuperado 24 de diciembre de 2020, de https://www.bbvaresearch.com/publicaciones/ anuario-de-migracion-y-remesas-mexico-2020/

Li Ng, J. J. (2022, febrero). *Migración y remesas México*. BBVA Research. Recuperado de https://www.bbvaresearch.com/wp-content/uploads/ 2022/02/Remesas_Mexico_Cierre_Anual_202202.pdf

Luna, R. N. (2009). Migración Remesas y Frontera México y Estados Unidos. En A. F. (coord.), Política Económica Neoliberal y Migración (pp. 49 - 68). Puebla, Puebla: Benemérita Universidad de Puebla Vicerrectoría de Docencia Dirección de Fomento Editorial.

Lopez, M. H., Passel, J. S., & Cohn, D. (2021, 13 abril). Key facts about the changing U.S. unauthorized immigrant population. Recuperado 12 de marzo de 2021, de https://www.pewresearch.org/fact-tank/2021/04/ 13/key-facts-about-the-changing-u-s-unauthorized-immigrant-population/

Mendoza Cota, J. E. (2014). *Cambios en los flujos migratorios de México* [El Colegio de la Frontera Norte] (1.a ed.). Recuperado de https://www.research gate.net/publication/273946433_Cambios_en_los_flujos_migratorios_de_Mexic o_un_enfoque_economico

Novelo, F. (2006 a). Historia y características de los inmigrantes. *Revista Análisis Económico*, XXI (46), 113–166.

Novelo, F. (2006 b). Políticas migratorias de los Estados Unidos y de México: evidencias y propuestas. En F. Novelo, Por una política económica y social para el desarrollo de México (pp. 199 - 226). Ciudad de México: Universidad autónoma Metropolitana.

Novelo, F. (2009). *Hacia la economía política de las migraciones México-Estados Unidos* (2.a ed.). Ciudad de México, México: Universidad Autónoma Metropolitana, Unidad Xochimilco, Coordinación de Extensión Universitaria.

Passel, J. S., & Cohn, D. (2016, 20 septiembre). Overall Number of U.S. Unauthorized Immigrants Holds Steady Since 2009. Recuperado 24 de abril de 2018, de https://www.pewresearch.org/hispanic/2016/09/20/ overall-number-of-u-s-unauthorized-immigrants-holds-steady-since-2009/

Partida, V. (2002). Convergencia Demográfica en los Países de América del Norte. La situación Demográfica de México, 67 – 75.

Pew Research Center, Passel, J. S., & Cohn, D. ´. V. (2009, septiembre). *Overall Number of U.S Unauthorized Immigrants Holds Steady Since 2009.* Recuperado de https://www.pewresearch.org/hispanic/wp-content/uploads/sites/ 5/2016/09/PH_2016.09.20_Unauthorized_FINAL.pdf

Pew Research Center. (2021, 12 abril). U.S. unauthorized immigrant populations declined or held steady for most regions of birth since 2007. Recuperado marzo de 2022, de https://www.pewresearch.org/fact-tank/2021/04/13/key-facts-about-the-changing-u-s-unauthorized-immigrant-population/ft_2021-04-13_unauthorizedimmigration_02/

Porter, E. (2005, 5 abril). Illegal Immigrants Are Bolstering Social Security with Billions. Recuperado 5 de junio de 2018, de https://www.nytimes.com/2005/04/05/business/illegal-immigrants-are-bolstering-social-security-with-billions.html

Porter, E. (2017, 9 agosto). The Danger from Low-Skilled Immigrants: Not Having Them. Recuperado 5 de junio de 2020, de https://www.nytimes.com/2017/08/08/business/economy/immigrants-skills-economy-jobs.html?ref=nyt-es&mcid=nyt-es&subid=article

Rebolledo, R. A. (2017, 2 febrero). El economista. Recuperado 6 de noviembre de 2017, de https://www.eleconomista.com.mx/ internacionales/Que-tanta-es-la-dependencia-de-la-economia-de-EU-a-los-migrantes-mexicanos-20170202-0052.html

Saetaría de Relaciones Exteriores. (2017). Actualización de resolución de la suprema corte para DACA y DAPA extendido. Recuperado 24 de marzo de 2019, de https://consulmex.sre.gob.mx/oxnard/index.php/avisos/ 191-dapadaca

Secretaría de Gobernación, Consejo Nacional de Población, & Fundación BBVA Bancomer A.C. (2017, junio). *Anuario d migración y remesas México 2017.* Recuperado de https://www.gob.mx/cms/uploads/attachment/ file/250390/Anuario_Migracion_y_Remesas_2017.pdf

Statista. (2022, 5 enero). México: operaciones por ingresos y egresos de remesas 2013–2020. Recuperado marzo de 2022, de https://es.statista.com/estadisticas/1180838/operaciones-ingresos-egresos-remesas-mexico/

Unauthorized immigrant population trends for states, birth countries and regions. (2019, 12 junio). Recuperado 24 de marzo de 2020, de https://www.pewresearch.org/hispanic/interactives/unauthorized-trends/

Usla, H., & Leyva, J. (21 de marzo de 2018). ingresan a México flujos récord de remesas en 2017. El País international, p. 4.

U.S. unauthorized immigrant population estimates by state, 2016. (2019, 5 febrero). Recuperado 24 de marzo de 2018, de https://www.pewresearch.

org/hispanic/interactives/u-s-unauthorized-immigrants-by-state/

World Bank. (2006). *Global Economic Prospects. Economic Implications of Remittances and Migration.* https://doi.org/10.1596/978-0-8213-6344-7

Zygmunt, B. (2017). *La cultura en el mundo de la modernidad líquida.* Ciudad de México, México: Fondo de Cultura Económica.

COVID-19 Y LA MIGRACIÓN LABORAL INTERNACIONAL. EL CASO DE LA AGRICULTURA

Philip L. Martin

Introducción

El el primer cuadro muestra que el número de migrantes internacionales se triplicó entre 1970 y 2019, de 84 millones a 272 millones, puesto que la proporción de migrantes en la población mundial aumentó del 2,3 por ciento al 3,5 por ciento. Más del 60 por ciento de los migrantes internacionales del mundo se encuentran en Asia (84 millones de migrantes) y Europa (82 millones), pero los migrantes representan una proporción mucho mayor de los 740 millones de habitantes de Europa, el 11 por ciento, que, de los 4.600 millones de habitantes de Asia, el 1,8 por ciento. La proporción de migrantes de las poblaciones regionales es más alta en Oceanía, donde los ocho millones de migrantes representan el 21 por ciento de los 38 millones de residentes, y América del Norte (Canadá y EE. UU), de los 59 millones de migrantes representan el 16 por ciento de los 370 millones de residentes.

Cuadro 1. Migrantes internacionales, 1970-2019

Año	Número de migrantes	Migrantes como % de la población mundial
1970	84460125	2.29
1975	90368010	2.22
1980	101983149	2.30
1985	113206691	2.34
1990	153011473	2.90
1995	161316895	2.83
2000	173588441	2.84
2005	191615574	2.94
2010	220781909	3.19
2015	248861296	3.39
2019	271642105	3.54

Fuente. Adaptado de Banco Mundial, World Development Indicators, 2016-2020. https://datos.bancomundial.org/indicator/SP.POP.TOTL, United Nations, Department of Economic and Social Affairs. Population Division (2019). International Migrant Stock 2019 (United Nations database, POP/DB/MIG/Stock/Rev.2019).

Migración hacia países de altos ingresos

De acuerdo con los datos estadísticos de Naciones Unidas (2019), dos tercios o 176 millones de migrantes internacionales se encuentran en lo que el Banco Mundial llama países de ingresos altos, y otro tercio se encuentra en países en desarrollo de ingresos medios como Costa Rica, Turquía o Sudáfrica. Unos 13 millones de migrantes o el cinco por ciento se encuentran en países de bajos ingresos. Hay varias formas de clasificar los países por su nivel de ingresos. La Organizacion para las Naciones Unidas ONU distingue entre países desarrollados y menos desarrollados, y reportó 157 millones de migrantes en los países desarrollados y 123 millones de migrantes en los países menos desarrollados, 56 y 44 por ciento respectivamente. El Banco Mundial define a los países de altos ingresos como aquellos con ingresos per cápita de $ 12,500 dólares o más. En el año 2019, estos países albergaban a 182 millones o el 65 por ciento de los migrantes internacionales. Tenga en cuenta que el Banco Mundial llama a Argentina, Rusia y Venezuela antiguos países de altos ingresos.

La Organización Internacional del Trabajo OIT reportó 164 millones de trabajadores migrantes entre los 258 millones de migrantes internacionales en 2017, lo que significa que el 70 por ciento de los migrantes internacionales que tenían 15 años o más estaban empleados o buscando trabajo en el país al que se mudaron (OIT. 2018). El stock de trabajadores migrantes aumentó en 3,5 millones al año entre 2013 y 2017, excluidos los trabajadores temporales que se encuentran en los países de acogida solo unos pocos meses, pero incluidos los trabajadores invitados que rotan dentro y fuera de los países de acogida y pasan dos o tres años en el extranjero.

Los hombres representaron el 58 por ciento de los trabajadores migrantes internacionales en 2017. La proporción de hombres de 15 años o más que estaban en la fuerza laboral fue del 75 por ciento tanto para los migrantes como para los nativos en los países de destino, pero la proporción de mujeres migrantes internacionales en la fuerza laboral del país anfitrión, 64 por ciento, fue mayor que la participación laboral de mujeres nativas, 48 por ciento. Una de las razones de la mayor participación de las mujeres migrantes internacionales en la fuerza laboral es que muchas están empleadas en el cuidado de la salud, el cuidado de niños y ancianos en países industrializados, y como trabajadoras domésticas en países en desarrollo de ingresos medios, es decir, su razón para estar en el extranjero es para trabajo.

El Cuadro 2 muestra que más de 111 millones de trabajadores migrantes, el 68 por ciento, se encontraban en los países de altos ingresos, los cuales contienen a la sexta parte de los 3.500 millones de trabajadores del mundo (OIT, 2018). Los migrantes eran el 20 por ciento de los trabajadores en países de ingresos altos en 2017 y menos del cinco por ciento de los trabajadores en países de ingresos bajos. Por región, el 24 por ciento de los trabajadores migrantes estaban en Europa, el 23 por ciento en América del Norte y el 14 por ciento en los estados árabes. Casi el 41 por ciento de todos los trabajadores en los estados árabes eran migrantes en 2017, seguidos por el 21 por ciento de todos los trabajadores en América del Norte y el 18 por ciento en Europa.

Cuadro 2. Trabajadores migrantes según nivel de ingresos de los países, 2017.

	Renta baja	Renta media - alta	Renta media – baja	Renta alta	Todos
Total, trabajadores	292.6	1216.7	1355.90	599.5	3464.7
Total, trabajadores en porcentaje	8.4	35.1	39.10	17.3	100.0
Tasa de participación de la fuerza laboral/Total de la población	75	57.4	65.00	60.3	62.0
Población migrante - 15 años y más	8.1	27.7	43.60	154.6	234.0
Población migrante - 15 años y más %	3.5	12	18.60	66.1	100.0
Migrantes como proporción de la población de 15 años y más	2.1	1.3	2.10	15.5	4.2
Migrantes trabajadores	5.6	16.6	30.50	111.2	163.9
Migrantes trabajadores porcentaje	3.4	10.1	18.60	67.9	100.0
Tasa de participación de la población migrante	68.5	59.9	69.90	71.9	70.0
Trabajadores migrantes/total trabajadores	1.9	1.4	2.20	18.5	4.7

Fuente. Adaptado y traducido por el autor de OIT, 2018.

Agricultura, Covid-19 y migrantes

Los gobiernos reaccionaron a la pandemia de Covid-19 en febrero y marzo de 2020 ordenando el cierre de negocios no esenciales y alentando a las personas a quedarse en casa. La mayoría de los gobiernos cerraron sus fronteras a los viajes no esenciales, pero mantuvieron las fronteras abiertas para las importaciones y exportaciones de bienes y trabajadores esenciales. La producción de alimentos se consideró esencial, por lo que los agricultores y trabajadores agrícolas, así como los trabajadores empleados en industrias de producción agrícola como logística y supermercados, continuaron trabajando (Beatty et al., 2020). El mayor empleador del sistema alimentario, el sector de la hostelería, se cerró en gran medida, dejando inactivos a millones de trabajadores de preparación de alimentos, chefs y meseros.

La agricultura, la producción de alimentos y fibra en las granjas, es la piedra angular del sistema alimentario más amplio que incluye las industrias de semillas y fertilizantes que suministran insumos de producción a los agricultores y el sector de producción relacionado con la agricultura de las empresas que procesan, empaquetan y distribuyen alimentos a consumidores. La proporción de trabajadores de un país empleados en la agricultura es un indicador de desarrollo económico. Los países con una menor proporción de sus trabajadores empleados en la agricultura tienen ingresos per cápita más altos y están más urbanizados (Martin, 2021).

La agricultura sufre varios cambios a medida que evoluciona. Primero, la producción se concentra en menos granjas y más grandes. Los países más ricos tienen muchas granjas, pero la mayoría son actividades de pasatiempos o de jubilación que producen relativamente poca comida. La agricultura en muchos países industriales y en desarrollo obedece a la regla 80-20, es decir, el 20 por ciento de las granjas más grandes produce el 80 por ciento de la producción agrícola total (McDonald et al., 2018).

Las granjas grandes normalmente son operadas por familias que utilizan equipos que ahorran mano de obra para producir cultivos extensivos como trigo o maíz o se especializan en productos animales como leche o cerdos. Algunas operaciones de cultivos y animales contratan trabajadores durante todo el año, pero los trabajadores de temporada se concentran en el subsector de la agricultura agrícola que produce frutas y nueces, verduras y melones, y especialidades hortícolas que van desde flores hasta hongos. Estos denominados productos básicos FVH (forraje verde hidroponico) representan una proporción relativamente pequeña de las ventas agrícolas, una sexta parte en los

EE. UU, pero emplean a más de la mitad de todos los trabajadores agrícolas y a casi todos los trabajadores agrícolas migrantes de temporada.

Casi mil millones de personas están empleadas en la agricultura mundial. La mayoría de los 600 millones de agricultores del mundo producen alimentos para sus propias familias en países en desarrollo u operan granjas de pasatiempos y de jubilación en países industrializados, mientras que la mayoría de los 400 millones de trabajadores agrícolas contratados en el mundo están empleados en las granjas más grandes que representan la mayor parte de las granjas del mundo.

La disminución de la participación de la agricultura en el empleo a menudo oculta la creciente participación de la agricultura en los trabajadores contratados. Los trabajadores contratados representan el 40 por ciento del empleo agrícola promedio a nivel mundial, pero son la mayoría del empleo agrícola promedio en muchos países industriales, especialmente en el subsector FVH.

La Figura 1 muestra que el sistema alimentario de EE. UU, representa el 11 por ciento de los empleos de ese país muchos de los cuales son estacionales o de tiempo parcial y la mayoría de los cuales se encuentran en sectores que procesan, venden y sirven alimentos a los consumidores. Por ejemplo, el 60 por ciento de los trabajos del sistema alimentario de EE. UU, se encuentran en el servicio de alimentos y en lugares para comer y beber (Martin, 2020). Los trabajadores contratados representan 1,5 millones o casi el 60 por ciento del empleo medio en la agricultura. Sin embargo, dado que muchos trabajos agrícolas son estacionales, alrededor de 2,5 millones de trabajadores únicos se emplean en algún momento durante el año en las granjas estadounidenses.

Las tasas de desempleo aumentaron en la primavera de 2020 justo cuando el empleo agrícola increment la demanda de fuerza de trabajo en el hemisferio norte. Muchos gobiernos europeos anunciaron programas para alentar ocupar puestos agrícolas de temporada (Alderman et al., 2020; Mitaritonna y Ragot, 2020). Algunos trabajadores locales expresaron interés en trabajos agrícolas de temporada y comenzaron a trabajar, pero una combinación de la preferencia del empleador agrícola por los trabajadores migrantes, la renuencia de los trabajadores locales a aceptar permanecer en trabajos agrícolas por períodos más largos y las excepciones gubernamentales que permitían la entrada de trabajadores invitados, significó que la mayoría de los trabajos agrícolas de temporada que fueron ocupados por trabajadores migrantes en 2019 también fueron ocupados por migrantes en 2020 (Banco Mundial, 2020).

Gráfico 1. Empleo en el sistema alimentario de EE. UU.,2020. La agricultura prove el 10.3 por ciento del empleo de EE.UU.

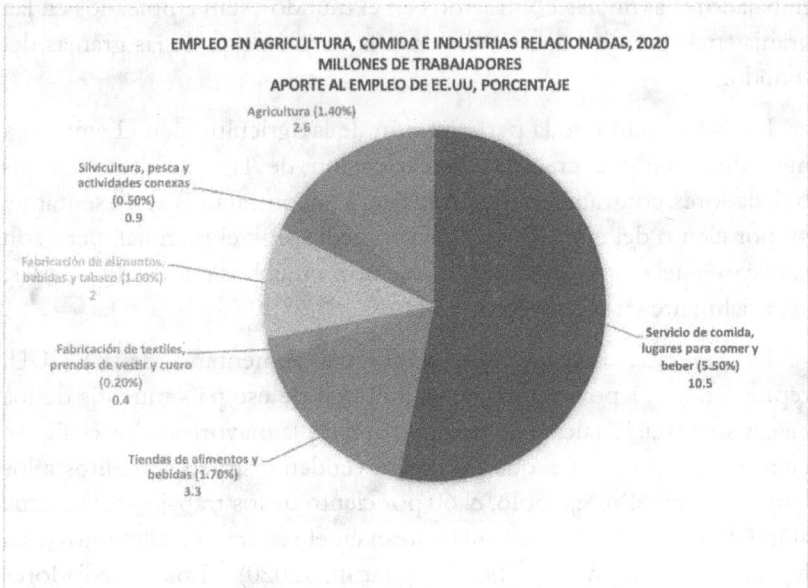

EMPLEO EN AGRICULTURA, COMIDA E INDUSTRIAS RELACIONADAS, 2020
MILLONES DE TRABAJADORES
APORTE AL EMPLEO DE EE.UU, PORCENTAJE

Agricultura (1.40%) 2.6

Silvicultura, pesca y actividades conexas (0.50%) 0.9

Fabricación de alimentos, bebidas y tabaco (1.00%) 2

Fabricación de textiles, prendas de vestir y cuero (0.20%) 0.4

Tiendas de alimentos y bebidas (1.70%) 3.3

Servicio de comida, lugares para comer y beber (5.50%) 10.5

Fuente. Adaptado de Economic Research Service, 2020. https://www.ers.usda.gov/data-products/chart-gallery/gallery/chart-detail/?chartId=58282
*Incluye trabajos a tiempo completo y parcial.

Relativamente pocos trabajadores estadounidenses desempleados buscaron trabajos agrícolas de temporada por varias razones. Primero, la mayoría de los trabajadores desempleados están en las ciudades y carecen de vínculos con los contratistas laborales y los jefes de cuadrilla que emparejan a la mayoría de los trabajadores agrícolas con puestos de trabajo; los trabajadores no agrícolas tendrían que encontrar una vivienda temporal en áreas agrícolas. En segundo lugar, las prestaciones por desempleo a veces excedían los ingresos agrícolas. Un trabajador despedido de California que ganaba $ 2,000 dólares al mes era elegible para $ 350 dólares a la semana en beneficios por desempleo más $ 600 dólares por semana en beneficios federales por desempleo pandémico hasta el 31 de julio de 2020, lo que hace que los beneficios por desempleo de $ 950 dólares por semana superen el promedio de $500 dólares por semana. ingresos de los empleados de los contratistas laborales (Rural Migration News, 2020a).

La primera gran lección de la pandemia de Covid-19 es que la mayoría de los trabajadores locales desempleados no quieren ocupar puestos agrícolas de temporada con los salarios y las condiciones laborales actuales. Los agricultores en 2020 a menudo recibieron precios más bajos por frutas y verduras debido al cierre de restaurantes y operaciones de servicio de alimentos, mientras que los consumidores que hicieron menos viajes de compras además adquirieron menos productos frescos. Los precios más bajos para los productores y los costos más altos del equipo de protección personal y de limpieza hicieron que los agricultores se mostraran reacios a aumentar los salarios o tomar otras medidas para atraer y retener a los trabajadores locales.

Una excepción a la regla de pocos cambios en los salarios agrícolas y de alimentos debido a la pandemia puede ser el envasado de carne, una industria no agrícola relacionada con los alimentos. Hubo brotes de Covid-19 en plantas empacadoras de carne atendidas por trabajadores migrantes en muchos países, tal vez porque los trabajadores están cerca unos de otros en líneas de "desmontaje" en ambientes fríos y, a veces, húmedos que permiten que el virus permanezca.

El procesamiento de carne y aves de corral de EE. UU, empleó a un promedio de 520,000 trabajadores en 2018 por un salario semanal promedio de $800 dólares. Durante la pandemia, las empacadoras de carne más grandes tuvieron que aumentar los salarios y ofrecer bonificaciones para persuadir a los trabajadores de las empacadoras de carne para que siguieran presentándose a trabajar (Groves y Tareen, 2020). El Covid-19 se propagó rápidamente en algunas plantas empacadoras de carne, incluso entre los trabajadores migrantes que compartían vivienda. El gobierno de los EE. UU respondió considerando que el envasado de carne era un negocio esencial sujeto solo a la supervisión federal, frustrando a las intenciones de las autoridades de salud locales de cerrar las plantas con un gran número de trabajadores infectados. Algunos gobiernos europeos prometieron poner fin a la práctica de permitir que las empresas de personal proporcionen a los empacadores de carne trabajadores migrantes de países con salarios más bajos, como ocurre con los trabajadores rumanos empleados en las plantas empacadoras de carne alemanas.

Las dos primeras respuestas al Covid-19 en la agricultura: pocos trabajadores locales y pocos cambios fundamentales en los salarios agrícolas, que pueden provocar una tercera respuesta con el tiempo, la automatización que ahorra mano de obra. Algunas de las empresas empacadoras de carne y otras empresas procesadoras de alimentos que ahora dependen de trabajadores nacidos en el extranjero anunciaron planes para acelerar los esfuerzos de automatización. Tyson Foods, que emplea a 122.000 trabajadores estadounidenses para procesar el 20 por ciento del pollo, la carne de res y el cerdo de EE. UU, creó un centro de automatización de fabricación para acelerar el desarrollo de máquinas que ahorran mano de obra. Los pollos son más uniformes que las vacas y los cerdos, pero las preferencias de los consumidores por el pollo deshuesado y sin piel ha agregado empleados en las plantas de procesamiento que Tyson está tratando de reemplazar con máquinas deshuesadoras que se espera que sean competitivas con los trabajadores manuales dentro de cinco años.

El trabajo del carnicero en los cortes de carne en los supermercados fue reemplazado por la preparación de paquetes de carne listos para el consumidor en los mataderos cerca de donde se críaban los animales en las décadas de 1980 y 1990. Una de las principales razones del cambio fue ahorrar en costos laborales al trasladar la preparación de la carne de los trabajadores sindicalizados en las ciudades con menos trabajadores sindicalizados de las áreas rurales (Champlin y Hake, 2006). En ese sentido, como resultado de la Covid-19 existieron más cambios de la granja a la mesa, como trasladar más preparación de comidas desde el hogar a las cocinas de los restaurantes y entregar comida preparada.

Máquinas, migrantes e importaciones

Los ingresos medios por hora de los trabajadores agrícolas han aumentado más rápido que los ingresos de los trabajadores no agrícolas, por lo que los ingresos agrícolas promedio fueron el 60 por ciento de los ingresos no agrícolas en 2019. Se espera que los costos de la mano de obra agrícola sigan aumentando a medida que aumentan los salarios mínimos, las exenciones agrícolas de las horas extraordinarias

Se eliminan las regulaciones salariales y los agricultores invierten para proteger a los trabajadores de la covidumbre y las pandemias futuras.

Gráfico 2. Los ingresos agrícolas por hora están aumentando más rápido que los ingresos no agrícolas, especialmente desde 2011

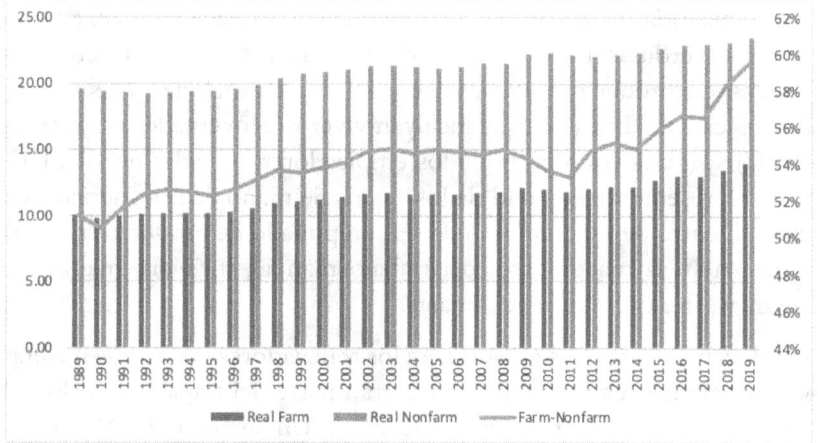

La pandemia de Covid-19 aceleró el impulso de alternativas para los trabajadores agrícolas locales de tres formas principales: mecanización que ahorra mano de obra, trabajadores inmigrantes e importaciones de productos básicos de mano de obra intensiva. Cada opción plantea compensaciones que dependen en parte de las decisiones políticas, y esta incertidumbre ralentiza la inversión hasta que se enfoca en la estrategia óptima.

Mecanización

La historia de la humanidad es la historia de las mejoras de la productividad en la agricultura que permitieron que menos agricultores alimentaran a más personas, preparando el escenario para el surgimiento de ciudades y élites gobernantes. En los tiempos modernos, la mecanización que ahorra mano de obra es una respuesta al aumento de los costos laborales, lo que lleva a los agricultores a mecanizar las tareas que ahora se realizan a mano cuando el costo de los servicios de maquinaria es más barato que la mano de obra.

También hay elementos de inversión y riesgo relacionados con la mecanización. Por lo general, las máquinas deben comprarse y convertirse en costos fijos que deben pagarse incluso si el clima o las enfermedades eliminan el cultivo, mientras que la mano de obra es un

205

gasto variable en el que no se incurre si no se contratan trabajadores. Del mismo modo, las máquinas no se declaran en huelga y, a veces, se han desplegado durante las negociaciones con los sindicatos como recordatorio de que las máquinas pueden desplazar a los trabajadores.

La mayoría de los productos que quedan cosechados a mano son frutas y verduras frescas, así como plantas y flores de vivero. Las granjas que producen frutas y nueces, verduras y melones, y las granjas de especialidad hortícola que incluyen viveros e invernaderos agrícolas (FVH) son una sexta parte de los empleadores agrícolas de EE. UU, pero representaron la mitad de los gastos de mano de obra agrícola en 2017. Dentro de este sector de FVH, un puñado de productos básicos representan la mayor parte del trabajo manual, incluidas manzanas, naranjas, fresas, lechugas y tomates.

Mecanizar las tareas que realizan los trabajadores manuales en frutas y verduras frescas es difícil porque gran parte del trabajo se realiza al aire libre y en entornos impredecibles. Un estudio de McKinsey concluyó que las ocupaciones agrícolas se encuentran entre las más difíciles de automatizar debido al impredecible entorno exterior en el que se realiza el trabajo, un desafío similar al que se enfrenta en la construcción. Por el contrario, los trabajos en el alojamiento y la fabricación son físicos, pero más fáciles de automatizar porque se realizan en entornos más predecibles y controlados.

Hay dos reglas generales sobre la mecanización de la cosecha en la agricultura de frutas y hortalizas (Vougioukas, 2019). En primer lugar, la recolección selectiva es mucho más difícil que la recolección de todos los productos básicos de una sola pasada por el campo, lo que explica por qué la recolección de hortalizas está más mecanizada que la recolección de frutas. La mayoría de las verduras son plantas estacionales, por lo que la máquina puede cortar la planta y utilizar agitadores y clasificadores para aislar las verduras deseadas. La mayoría de los tubérculos, como las patatas, se cosechan con máquinas que atraviesan el campo una vez para extraer la cosecha del suelo, quitar la tierra y transportar la cosecha cosechada a un camión o carreta.

La recolección de frutas de árboles y plantas perennes plantea más desafíos para las máquinas. Los vehículos de recolección y agitación no son selectivos en el sentido de que eliminan todas las frutas y nueces de los árboles en una sola pasada a través de un huerto. Las máquinas de captura y agitación tienen como objetivo minimizar el daño a los árboles y la cosecha que se está recolectando con las cabezas recubiertas de goma que agarran el tronco o la rama y las sacuden para desalojar las frutas o nueces. Las uvas y los arándanos se pueden cosechar con máquinas que pasan sobre una hilera de plantas y utilizan dedos giratorios para desalojar la fruta, que cae sobre cintas transportadoras para su transporte a contenedores o góndolas que viajan sobre o junto a la máquina.

Muchos cultivos no maduran de manera uniforme. Los humanos pueden distinguir frutas y verduras maduras e inmaduras de manera mucho más eficiente que las máquinas que deben ubicar una manzana, determinar su madurez y cosecharla sin dañar la manzana recolectada y las manzanas inmaduras cercanas. La recolección de una sola vez es más fácil y, una vez que el producto ha sido transportado a una planta de empaque o procesamiento, la electrónica puede separar eficientemente las frutas y verduras comercializables. Sin embargo, una nueva cosecha significa que las frutas inmaduras, así como las magulladas y otras frutas inutilizables, deben descartarse, lo que reduce los rendimientos comercializables y los ingresos de los productores.

En segundo lugar, es más fácil mecanizar los productos destinados al procesamiento que los que se venden frescos a los consumidores (Calvin y Martin, 2010). Los procesadores están menos preocupados por las imperfecciones y otros daños que pueden ocurrir en la recolección mecánica, lo que explica por qué la mayoría de las verduras enlatadas o congeladas, como los frijoles, el maíz y los guisantes, se cosechan a máquina. Sin embargo, es posible que los agricultores no sepan en el momento de la cosecha si el producto se venderá en el mercado de procesamiento de productos frescos de mayor precio o en el de procesamiento de menor precio. Por esta razón, los productores de arándanos que esperan vender en el mercado de productos frescos pueden recolectar su cosecha a mano y solo más tarde se enteran de que parte de ella se venderá a los procesadores.

Mecanizar las tareas manuales en la agricultura requiere tres elementos principales: una perspectiva de sistemas, cooperación entre investigadores en biología e ingeniería y refinamientos de prueba y error. Primero, la mecanización rara vez es un caso en el que las máquinas se reemplacen sin problemas a los trabajadores. En cambio, los sistemas agrícolas a menudo deben cambiar para utilizar máquinas, como cuando los árboles frutales altos son reemplazados por árboles enanos, y las plantas frutales reemplazan a los árboles redondos, para que sea más fácil para las máquinas identificar la fruta madura y reducir la distancia a la que la fruta cae después de ser sacudida desde las ramas de los árboles hasta los dispositivos de captura.

Las máquinas de sacudir y recoger pueden quitar las manzanas de las plantas y transportarlas a los contenedores de recolección que viajan sobre o junto a las cosechadoras con menos daño que el que se produciría al sacudir árboles más altos y redondos. Un recolector eliminó el 90 por ciento de las manzanas frescas de una pared de fructificación, y el 85 por ciento de las manzanas que fueron cosechadas por la máquina eran comercializables (He et al, 2019). Los árboles enanos y las paredes de fructificación también facilitan la recolección manual de manzanas porque eliminan la necesidad de escaleras y facilitan el uso de plataformas hidráulicas que transportan trabajadores de la cosecha y contenedores para la fruta recolectada.

La segunda clave para la mecanización que ahorra mano de obra es la cooperación entre científicos e ingenieros. Los científicos de plantas a menudo modifican el comportamiento de las plantas para que los ingenieros puedan desarrollar sistemas de cosecha rentables. Para los cultivos anuales, como las hortalizas de hoja, una clave para la mecanización es la maduración uniforme, de modo que el 90 por ciento o más de la cosecha se pueda cosechar en una sola pasada por el campo.

Los fitomejoradores se han centrado tradicionalmente en maximizar el rendimiento de los cultivos y la resistencia a enfermedades y plagas, pero más recientemente se han centrado en hacer que las frutas y verduras sean más aptas para la cosecha mecánica mediante el desarrollo de variedades que maduran uniformemente y frutas y verduras de menor tamaño. El desarrollo de nuevas variedades de plantas lleva tiempo, a menudo una década o más, e implica compensaciones. ¿Los fitomejoradores buscan el máximo sabor, lo que puede hacer que el producto sea más deseable para los consumidores, pero menos susceptible de ser cosechado a máquina, o cultivan frutas y verduras con pieles más gruesas y formas cambiadas para facilitar la cosecha a máquina, como se hizo con el procesamiento de tomates? El aumento de los costos de la mano de obra agrícola está cambiando las prioridades de los fitomejoradores, pero la incorporación de características amigables con las máquinas en nuevas variedades de plantas lleva tiempo.

Muchos árboles, enredaderas y plantas se recogen varias veces, desde manzanas y arándanos hasta naranjas y fresas. La primera cosecha a menudo rinde entre el 50 y el 75 por ciento de la cosecha total, por lo que aumentar la parte de la cosecha total que se puede recoger durante la primera cosecha facilita la cosecha mecánica. Los cultivos como las fresas se recolectan dos veces por semana durante la temporada alta y de 40 a 50 veces durante la temporada. Se están desarrollando máquinas para cosechar fresas, pero puede tardar una década o más en volverse rentables a medida que aumentan los salarios y desciende el costo de la electrónica.

El tercer aspecto de la mecanización que ahorra mano de obra en la agricultura implica refinar las máquinas que ahorran mano de obra en un proceso de prueba y error. Las primeras máquinas rara vez son las que dominan una década más tarde debido a los refinamientos que se realizan en respuesta a la experiencia con las condiciones del campo. Los empacadores y procesadores de alimentos y, en última instancia, los consumidores deben aceptar los productos cosechados a máquina, y a menudo existe el problema del huevo y la gallina en el sentido de que es difícil probar el mercado de productos cosechados a máquina hasta que al menos algunos agricultores utilicen máquinas.

Las máquinas cosechadoras prototipo cubren las áreas agrícolas, lo que hace que los agricultores sean cautelosos a la hora de adoptar máquinas si hay trabajadores agrícolas disponibles. Muchos agricultores se quejan de que muchas máquinas no funcionan como se predijo, por lo que pueden pagar por una máquina que no funciona como se esperaba y pagar por los trabajadores manuales que realmente realizan el trabajo. En algunos casos, las ayudas para la cosecha que hacen que los trabajadores manuales sean más productivos reducen los incentivos para desarrollar sistemas totalmente mecanizados, como las cintas transportadoras que viajan frente a las cuadrillas que cosechan lechuga, brócoli o fresas.

La cosechadora mecánica de tomates desarrollada por científicos e ingenieros de UC-Davis en la década de 1960 cuando finalizaba el programa Bracero ilustra los aspectos de sistemas, cooperación y difusión de la mecanización. Primero, la mecanización requería un enfoque de sistemas que reexaminara toda la cadena de suministro del campo a la fábrica involucrada en el cultivo, cosecha y procesamiento de tomates en pasta y otros productos. En segundo lugar, la cooperación entre científicos e ingenieros fue esencial para cambiar la forma de los tomates, promover su maduración uniforme y cosecharlos en una sola pasada por el campo. En tercer lugar, los primeros en adoptar nuevas variedades de tomate y máquinas cosechadoras aprendieron mediante prueba y error qué funcionaba mejor, y su experiencia condujo a refinamientos que aceleraron la cosecha mecánica de tomates.

Antes de la mecanización, muchos agricultores tenían unas pocas hectáreas de procesamiento de tomates junto con otros productos básicos, por lo que la recolección manual de tomates en trozos de 50 libras que se transportaban en camiones a las plantas de procesamiento era uno de los varios trabajos para los trabajadores agrícolas contratados. Los tomates eran el cultivo más valioso cosechado principalmente por Braceros, eran casi las tres cuartas partes de los trabajadores que cosechaban tomates procesados a principios de la década de 1960, y la mecanización de la cosecha se consideraba factible, pero faltaba hasta una década.

La mecanización de la cosecha de tomates de procesamiento comenzó en la década de 1950, cuando el científico de plantas de la Universidad de California-Davis, Jack Hanna, cruzó plantas de tomate para desarrollar variedades que maduraran uniformemente y cuyos tomates se desprendieran más fácilmente del racimo. La forma del tomate se modificó de redonda a forma de pera, para que los tomates en la parte inferior de los camiones pudieran resistir la presión de los tomates en la parte superior y no se partieran. Hanna desarrolló plantas de tomate que eran más pequeñas y se podían plantar más juntas, y colaboró con el ingeniero agrícola de UCD Coby Lorenzen para diseñar una máquina que cortaba la planta y sacudía los tomates de las ramas. Los tomates recolectados se transportaban entre personas y luego en clasificadores electrónicos para eliminar los tomates inmaduros y "materiales distintos de los tomates" antes de ser transportados mecánicamente a camiones para su entrega a la planta de procesamiento.

Las empresas privadas fabricaban máquinas recolectoras y se extendieron rápidamente. En 1962, menos del uno por ciento de los tomates procesados de California se cosecharon con máquinas, y en una década casi todos se cosecharon con máquinas. Las variedades de tomate evolucionaron y las cosechadoras mejoraron, de modo que las 1.500 máquinas en uso en 1969 eran muy diferentes de las 25 en uso a principios de la década de 1960. Las máquinas recolectoras continuaron mejorando en la década de 1970 con la adición de clasificadores electrónicos que identificaban y eliminaban materiales distintos de los tomates.

La adopción de la cosechadora mecánica provocó muchos cambios. Los agricultores cambiaron sus prácticas culturales o de cultivo plantando las nuevas variedades de tomates en campos grandes y planos que tenían suficiente espacio para que las máquinas giraran al final de las hileras. Las máquinas recolectoras cuestan $ 200,000 dólares o más, por lo que los agricultores se especializaron en tomates mientras compraban cosechadoras mecánicas y camiones para transportar los tomates recolectados a las plantas de procesamiento. Más inversión y especialización fueron acompañadas por patrones de empleo cambiantes, ya que las clasificadoras locales en las máquinas reemplazaron a los braceros masculinos que recogían tomates en orejas. El costo del procesamiento de tomates se redujo durante las décadas de 1960 y 1970 justo cuando la revolución de la comida rápida aumentaba la demanda de productos procesados de tomate. La producción de tomate procesado se duplicó de tres millones de toneladas al año a principios de los sesenta a seis millones de toneladas al año a mediados de los setenta y 12 millones de toneladas al año en la actualidad.

Mecanizar la cosecha de tomate requirió un enfoque de sistemas de cambios de la granja a las plantas de procesamiento, cooperación entre biólogos e ingenieros y pruebas gubernamentales para ayudar a la transformación de la industria. Existe un problema constante entre los agricultores y los procesadores sobre la calidad de los productos básicos que entregan. A los agricultores se les paga por peso, por lo que tienen un incentivo para enviar todo, desde el campo a la planta de procesamiento, que puede rechazar tomates y camiones de calidad inferior con demasiada suciedad y escombros. Los camiones llenos de tomates aumentaron las apuestas económicas. Rechazar un bulto de 50 libras de tomates le cuesta a un agricultor $ 2 dólares (a un precio de $ 80 dólares la tonelada para procesar tomates), pero rechazar una carga de 25 toneladas implica $ 2,000 dólares.

El gobierno jugó un papel clave en la aceleración de la mecanización del tomate al operar estaciones de prueba que tomaron muestras aleatorias de cada camión para determinar la calidad y el precio de cada carga. Sin el gobierno desempeñando este papel fundamental como árbitro neutral de la calidad, la mecanización del tomate podría haberse ralentizado.

¿Podría el gobierno inspirar otra ola de cambios que ahorren mano de obra en la agricultura de frutas y hortalizas? La respuesta es claramente sí, pero la pregunta es si los gobiernos deberían subsidiar las tecnologías que, a menudo, desplazaban a los trabajadores poco calificados y en qué medida, y daban lugar a menos granjas y cada vez más grandes. El programa de Asistencia Legal Rural de California, en nombre del sindicato United Farm Workers en 1977, demandó a la Universidad de California por desarrollar sistemas mecanizados de cosecha de tomate, argumentando que los fondos de los impuestos asignados para beneficiar a todos los agricultores terminaron beneficiando solo a los agricultores capaces de invertir en tomate mecanizado (Martin y Olmstead, 1985). La demanda se resolvió a principios de la década de 1980 al agregar defensores de los trabajadores agrícolas a las juntas asesoras de la UC que revisaron las propuestas de investigación agrícola, pero esto demostró ser una victoria hueca para los defensores de los trabajadores, ya que los fondos federales y estatales para la investigación de la mecanización que ahorra mano de obra disminuyeron a principios de la década de 1980.

Migrantes

La segunda opción para garantizar la disponibilidad de frutas y verduras frescas es emplear más trabajadores invitados. La mayoría de los trabajadores agrícolas contratados en los EE. UU nacieron en México, y aproximadamente la mitad de los trabajadores agrícolas de EE. UU no están autorizados para trabajar en ese país (Martin, 2020). Se temía que el Covid-19 pudiera extenderse rápidamente entre los trabajadores agrícolas contratados en Estados Unidos, muchos de los cuales viven hacinados. Sin embargo, hubo pocos informes de trabajadores agrícolas que contrajeron Covid-19 o tuvieron que ponerse en cuarentena debido a estar expuestos a compañeros de trabajo o familiares enfermos (Beatty et al., 2020).

Si no se puede inducir a los trabajadores locales a ocupar puestos agrícolas, ¿deberían los gobiernos permitir que los agricultores contraten más fácilmente a trabajadores invitados? En los EE. UU, el programa H-2 (A) ha permitido desde 1952 a los agricultores que prevén que muy pocos empresarios estadounidenses estén certificados por el Departamento de Trabajo de EE.UU. (DOL) para contratar y emplear trabajadores invitados -migrantes-.

Los empleadores agrícolas deben satisfacer tres criterios principales para estar certificados para emplear trabajadores invitados. Primero, deben no contratar demasiados trabajadores estadounidenses. En segundo lugar, si están certificados para contratar trabajadores H-2A, los empleadores deben ofrecer vivienda gratuita y aprobada, transporte diario entre la vivienda y el lugar de trabajo y pagar los gastos de viaje hacia y desde los países de origen de los trabajadores. En tercer lugar, el empleador debe pagar el más alto de varios salarios, incluida la tasa salarial de efecto adverso (adverse effect wage rates, AEWR), que osciló entre casi $ 12 y más de $ 15 por hora en todos los estados en el año fiscal 2020, y siempre fue más alto que el salario mínimo federal o estatal.

Los trabajadores invitados H-2A están vinculados a su empleador de EE. UU por medio de contratos, y estuvieron en los EE. UU un promedio de seis meses en el año fiscal 2020, cuando el contrato promedio de H-2A ofrecía 168 días y 943 horas de trabajo con un salario promedio de $ 13.29 o $ 12,711 dólares (Castillo, Martin y Rutledge, 2021). Los trabajadores podrían haber ganado más de $ 12,700 dólares trabajando más horas o ganando más que el AEWR, o menos porque los empleadores deben pagar a los trabajadores H-2A solo tres cuartos del valor de los contratos que ofrecen, es decir, $ 9,500 dólares.

El entonces programa H-2 era relativamente pequeño entre 1952 y 1986. Durante la década de 1950, el programa Bracero separado era mucho más grande, alcanzando un máximo de 450,000 admisiones al año cuando el programa H-2 certificó menos de 10,000 empleos al año para ser cubiertos por trabajadores invitados H-2. Los trabajadores agrícolas estadounidenses no estaban cubiertos por las leyes federales de salario mínimo hasta 1967, por lo que a los trabajadores estadounidenses a veces se les pagaba menos que a los braceros, que tenían contratos que especificaban un salario mínimo. Después de que terminó el programa Bracero en 1964, el DOL (Department of Labor) insistió en que los agricultores que contrataran trabajadores invitados H-2 debían pagar a sus trabajadores estadounidenses el AEWR, estableciendo un salario mínimo para los trabajadores estadounidenses en las granjas con trabajadores H-2. Muchos agricultores no querían que los trabajadores estadounidenses, que eran el 90 por ciento de los trabajadores agrícolas, estuvieran cubiertos por un salario mínimo, por lo que pocos trabajadores H-2 empleaban a trabajadores H-2 en las décadas de 1970 y 1980.

La Ley de Control y Reforma de la Inmigración de 1986 modificó y renombró el programa H-2 a H-2A para distinguirlo del programa H-2B, que admite trabajadores extranjeros para ocupar puestos de trabajo no agrícolas estacionales. Se esperaba que el programa H-2A se expandiera después de la IRCA debido a la introducción de sanciones federales a los empleadores que contrataran trabajadores no autorizados a sabiendas. Sin embargo, la migración no autorizada se disparó en la década de 1990, y los trabajadores no autorizados presentaron documentos falsos para cumplir con los procedimientos I-9 que requieren que los trabajadores presenten y que los empleadores vean, pero no verifiquen los documentos de autorización de trabajo. Los llamados trabajadores no autorizados falsamente documentados se extendieron por todo el mercado laboral de EE. UU, Y el programa H-2A siguió siendo relativamente pequeño, certificando menos de 20.000 puestos de trabajo al año en la década de 1990.

Los empleadores comenzaron a solicitar más trabajadores H-2A en el siglo XXI por varias razones, incluida la aplicación de la ley y la reducción de la migración ilegal entre México y Estados Unidos. En algunas áreas, la agencia de Inmigración y Control de Aduanas (ICE) audió los formularios I-9 completados por los trabajadores recién contratados y sus empleadores y descubrió que muchos empleados presentaban documentos falsos. Cuando los empleadores les pidieron a estos trabajadores sospechosos que se pusieran en contacto con agencias gubernamentales para corregir sus registros, la mayoría renunció. Algunos de los empleadores donde ICE detectó trabajadores con documentación falsa recurrieron al programa H-2A para asegurarse de contratar trabajadores legales, formando asociaciones como NC Growers Association o Snake River Farmers 'Association para reclutar y transportar trabajadores H-2A a sus granjas.

Un segundo impulso para la expansión del programa H-2A fue la reducción de México-EE. UU sin autorización migración después de la recesión de 2008-09. Cuando la migración no autorizada alcanzó su punto máximo alrededor del año 2000, más del 20 por ciento de los trabajadores agrícolas estadounidenses entrevistados por la Encuesta Nacional de Trabajadores Agrícolas (NAWS) del DOL eran recién llegados no autorizados que estaban en los Estados Unidos menos de un año antes de ser entrevistados. Después de la recesión de 2008-09, el número de recién llegados no autorizados se redujo a menos del cinco por ciento de la fuerza laboral agrícola. Con la llegada de menos nuevos recién llegados no autorizados, los agricultores se quejaron de la escasez de mano de obra y algunos recurrieron al programa H-2A para trabajadores, aceptando burocracia y costos más altos a cambio de un seguro laboral, ya que los trabajadores H-2A están vinculados a su empleador por medio de contratos.

La cantidad de puestos de trabajo certificados para ser ocupados con trabajadores H-2A se duplicó con creces entre el año fiscal 2012 y el año fiscal 2020 a más de 275,000. Aproximadamente el 80 por ciento de las certificaciones del DOL dan como resultado visas H-2A para extranjeros, y más de 213.000 visas H-2A se emitieron en el año fiscal 2020. Algunos trabajadores H-2A ocupan dos puestos de trabajo en los EE. UU, Como cuando una asociación trae trabajadores H-2A a los Estados Unidos y los traslada de una granja a otra.

Hay alrededor de 1,5 millones de empleos equivalentes durante todo el año en la agricultura de EE. UU, incluidos 1,1 millones en cultivos y 400.000 en agricultura animal. Los trabajadores H-2A están en los Estados Unidos un promedio de seis meses, por lo que ocuparon alrededor del 10 por ciento de los empleos en la agricultura agrícola de EE. UU. En 2020. Por el contrario, Braceros ocupó aproximadamente el 20 por ciento de los empleos en la agricultura de cultivos de EE. UU en su punto máximo en el mediados de la década de 1950.

La rápida expansión del programa H-2A plantea varias preguntas, incluso si los requisitos que los empleadores deben cumplir son demasiado fáciles o demasiado difíciles. Quizás más importante, ¿cómo afecta la disponibilidad de trabajadores H-2A al interés de los productores en las máquinas que ahorran mano de obra? En algunos casos, los trabajadores H-2A pueden aumentar la competitividad, como ocurre con las empresas combinadas con sede en Canadá que invierten en equipos modernos y dependen de cuadrillas de trabajadores con visas H-2A para cosechar trigo de sur a norte. En otros casos, la disponibilidad de trabajadores H-2A puede ralentizar la mecanización que ahorra mano de obra, como cuando los productores de caña de azúcar de Florida contrataron trabajadores jamaicanos H-2 hasta que fueron demandados por cortadores de caña de mano mal pagados, y luego reemplazaron rápidamente los cortadores de caña H-2A con cosechadoras (Martin, 2009, capítulo 5).

La mayoría de los casos se encuentran entre estos extremos. La disponibilidad de trabajadores H-2A facilita la siembra de nuevas variedades de manzanas y el uso de plataformas en lugar de escaleras para cosecharlas, ya que se necesita una mano de obra confiable para invertir en nuevos huertos y los trabajadores H-2A están más dispuestos a trabajar en plataformas. En algunos casos, la disponibilidad de trabajadores H-2A puede ralentizar la mecanización, como cuando los recolectores de lechuga H-2A experimentados y eficientes reducen la necesidad de encontrar métodos alternativos de cosecha.

Importaciones

La FAO estimó que el valor de la producción agrícola mundial fue de $ 5 billones o el seis por ciento del PIB mundial de $ 80 billones en 2019. Alrededor de $ 1 billón en productos agrícolas se comercializa entre países, lo que hace que el valor del comercio agrícola sea aproximadamente el seis por ciento de los $ 20. billones de comercio mundial anual de todos los bienes.

El valor de los productos agrícolas en el comercio mundial se triplicó entre 1995 y 2014 (nominal) y se duplicó en términos reales o ajustados a la inflación, período durante el cual la población mundial aumentó un 25% y el PIB mundial aumentó un 75% (Beckman, 2017). La mayor parte del comercio de productos agrícolas se realiza entre países industrializados o desarrollados, que representaron un promedio del 54 por ciento de las exportaciones agrícolas mundiales entre 2010 y 2014, encabezados por el 24 por ciento de las exportaciones agrícolas de Europa y el 22 por ciento de América del Norte. Los países industriales recibieron el 58 por ciento de todas las importaciones agrícolas, encabezados por el 26 por ciento de Europa.

Estados Unidos tiene un superávit comercial agrícola, exportando productos agrícolas por valor de 143.000 millones de dólares en 2019, mientras que importa productos agrícolas por valor de 131.000 millones de dólares. Sin embargo, Estados Unidos tiene un déficit comercial en frutas y verduras frescas. Los $ 7 mil millones en frutas y verduras frescas que se exportaron en 2019 fueron solo un tercio de los $ 21 mil millones en importaciones de frutas y verduras. Se espera que el déficit comercial de frutas y verduras de EE. UU aumente, ya que las exportaciones se mantienen estables, mientras que las importaciones aumentan a $ 35 mil millones para 2029.

Gráfica 4. Importaciones y exportaciones de frutas y hortalizas frescas de EE. UU, 2018-2029 (miles de millones de dólares)

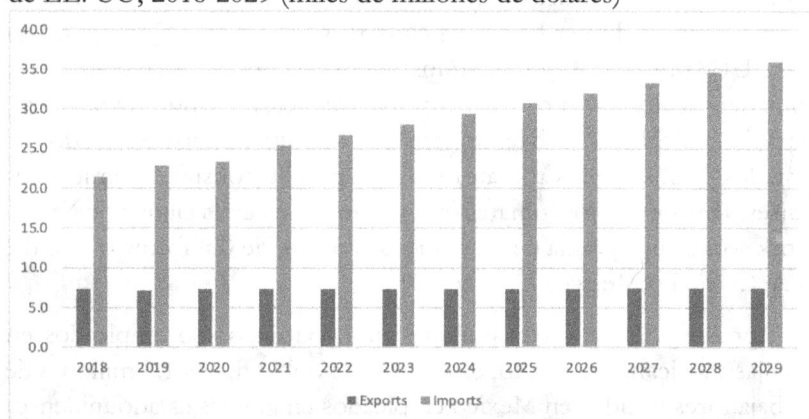

Fuente. Proyecciones ERS.

EE. UU importó el 57 por ciento de su fruta fresca en 2019 y el 32 por ciento de sus verduras frescas. Tres cuartas partes de las 115 libras de fruta fresca disponibles por persona involucran siete artículos: 28 libras de plátanos, 17 libras de manzanas frescas y ocho libras cada una de aguacates frescos, uvas, naranjas, piñas y fresas. Las cuotas de importación de estas frutas frescas varían ampliamente. Casi todos los plátanos y piñas disponibles para los estadounidenses son importados, al igual que el 87 por ciento de los aguacates. Las importaciones fueron casi la mitad de las uvas frescas disponibles, el 20 por ciento de las naranjas, el 15 por ciento de las fresas y el seis por ciento de las manzanas frescas. Los estadounidenses consumen 25 libras de melones al año, incluidas 16 libras de sandía y siete libras de melones. Un tercio de los melones disponibles para los estadounidenses son importados.

La mitad de las importaciones de frutas frescas de EE. UU y las tres cuartas partes de las importaciones de vegetales frescos de EE. UU provienen de México. El comercio México-EE. UU totalizó $ 671 mil millones en 2019, cuando EE. UU exportó bienes y servicios por $ 299 mil millones a México e importó bienes y servicios por $ 372 mil millones de México, es decir, el déficit comercial de EE. UU con México fue de $ 73 mil millones. Estados Unidos también tiene un déficit comercial con México en productos agrícolas. Estados Unidos exportó productos agrícolas a México por valor de 18.500 millones de dólares al año entre 2016 y 2018, e importó productos agrícolas de México por valor de 24.500 millones de dólares al año, con un déficit comercial agrícola de 6.000 millones de dólares.

El presidente mexicano Carlos Salinas de Gortari en 1990, instó a los EE. UU a adoptar lo que se convirtió en el TLCAN, preguntó si EE. UU prefiere importar tomates mexicanos o recolectores de tomates mexicanos. Los tomates son recolectados por trabajadores nacidos en México viviendo en Canadá, mexicanos viviendo en Estados Unidos, y los tomates de cada país se consumen en los tres países. ¿Importa si los tomates que se consumen en la ciudad de Nueva York son de una granja o invernadero cercano, de California o Florida, o de Canadá o México?

Aproximadamente tres millones de mexicanos son empleados en granjas mexicanas cada año, esto es casi el doble de los 1.5 millones de trabajadores nacidos en México empleados en granjas estadounidenses cada año. Un millón de trabajadores agrícolas mexicanos están empleados en los seis estados mexicanos que exportan la mayoría de frutas y verduras a los Estados Unidos, mientras que dos millones trabajan en granjas que producen productos agrícolas para los mexicanos.

Las encuestas de trabajadores empleados en granjas de exportación en 2019 encontraron que la mayoría eran jóvenes y tenían poca educación. La edad promedio de los trabajadores era de 32 años, una década más joven que el promedio de 42 de los trabajadores mexicanos no autorizados en la agricultura estadounidense. Los trabajadores de las granjas de exportación tenían un promedio de 7.2 años de educación, similar al de los trabajadores mexicanos no autorizados en la agricultura estadounidense, y ganaban de dos a tres veces el salario mínimo de México de 103 pesos ($ 5.25) por día en 2019, cuando el salario mínimo de California costaba $ 11 la hora o $ 88 al día o casi 17 veces más.

Las importaciones de frutas y verduras frescas de México han creado al menos un millón de puestos de trabajo para los trabajadores agrícolas en México, algunos de los cuales podrían estar en Estados Unidos si hubiera menos comercio de frutas y verduras. ¿Deberían las políticas gubernamentales fomentar un mayor comercio en lugar de la migración de productos básicos de uso intensivo de mano de obra, que podrían tener implicaciones para la seguridad alimentaria y la inocuidad de los alimentos, o apuntar a apoyar la producción local facilitando la contratación de trabajadores invitados?

Conclusiones

La pandemia de Covid-19 está transformando muchos mercados laborales, sustituyendo a los trabajadores por máquinas en muchos lugares de trabajo para reducir el riesgo de transmisión de virus. Incluso después de que la vida vuelva a la "normalidad", puede haber menos empleo en la industria de alimentos y bebidas si las comidas para llevar y el consumo en el hogar reemplazan algunas comidas en la cafetería y el restaurante en persona.

La agricultura es una industria única debido a su proceso de producción biológica y fue tratada de manera diferente durante la pandemia de Covid-19. La agricultura se consideraba un negocio esencial, y se esperaba que los trabajadores agrícolas trabajaran en persona. Los gobiernos no pudieron persuadir a un gran número de trabajadores locales desempleados para que ocuparan trabajos agrícolas de temporada y, en cambio, abrieron fronteras que de otro modo estaban cerradas para admitir trabajadores invitados.

La pandemia de Covid-19 es uno de los factores que elevan los costos de la mano de obra agrícola y acelera las tres principales tendencias laborales en los sistemas agrícolas de los países industrializados: mecanización que ahorra mano de obra, más trabajadores invitados y más importaciones de productos básicos intensivos en mano de obra. Mecanizar las tareas manuales en las granjas requiere una perspectiva de sistemas, cooperación entre biólogos e ingenieros e innovación de prueba y error, lo que significa que todo el proceso, desde la granja hasta la mesa, puede modificarse. Reemplazar a los trabajadores manuales puede requerir el desarrollo de cultivos de maduración uniforme que se puedan cosechar en una pasada por el campo. Alternativamente, se pueden desarrollar cosechadoras selectivas que imitan a los humanos y recogen frutas y verduras individuales para cultivos que no se pueden hacer madurar uniformemente.

Pocos trabajadores locales desempleados ocuparon trabajos agrícolas de temporada en 2020 y 2021, lo que convenció a muchos empleadores agrícolas y gobiernos de que aumentará la proporción de trabajadores agrícolas temporales que son trabajadores migrantes internacionales. La mayoría de los gobiernos exigen que los empleadores agrícolas intenten y no contraten trabajadores locales antes de que se les permita contratar trabajadores extranjeros invitados. Estos esfuerzos de contratación rara vez encuentran trabajadores locales, lo que genera propuestas para reducir las barreras entre los empleadores agrícolas y los trabajadores agrícolas extranjeros. La mayoría de los gobiernos requieren que los agricultores paguen los costos de vivienda y transporte de los trabajadores invitados, lo que conduce a una compensación entre costos más altos y trabajadores confiables. La proporción de frutas y verduras importadas está aumentando en la mayoría de los países industrializados, ya que los agricultores y compradores de los países ricos buscan socios en países con salarios más bajos para producir productos básicos que requieren mucha mano de obra. Los trabajadores mexicanos empleados en fincas que exportan productos agrícolas a los EE. UU ganan dos o tres veces el salario mínimo mexicano de alrededor de $5 por día, que es una décima parte del salario típico de un trabajador agrícola de los EE. UU. La agricultura de exportación se está expandiendo en países con salarios más bajos y enlaces de transporte eficientes a países más ricos, incluidos Chile y Perú, así como el norte de África.

Los impactos a largo plazo de Covid-19 en la agricultura incluyen una mecanización más rápida, más trabajadores invitados y un aumento de las importaciones. Es probable que la combinación exacta de máquinas, migrantes e importaciones varíe según la mercancía y esté influenciada por las políticas gubernamentales. Por ejemplo, si los gobiernos subvencionan la mecanización y abren sus fronteras a los productos frescos importados, es probable que haya menos trabajadores invitados. Alternativamente, facilitar a los agricultores la contratación de trabajadores invitados y cerrar las fronteras a las importaciones aumentaría la dependencia de los trabajadores migrantes.

Referencias

Alderman, Liz, Melissa Eddy and Amie Tsang. 2020. Migrant Farmworkers Whose Harvests Feed Europe Are Blocked at Borders. New York Times. March 27. https://www.nytimes.com/2020/03/27/business/ coronavirus-farm-labor-europe.html?searchResultPosition=1

Beatty, Tim, Alexandra Hill, Philip Martin, and Zachariah Rutledge. 2020. COVID-19 and Farm Workers: Challenges Facing California Agriculture. ARE Update. Vol 23. No 5. https://giannini.ucop.edu/publications/are-update/issues/2020/23/5/covid-19-and-farm-workers-challenges-facing-califo/

Beckman, Jayson 2017. The Global Landscape of Agricultural Trade, 1995-2014, USDA-ERS. EIB-181. https://www.ers.usda.gov/webdocs/publications/85626/eib-181.pdf?v=0

Calvin, Linda and Philip Martin. 2010. The US Produce Industry and Labor: Facing the Future in a Global Economy. USDA. Economic Research Report No. (ERR-106). November. https://www.ers.usda.gov/ publications/pub-details/?pubid=44766

Champlin, Dell and Eric Hake. 2006. Immigration as industrial strategy in American meatpacking. Review of Political Economy. Vol 18. No 1. https://www.tandfonline.com/doi/full/10.1080/09538250500354140?casa_token=CpuAON37xR8AAAAA%3A7Oq5I6rxpqOoZ7aXWRZkHPxhG3ieVvqGsDQ5rTqHfcf09MCs5haDHeEAqezau7ncQHu0O4JN2H_8

Eddy, Melissa. 2020. Farm Workers Airlifted Into Germany Provide Solutions and Pose New Risks. May 18. New York Times. https://www.nytimes.com/2020/05/18/world/europe/coronavirus-german-farms-migrant-workers-airlift.html

Escobar, Agustin, Philip Martin, Omar Starbridis. 2019. Farm Labor and Mexico's Export Produce Industry. Wilson Center. www.wilsoncenter.org/publication/farm-labor-and-mexicos-export-produce-industry

Groves, Stephen and Sophia Tareen. 2020. Worker shortage concerns loom in immigrant-heavy meatpacking. Washington Post. https://www.washingtonpost.com/business/worker-shortage-concerns-loom-in-immigrant-heavy-meatpacking/2020/05/25/0ebb5bde-9f02-11ea-be06-af5514ee0385_story.html

He, Long, Xin Zhang, Yunxiang Ye, Manoj Karkee, Qin Zhang. 2019. Effect of shaking location and duration on mechanical harvesting of fresh market apples. Applied Engineering in Agriculture. 35(2): 175-183. https://elibrary.asabe.org/abstract.asp?aid=50089

Horowitz, Jason. 2020. For Some Italians, the Future of Work Looks Like the Past. New York Times. https://www.nytimes.com/2020/05/24/world/ europe/italy-farms-coronavirus.html?searchResultPosition=1

ILO. 2020. Protecting migrant workers during the COVID-19 pandemic. https://www.ilo.org/global/topics/labour-migration/publications/WCMS_743268/lang--en/index.htm

ILO. 2018. Global Estimates on International Migrant Workers – Results and Methodology. www.ilo.org/global/about-the-ilo/newsroom/news/WCMS_652106/lang--en/index.htm

Martin, Philip. 2021. The Prosperity Paradox: Fewer and More Vulnerable Farm

Workers. Oxford University Press. https://global.oup.com/ academic/product/the-prosperity-paradox-9780198867845?lang=en&cc=us

Martin, Philip. 2020. Immigration and Farm Labor. Challenges and Opportunities. Chapter 4 in Martin, Philip, Rachael Goodhue, and Brian Wright. Eds. 2020. California Agriculture: Dimensions and Issues Giannini Foundation. https://giannini.ucop.edu/publications/cal-ag-book/

Martin, Philip. 2016. Migrant Workers in Commercial Agriculture. ILO. http://www.ilo.org/global/topics/labour-migration/publications/ WCMS_538710/lang--en/index.htm

Martin, Philip. 2009. Importing Poverty? Immigration and the Changing Face of Rural America. Yale University Press. www.yalebooks.com/ yupbooks/book. asp?isbn=9780300209761

Martin, Philip and Alan Olmstead. 1985. The agricultural mechanization controversy. Science, Vol 227, No. 4687. February. 601-606. http://science.sciencemag. org/content/227/4687/601

MacDonald, James, Robert Hoppe, and Doris Newton. 2018. Three Decades of Consolidation in US Agriculture, USDA, ERS, EIB-189. https://www.ers.usda.gov/publications/pub-details/?pubid=88056

McKinsey Global Institute. 2017. A Future that Works. Automation, employment, and productivity. https://www.mckinsey.com/~/media/ mckinsey/featured% 20insights/Digital%20Disruption/Harnessing%20automation%20for%20a%20f uture%20that%20works/MGI-A-future-that-works-Full-report.ashx

Mitaritonna, Cristina and Lionel Ragot. 2020. After Covid-19, will seasonal migrant agricultural workers in Europe be replaced by robots? CEPII Brief 33. http://www.cepii.fr/PDF_PUB/pb/2020/pb2020-33.pdf

Moroz, Harry, Maheshwor Shrestha and Mauro Testaverde. 2020. Potential Responses to the COVID-19 Outbreak in Support of Migrant Workers. World Bank. https://elibrary.worldbank.org/doi/abs/10.1596/33625

NAWS. National Agricultural Workers Survey. https://www.dol.gov/ agencies/eta/national-agricultural-workers-survey

O'Carroll, Lisa. 2020. British workers reject fruit-picking jobs as Romanians flown in. Guardian. April 17. https://www.theguardian.com/ environment/2020/apr/17/ british-workers-reject-fruit-picking-jobs-as-romanians-flown-in-coronavirus

Pigot, Mami. 2003. Decent Work in Agriculture. Prepared for ILO Symposium. April 30. http://www.ilo.org/wcmsp5/groups/public/---ed_dialogue/---actrav/ documents/publication/wcms_111457.pdf

Rural Migration News. 2020a. Labor, Virus, H-1B. Vol 26. No 2. https://migration. ucdavis.edu/rmn/more.php?id=2413

Rural Migration News. 2020b. H-2A, H-2B. Vol 26. No 2. https://migration. ucdavis.edu/rmn/more.php?id=2420

World Bank Data. 2008. World Development Report 2008: Agriculture for Development. http://web.worldbank.org/WBSITE/EXTERNAL/ EXTDEC/ EXTRESEARCH/EXTWDRS/0contentMDK:23062293~pagePK:478093~piP K:477627~theSitePK:477624,00.html

LA FORMACIÓN DE UN TERRITORIO MIGRATORIO EN LOS ANDES ECUATORIANOS: MIGRACIÓN Y MOVILIDAD EN LA PROVINCIA DE LOJA EN LA SEGUNDA MITAD DEL SIGLO XX

María Mercedes Eguiguren

La movilidad espacial de la población ha sido un proceso concomitante a la historia contemporánea de la provincia de Loja, ubicada al sur de los Andes ecuatorianos. Desde mediados del siglo XX, Loja se constituyó como una de las provincias de mayor emigración interna del Ecuador. Paralelamente, la migración internacional desde localidades de esta provincia hacia Estados Unidos data de los años setenta (Eguiguren 2019) y hacia Europa, de inicios de los noventa (Eguiguren 2019, Gómez 2001).

Al ser un territorio atravesado por formas complejas de movilidad que se sostienen a través del tiempo, Loja es un caso de análisis que permite examinar las relaciones entre formación regional, movilidad y procesos de transformación social, similar a otras regiones de países latinoamericanos como México (Rivera Sánchez 2012a) o Perú (Berg 2015), con una trayectoria histórica de migraciones internas, internacionales, y donde la movilidad ha sido parte de las disputas sociales y políticas y de la configuración de las culturas y las identidades.

Sin embargo, los procesos migratorios en Loja, particularmente en el período de interés de este trabajo (décadas de 1950 a 1990), han sido poco estudiados. En la literatura ecuatoriana sobre migración, los casos de la sierra centro – sur y norte han recibido mucha mayor atención (Eguiguren 2019).

En este capítulo examino la historia migratoria de Loja durante la segunda mitad del siglo XX en dos dimensiones. La primera, es la relación de la migración y la movilidad de la provincia de Loja con su configuración territorial. La investigación se pregunta por cómo la formación socio-territorial de Loja ha dado lugar a diversas formas de movilidad, sostenidas en el tiempo. Para ello, empleo un enfoque de "transnacionalismo metodológico" (Khagram y Levitt 2008), que consiste en una reconsideración de la evidencia histórica dirigida a desentrañar procesos transnacionales y conexiones donde previamente se ha privilegiado una narrativa de los lugares como estáticos y encerrados en sus fronteras territoriales. Así, esta investigación pretende contribuir a repensar críticamente la construcción de la historia reciente de Loja como una unidad territorial cerrada en sí misma (Jaramillo 1955, Pietri-Levy 1993, Fauroux 1983), para más bien enfocarse en las conexiones translocales y transnacionales que la han constituido.

La segunda dimensión es la comprensión de la migración y otras formas de movilidad territorial como prácticas sociales y como parte constitutiva de proyectos de vida de los y las habitantes de la provincia. Empleo un enfoque biográfico, que permite poner en relieve los significados, planes, expectativas y deseos que confluyen en la experiencia vital, conectando esto con los condicionantes estructurales que marcan estas experiencias (Rivera Sánchez 2012b).

El análisis se basa en un estudio desarrollado entre 2012 y 2014[1], con una metodología cualitativa multilocal, que incluyó a cuatro localidades de la provincia: Loja, Catacocha, Macará y Cariamanga; tres destinos nacionales de migración lojana: Guayaquil, Quito y Santo Domingo, y dos destinos en Estados Unidos: las ciudades de Nueva York y Newark. En estas localidades se llevó a cabo 42 entrevistas de corte biográfico a hombres y mujeres oriundos de Loja, pertenecientes a tres generaciones.

A partir de la revisión de documentos y bibliografía secundaria sobre la historia contemporánea de Loja, así como de la reconstrucción de trayectorias migratorias y vitales de hombres y mujeres nacidos en Loja entre los decenios de 1930 y 1990, este capítulo muestra, en primer lugar, procesos migratorios heterogéneos en términos de la escala espacial abarcada, los lugares de origen y destino, las diferentes rutas y destinos migratorios y la ubicación social de los migrantes en las matrices de clase, género y etnicidad. Estos procesos migratorios se

---

[1] La investigación original, de mayor amplitud, abordó los casos de las provincias de Loja y Cañar para comprender la formación histórica de circuitos migratorios de larga duración en el sur del país. Ésta contó con becas de la *Académie de Recherche et d'Enseignement Supérieur*, ARES (Bélgica) y de la Secretaría Nacional de Ciencia y Tecnología del Ecuador, SENESCYT. Los resultados completos de esta investigación se publicaron previamente en Eguiguren (2019). En un trabajo más reciente, (Eguiguren 2021) examino las relaciones entre acceso a la educación, movilidad espacial y movilidad social en el caso de Loja, con base en el mismo estudio. Este capítulo recoge en parte los resultados expuestos en esos trabajos, en las secciones donde los mismos aparecen citados.

producen en el contexto de una historia regional de circuitos económicos, culturales y políticos que han enlazado a las localidades de la provincia con otras en el territorio nacional y más allá de sus fronteras, a lo largo del siglo XX.

En segundo lugar, el capítulo examina la heterogeneidad en términos de origen y trayectoria social de las personas involucradas y de sus motivaciones para moverse de un lugar a otro. Al examinar la migración desde el lugar que ocupa la movilidad en los proyectos de vida de miembros de distintas generaciones lojanas, así como en proyectos intergeneracionales, se muestra cómo la movilidad espacial ha estado asociada a diferentes aspiraciones de movilidad social a lo largo de las tres generaciones estudiadas: primero, a la búsqueda de romper con rígidas formas de clasificación social en términos de género y clase social; segundo, a aspiraciones sobre la educación y la vida profesional; y tercero, a aspiraciones de autonomía y de realización de un proyecto de vida propio.

Movilidad, circulación y circuitos migratorios: elementos para comprender la conformación de territorios y subjetividades migratorias

Los estudios transnacionales constituyen un campo multidisciplinar y variado en cuanto a objetos de estudio, que se aglutina en torno al interés por comprender cómo las sociedades generan relaciones y dinámicas de carácter económico, cultural, político por medio de movimientos que ocurren a través de las fronteras, especialmente, de las fronteras nacionales (Khagram y Levitt 2008). En los estudios de la migración, el enfoque transnacional supuso un importante cambio paradigmático desde la década de 1990, cuando un creciente conjunto de investigaciones, originadas sobre todo en la academia norteamericana, empieza a ubicar la migración internacional en medio de dinámicas transnacionales más amplias, incluidas las relaciones que los propios migrantes mantienen con el lugar de origen (Yépez del Castillo y Lafleur 2014).

Pese a las decisivas contribuciones que la literatura con un enfoque transnacional ha realizado sobre la migración ecuatoriana (Herrera, Carrillo y Torres 2005), ésta se concentró casi exclusivamente en la migración internacional que inicia a finales de la década de 1990 (Eguiguren 2017). La migración internacional previa a ese momento histórico sigue siendo menos explorada, mientras que la migración interna quedó, durante una época, relegada de los estudios o asumida como un antecedente de la de escala internacional (Eguiguren 2017).

Es precisamente en esta brecha de conocimiento donde se sitúa este trabajo, para lo cual empleo las herramientas conceptuales proporcionadas por el enfoque transnacional, y articulado a éste, el enfoque de la circulación migratoria. La articulación entre ambos permite ampliar, tanto en términos temporales como en categorías analíticas, la mirada relacional del transnacionalismo, atenta a las conexiones, vínculos e intercambios entre sociedades y lugares (Rivera Sánchez 2012a, Lafleur y Yépez (2014).

De acuerdo con Rivera Sánchez (2012a), la actual perspectiva de la circulación migratoria tiene antecedentes en estudios realizados desde mediados del siglo XX en el campo de la geografía humana. Al examinar formas de vida nómadas y otras prácticas circulatorias que hacían parte de las lógicas de organización social de poblaciones no occidentales, se distinguió la categoría de circulación del concepto de migración, más occidental y ligado al Estado nacional. En la migración hay un traslado permanente, o voluntad de éste, mientras que la circulación se refiere a movimientos repetitivos o cíclicos, que implican un retorno a un punto de origen (Rivera Sánchez, 2012a).

Sin embargo, los conceptos de migración y circulación no son opuestos. La migración, desde la perspectiva de la circulación, es una forma posible de movilidad. En este enfoque no se asume una sola escala de movimientos o una cierta temporalidad de los mismos. También se estudia, además de los movimientos concretos de las personas en el espacio, otras formas de flujo e intercambio (Rivera Sánchez, 2012a). Así, la noción de circulación migratoria se se propone incluir, junto al estudio de los movimientos de personas, "el conjunto de flujos materiales y de ideas generados por la circulación humana" (Hily, 2009: 25).

El estudio de la circulación migratoria también se articula a miradas sistémicas sobre la sociedad, argumentado que las migraciones hacen parte de sistemas de intercambio económico, cultural y político que se forman históricamente entre determinados territorios. En esta corriente, la movilidad se entiende como "un elemento organizador fuerte de las dinámicas sociales" (Cortes y Faret, 2009: 12).

La circulación migratoria se plantea como una categoría que permite estudiar tanto las migraciones como las movilidades, y las relaciones entre ambas, lo cual implica considerar no solamente a los migrantes, sino a otros actores y formas de movimiento, incluyendo la circulación de bienes económicos, símbolos y discursos. De tal modo que se busca interrogar al "conjunto de los flujos, así como los dispositivos e infraestructuras que estos generan y mantienen" y la forma en que estos flujos, transmitidos a partir de prácticas concretas, influyen en la reconstitución de sociedades y territorios (Cortes y Faret, 2009: 9).

El segundo eje del análisis que fundamenta este capítulo está situado en la dimensión de la subjetividad, que implica centrarse en la experiencia vivida de la movilidad, para comprender a través de ella los diversos sentidos que le atribuyen a ésta las personas que se mueven, o que están directamente vinculadas a experiencias de movilidad, a través de sus familiares o personas allegadas en su contexto inmediato.

La premisa de la que se parte es que el sentido que se da a la movilidad está ligado al contexto social, histórico y espacial que moldea la subjetividad. En contextos en los que la movilidad se reproduce a través del tiempo, ésta pasa a ser parte de las subjetividades locales (Eguiguren 2019). En este aspecto, la investigación adscribe a la reciente línea en los estudios de la migración que se pregunta por los deseos y las aspiraciones en los procesos migratorios (Berg 2015, Carling y Collins 2018, Eguiguren 2021). Desde un enfoque biográfico, plasmado en la reconstrucción de historias de vida y trayectorias de movilidad de las personas entrevistadas (Lawson 2000, Velasco y Gianturco 2012, Rivera Sánchez 2012b), se busca cómo la movilidad se incorpora en los proyectos de vida de las personas, en relación con aspiraciones construidas en el cruce de la historia personal, familiar y local, y en contextos nacionales y globales que aceleran o detienen la movilidad.

¿Cómo se ha conceptualizado y estudiado la migración lojana?

La migración lojana de la segunda mitad del siglo XX recibió atención en primer lugar como un fenómeno circunscrito a las fronteras nacionales. Hasta el final de la década de 1990, hablar de migración en Loja era equivalente a referirse a la migración interna (ver Brownrigg 1981, Pietri-Levy 1984,1993, Duverneuil 1983), y esto pese a que entre las décadas de 1960 y 1980 era cada vez más común la salida del país de habitantes lojanos, sobre todo desde ciertas localidades urbanas.

Vista como migración interna, la movilidad espacial de lojanos se abordó de dos maneras principales. En primer lugar, se comprendió como parte de los procesos de reorganización y transformación del espacio nacional, desde una perspectiva alimentada por la teoría de la modernización. La migración no era estudiada en sí misma, sino como un fenómeno vinculado a problemas de desarrollo más amplios (Eguiguren 2019). En segundo lugar, se explicó las altas tasas de migración lojana como un fenómeno ocasionado por la sequía de finales de la década de 1960, y otras sucesivas sequías que afectaron al sector rural de la provincia (Eguiguren 2019). Sin dejar de reconocer el impacto que tuvo este evento climático en impulsar la salida de población hacia otras localidades rurales y urbanas de la provincia y del resto del país, esta comprensión monocausal de la migración lojana tuvo el efecto de enmarcar su estudio exclusivamente en términos del éxodo campo – ciudad (ver Gondard 1983, Guerrero 1995), cuestión que era una preocupación central para los científicos sociales de la época, tanto en Ecuador (Eguiguren 2017) como en América Latina (Rivera Sánchez y Domenech 2021).

Plantear la migración en estos términos implicaba también una cierta definición sobre quién era un migrante, y al mismo tiempo, la exclusión de otros movimientos y perfiles que no se ajustaran al tipo específico de migración campo – ciudad, así como implicó dar por sentadas las causas y motivaciones que llevaban a las personas a moverse.

De este modo, se han dejado de lado ciertos movimientos, sectores sociales y momentos históricos en la visión general que existe sobre la migración lojana. Tiempo después de que el estudio sobre los movimientos internos dejara de ser prioritario dentro de los intereses de investigación sobre Loja, se produjo la crisis nacional de finales del siglo XX, y con ella, la emigración de población lojana volvió a ubicar a la provincia entre los índices más elevados de migración en el país. A partir de allí, varios trabajos buscaron caracterizar los nuevos procesos migratorios, refiriéndose a sus causas inmediatas, los datos demográficos y socioeconómicos de los migrantes y vínculos sociales, económicos y familiares entre quienes migraron y sus entornos de origen (Ramalhosa y Minkel, 2001; Herrera y Martínez, 2002; Gil, Gibson y Minkel, 2003; Villamar, López y Sánchez, 2004).

Es así como la comprensión de la migración en Loja ha quedado en gran medida limitada a dos hechos históricos lejanos en el tiempo: la sequía de los años sesenta y la crisis de los noventa. Asimismo, se ha construido un imaginario común sobre las causas de la migración y sus actores, que asume que se ha tratado fundamentalmente de personas pobres, de origen rural, cuya salida se ve como una respuesta mecánica a las condiciones económicas o de vida deterioradas en momentos de crisis.

Sin embargo, estas nociones coexisten en la memoria local con la experiencia generalizada de tener vínculos cercanos con alguien que ha salido de la ciudad o de la provincia, por variados motivos, con distinta duración temporal, y con diferentes pertenencias sociales. Asimismo, son comunes en el imaginario colectivo las nociones de que "uno se puede encontrar con un lojano en cualquier parte del mundo" o incluso alusiones a la existencia de una diáspora lojana. Esto fue examinado por el intelectual Félix Paladines (2006) en términos de una identidad o cultura propensa a migrar. Con evidencia etnográfica basada en el caso de los migrantes lojanos al noroccidente de la provincia de Pichincha, Conde (2004) propone un argumento también centrado en la cultura, pero mostrando específicamente las redes sociales conformadas entre lojanos y sus descendientes, ubicados en diferentes puntos del Ecuador, así como las prácticas de reproducción de la identidad de origen que han mantenido por décadas los migrantes lojanos.

Aunque las tendencias generales de los estudios de la migración lojana siguen las líneas descritas, algunas investigaciones han ofrecido interesantes perspectivas que diferían de las nociones más generalizadas. Desde finales de los años setenta, se cuestionó la comprensión de la sequía como la causa única de la migración lojana (ver Preston y Taveras, 1976; Brownrigg, 1981; Pietri-Levy, 1993). También se rechazó la común idea de que quienes migraban eran personas en condiciones de pobreza, y sugiere algunos factores que podrían impulsar la migración más allá de la necesidad económica, tales como la búsqueda de educación formal y el cambio generacional (Preston y Taveras, 1976). La migración vinculada a aspiraciones de educación es también mencionada por Pietri-Levy (1993) y Duverneuil

(1983), aunque ninguno de estos autores analiza más a fondo estas afirmaciones (Eguiguren 2019).

En síntesis, el conjunto de investigaciones que abordan la migración lojana en la segunda mitad el siglo XX, proporciona datos y explicaciones sobre ciertos episodios de los movimientos migratorios de la provincia, o se centra en un tipo específico de migración; particularmente la de origen rural con destinos urbanos, y en los primeros años del siglo XXI, la migración internacional hacia España. Estos enfoques predominantes en el estudio de la migración en Loja han relegado aspectos como la migración de origen urbano, de sectores medios, la movilidad estudiantil y la migración histórica hacia Estados Unidos.

Si bien en esta investigación se han recopilado datos sobre estas formas de movilidad, mi interés no es únicamente concentrarme en los fragmentos poco explorados de la historia migratoria de la provincia, sino ofrecer una interpretación más amplia sobre la confluencia de movilidades en este territorio a lo largo de su historia contemporánea. En esta interpretación, adopto la estrategia teórico-metodológica de comprender la persistencia, pero también las variaciones en esta historia de movilidades, a partir de la experiencia de los sujetos vinculados a ellas a lo largo de las generaciones.

Circuitos económicos y culturales la historia de la provincia de Loja

La perspectiva histórica en el estudio de las poblaciones y los territorios, es importante en la medida en que contribuye a cuestionar la imagen de estabilidad y permanencia de un cierto territorio y de las sociedades que lo habitan.

Este enfoque es particularmente relevante en el caso de Loja, provincia cuyas dinámicas sociales y económicas han tendido a mirarse como fijas y estables a lo largo del tiempo, particularmente la condición de "aislamiento" que habría marcado la historia de la provincia (Eguiguren 2019). La noción de aislamiento, como narrativa histórica dominante, ha impedido poner atención a la formación de vínculos entre la provincia y otras localidades y regiones, en el Ecuador y más allá de sus fronteras (Eguiguren 2019).

Esta visión dominante tampoco permite explicar los persistentes movimientos migratorios que han caracterizado a Loja en su historia contemporánea. Si se piensa en este espacio como desconectado de otros espacios regionales y del resto de la nación, así como de la escala internacional o global, se podría explicar la emigración de sus habitantes como una estrategia para romper con dicho aislamiento, o como una expulsión dadas las condiciones económicas, sociales o políticas desfavorables. Sin embargo, ello explicaría únicamente el movimiento de salida de la provincia, pero no la conformación de rutas ni de patrones migratorios definidos entre ciertas zonas de la provincia y localidades específicas en Ecuador, Estados Unidos y España, que caracteriza a la emigración lojana (Eguiguren 2019).

Esto ha contribuido a una mirada sobre los movimientos migratorios como "anomalías" en una historia de estabilidad. Tomando distancia de esta imagen, planteo que las migraciones que han tenido lugar en la historia contemporánea de Loja son procesos sociales inmersos en dinámicas históricas de la provincia. Estas dinámicas no han transcurrido encerradas en los límites provinciales, sino en espacios translocales y transnacionales de los que Loja ha formado parte incluso desde antes de la conformación del Estado nacional hasta la época contemporánea.

Con el fin de avanzar en una reflexión sobre la historia de la provincia que evidencie sus vínculos translocales y transnacionales, examinaré a continuación dos tipos de circuitos en los que Loja se involucra desde el período colonial hasta la primera mitad del siglo XX: los circuitos comerciales y los de carácter político - intelectual. El interés al recuperar estos antecedentes históricos es contextualizar el gran dinamismo que caracteriza a Loja, en términos de movimientos migratorios, a partir de la década de 1950, en espacios sociales y económicos conformados previamente, que abarcaban escalas geográficas más amplias que la provincial.

Del aislamiento a las conexiones en el estudio histórico de Loja

En la historia colonial del actual territorio provincial, la organización económica y social basada en la extracción de plantas (cascarilla) y minerales (oro) fue decisiva para la vinculación de esta región a circuitos de comercio mundiales en plena formación (Moya 1994, Minchom 1983, Petitjean y Saint-Geours, 1983).

En un trabajo anterior, he discutido cómo, tras la conformación del Estado nacional (1830), la configuración territorial en esta región, que se había sostenido a través de circuitos de comercio, monetarios y relaciones con otros territorios; chocaba con la lógica de control territorial que desde el Estado buscaba unificar a la nación y al territorio (Eguiguren 2019).

Las estrategias de unificación de los gobiernos centrales resultaron en una división jerárquica del espacio, que puede identificarse en dos ejes: el urbano / rural y el de provincias centrales y periféricas dentro del Estado nacional (Prieto 2004, Coronel 2011, Eguiguren 2019). Ello tuvo profundas consecuencias tanto en el contexto político como en la vida social en el régimen republicano.

Una de estas consecuencias puede observarse en las tensiones entre los intentos de unificación del mercado nacional y las estrategias económicas que se mantuvieron en el sur del país. Las redes de comercio transfronterizo y translocal que vinculaban a Loja con Perú y la provincia de El Oro siguieron vigentes durante la etapa republicana. Hasta entrado el siglo XX, las continuas crisis económicas del Ecuador, agravadas en regiones periféricas como Loja, se afrontaban con una economía que se sostenía con la circulación de monedas "extranjeras" y varias modalidades de comercio convertido en "ilegal" debido a las nuevas regulaciones estatales: este es el caso del comercio transfronterizo que evadía los controles aduaneros y de la industria artesanal del aguardiente (Saint-Geours 1983, Eguiguren 2019).

La constitución de Loja como una provincia dentro del Estado nacional no implicó la configuración de una sociedad y un territorio homogéneos al interior de la provincia, separados del "resto" del territorio nacional, sino más bien se generó un proceso de diferenciación en el que cada subregión mantenía lazos económicos, sociales, culturales, e incluso políticos, con otras localidades, provincias y territorios más allá de las fronteras nacionales (Eguiguren 2019).

En el caso de la franja suroeste de la provincia, sector económicamente caracterizado por el comercio con Perú y con otras localidades del sur del país, los testimonios locales registrados durante la investigación evidenciaron también la existencia de vínculos familiares transfronterizos, por ejemplo, casos frecuentes de matrimonios entre personas oriundas del sur de la provincia y otras provenientes del norte de Perú.

El ascenso del régimen liberal a finales del siglo XIX trajo importantes transformaciones en el país, tanto en la escala nacional como en las provincias y localidades. Al mismo tiempo, el liberalismo, desde el poder estatal, impulsa un proyecto modernizador, en ese tiempo asociado con la noción de progreso y con un trasfondo civilizatorio (Prieto 2004, Coronel 2011). Éste promovió la integración económica de las regiones del país, pero también del Ecuador al comercio mundial. En las primeras décadas del siglo XX se amplía el panorama político ecuatoriano, pues nacen nuevas fuerzas políticas como el socialismo y el comunismo; se produce crecimiento urbano y una cierta ampliación de las clases medias (Maiguashca y North 1991, Clark 2001).

En este contexto de transformaciones, se puede situar algunas redes que conectaban a Loja con otros espacios del país y fuera de él en términos sociales y políticos. Dichas se redes se construyeron y ampliaron en medio de las disputas políticas de la época, y su alcance territorial fue un factor predominante.

Durante la primera mitad del siglo XX, el sector liberal lojano generó varias estrategias para disputar la dominación terrateniente-conservadora en la provincia, tales como alianzas políticas con los sectores medios heterogéneos, como comerciantes, profesionales, intelectuales, ubicados en diversas localidades de la provincia (Fauroux 1983, Ramón 2002). De este modo, se disputaba el control político de cantones y parroquias. Para el liberalismo, la búsqueda por mantener vínculos con la Costa fue otra estrategia importante (Jaramillo Alvarado en Eguiguren 2019), así como el impulso a la urbanización, la dotación de nueva infraestructura y la creación de instituciones, como ocurrió a inicios del siglo XX en la ciudad de Macará, fronteriza con Perú; lo cual da de la búsqueda por implementar nuevas formas de administración del territorio que pudieran rivalizar con las dinámicas del conservadurismo terrateniente (Ramón 2002).

Este contexto de cambios y conflictos políticos y sociales se prolonga durante la primera mitad del siglo XX, y allí, se hacen visibles conexiones entre Loja y otras localidades y provincias, no solo en el ámbito comercial, sino en los campos político e intelectual.

En transcurso de la primera mitad del siglo XX el conflicto político en Ecuador se desplaza, del eje liberalismo / conservadurismo, a una disputa más amplia entre izquierdas y derechas que se libra en varias dimensiones: en el ámbito intelectual, artístico, en la política formal, en la prensa, en los sectores profesionales y en el creciente aparato estatal, así como en la vida social cotidiana (Rodríguez 2015).

Un aspecto muy interesante, pero aún poco abordado sobre este contexto, es el alcance espacial de las redes de actores involucrados directa o directamente en estas disputas ideológicas. Rodríguez (2015) plantea que tanto el sector de derecha como de izquierda en Ecuador configuraron "matrices culturales" distintas, promovidas a través de organizaciones, medios de comunicación -prensa-, alianzas con sectores subalternos, y redes de intelectuales. En su estudio, se describen diferentes alcances territoriales de estas redes: mientras que, en el caso de la derecha, el núcleo de su matriz cultural estaba en Quito, en alianza con la intelectualidad conservadora de Cuenca, en el caso de la izquierda, la red tenía núcleos principales que se extendían entre Quito, Guayaquil y Loja, con un núcleo menor en Cuenca, y con varios miembros que eran migrantes desde ciudades de la sierra (Riobamba, Azogues, Loja), residiendo en Quito y Guayaquil (Rodríguez 2015). Se trata, entonces, de una red con otros nodos espaciales y donde destaca el espacio provincial de Loja y su capital, que no tenían el peso político, administrativo y económico de las tres otras ciudades que fueron nodos de la derecha y de la izquierda: Quito, Guayaquil y Cuenca.

Rodríguez no proporciona una explicación acerca de la aparición y relevancia de Loja, a través de sus intelectuales representativos, en las redes intelectuales de la primera mitad del siglo XX[2]. Sin embargo, nuevamente echando mano de un enfoque centrado en la movilidad y los vínculos translocales, se puede plantear que las conexiones translocales y transnacionales de Loja, con la Costa y con Perú respectivamente, inciden en afianzar la proyección de los intelectuales lojanos a redes prominentes a escala nacional, así como estimulan su propia movilidad espacial manifestada en su emigración. Así, por ejemplo, Rodríguez señala que los peruanos Víctor Raúl Haya de la Torre y José Carlos Mariátegui fueron leídos tempranamente en Loja

---

[2] Una explicación como tal no es parte de los objetivos del estudio citado, y tampoco de los de este capítulo, pero es una tarea pendiente para futuras investigaciones interesadas en la historia de Loja en el siglo XX, y más ampliamente en la historia contemporánea de las ciudades periféricas andinas y en los vínculos translocales entre éstas y movimientos culturales, intelectuales y políticos de mayor escala.

(2015, 68-69).

Mirados en conjunto, tenemos entonces como antecedentes históricos al período 1950 – 1990, la formación de un núcleo liberal importante establecido en el suroeste de la provincia a principios del siglo XX, junto con la emergencia de un sector intelectual lojano influyente en la vida nacional, con vínculos translocales y que incorporan procesos de movilidad en sus trayectorias de vida; además del afianzamiento de un sector medio que se encontraba en proceso de movilidad social ascendente (Fauroux 1983, Duverneuil, 1983; Pietri-Levy, 1993, Eguiguren 2019), cuya acumulación de "pequeño capital" (Fauroux 1983, 236) pasaba por estrategias de circulación, pues como explica el autor citado, se trataba de "arrieros, intermediarios, contrabandistas" (Ibid.). También desde el campo cultural, la clase media cobra importancia, en general a escala nacional, y particularmente en provincias periféricas como Loja, al ritmo del crecimiento urbano y de los impulsos a la modernización. Este contexto de transformaciones fue abordado, en la literatura, por un grupo de escritores de clase media, entre los que destacan varios lojanos, cuyas obras reflejan preocupaciones por "aspectos de los procesos modernizadores de las ciudades ecuatorianas, que impulsaron la inmigración desde el campo de la Costa y la Sierra, y ampliaron el contacto con países y personas extranjeros" (Rodríguez 2009, 12), así como por comprender las relaciones sociales trastocadas por estos impulsos modernizadores en las ciudades pequeñas (Rodríguez 2009).

En la primera mitad del siglo XX pueden ubicarse una variedad de circuitos económicos, culturales y políticos que enlazan a Loja con el sur de la Costa y la Amazonía ecuatoriana, así como con el norte de Perú. Estos circuitos dejan ver cómo Loja ha mantenido vínculos con otras localidades y provincias, que preceden a la delimitación de las fronteras nacionales e incluso se extienden más allá de éstas. Además, muestran una reconfiguración del espacio provincial, con zonas diferenciadas, que, a su vez, mantienen sus propios vínculos y conexiones con diferentes espacios. Esto cuestiona la imagen prevaleciente de una provincia homogénea hacia el interior y aislada del exterior.

Con esta mirada es posible delinear un contexto en el cual los múltiples movimientos migratorios de Loja, su heterogeneidad social y diversidad de destinos, ya no aparecen como fenómenos extraños. La

235

existencia del Centro Social Loja en Guayaquil, que data de 1925 y es la más antigua asociación de migrantes lojanos (Eguiguren 2019), así como el Comité de Lojanos Residentes en Quito, que ya existía a inicios de la década de 1940 (Rodríguez 2015, 153), ilustran la existencia de movimientos migratorios sostenidos, de prácticas típicas de asentamiento, como la formación de "colonias" y asociaciones, así como de prácticas de vinculación translocal de los migrantes lojanos, desde la primera mitad del siglo XX . El hecho de que un político e intelectual como Benjamín Carrión, quien, para los años cuarenta ya era una figura reconocida nacional e internacionalmente, y estaba dedicado a una ardua actividad política, haya participado activamente en el Comité, incluso ejerciendo su vicepresidencia en 1941 (Rodríguez 2015), da cuenta en cambio del alcance de las relaciones translocales mantenidas por migrantes de origen lojano a lo largo del siglo XX.

Circuitos migratorios de Loja en la segunda mitad del siglo XX

Durante la segunda mitad del siglo XX se conformaron circuitos migratorios entre la provincia de Loja y varias localidades del Ecuador, Norteamérica y Europa. Son circuitos tejidos por los movimientos emigratorios de personas nacidas en la provincia y sus descendientes, pues en este período histórico Loja se configuró como un territorio eminentemente emigratorio, un claro "contexto de origen" de migración (Rivera Sánchez y Lozano 2006; Eguiguren 2019).

Los datos disponibles en los censos nacionales ubican a Loja entre las provincias con tasas más altas de migración interna entre 1962 y 1990, y a partir de 2001, se registran también altos índices de migración internacional (CONADE-UNFPA 1987, FLACSO-UNFPA 2008)[3]. Además, estudios demográficos realizados entre las décadas de 1980 y 1990 ubicaron a la emigración lojana como uno de los más importantes procesos de migración a nivel nacional, a partir de distintos indicadores; por ejemplo, el porcentaje de emigración nacional que corresponde a Loja en relación con su participación en la población nacional: entre 1974 y 1990, la población de Loja representaba entre

---

[3] En Ecuador, el primer censo nacional de población se realizó en 1950. De allí en adelante se ha realizado censos en las rondas de 1962, 1974, 1982, 1990, 2001 y 2010. Solo a partir de 2001 se midió la emigración internacional. Para el período anterior, se cuenta con cifras provenientes de los saldos migratorios, medidos a través de los registros de entrada y salida del país, desde 1970 (FLACSO – UNFPA, 2008). Sin embargo, no se cuenta con desagregación de estos datos por provincias.

5% y 4% de la población del país, y en los mismos años, participaba de la emigración nacional en más de 9% y 10% en 1974 y 1982, y casi 7% en 1990.

Los censos nacionales de población y vivienda entendían a la migración como el cambio permanente de residencia desde el lugar de origen hacia el de destino, y medían traslados interprovinciales. Sin embargo, en el período 1950 – 1990, la movilidad espacial de la población lojana tomó distintas formas que no fueron registradas en estos instrumentos[4], y se produjo con diferentes temporalidades y abarcando diferentes escalas. En estos movimientos migratorios también se encuentra una diversidad de dinámicas sociales y económicas y heterogeneidad social en términos de clase, trayectorias de vida y motivaciones para moverse.

Estos circuitos tienen antecedentes en migraciones más antiguas, estadísticamente más reducidas que aquellas iniciadas a mediados del siglo XX, pero insertas en los circuitos abordados en la sección anterior. Son migraciones de origen urbano que tuvieron como destino ciudades grandes del país, como Quito, Guayaquil y Cuenca, así como Perú, Europa y Norteamérica. En términos de origen y clase social, se trata de miembros de familias de la clase alta lojana, provenientes de la capital, pero también migrantes de clase media urbana. Una motivación importante para la migración en ambos grupos fue la del estudio. Eran sobre todo hombres jóvenes motivados por obtener un título universitario, muchos de los cuales se radicaron fuera de Loja, pero que conformaron redes sociales enlazadas con el lugar de origen.

La ciudad de Guayaquil destaca, en ese sentido, como el nodo temprano de esta migración (Eguiguren 2019). A la usanza de la época y en un contexto urbano marcado por una gran diversidad migratoria, los y las lojanas se establecieron en una "colonia", de la que queda como testimonio el Centro Social Loja, fundado en 1925, en pleno auge cacaotero. Para la segunda mitad del siglo, los vínculos con Guayaquil

---

[4] Por ejemplo, los datos de movimientos migratorios al interior de las provincias no eran captados por los censos. Esto contribuyó a construir imágenes de las provincias como espacios homogéneos de emigración o inmigración, cuando estudios cuantitativos de menor dimensión, concretamente en el caso de Loja, mostraban una realidad más heterogénea, con zonas de marcada emigración al interior de la provincia, al mismo tiempo que otras se constituían como receptoras de continua emigración. Este es el caso de la capital provincial y el cantón Catamayo. Por otra parte, en los censos hasta 1990 se estableció como a priori metodológico que la emigración total de una provincia se distribuía en las restantes, dentro del territorio nacional. Con ello se perdieron décadas de valiosos datos que habrían dado cuenta de los procesos de migración internacional ya en gestación en el país.

se mantenían. Con datos de inicios de la década de 1970, Dalmasso y Fillón afirman que la prensa guayaquileña era la más leída en Loja (única ciudad de la sierra donde la prensa de Quito se leía menos en comparación con la del puerto), y que el sector bancario de Guayaquil se extendía en la sierra sur, además de que Guayaquil en la época atraía más migración lojana que Quito (Dalmasso y Fillón 1972, 85-88).

Por otra parte, estos circuitos abarcan rutas migratorias diversas, que no se reducen a la migración del campo a la ciudad. Se han identificado migraciones de sectores rurales a rurales (por ejemplo, las migraciones por colonización de tierras), de ciudades o pueblos en proceso de urbanización a ciudades más grandes, migraciones a escala intra-provincial, dirigida a otras provincias o a otros países (Eguiguren 2019).

A lo largo de todo el período se producen movimientos migratorios al interior de la provincia, conforme a las diferencias socioespaciales internas, que resultaron en el crecimiento sostenido de ciudades como Loja, Catamayo y Cariamanga. Entre 1950 y 1962, la población de la ciudad de Loja creció un 73.1% (Dalmasso y Fillón 1972, 92), ubicándose como la décima ciudad que más creció en el país, y la segunda en la sierra, por encima de Quito y del promedio nacional. Mientras que las localidades de Cariamanga y Macará estuvieron entre los doce nuevos centros urbanos que se configuraron en ese período a nivel nacional, según crecimiento poblacional (Dalmasso y Fillón 1972, 93). Es decir que se conformaron nodos de migración a escala provincial, que llegaba desde sectores rurales y cabeceras cantonales más pequeñas, e incluso desde el norte de Perú.

La migración en estos circuitos comprendía una diversidad de motivaciones, objetivos y estrategias, incluyendo el desplazamiento por colonización, la migración laboral, por estudios y por vínculos familiares (Eguiguren 2019). Es importante recordar, por último, que la provincia estuvo atravesada por lo que hoy en día se denomina migración forzada, en el sentido de escapar de amenazas directas a la vida. Esto ocurrió en dos coyunturas en el período en cuestión: la guerra con Perú, que duró un poco menos de un año entre 1941 y 1942, y la sequía, que afectó a la zona centro y suroeste de la provincia, a finales de la década de 1960.

Migración, desplazamiento y colonización

Uno de los antecedentes inmediatos decisivos para la dinamización de la emigración lojana a mediados del siglo XX fue la guerra entre Perú y Ecuador. Esto afectó con más fuerza a ciertas zonas, en este caso, al suroeste de la provincia. En la provincia de El Oro, al oeste de Loja, se produjeron movimientos de desplazamiento a zonas aledañas, así como a las grandes ciudades, Guayaquil y Quito (Rankin 2019, 170)[5]. A este desplazamiento se sumaron habitantes del sur de Loja. Estas migraciones forzadas por la guerra también iniciaron redes migratorias o fortalecieron las ya existentes, como en el caso de la migración lojana a Santo Domingo, que ya había iniciado antes de la guerra (Eguiguren 2019).

La guerra con Perú tuvo el efecto de llamar la atención del gobierno central y de organismos internacionales hacia la frontera sur del país. En los años siguientes al conflicto, se invirtió en infraestructura y servicios públicos, especialmente en Macará, que hasta entonces había tenido lazos más fuertes con Perú que con el conjunto del Estado nación ecuatoriano (Ramón 2002, Coronel 2011, Eguiguren 2019). No obstante, parece ser que la nueva inversión en comunicaciones y vías de transporte dio lugar a afianzar los vínculos que el suroccidente lojano ya tenía con la región costa desde principios del siglo XX.

Hacia la década de 1950, una de las formas de migración más importante en Loja se daba por medio de movimientos de colonización hacia la vecina provincia de El Oro, donde, a finales de la década ya existía una población estadísticamente significativa de pobladores de origen lojano (Brownrigg 1981). Esta migración se produce en el contexto del auge de la provincia como nodo de flujos económicos y migratorios, en el que confluyen la mayor inversión estatal e internacional en la posguerra (Rankin 2019), la expansión de los cultivos de arroz y el inicio del boom de la exportación de banano (Brownrigg 1981).

La migración hacia El Oro contribuyó notablemente al enorme crecimiento poblacional de los centros urbanos de la provincia[6]. Sin

---

[5] Se calcula que alrededor de 60000 personas huyeron de la provincia de El Oro durante el conflicto (Rankin 2019, 166), aunque, según la misma fuente citada, al terminar la ocupación militar peruana, hubo un movimiento de retorno. Si bien no se conoce el número de desplazados correspondiente al suroeste de Loja, existen testimonios sobre la salida forzada de población de esta zona a causa de la guerra.

[6] En el período 1950 – 1962, Machala fue la ciudad ecuatoriana con mayor crecimiento poblacional,

embargo, la emigración lojana hacia El Oro no dependió únicamente del auge coyuntural, sino que tiene antecedentes de una tradición circulatoria entre las dos provincias, junto a la prevalencia de un espacio social que se extendía de manera transfronteriza en las zonas colindantes, producto de continuos intercambios y circulación (Brownrigg 1981).

Un dato que da cuenta de estas conexiones es el establecimiento de rutas de transporte entre las provincias. En 1961 se funda la Cooperativa de Transportes Loja, cuyas rutas inician conectando la ciudad de Loja con el centro y sur oeste de la provincia: Catacocha, Celica, Alamor, Cariamanga, Sozoranga, Alamor, Pindal, Zapotillo y Macará fueron las localidades entre las que circulaban inicialmente los autobuses de la cooperativa. La única ruta fuera de la provincia tenía como destino la ciudad de Machala, pasando por las localidades de Catamayo, Las Chinchas, Sambí, Portovelo, Piñas y Santa Rosa. En 1966 las rutas se ampliaron hacia Guayaquil, vía Machala, incluso antes de que existieran carreteras estatales (la cooperativa debió generar un acuerdo con haciendas privadas para usar los caminos de las que éstas disponían)[7].

De este modo, se puede ver el entrecruzamiento de circuitos diversos entre Loja, la provincia de El Oro y Guayaquil. A partir de los testimonios se puede comprender cómo se enlaza este circuito desde la experiencia vivida en la localidad, y, asimismo, cómo este empieza a extenderse más allá del espacio nacional.

Así, el testimonio de un hombre macareño asegura que la migración de esta ciudad a Guayaquil se vio facilitada por las operaciones del aeropuerto, inaugurado en 1947, y que esta ruta, a su vez, derivó en migración hacia Estados Unidos, afirmando que para los macareños "Guayaquil es la puerta de entrada a Estados Unidos" (Entrevista a Raúl, habitante de Macará, 25 de abril de 2014, citado en Eguiguren 2019, 142). Efectivamente, como se verá más adelante en el capítulo, varias entrevistas coinciden en situar a Macará como el origen de la más temprana migración lojana a Estados Unidos.

---

con una tasa del 299.2%, mientras que las localidades de Pasaje, Zaruma y Santa Rosa también tuvieron tasas de crecimiento mayores al 100% (Dalmasso y Fillón 1972, 92-93).

[7] Los datos sobre las rutas iniciales de la Cooperativa Loja constan en un número de la revista de la compañía, titulada *Adalid del Camino*, disponible en: https://issuu.com/paulaguilar/docs/revista_coop_loja.

Es probable que este reposicionamiento de Macará en las prioridades nacionales, junto con los más antiguos circuitos que enlazaban a la ciudad con Guayaquil, hayan facilitado la expansión del circuito hacia Norteamérica. Según recientes investigaciones, dicho reposicionamiento también tuvo lugar a una escala más amplia: en el contexto de la "política del buen vecino", con la cual Estados Unidos afianzaba su posición de poder frente a los países latinoamericanos, la guerra entre Perú y Ecuador no pasó desapercibida. Medios de comunicación como la revista TIME y ciertas radios norteamericanas difundían información sobre la guerra peruano-ecuatoriana (Ubelaker 2021), mientras que, finalizado el conflicto, la Oficina del Coordinador de Asuntos Interamericanos de Estados Unidos, envió una misión de emergencia a la provincia de El Oro, con el propósito de evaluar los efectos de la guerra y posibles mecanismos de asistencia para su rehabilitación (Rankin 2019). En este escenario, son plausibles las afirmaciones de un entrevistado acerca de la presencia de "turistas gringos" en Macará, con quienes habrían mantenido contacto algunos de los primeros habitantes que emigraron a Estados Unidos (Entrevistas a Carlos, 11 de marzo y 25 de abril de 2013).

Por otra parte, desde mediados de los años sesenta, la migración por colonización desde Loja se diversifica hacia las provincias de Zamora Chinchipe y Pichincha, y posteriormente se desarrolla una ruta migratoria entre Loja y el norte de la Amazonía, de la cual surge la ciudad de Nueva Loja[8] (Eguiguren 2019, Eguiguren y Ramos 2018). El traslado de migrantes en tanto colonos en estas décadas se produce en el contexto de los proyectos estatales de redistribución de tierras, que derivaron en políticas de reforma agraria y de colonización en diferentes zonas del país, principalmente en la Amazonía y en algunos sectores a lo largo de las estribaciones occidentales de los Andes. La implementación de estas políticas no estuvo exenta de tensiones, y favoreció solo de manera parcial a los trabajadores de la tierra. El acceso a tierras para la colonización se facilitó para sectores con mayor poder y capital social. Así, expertos coinciden en señalar que entre los colonos lojanos en Santo Domingo estaban antiguos terratenientes, y que, en el contexto del ascenso al poder de los militares, se privilegió en la repartición de tierras a militares locales o personas vinculadas con

---

[8] También conocida como Lago Agrio, es la actual capital de la provincia de Sucumbíos, constituida como tal en 1989.

ellos[9]. Ello implicó que el establecimiento de la colonia lojana en esta zona se caracterizara por la heterogeneidad de orígenes sociales (Eguiguren 2019) y la formación de vínculos entre clases sociales basados en la reproducción de la identidad de origen (Conde 2004).

Simultáneamente a estos movimientos migratorios, en este período la ciudad de Loja empieza a recibir migrantes que llegaban desde el interior de la provincia, así como desde las vecinas provincias de Zamora Chinchipe y El Oro (Pietri-Levy, 1988; Duverneuil, 1983). Esta migración está motivada por una diversidad de causas, objetivos y aspiraciones, entre las cuales se puede nombrar la búsqueda de empleo, así como la degradación de las condiciones para la reproducción social en el campo (lo cual llega a un punto crítico a finales de los años sesenta con la sequía). Sin embargo, en el contexto de múltiples circuitos y formas de movilidad discutido en este capítulo, de ninguna manera puede reducirse la migración a estos factores económicos y ambientales. En efecto, entre las personas que llegan a Loja están también hombres y mujeres ligados a sectores medios emergentes, buscando acceder a servicios, comodidades y horizontes de vida más amplios asociados a la vida urbana, particularmente, a la educación (Eguiguren 2021). Esto, en el contexto general de un empuje a la urbanización que se produce en Ecuador en las siguientes décadas.

Urbanización, profesionalización y migración a las ciudades

En las décadas de 1970 y 1980, la emigración lojana se hace aún más pronunciada (CONADE-UNFPA, 1987). La provincia de Pichincha se consolida en ese período como el destino más importante de los migrantes lojanos, junto con la provincia amazónica de Napo[10].

Si bien la sequía de finales de los años sesenta alimenta el proceso emigratorio en esta época, también lo hacen la continua migración lojana y las fuertes redes translocales que ésta construía, y que contaba con colonias de migrantes establecidas desde las décadas de 1920 en Guayaquil, 1940 en Quito y Santo Domingo y 1950 en localidades de

---

[9] Entrevistas a Jorge León Trujillo, politólogo, 22 de abril de 2013, y Trotsky Guerrero, economista y profesor de la Universidad Nacional de Loja, 14 de julio de 2012.

[10] El sector al norte de la Amazonía donde se establecieron los colonos lojanos, que eventualmente se convirtió en el poblado de Nueva Loja, se encontraba para la década de 1970 en la jurisdicción provincial de Napo. Con el tiempo surgió la demanda local de subdividir a Napo en dos provincias, creándose así Sucumbíos, con Nueva Loja como capital, en 1989.

la provincia de El Oro. Es decir que, para los años setenta, ya se puede hablar de una segunda generación de migrantes internos lojanos con una presencia colectiva visible en varias localidades del territorio nacional.

Al mismo tiempo, las transformaciones espaciales y la movilidad interna del país se aceleran debido a la urbanización promovida por el régimen de desarrollo en este período histórico (CONADE-UNFPA 1987; Deler 2007). Se trata de un contexto general de ampliación del Estado, de la infraestructura y servicios públicos que los gobiernos impulsaron en los años setenta, posibilitado por la nueva matriz económica basada en la extracción petrolera. El desarrollo entendido como urbanización, industrialización y planificación se había instalado en el país, no solamente en el nivel de las obras públicas, sino también en el de los imaginarios y discursos políticos. Estos se asociaban con la noción de pasar de ser una nación "atrasada" a una "moderna" (Whitten 1981, Vallejo 2004), que, al igual que en otros países y ciudades latinoamericanas, se construía sobre la base de nociones más antiguas de civilidad y con referentes espacialmente situados en aquellas regiones del mundo que se concebían como "adelantadas" en la senda del progreso: Europa, que había sido un referente desde el tiempo colonial, y que no deja de serlo posteriormente (Vera, 2013); y Estados Unidos, así posicionado desde la primera mitad del siglo XX (Pérgolis, 2011).

Es en este contexto que la urbanización es promovida de diversas maneras y con diferente magnitud en el Ecuador de los años setenta y en adelante. Tanto las ciudades centrales (Quito, Guayaquil, Cuenca) como las periféricas, y sus habitantes, buscan el "adelanto" y el "progreso".

En esta búsqueda podemos situar tanto el crecimiento de la ciudad de Loja, como la migración a otras ciudades del país y las primeras migraciones internacionales de población lojana[11].

Paralelamente, en estos años son más numerosas las migraciones internacionales, y a partir de ellas, se conforman redes migratorias. Se

---

[11] Durante el curso de la investigación que da lugar a este trabajo, así como en posteriores indagaciones, algunos testimonios dan cuenta de migraciones más antiguas a Estados Unidos y Canadá, entre las décadas de 1930 y 1960. Sin embargo, no se cuenta con información suficiente como para plantear si se trató de casos aislados, o si éstos pudieron haber iniciado redes migratorias que se ampliaron con el tiempo.

ha podido identificar dos tipos de trayectos migratorios en esta época. Uno de ellos, es el de hombres (y algunas mujeres) que, a partir de la década de 1970, se dirigieron a Estados Unidos, principalmente a las ciudades de Nueva York y Newark, y se insertaron en los sectores manufacturero y de servicios. Entre los migrantes entrevistados y referidos en las entrevistas, se ha identificado dos localidades de origen de estos primeros migrantes: las ciudades de Macará y Loja (Eguiguren 2019).

En el caso de Macará, tanto los habitantes de la localidad como los migrantes oriundos de allí y del resto de la provincia, identifican una antigua migración con destino a ciudades del estado de New Jersey, que inicia entre las décadas de 1960 y 1970. Es así que Nelson, macareño nacido en 1953, sitúa entre los años sesenta y setenta las primeras migraciones, que de manera simultánea se dirigían a destinos nacionales e internacionales:

N: Cuando, (yo tenía) más o menos, entre los doce a catorce años de edad, yo recuerdo que muchas familias salieron de Macará. Unas, al cantón floreciente de aquel entonces, Santo Domingo de Los Colorados, y otros, hacia el exterior.

M: ¿Ya al exterior en ese entonces?

N: Ya al exterior.

M: ¿Y a qué parte del exterior?

N: A New Jersey… a Elizabeth[12]… Y de unos 20 años acá, se abrió el campo para España, Italia.

(Entrevista a Nelson, 25 de abril de 2014).

Otros entrevistados de origen macareño también hablan de una migración significativa a la costa este de Estados Unidos. Carlos, nacido en Macará y residente en Loja al momento de la entrevista, cuenta que,

C: Mire, por ejemplo, yo me acuerdo que en los años setenta, cuando comenzó la sequía en Macará, Zapotillo, toda la provincia de Loja, ya comenzó la gente a salir a los Estados Unidos.

---

[12] Ciudad ubicada al norte del estado de New Jersey, Estados Unidos.

M: ¿Y cómo así a los Estados Unidos? (…) ¿cómo era, hablaban, se contaban? ¿Cómo era que se animaban a irse tan lejos?

C: Se iban a Estados Unidos porque tenían los **contactos** allá en Estados Unidos, de unos parientes que iban a estudiar. Se fueron a estudiar y algunos se quedaron, y comenzó (…) el éxodo de acá (…) especialmente Macará y La Delicia, que tenían muchos contactos con Estados Unidos.

(Entrevista a Carlos, 4 de abril de 2013, énfasis en la alocución original).

En la misma entrevista, Carlos detalló que el poblado de La Delicia es conocido localmente como "Nueva York chiquito", debido a la alta migración de la zona que se radicó en esa ciudad. Lojanos originarios de otras localidades de la provincia también reconocen la larga trayectoria de la colonia macareña en el este de Estados Unidos. En una entrevista realizada en 2013 a Sandro Valarezo, entonces presidente del Centro Social Loja de New Jersey, él explicó que los orígenes de esta asociación datan de principios de los años noventa, y que fue en un inicio fundada por macareños, para ese entonces, ya establecidos en la ciudad de Newark (Entrevista a Sandro Valarezo, 12 de noviembre de 2013)[13].

En los casos de Loja y Cariamanga, la migración internacional como proceso colectivo se desarrolla sobre todo a partir de la década de 1980, aunque algunos migrantes identificados durante la investigación llegaron a inicios de los setenta. Quienes recurrieron a la migración en esta época fueron hombres y mujeres, solos o en familia, de extracción social media y con un nivel de estudio medio o iniciados los estudios superiores, y en algunos casos, ya con títulos profesionales. Típicamente, estos migrantes llegaron bajo el estatus de turistas o a través de procesos de reunificación familiar, y se ocuparon en trabajos poco valorizados en la sociedad de destino, tal como sucede en general para los migrantes latinos en esta época (Bean, Telles y Lowell 1987, Rumbaut 1996, Cantazarite 2000).

En Loja esta migración está ligada a contradicciones entre el mayor

---

[13] En esta investigación se ha optado por revelar el nombre real de las personas entrevistadas solamente en los casos en que éstas cumplen un rol público, y la entrevista se ha hecho sobre ese rol. Este es el caso de este entrevistado.

acceso a la educación media y superior, la búsqueda de desarrollar carreras profesionales de la generación que inicia su vida adulta en esa época; y las pocas oportunidades profesionales y de satisfacción de aspiraciones personales que ofrecía la ciudad, capital de la provincia, pero periférica en el orden de la nación (Eguiguren 2021, 2019). Ello se da en el contexto de la crisis de los años ochenta, en la que se empieza a sentir el impacto de la política de ajuste asumida por los gobiernos.

Mientras que, en el caso de Cariamanga, la migración a Estados Unidos, a decir de habitantes de la localidad, ocurre a partir de esta época y aparece estrechamente conectada con la economía del narcotráfico que se desarrolla en la zona (Eguiguren 2019). Según personas entrevistadas en Cariamanga, es a partir de la acumulación de capitales de algunas familias insertas en este tipo de negocios, que éstas empezaron a "invertir" en la emigración de sus hijos a Estados Unidos, y más adelante, a Europa (Entrevistas a Joaquín y Nancy, 18 de octubre de 2014).

Como en otros casos de migrantes ecuatorianos y latinoamericanos que llegaron entre los años setenta y ochenta a Estados Unidos, la población lojana en general logró obtener los documentos de residencia, independientemente de haber llegado en una condición irregularizada a Estados Unidos. De la mano de los procesos de documentación, también han logrado una relativa integración social y económica, expresada por ejemplo en trabajos suficientemente remunerados, capacidad de adquisición de bienes en Estados Unidos y Ecuador y proyectos de vida asentados en el país de emigración.

El segundo trayecto migratorio que cobra relevancia en este período, está conformado por jóvenes que viajaron a países europeos, entre ellos varios pertenecientes a la URSS en las décadas de 1970 y 1980, muchos de ellos, becados, para realizar sus estudios universitarios o de posgrado (Eguiguren 2019; 2021). Su acceso a estudios en el extranjero se explica por la existencia de becas y el auspicio de diversos organismos, pero más ampliamente, por el contexto de la Guerra Fría, en el que tanto Estados Unidos como la Unión Soviética se disputaban la hegemonía cultural global, empleando, entre otros mecanismos, el de atraer estudiantes internacionales a las universidades (Epps 2009 y O'Mara 2012 en Eguiguren 2021: 87).

Varios entrevistados, provenientes de diferentes ciudades lojanas, fueron beneficiarios de becas de estudio en los países de la entonces Unión Soviética, y varios otros refirieron a familiares o amigos cercanos, que realizaron estudios en Rumanía, Checoslovaquia, Rusia, Hungría, así como en Suecia y Francia. Algunos mencionaron que el acceso a becas se facilitaba al estar involucrado en redes políticas: por ejemplo, un entrevistado que hizo sus estudios en Suecia, menciona a compañeros que habían obtenido becas por ser familiares de personas afiliadas a partidos políticos en Ecuador, y asimismo, otra entrevistada cuenta que algunos de sus hermanos se fueron a estudiar al extranjero a través de gestiones de su padre, quien era parte de "la célula" de izquierda (Entrevistas a José, 10 de noviembre de 2013 y a Emma, 25 de octubre de 2014).

Se observa que las vías para acceder a estudios en el exterior eran diversas y no dependían de una sola red o conjunto de organizaciones. Al recordar el contexto en el que salieron conocidos de su generación entre los años setenta y ochenta, Marcelo recuerda que, además de los estudios universitarios, había quienes se vinculaban a programas de intercambio cultural, a través de la Alianza Francesa de Loja[14] y el Programa de Ciudades Hermanas (Entrevista a Marcelo, 10 de noviembre de 2013).

En esta forma de movilidad, directamente relacionada con estudios y perfiles profesionales, también se encontraban profesionales de carreras técnicas que se trasladaron a Venezuela, en el contexto del auge petrolero de ese país, según recuerdan algunos entrevistados (Entrevistas a Carlos, 4 de abril de 2013 y Elena, 13 de febrero de 2014); sumándose a migrantes de otras localidades ecuatorianas, como Manabí y el sureste de la provincia de Cañar, que conformaron un circuito migratorio con ese país (Eguiguren 2019, Banda y Lesser 1987, Torres 2009). Para la época contemporánea, uno de los entrevistados, habitante de Macará, mencionó también la salida de profesionales de la salud a países sudamericanos, concretamente a Argentina. Se refirió a una prima suya, doctora en medicina, que llevaba más de 15 años viviendo en ese país, pero indicó también otros casos de médicos que

---

[14] La Alianza Francesa de Loja se creó en 1964. Fue la tercera sede ecuatoriana de esta organización (https://af-loja.com/quienes-somos/), e inicialmente presidida por un profesor belga que llegó a Ecuador a inicios de la década de 1960 con su familia, con la intención de radicarse en Guayaquil, mudándose más adelante a Quito y finalmente a Loja, donde la familia permaneció durante las siguientes décadas.

habían salido (Entrevista a Nelson, 25 de abril de 2014).

Las entrevistas ubican entre finales de la década de 1980 e inicios de la siguiente a los primeros migrantes lojanos que empiezan a dirigirse a algunos países europeos, como Inglaterra, Bélgica y España. La migración lojana se ha considerado como una de las pioneras de la emigración de fin del siglo XX hacia España (Gómez, 2001), sentando las bases de un nuevo circuito migratorio en la provincia y el país.

Para inicios de la década de 2010, cuando se realizó esta investigación, la trayectoria de esta migración lojana de origen urbano, iniciada entre las décadas de 1970 y 1980, se bifurca en dos tipos de posibilidades a futuro. Por un lado, los propios migrantes se acercaban a la edad de jubilación. Para muchos de ellos, esto implicaba plantearse la posibilidad de retornar a Ecuador, una perspectiva sobre todo presente entre quienes habían adquirido activos en Ecuador durante sus años de trabajo en Estados Unidos. Otros, en cambio, pensaban en experimentar con lo que podría llamarse un *retiro en movilidad*, es decir, la práctica de viajar periódicamente entre Ecuador y Estados Unidos en lugar de decidirse por un lugar definitivo para vivir su jubilación.

Comprender la movilidad como proyecto de vida

La movilidad a través del espacio geográfico, como práctica y experiencia enlazada en la trayectoria vital, se encuentra en el núcleo de esta investigación. La dimensión subjetiva de la movilidad se manifiesta en proyectos de vida que se extienden a lo largo de las tres generaciones estudiadas. Estos proyectos están anclados en imaginarios generacionales, y en imaginarios socio-espaciales sobre los lugares que se habita, por los que se transita, y los que se persiguen como deseables por diferentes motivos.

En lo que resta del capítulo, examinaré cuatro maneras en las que la migración adquiere sentido para las personas entrevistadas en relación con sus proyectos de vida: la posibilidad de romper con jerarquías sociales, las aspiraciones intergeneracionales, la educación y las expectativas laborales y la búsqueda de nuevos contextos y oportunidades más allá del lugar de origen. Mientras que en trabajos anteriores he enfatizado en las diferencias generacionales en los significados que la migración tiene dentro de los proyectos de vida (Eguiguren 2021; 2019), aquí examino cómo éstos significados atraviesan a más de una generación, aunque se presentan con más intensidad en una u otra.

Migrar para romper con jerarquías de clase y género

La sociedad lojana durante el siglo XX fue caracterizada como conservadora en términos de valores sociales tradicionales y vinculados con la religión católica predominante. Si bien se ha estudiado la existencia de posturas y actores que desafiaban la hegemonía local, sobre todo en la expresión de ideologías políticas desafiantes del orden conservador (Fauroux 1983); las ideologías tradicionales, particularmente aquellas centradas en la conformación de familias y lazos matrimoniales, así como en el orden de género patriarcal, han persistido en Loja a lo largo del siglo XX (Brownrigg 1981, Eguiguren 2019).

En ese contexto, varios testimonios revelan que la decisión de salir de la localidad de origen fue tomada por mujeres madres sin un vínculo matrimonial o pareja masculina, impulsadas por motivaciones en las que se mezclan las necesidades económicas con una voluntad de escapar o liberarse de presiones sociales asociadas a su condición de "madres solteras".

Para una época más reciente, y gracias al trabajo de investigadoras que han empleado marcos analíticos feministas, centradas sobre todo en la migración gestada en el contexto de la crisis nacional de 1998 – 2000 hacia España e Italia; se conoce que las mujeres que emigraron en esa época tenían motivaciones tanto económicas como afectivas, y derivadas de condiciones de género limitantes. Se buscaba emigrar también para romper con relaciones de pareja insatisfactorias, opresivas o violentas, para alejarse del control familiar o en busca de autonomía (Herrera y Martínez 2002, Pedone 2006, Ramos 2014). En el caso de Loja, el trabajo de Herrera y Martínez (2002) es uno de los pocos que pone atención a este tipo de motivaciones y aspiraciones de las mujeres migrantes.

En esta investigación encuentro que en anteriores generaciones las mujeres también recurrían a la movilidad buscando liberarse de condiciones opresivas de género. Estas situaciones aparecen en las tres generaciones, con varios casos de mujeres que deciden salir a otras ciudades en la provincia, en el país y fuera de él (Eguiguren 2019).

Verónica, quien nació y creció en Loja, decidió mudarse a Quito a inicios de la década de 1980, después de su intento de estudiar Mecánica, proyecto frustrado por el rechazo que experimentó en ese entorno eminentemente masculino, según ella misma reconoce, debido a su género. Reflexionando sobre sus motivaciones para salir de Loja, ella dice "yo salí de Loja porque no era como las mujeres tradicionales" (Entrevista a Verónica, 24 de noviembre de 2013). En esta expresión y en otros aspectos de su trayectoria, se puede apreciar la confluencia de distintos aspectos relacionados con el orden de género, que fueron motivando y moldeando su trayectoria de movilidad. Verónica había sido criada por su tía, pues su madre se fue a vivir a Quito, buscando trabajo, cuando ella era niña. No provenía, entonces, de una familia tradicional. Asistió a un colegio religioso para sus estudios secundarios, pero decidió cambiarse a otro colegio de régimen vespertino y finalmente a un colegio que ofrecía bachilleratos técnicos. Fue allí que se interesó por la mecánica, sin poder obtener esa especialidad. Después decidió ir a vivir a Quito, y allí encontró diversos trabajos que le permitieron financiar sus estudios en Turismo, todos en el sector de servicios y de preponderante inserción femenina: vendedora de joyas en un almacén, digitadora en una institución pública, y finalmente, azafata en una aerolínea. Este trabajo, que le facilitó obtener una visa para Estados Unidos, junto con el propósito de mejorar las condiciones de vida de su hijo de dos años, a quien mantenía sola, le hicieron contemplar la migración y finalmente tomar esa decisión.

En cuanto a las jerarquías marcadas por la clase social, ya en la década de 1980 se plantea que la presencia de migrantes del interior de la provincia, generalmente comerciantes que habían logrado cierta capacidad de acumulación, constituyó una forma de desafiar las rígidas divisiones de clase en Loja, y buscar al mismo tiempo una mejor posición social (Fauroux 1983). Las entrevistas realizadas no revelan aspiraciones explícitamente expresadas en términos de clase social, pero sí se observa que la experiencia migratoria contribuye a relativizar esas jerarquías, como expresaron varios testimonios de quienes emigraron a Estados Unidos, donde pudieron constatar una suerte de "igualación hacia abajo" entre los ecuatorianos: identificaron en sus narraciones a miembros de familias de élite, o personas con estudios universitarios, quienes no obstante, también debían insertarse en la parte inferior de la escala laboral y experimentar precarias condiciones de vida (Eguiguren 2019).

En otros casos, las trayectorias migratorias y laborales, tanto internas como internacionales, permitieron a los entrevistados cierta capacidad de acumulación invertida en bienes inmuebles o negocios, que a su vez les dio la posibilidad de cierto acceso a capital social y prestigio; es decir, la movilidad espacial en estos casos facilitó la movilidad social. Sin embargo, no se trata de trayectorias lineales, sino de complejos procesos que combinan momentos movilidad social ascendente y descendente a través del tiempo, o que implican que los sujetos se ubican simultáneamente en diferentes posiciones sociales en sus contextos de referencia: el de origen y el de residencia; además de revelar en muchos casos trayectorias familiares complejas, en las que incluso en la misma generación, los miembros de la familia se ubican en diferentes posiciones sociales.

Por ejemplo, es el caso de Ramiro, oriundo de la ciudad de Loja, quien concluyó su bachillerato e inició estudios universitarios en Arquitectura, a principios de la década de 1980. Sin embargo, a los dos años, dejó la universidad para tomar el puesto de su padre, dueño y conductor de un autobús de la Cooperativa Loja. Tres años después, Ramiro decidió emigrar a Nueva York con su esposa, machaleña, quien contaba con su madre residiendo en esa ciudad. Viajaron en avión a México y cruzaron caminando la frontera entre Tijuana y San Diego, para luego trasladarse a Nueva York. Aunque él no encontró trabajo inmediatamente, al cabo de un tiempo empezó como empleado de un supermercado, y allí fue ascendiendo paulatinamente. Logró comprar una casa después de cinco años de trabajar en Estados Unidos, pudo regularizar su estatus migratorio y, a los 10 años de haber emigrado, llevó a su primer hijo, quien se había quedado en Loja, cuidado por la abuela paterna. Después de 25 años como trabajador migrante en Nueva York, Ramiro había conseguido adquirir una casa allí y una en la ciudad de Loja, donde, para el momento de la entrevista, vivían su madre y hermana, lo cual permitía que su madre tuviera ingresos por el arriendo de su propia casa. En Loja, Ramiro también tenía departamentos de renta y una casa en Catamayo, donde pensaba instalarse durante su retiro.

Proyectos de movilidad, aspiraciones a la educación y trayectorias laborales

En las trayectorias migratorias reconstruidas, la migración hace parte de proyectos de movilidad intergeneracionales, en los que la aspiración de conseguir una educación formal, sobre todo a partir de la segunda generación (nacidos entre 1951 y 1970), es una motivación central para salir del lugar de origen (Eguiguren 2021; 2019). Esto ha sido investigado en otros estudios sociológicos y antropológicos sobre la migración internacional de ecuatorianos, notablemente por Gioconda Herrera, quien lo enmarca dentro de estrategias de reproducción social transnacional (Herrera 2013; 2016). Dichos estudios se refieren únicamente a la migración internacional, mientras que, en éste, me interesa resaltar cómo esta estrategia de movilidad se realiza también a escala nacional, se revela como un proceso de larga data, y en el caso de Loja, es parte de circuitos migratorios con trayectos internos e internacionales (Eguiguren 2021, 2019).

Una de las formas en las que las aspiraciones a la educación se interconectan con estrategias de movilidad, es el acudir a ciudades más grandes de la provincia o del país para realizar estudios de nivel medio o superior. En la primera generación esta posibilidad se contemplaba como un privilegio de la clase alta (Eguiguren 2021). En la investigación se identificó varios casos de hijos de familias de la élite local, pero también de familias de clases medias urbanas, que viajaron a Quito, Guayaquil y Cuenca, para estudiar en el colegio o la universidad.

Quienes en esa generación no pudieron acceder a la educación formal, centraron en sus hijos esta aspiración, apoyándose en estrategias de movilidad. Ello, en varios casos llevó a la migración familiar desde el interior de la provincia a la capital o a ciudades más grandes del país, aunque también se encontró un caso en el que una mujer madre de cuatro hijas y un hijo, emigró a Nueva York y posteriormente se radicó en Newark, donde paulatinamente se le unieron sus cuatro hijas mayores, y entre todas financiaron la carrera universitaria del menor de la familia (Eguiguren 2019).

Si bien no se identificó directamente casos en los que se haya enviado a hijos fuera del país por estudios, sí hubo varias menciones de migraciones a Estados Unidos motivadas o facilitadas en parte por contactos con personas que estaban estudiando en ese país.

Carlos, macareño citado más arriba, se refiere a contactos con parientes que se iban a estudiar como una de las formas en que se facilitó la migración en la década de 1970. Añade que, en ciertos casos, también se optó por viajar como estudiantes para poder emigrar:

> M: Pero la gente que salía a través de esos contactos, ¿era la gente que tenía más recursos?
>
> E: Un poco de recursos, porque en ese entonces costaba un poco (...) no tanto el pasaje, sino que tenían que tener sus valijas, sus bolsas de valores[15] y tanta cosa. Y más era los contactos y las invitaciones que les hacían de Estados Unidos acá, porque eran invitaciones como que se van a estudiar.
>
> M: Ah, salían como estudiantes.
>
> E: Salían como estudiantes, o sea, mejor dicho, era el contrabando migratorio.
>
> (Entrevista a Carlos, 4 de abril de 2013).

Para el contexto ecuatoriano, ir a estudiar a otro país, más aún en las décadas de 1960 y 1970, es una posibilidad que estaba al alcance de las élites únicamente. Es así que salir del país por estudios es comúnmente visto como algo distinto a la migración, definida sobre todo como un traslado por motivos laborales, y frecuentemente asociada a trabajos de baja calificación. Esto también está relacionado con un cierto imaginario que influye en la definición de quién es un migrante. Si bien existen importantes diferencias de recursos, condiciones de vida y, en la mayoría de los casos, estatus migratorio, entre migrantes laborales y estudiantes; en este caso se observa el entrecruzamiento entre la movilidad por estudios y aquella impulsada por la búsqueda de trabajo (Eguiguren 2021).

Ello se ve, en primer lugar, en la cercanía entre personas de diferente clase social de la que dan cuenta los contactos, referidos en las entrevistas, entre quienes estaban fuera del país por estudios, y quienes aspiraban a emigrar; que es lo que narra Carlos en la cita anterior. También es el caso de Elena, quien era comerciante minorista,

---

[15] Al decir "bolsas de valores" el entrevistado probablemente se refiere a la conocida "bolsa de viaje", que consistía en un monto de dinero con el que se debía contar para justificar el ingreso como turista a otro país, y que quienes se preparaban para emigrar generalmente conseguían a través de un préstamo informal. Sin embargo, el término se popularizó más adelante, alrededor de la década de 1990 y sobre todo como parte de las estrategias migratorias hacia España.

costurera y enfermera auxiliar, oficios que la sitúan entre las clases populares; pero era amiga de otras mujeres que estaban estudiando fuera del país (Eguiguren 2019). Otro ejemplo de estos contactos está en el testimonio de César, quien a mediados de la década de 1960 era estudiante en Quito, pero en sus círculos de amigos y conocidos lojanos había quienes estudiaban en el exterior:

C: (Cuando yo era) joven, en tiempo de vacaciones siempre íbamos para Loja, íbamos para Gonzanamá, Cariamanga…. Bueno, a toda la provincia, porque pasábamos bien como estudiantes ¿no? nos reuníamos con otros estudiantes que venían de otras partes. Venían estudiantes que ya vivían en los Estados Unidos, o vivían en Europa y…. uno los conocía en Quito, entonces venían las conversaciones ¿no? que en Estados Unidos esto, que en Europa esto, entonces venía esa, como una ilusión, decir 'yo también quisiera inmigrar allá'.

M: Ah…. o sea, chicos lojanos

C: Lojanos que ya vivían en el exterior, regresaban también a las vacaciones a Loja

(Entrevista a César, 18 de noviembre de 2013, citado en Eguiguren, 2021).

También están varios casos correspondientes al circuito de estudiantes que viajaron a Europa, mencionado en la sección anterior. Los casos de los que se tuvo información, ya sea los referidos en las entrevistas o los directamente entrevistados, muestran una mayor diversidad de clase, pues eran jóvenes que dependían de las becas que obtuvieron. Pese a que existía un imaginario de prestigio en torno a estudiar en otros países, las trayectorias encontradas han sido heterogéneas, pues no en todos los casos el regreso a Ecuador implicó insertarse en trabajos profesionales correspondientes a los estudios realizados. Incluso durante los años de estudio, la experiencia vivida significó afrontar procesos de racialización y condiciones distintas de las idealizadas en torno a la figura de ser estudiante en Europa. Así recuerda José, quien viajó a Suecia en 1972, con una beca para estudiar Ingeniería:

En Suecia me encontré con (menciona nombre de amigo), que estaba trabajando como controlador de metro… allá los estudiantes trabajaban, era muy común tener trabajos como ese, de fin de semana. Yo también trabajé de bus driver. Así hacíamos un dinero, aprovechábamos para ir a conocer [otros lugares]. Pero eran cosas que nunca se hubieran imaginado en Loja.

(Entrevista a José, 10 de noviembre de 2013).

José regresó a Ecuador 10 años después. Trabajó en algunas empresas en Quito, Loja y Machala, pero, debido a la crisis económica de finales de la década de 1990, optó por ir a buscar trabajo en Estados Unidos. Así como él, en otros casos de su generación, pese a sus estudios y las expectativas de ejercer un trabajo profesional, no pudieron desarrollar tal trayectoria. En esos casos, emigrar se presenta más bien como una alternativa dentro de sus proyectos a futuro, asociada a la posibilidad de sustentarse o mejorar las condiciones de vida propias o de la familia.

Fueron varios los entrevistados que abandonaron sus estudios universitarios o renunciaron al ejercicio de sus profesiones en el contexto de las continuas crisis económicas de las décadas de 1980 y 1990 en Ecuador, contexto al que se articuló la creciente extensión de las redes migratorias que enlazaban a sus entornos cercanos.

Ello, sin embargo, no ocurre de manera mecánica. Contrariamente al común imaginario que supone que, en contextos de crisis, la migración "se activa" inmediatamente, sin considerar la agencia ni la subjetividad de las personas; lo que se observa en los testimonios son complejos procesos de toma de decisiones, de sopesar alternativas, futuros posibles, movilizar redes de apoyo y recursos. En muchos casos, al tener que dejar la carrera o no poder concluir los estudios, intentaron buscar otras alternativas profesionales o salir a otras ciudades del país para realizar sus aspiraciones.

Javier, por ejemplo, salió de Loja para estudiar la carrera que buscaba en Quito. En medio de sus estudios, encontró una oportunidad de trabajo en Esmeraldas, y más adelante, abandonó su carrera para dedicarse exclusivamente a trabajar. Tiempo después, se decidió por ir a buscar trabajo en Miami, donde tenía conocidos.

Guillermo, por su parte, ejercía su profesión de psicólogo en Loja, pero la remuneración que recibía no era suficiente para el sustento de su familia. Él intentó durante un tiempo combinar sus ingresos profesionales con un pequeño comercio, pero, a través de un conocido, tuvo acceso a trabajar en las minas de oro en ese entonces instaladas en Nambija. Guillermo también decidió emigrar a Estados Unidos a principios de los noventa (Entrevista a Guillermo, 10 de noviembre de 2013, en Eguiguren 2019, 198).

En el caso de Verónica, mencionado previamente, se ve una trayectoria similar. En Loja, ella no pudo obtener la formación que le interesaba. También quiso estudiar Arquitectura en la universidad, pero al emigrar a Quito, terminó ejerciendo trabajos en ventas y servicios, al mismo tiempo que hacía sus estudios en Turismo. Sin embargo, fue justamente al vincularse a este ámbito que obtuvo un trabajo como tripulante de aerolínea, y después emigró (Entrevista a Verónica, 24 de noviembre de 2013, en Eguiguren 2019, 202).

En general, los entrevistados optaron por la migración, conscientes en muchos casos de que ello implicaría renunciar al ejercicio de su profesión, particularmente en el caso de quienes salieron del país, dadas las condiciones sociales, económicas y relativas al estatus legal en el país de destino (Eguiguren 2021; 2019). Al mismo tiempo, en sus relatos sobre la trayectoria laboral que siguieron como inmigrantes, se observa el enorme sacrificio vital que ha significado el proyecto migratorio en términos de tiempo dedicado al trabajo, restricciones en gastos, movimiento, condiciones de vivienda, aprendizaje de un nuevo idioma, sistemas laborales y culturales, entre otros aspectos. Son estas condiciones, comunes a una gran mayoría de inmigrantes latinoamericanos en regiones como Norteamérica y Europa, lo que hace que en algunas investigaciones se hable de procesos de movilidad social descendente y descalificación laboral (Canales 2006, Papademetriu, Somerville y Sumption 2009).

En el caso de estudio, esta es una dimensión de la trayectoria de la mayor parte de entrevistados, en tanto jóvenes de origen urbano con cierto nivel de estudios y aspiraciones conectadas a éste. Sin embargo, no es posible comprender estas trayectorias sin tomar en cuenta también un conjunto de significados asociados a la migración, que hacen que ésta forme parte de las expectativas, deseos y aspiraciones de los migrantes o potenciales migrantes, y que de hecho, forman parte de la experiencia vivida tanto como las aspiraciones y proyectos abandonados y los efectos de la inserción laboral y social racializada y desvalorizada que caracteriza a la inmigración desde el sur global hacia el norte global (Waldinger y Lichter, 2003).

Por ejemplo, en el contexto de Cariamanga en la década de 1980, salir a Estados Unidos se convirtió en una alternativa perseguida por jóvenes y familias con mayores recursos económicos. Así lo cuenta Joaquín, habitante de la localidad:

> Sí les mandaban bastante a Estados Unidos, mucha gente se fue... acá los que tenían dinero les mandaban a los hijos a EE. UU., no se preocuparon por darles el estudio... Pero ahora, por ejemplo, con las nuevas leyes el estudio ya favorece mejor. Porque ahora si uno no es estudiado no es nada. Pero antes el trabajo era todo, todo el mundo se dedicaba a trabajar.

(Entrevista a Joaquín, 18 de octubre de 2014)

De la cita se desprende que emigrar a Estados Unidos era visto como parte de un proyecto intergeneracional de un sector que había acumulado capital de manera relativamente rápida, según indican también otros testimonios de la localidad, al vincularse a la economía del narcotráfico (Entrevista a Nancy, 18 de octubre de 2014). De este modo, la migración no era únicamente una posibilidad ante la necesidad económica, o cuando el proyecto educativo o profesional había fracasado, sino que en algunos casos se optaba por emigrar en lugar de perseguir una formación universitaria.

Planteo que estas aspiraciones se construyen en un contexto donde influye, por un lado, la historia de la localidad vinculada a formas de comercio circulatorio (ganado y derivados, café, droga); y, por otro lado, un imaginario vigente en la época, por el cual se le atribuía un conjunto de connotaciones positivas a salir del lugar de origen para buscar trabajo y otras oportunidades en Estados Unidos.

Este es un imaginario que se configura sobre todo a partir de la segunda generación estudiada, hombres y mujeres que llegaron a la edad adulta entre las décadas de 1970 y 80 y que ubican sus aspiraciones en espacios fuera de su lugar de origen (Eguiguren 2021; 2019). Entre ellas, los entrevistados mencionan la posibilidad de vivir experiencias comprendidas como "nuevas" y "diferentes", conocer nuevos lugares, poder tener mejores condiciones económicas, ampliar los horizontes de vida, experimentar. Algunas personas entrevistadas, hombres y mujeres, hablan de estos sentimientos en términos de un sentido de "aventura" que tuvieron al emprender la migración, mientras que otras contrastan sentimientos de frustración e insatisfacción frente a su vida en el lugar de origen, con las expectativas más bien positivas que tenían al imaginar el proyecto migratorio (Eguiguren 2019).

Al mismo tiempo, enfatizan también en sus testimonios las múltiples dificultades que han experimentado en sus trayectorias a partir de la llegada; desde condiciones de vivienda precarias, no poder regresar a Ecuador ni reencontrarse con su familia, en algunos casos, durante años, hasta el sacrificio físico y mental de mantener largas jornadas laborales con el propósito de mejorar sus condiciones económicas, sostener a familiares a su cargo en dos o más lugares, y en ocasiones, contribuir con la economía de otros miembros de la familia; además de los esfuerzos por asegurar la adquisición de bienes tanto en la localidad de nueva residencia como en la de origen. Por las expectativas y orientación del proyecto migratorio hacia la educación de los hijos que es común entre migrantes ecuatorianos, Herrera habla de un "sacrificio generacional" (2016, 80), examinando el circuito migratorio Ecuador – España. Esto es también evidente en el caso estudiado.

En las entrevistas, varias personas tendían a narran las trayectorias laborales y educativas y ciertos aspectos del capital cultural de sus hijos adultos (como la habilidad de hablar dos o más idiomas) con un sentido de logro y éxito, y esto, tanto en el caso de hijos que crecieron junto a sus padres en la localidad de inmigración, como de quienes permanecieron en el lugar de origen. Ese tipo de narrativas sobre los hijos hacen parte de un sentido más amplio observado en las historias reconstruidas, en las que se apela a un auto-reconocimiento, orgullo y sentido de realización por la trayectoria de movilidad, más allá de, o pese a, las formas de desclasamiento, descalificación o precarización experimentadas.

Lejos de idealizar las trayectorias migratorias estudiadas, lo que se ha buscado con este análisis es mostrar cómo en los sentidos que se atribuye a la propia migración como experiencia vital, se entremezclan valoraciones positivas y negativas que revelan una gran complejidad de esta experiencia, que no se puede reducir a la noción instrumental de "ventajas" y "desventajas" de la migración. Más bien, se enfatiza en la necesidad de profundizar en la subjetividad, que, en el contexto de un territorio migratorio, como Loja, es construida en estrecha relación con la movilidad. Esto es necesario para poder comprender mejor la persistencia de la migración en las aspiraciones y proyectos de vida a través de las generaciones.

Conclusiones

En este trabajo se ha buscado comprender a la migración lojana como parte de circuitos de movilidad entrecruzados que se mantienen a lo largo de su historia contemporánea, marcando de este modo una distancia con la imagen sobre-compartimentada de la migración como episodios de anomalía que ocurren en determinados momentos históricos, como respuesta a una crisis, o que son fenómenos exclusivos de cierto sector social. Examinando cómo se ha visto la migración de Loja desde la historia regional, este trabajo cuestiona la explicación de la migración como un evento coyuntural que responde a causas puntuales y aisladas. Desde el enfoque transnacional y el de la circulación migratoria, he propuesto estudiar a la migración como un proceso de más largo alcance.

También he planteado la importancia de ir más allá del sesgo que ha llevado a ver a la migración interna como un proceso acotado al sector rural. Esta investigación muestra cómo distintas formas de movilidad se vinculan en el caso lojano, y se explica esta movilidad ligada a procesos más amplios de diferenciación espacial y de articulación de las zonas de la provincia con otros espacios (Eguiguren 2019).

Así, he buscado tomar los aportes de la literatura sobre la configuración del espacio regional en el caso de Loja, y hacer una relectura de esta línea de investigación para incorporar a las migraciones a la historia regional. Esto permite mostrar que la historia del espacio en Loja no se reduce al aislamiento, y se presenta así una nueva dimensión de los procesos históricos de articulación de la provincia al espacio nacional y global, a partir de rastrear los vínculos concretos de la provincia con otros espacios y flujos transnacionales.

Por otra parte, el estudio muestra la importancia de poner atención a la subjetividad en los procesos migratorios. A partir de reconstruir biografías y construir una mirada longitudinal centrada en las generaciones migrantes, se evidencian distintos alcances temporales de la movilidad. En las trayectorias vitales analizadas, la movilidad aparece en varios momentos, en diferentes escalas espaciales y con diferentes temporalidades, y en todos los casos, personas entrevistadas dan cuenta de otras experiencias de movilidad que forman parte de su entorno cercano: así las propias experiencias se acumulan con movilidades más antiguas, contemporáneas o proyectos futuros de movilidad de padres, hermanos, hijos.

En esta investigación se ha apostado por una comprensión de la migración que parte desde la experiencia vivida. Además de de las rutas y trayectorias que permiten reconstruir los circuitos migratorios, se ha buscado comprender cómo la construcción de sentido, las aspiraciones y deseos incorporan a la movilidad.

Investigaciones longitudinales sobre la migración transnacional ecuatoriana, han mostrado que las estrategias migratorias transnacionales no solamente permiten la reproducción social (cubrir necesidades, generar modos de vida), sino también, mantener proyectos a futuro. Esta mirada histórica y sociológica a un territorio de larga trayectoria migratoria aporta a este conocimiento mostrando que, en contextos de alta movilidad, los proyectos a futuro en sí mismos se construyen sobre estrategias de movilidad.

Examinar la manera en la que lojanos y lojanas de tres diferentes generaciones dan cuenta de sus propias trayectorias de movimiento durante su transcurso vital, ha permitido comprender cómo la migración está inmersa en la propia historia de movilidad del contexto local y se enlaza con circunstancias personales y familiares, e históricas, es condicionada a la vez por limitaciones y oportunidades, y es producto de procesos subjetivos como deseos, aspiraciones, planes, pero también de frustraciones y de renuncia a proyectos propios, para emprender otros pensados de manera transgeneracional.

Referencias

Banda, Cecilia y Mishy Lesser (1987) "Los que se van: la migración manabita a Venezuela". En *Sociedad y derechos humanos*, editado por Luis Barriga Ayala, Caracas: URSHSLAC – UNESCO, 193–242.

Bean, Frank D., Edward E. Telles, and B. Lindsay Lowell (1987) "Undocumented Migration to the United States: Perceptions and Evidence." *Population and Development Review* 13, no. 4: 671–690. https://doi.org/10.2307/1973027.

Berg, Ulla D (2015) *Mobile Selves: Race, Migration, and Belonging in Peru and the U.S.*

Social Transformations in American Anthropology. New York: New York University Press.

Brownrigg, Leslie Ann (1981) "Economic and ecological strategies of lojano migrants to El Oro". En *Cultural transformations and ethnicity in modern Ecuador*, coordinado por Norman Whitten, 303-26. Illinois: University of Illinois.

Canales, Alejandro (2006) "Los inmigrantes latinoamericanos en Estados Unidos: inserción laboral con exclusión social." *Panorama actual de las migraciones en América Latina*, 81-116.

Carling, Jørgen, and Francis Collins (2018) "Aspiration, desire and drivers of migration." *Journal of Ethnic and Migration Studies* 44, no. 6 (2018): 909-926.

Cantazarite, L. (2000). Brown-Collar Jobs: Occupational Segregation and Earnings of Recent-Immigrant Latinos. *Sociological Perspectives,* 43(1), 45–75. https://doi.org/10.2307/1389782

Clark, Kim (2001) "Género, raza y nación: La protección a la infancia en el Ecuador (1910 – 1945)". En *Antología Género*, Gioconda Herrera (editora), Quito: FLACSO Ecuador /Junta de Andalucía, 197–226.

CONADE – UNFPA (1987) *Población y cambios sociales. Diagnóstico sociodemográfico del Ecuador, 1950 – 1982.* Quito: Corporación Editora Nacional.

Conde, Ángel (2004) *Identidad y transmisión cultural del migrante lojano.* Quito: Casa de la Cultura Ecuatoriana.

Coronel, Valeria (2011) "A Revolution in Stages: Subaltern Politics, Nation-State Formation, and the Origins of Social Rights in Ecuador, 1834-1943". Tesis de doctorado. New York University.

Cortes, Geneviève y Laurent Faret (2009). "La circulation migratoire dans "l'ordre des mobilités". En *Les circulations transnationales. Lire les turbulences migratoires contemporaines*. Editado por Geneviève Cortès y Laurent Faret. Paris: Armand Colin, 7-20.

Dalmasso, E. y P. Fillón (1972)) "Aspectos de la organización espacial del Ecuador". *Revista Mexicana de Sociología* 34 (1): 75–94. doi:10.2307/3539349.

Deler, Jean-Paul (2007) *Ecuador: del espacio al estado nacional.* Quito: Universidad Andina Simón Bolívar / IFEA / Corporación Editora Nacional.

Duverneuil, François (1983) "Distribución de la población en la provincia de Loja y su evolución entre 1950 y 1974". *Cultura. Revista del Banco Central del Ecuador* 15 (29): 255–284.

Eguiguren, María Mercedes. 2021. "4. Migration, Betterment, and Modernity. Encounters and Un-Encounters Between Mobility and Access to Education as Life Projects in Three Generations of Migrants from Loja, Ecuador", en *Interrogating the Relations Between Migration and Education in the South. Migrating Americas*, Ligia (Licho) López López, Ivón Cepeda-Mayorga y María Emilia Tijoux (editoras), New York – Londres: Routledge. DOI: 10.4324/9781003090519-5. 79-97.

-------. 2019. *Movilidades y poder en el sur del Ecuador, 1950 - 1990.* Quito: Editorial FLACSO Ecuador.

-------. 2017. "Los estudios de la migración en el Ecuador: del desarrollo nacional a las movilidades". *Íconos, Revista de Ciencias Sociales*, 58 (mayo): 59–81.

Eguiguren, María Mercedes y Patricia Ramos. 2018. "Entre periferia, frontera y circulación: repensando la región sur del Ecuador desde la geografía feminista" en *Migraciones internacionales, Estado, crisis y desarrollo en Ecuador y Bolivia*, coordinado por Gioconda Herrera, Isabel Yépez y Jean-Michel Lafleur. Quito: FLACSO Ecuador, pp. 139 – 178.

Epps, William Thayer (2009) "Maintaining the Empire: Diplomacy and Education in U.S.-Ecuadorian Relations, 1933 - 1963." Dissertation, Austin: The University of Texas at Austin.

Fauroux, Emmanuel (1983) "Poder regional e instituciones regionales en la provincia de Loja desde principios del siglo XX: ejes de una investigación". *Cultura. Revista del Banco Central del Ecuador* 15 (20): 235–253.

FLACSO – UNFPA. 2008. *Ecuador: la migración internacional en cifras*. Quito: FLACSO Ecuador /UNFPA.

Gondard, Pierre (1983) "Interrogantes en torno a la región sur". *Cultura. Revista del Banco Central del Ecuador*, 15: 343–354.

Gil, Vanessa, Huston Gibson, y C.W. Minkel (2003) "Migration in the Peru / Ecuador boundary region". *GeoTrópico* 1 (2): 129–43.

Gómez, Emilio (2001) "Ecuatorianos en España: historia de una inmigración reciente". *Ecuador Debate*, 54: 175–187.

Guerrero, Trotsky (1995) *Vicisitudes y perspectivas del comercio campesino*. Loja: Editorial Universitaria.

Herrera, Gioconda (2016) "Respuestas frente a la crisis en clave de género: migración circular y retorno entre familias ecuatorianas en España y Ecuador." *Investigaciones feministas* 7, no. 1 (2016): 75-88.

--------. 2013. *"Lejos de tus pupilas". Familias transnacionales, cuidados y desigualdad social en Ecuador*. Quito: FLACSO Ecuador /ONU Mujeres.

Herrera, Gioconda y Alexandra Martínez (2002) "Género y migración en la región sur". Informe de investigación. FLACSO Ecuador.

Herrera, Gioconda; María Cristina Carrillo y Alicia Torres. 2005 (editoras). *La migración ecuatoriana transnacionalismo, redes e identidades*. Quito: FLACSO Ecuador /Plan Migración Cominicación y Desarrollo.

Hily, Marie-Antoinette (2009) "L'usage de la notion de «circulation migratoire»". En *Les circulations transnationales. Lire les turbulences migratoires contemporaines*, editado por Geneviève Cortès and Laurent Faret. París: Armand Colin, 23–28

Jaramillo Alvarado, Pio. 1955. *Historia de Loja y su provincia*. Loja: Casa de la Cultura Ecuatoriana.

Khagram, Sanjeev y Peggy Levitt. 2008. "Constructing Transnational Studies". En *The Transnational Studies Reader. Intersections and Innovations*, Sanjeev Khagram y Peggy Levitt (editors). Nueva York/London: Routledge, 1–22.

Lawson, Victoria (2000) "Arguments within Geographies of Movement: The Theoretical Potential of Migrants' Stories." *Progress in Human Geography* 24 (2): 173–89. https://doi.org/10.1191/030913200672491184.

Maiguashca, Juan y Liisa North (1991) "Orígenes y Significado del Velasquismo: lucha de clases y participación política en el Ecuador, 1920–1972". En *La cuestión regional y el poder*, editado por Rafael Quintero, 89-160. Quito:

Corporación Editora Nacional.

Middleton, DeWight R. 1981. "Ecuadorian Transformations: An Urban View". En *Cultural transformations and ethnicity in modern Ecuador,* editado por Norman Whitten, 211-32. Urbana: University of Illinois Press.

Minchom, Martin (1983) "The making of a White province: demographic movement and ethnic transformation in the south of the Audiencia de Quito (1670 –1830)". *Bulletin de l'Institut Français d'Études Andins* XII (3–4): 23–39.

Moya, Alba (1994) *Auge y crisis de la cascarilla en la Audiencia de Quito, siglo XVIII.* Quito: FLACSO Ecuador.

O'Mara, Margaret (2012) "The Uses of the Foreign Student." *Social Science History* 36 (4): 583–615.

Paladines Paladines, Félix (2006) *Loja de arriba abajo* Loja: Casa de la Cultura Nacional, Núcleo Loja. Serie identidad y raíces.

Papademetriu, Demetrios G., Madeleine Sumption y Will Somerville. 2009. *Migration and the Economic Downturn: What to Expect in the European Union.* Washington, DC: Migration Policy Institute.

Pedone, Claudia (2006) *Estrategias migratorias y poder: tú siempre jalas a los tuyos.* Quito: Abya - Yala.

Pérgolis, Juan Carlos (2011) "El deseo de modernidad en la Bogotá republicana. Un ejercicio sobre comunicación y ciudad. *Revista de Arquitectura,* 13, 4-12.

Petitjean, Martine e Ives Saint-Geours (1983) "La economía de la cascarilla en el Corregimiento de Loja". *Cultura. Revista del Banco Central del Ecuador* 15: 171–209.

Pietri-Levy, Anne-Lise (1993) *Loja, una provincia del Ecuador.* Quito: Banco Central del Ecuador.

Pietri-Levy, Anne-Lise (1984) "Loja: Commerce et organisation régionale". *Bulletin de l'Institut Français d'Étdudes Andines* 13 (3– 4): 9.

Preston, David y Gerardo A. Taveras (1976) "Características de la emigración rural en la sierra ecuatoriana". *Revista Geográfica* 84 (11): 23–31. https://www.jstor.org/stable/40992299.

Prieto, Mercedes (2004) *Liberalismo y temor: imaginando los sujetos indígenas en el Ecuador postcolonial 1895–1950.* Quito: FLACSO Ecuador /Abya-Yala.

Ramalhosa, Francisca y C.W. Minkel (2001) "Características de la Migración en la Provincia de Loja, Ecuador". Universidad de Tennessee. https://acoge2000.homestead.com /files/Loja_Migracion.pdf.

Ramón, Galo (2002) *Macará, mi tierra linda.* Quito: Comunidec.

Ramos, Patricia (2014). "Mujeres, circuitos y fronteras en el sur del Ecuador". Tesis de Doctorado en Ciencias Políticas y Sociales. Université de Liège, Bélgica.

Rankin, Monica (2019) "The United States in El Oro: the OCIAA and the diplomacy of emergency rehabilitation during WWII." *The Latin Americanist* 63, no. 2 (2019): 163-188.

Rivera Sánchez, Liliana (2012a)*Vínculos y Prácticas de Interconexión En Un Circuito Migratorio Entre México y Nueva York.* Colección Becas de Investigación. Buenos Aires: CLACSO.

http://bibliotecavirtual.clacso.org.ar/clacso/becas/20120507115705/Rivera Sanchez.pdf.

--------(2012b). "Las trayectorias en los estudios de migración: una herramienta para el análisis longitudinal cualitativo". En *Métodos cualitativos y su aplicación empírica: por los caminos de la investigación sobre migración internacional*, Marina Ariza y Laura Velasco (coordinadoras), México: UNAM-IIS /Proyecto DGAPA-PAPIME /El Colegio de la Frontera Norte. 1–22.

Rivera Sánchez, Liliana y Fernando Lozano Ascencio (2006) "Los contextos de salida urbanos y rurales y la organización social de la migración". *Migración y Desarrollo*, 6: 45–78.

Rivera-Sánchez, Liliana, y Eduardo Domenech (2021) "Sociology of Migration in Latin America", en *The Oxford Handbook of the Sociology of Latin America*, Xóchitl Bada y Liliana Rivera Sánchez (editoras), New York: Oxford University Press: 415 – 430.

Rodríguez, Martha (2015) *Cultura y Política En Ecuador: Estudio Sobre La Creación de La Casa de La Cultura*. Tesis. Quito: FLACSO Ecuador.

--------------------- (2009) *Narradores ecuatorianos de los 50: poéticas para la lectura de modernidades periféricas*. Quito: Universidad Andina Simón Bolívar / Corporación Editora Nacional / Ediciones Abya Yala.

Rumbaut, Ruben G. (1996) "Immigrants from Latin America and the Caribbean: A Socioeconomic Profile."

Saint-Geours, Ives. 1983. "La provincia de Loja en el siglo XIX (desde la Audencia de Quito al Ecuador independiente)". *Cultura. Revista del Banco Central del Ecuador* 15 (16): pp-pp. 209-33.

Tarrius, Alain. 2009. " Intérêt et faisabilité de l'approche des territoires des circulations transnationales". En *Les circulations transnationales. Lire les turbulences migratoires contemporaines*, coordinado por Geneviève Cortès y Laurent Faret, 43-52. París: Armand Colin.

Torres Proaño, Alicia (2009) "Quilloac: memoria, etnicidad y migración entre los kañaris, Ecuador". Tesis de maestría. Quito: FLACSO Ecuador.

Ubelaker, Lisa (2021) "The True 'Good Neighbor': Ecuadorian Public Diplomacy, Good Neighbor-era Mass Media and the Peruvian-Ecuadorian border conflict, 1940 – 1943" ponencia presentada en el XXXIX *International Congress of the Latin American Studies Association, LASA 2021 Crisis Global, Desigualdades y Centralidad de la Vida*, Congreso Virtual, 26 – 29 de mayo, 2021.

UNFPA – CONADE. 1996. *Migración y distribución espacial*. Quito.

Vallejo, Andrés (2004) "El viaje al Norte: migración transnacional y desarrollo en Ecuador". En *Migración y desarrollo: estudio sobre remesas y otras prácticas transnacionales en España*, editado por Natalia Ribas y Ángeles Escrivá. Madrid: Consejo Superior de Investigaciones Científicas, CSIC, Instituto de Estudios Sociales Avanzados.

Velasco, Laura y Giovanna Gianturco (2012) "Migración internacional y biografías multiespaciales: una reflexión metodológica". En *Métodos cualitativos y su aplicación empírica: por los caminos de la investigación sobre migración internacional*, Marina Ariza y Laura Velasco (coordinadoras), México: UNAM-IIS /

Proyecto DGAPA-PAPIME / El Colegio de la Frontera Norte, 115-150

Vera, Paula (2013) "El progreso como ensoñación social. Espacialidades de la modernidad en Rosario, Argentina", *Anuario N. 25*, Escuela de Historia, Revista Digital N. 4, Facultad de Humanidades y Artes, Universidad Nacional de Rosario, 58 – 90.

Villamar, David, Susana López y Betty Sánchez (2004) "El proceso emigratorio en la provincia de Loja". *Cartillas sobre migración*, 6. Plan Migración Comunicación y Desarrollo.

Waldinger, Roger y Michael Lichter (2003) *How the Other Half Works. Immigration and the Social Organization of Labor.* Berkeley – Los Angeles – London: University of California Press.

Whitten, Norman E Jr. (1981) "Introduction". En *Cultural transformations and ethnicity in modern Ecuador*, Norman E. Whitten, Jr. (editor), 1 - 44. Urbana: University of Illinois Press.

Yépez Del Castillo, Isabel y Lafleur, Jean-Michel (2014) "Transnacionalismo y circulación migratoria: dos visiones para repensar el vínculo entre migración y desarrollo", en Gioconda Herrera (editora) *El vínculo entre migración y desarrollo a debate. Miradas desde Ecuador y América Latina*, FLACSO - ARES - UCL - ULG, p. 71-94.

PERCEPCIONES NEGATIVAS HACIA LA INMIGRACIÓN VENEZOLANA DESDE UN ENFOQUE ECONÓMICO Y SOCIAL

Jessica Ordóñez Cuenca, Alexis Gaona Albito,
Tatiana Gordillo Iñiguez

Introducción

La integración de las personas migrantes es un objetivo importante en la agenda de muchos países, puesto que según la International Organization for Migration (2018) "si la migración está mal administrada puede tener un impacto negativo en el desarrollo, poner en peligro a los migrantes, someter a tensiones a las comunidades y minimizar los beneficios en materia de desarrollo" (p.11). En este contexto según International Organization for Migration & McKinsey & Company (2018), las acciones de política como la naturalización, el acceso a servicios de salud, educación y vivienda, la inclusión social, el fomento de la participación cívica, adquisición del lenguaje, contribuyen con el incremento de la fuerza laboral, mejora la salud pública, la productividad y competitividad, y la capacidad de contribuir con la sociedad de acogida.

En Ecuador las políticas públicas relacionadas con el marco normativo inician con la Constitución de la República de 2008, la cual estipula el derecho a migrar y el respeto a los derechos humanos de las personas migrantes, en general: salud, educación, trabajo y participación política, para ello se han establecido ejes de control como la Defensoría del Pueblo y el Consejo de Participación Ciudadana y Control Social. En 2017 aprobó la Ley de Movilidad Humana, la cual "eleva a normativa las políticas determinadas en la Constitución", según lo hace notar el informe a 2018 de la Organización Internacional para las Migraciones (OIM) sobre el Marco de Gobernanza de la Migración (MiGOF). Pese a ello, en la práctica, según Pasetti et al. (2021, p. 4) "la brecha entre el reconocimiento de jure y de facto de los derechos se agudiza en el contexto de crisis", este es el caso de Ecuador donde la crisis económica ha limitado los medios para hacer efectivos los derechos que por ley se establecen para las personas migrantes, por ejemplo, el derecho al trabajo dado que la mayoría labora en el mercado laboral informal.

Este trabajo tiene por objetivo conocer los determinantes de la percepción negativa hacia la inmigración de personas venezolanas en la ciudad de Loja (Ecuador). Esta ciudad se encuentra al sur del Ecuador y conduce hacia las unidades de control migratorio con destino a Perú, el Paso Fronterizo (cantón Macará), Paso Fronterizo Jimbura (cantón Espíndola), Paso Fronterizo de Alamor (cantón Puyango). También colinda con el paso fronterizo de Santa Rosa, ubicado en la provincia de El Oro. La ciudad de Loja ha sido tradicionalmente un lugar de migración interna e internacional y, por lo tanto, receptora de remesas de los migrantes que residen en países como España, Estados Unidos o Italia.

En los últimos cinco años, dada la masiva migración internacional de personas venezolanas hacia países de la región de América Latina y el Caribe, Loja se convirtió en una ciudad de paso o residencia temporal/definitiva de personas y familias venezolanas, debido a que el destino migratorio de estos colectivos es primordialmente Chile. No obstante, a menudo establecen su residencia en esta ciudad por la carencia de dinero para continuar el viaje; trabajar y ahorrar; esperan la reunificación familiar o pertenecen a alguna red migratoria asentada en la urbe.

La metodología de este estudio es cuantitativa basada en datos estadísticos descriptivos y estimaciones econométricas tipo *logit* para establecer los determinantes de las actitudes negativas hacia la población venezolana. La hipótesis que se contrasta es si las percepciones negativas respecto de la inmigración de personas venezolanas están condicionadas por factores socioeconómicos tales como género, edad, nivel de educación e ingresos, entre otros. La base de datos es la encuesta denominada *"Estudio de Percepción de la Población Lojana hacia la Población Inmigrante proveniente de Venezuela"* que pertenece al Proyecto de Fortalecimiento Movilidad Humana - Loja, ejecutado por la Universidad Técnica Particular de Loja, realizada en diciembre de 2020 en la ciudad de Loja y en el contexto de pandemia por el COVID19. Las preguntas que se toman como base para medir la percepción negativa son: i) la inmigración venezolana es negativa; ii) percepción asimilacionista: los inmigrantes venezolanos deberían olvidar su cultura y costumbres y adaptarse a las lojanas; y iii) el número de venezolanos en Loja es elevado o excesivo.

Los principales resultados del estudio muestran concordancia con otros similares por medio de la variable edad, debido a que se concluye que las personas jóvenes (menores a 30 años) tienen una menor probabilidad de percibir a la inmigración como negativa, de considerar como importante que una persona migrante cambie su cultura y adopte el modo de vida de los lojanos, o que vean a la inmigración como excesiva. Lo mismo sucede con la variable estado civil, donde se muestra que las personas casadas, en unión libre o divorciadas parecen tener menor probabilidad de percibir a la migración de forma negativa, esto con respecto a los solteros.

Por otra parte, la probabilidad de percibir a la migración negativa incrementa notablemente con las personas que tienen 50 años o más y también si es mujer respecto a ser hombre. Esta característica relacionada con las mujeres es contraria con la evidencia empírica donde se señala que las mujeres suelen tener mayor empatía por los grupos socialmente excluidos. Por otra parte, los resultados no son claros cuando se refieren a si un mayor nivel de educación incrementa la probabilidad de tener una mejor percepción hacia los inmigrantes (no son significativos). Tampoco se halla significancia en las variables religión e ideología por lo que no se puede concluir nada al respecto.

La importancia de estos resultados apunta hacia la necesidad de la sensibilización de la población local respecto de las personas migrantes, mediante la aplicación de políticas públicas focalizadas e incidir a través de acciones como la formación y el desarrollo capacidades para lograr una convivencia armónica entre los locales e inmigrantes, particularmente al considerar la edad y el género (Ver en Chatruc & Rozo, 2021).

El contexto de la migración internacional venezolana.

En el siglo XX Venezuela se había configurado como un país receptor de inmigrantes, a mediados del siglo XXI inicia su proceso emigratorio por factores políticos y económicos (Castillo Crasto & Reguant Álvarez, 2017). En un inicio salieron con destino a España y Estados Unidos, pero esta situación se revirtió hacia países de América Latina, región que concentra alrededor del 70 % de persona venezolanas refugiadas y desplazadas en el extranjero (Ramírez et al.,

2019).

Las personas venezolanas migran por diferentes motivos: carencia de recursos económicos, problemas de salud, la referencia de amigos o familiares (redes migratorias), el grave deterioro del país y la inseguridad personal y jurídica (Paz Noguera et al., 2021), la elevada inflación y la escasez de alimentos (Castillo Crasto & Reguant Álvarez, 2017). Para Ramírez et al. (2019, p.7) esta migración "es el mejor reflejo de la crisis interna calificada como crisis humanitaria", y las personas venezolanas llegan a Ecuador porque es un país dolarizado y por la expectativa de percibir un salario básico que supera con creces el de Venezuela.

Adicionalmente, se distinguen dos etapas de la migración venezolana en Ecuador, la primera por las razones anotadas anteriormente, y la segunda por la reunificación familiar, principalmente para las personas que migraron entre 2018 y 2019 y está compuesta por mujeres, niños y jóvenes principalmente (Banco Mundial, 2020).

La migración venezolana se da en un contexto de crisis, la personas salen de forma indocumentada y por pasos ilegales, contiene a personas jóvenes, es una migración familiar y está compuesta por personas con formación académica y experiencia laboral amplia en su país de origen, de esta manera de Venezuela entre "1960-2014, emigró el 14% de la comunidad científica, lo que corresponde a 1783 investigadores, que son responsables del 31% de la producción científica venezolana" (Paz Noguera et al., 2021, p.80), lo que evidencia una fuga de cerebros. Ecuador es uno de los países que recibió a estos migrantes calificados los cuales se han ubicado en el área de energía, petróleo, salud y educación. Entre sus destinos migratorios se encuentran países como Colombia, Perú y Ecuador, que también son lugares de tránsito hacia destinos como Argentina y Chile; sumado a esto se exhibe la migración fronteriza de venezolanos a Brasil (Ramírez et al., 2019).

Según la encuesta de la Organización Internacional Para Las Migraciones (OIM, 2021), en junio, el 51% de los encuestados varones y el 46,4% de mujeres percibió ingresos mensuales de entre 200 y 400 dólares. Además, que el 43,8% de los hombres y el 54,5% de las mujeres percibieron de 0 a 200 dólares al mes. Menos de un salario básico unificado de 400 dólares. Se destaca que la condición migratoria de las personas venezolanas en Ecuador es en la generalidad de estatus irregular (81,8%); por tiempo de residencia, el 75% de las personas que residen más de un año en el país y el 95% de los que residen menos de un año, tienen un estatus de irregular. La inserción laboral es en gran parte en el sector informal de la economía, y el 76,8% de los entrevistados realizan alguna actividad económica, principalmente en comercio, y 19,4% se encuentra en situación de desempleo.

Ramírez et al. (2019) detecta dos tipos de discriminación hacia las personas migrantes venezolanas en Ecuador, la primera es hacia la condición de precariedad en la que viven, y la segunda es la que se desarrolla entre los mismos venezolanos por su ideología: "observamos una discriminación por afiliación política" (p.24). Este autor destaca que como prueba de esto para que estas personas logren ingresar a un grupo de Facebook de venezolanos en Ecuador se tiene que responder negativamente a la pregunta:" ¿Eres chavista?", caso contrario no pueden ingresar.

El Banco Mundial (2020) a través de la Encuesta a Personas en Movilidad Humana y en Comunidades de Acogida en Ecuador (EPEC), evidencia que el 65% de las personas venezolanas que ingresan por la frontera norte (Carchi y Sucumbíos) residen mayoritariamente en Guayas, Manabí y Pichincha, y Guayaquil, en orden. El 40% de los venezolanos sufrieron discriminación por su nacionalidad; por otro lado, la percepción de los ecuatorianos es que existe mayor criminalidad a causa de la migración por lo que la mayoría piensa que, la migración venezolana tiene un impacto negativo en la economía y que los inmigrantes constituyen una mala influencia para nuestra cultura.

La integración de las personas inmigrantes: el reto de la sociedad receptora.

La inmigración tiene efectos positivos y negativos tanto en el país emisor como en el receptor, no obstante, se ha ponderado mediáticamente los efectos adversos de este proceso, por ejemplo, se relacionan los casos de violencia o delincuencia con la mayor presencia de inmigrantes, lo que ha alimentado las percepciones xenofóbicas y discriminatorias. En palabras de Herrera (1994) se considera a la migración como "un problema social y no como un problema sociológico" (p.43). De esta manera se desconoce los efectos positivos de la inmigración tales como el aporte de mano de obra calificada y no calificada, equilibra el crecimiento de la población y favorece el intercambio cultural, entre otros.

Sin embargo, cuando no existe un proceso de integración por parte de los gobiernos tanto a nivel nacional como local, se suelen dar múltiples procesos que tienden a la exclusión o a otros efectos adversos tales como la aculturación, la segregación o asimilación. Por ello, es necesario explicar lo que se conoce como aculturación y sus diferentes acepciones. Berry (1997) establece que la aculturación es un término empleado para referirse a los cambios culturales que resultan cuando dos grupos sociales se encuentran, la misma que puede darse entre uno o ambos grupos, pero, generalmente es un grupo es el que tiende a cambiar. La aculturación se relaciona con la imposición de patrones culturales, entre las estrategias de aculturación están la asimilación, la integración, la marginalización, segregación y separación. El proceso más exitoso sería la integración y, el menos deseado la marginación.

La asimilación es el proceso de adecuación del inmigrante a la sociedad receptora (Blanco, 2000), además según Retortillo Osuna et al., (2006) la integración puede ser: i) social, económica y cultural, la cual implica la inserción del migrante en el mercado laboral, la satisfacción de sus necesidades básicas y situación familiar; ii) cultural, implica la asimilación del inmigrante con las creencias, costumbres de la sociedad de acogida; iii) jurídica, es decir, la regularización del migrante.

Las personas pueden elegir la opción de separación, pero cuando es una decisión de la sociedad dominante se denomina segregación. Así mismo, como resultado de un proceso de asimilación forzada combinada de exclusión forzada, se produce la marginación. Consecuentemente, la integración es una estrategia colectiva y la asimilación es individualista (Berry, 1997). Además, en contextos de alta inmigración es necesario que se "activen mecanismos de planificación para enfrentar las demandas de atención en diferentes áreas" (Abierto et al., 2019, p. 214) y se construyan o perfeccionen políticas públicas culturales, sociales, cívicas, y económicas que promuevan la integración.

Sumado a esto, se destaca que la estrategia de integración se practica en sociedades multiculturales que cumplen ciertas condiciones psicológicas previas como que la sociedad acepte y valore la diversidad cultural, que existan niveles relativamente bajos de prejuicio (es decir, mínimo etnocentrismo, racismo y discriminación); y presencia de actitudes positivas entre grupos culturales e identidad cívica con la sociedad en general por parte de todos los grupos (Berry, 1997). Según Scholten & Penninx (2016) la integración es un proceso bidireccional, el cual no significa un esfuerzo solo de las autoridades a nivel nacional, regional y local, sino que también requiere de un compromiso de la sociedad de acogida.

Determinantes socioeconómicos de las percepciones y actitudes sobre la inmigración

Una percepción se compone de factores externos como las sensaciones, y también de factores internos como las necesidades y motivaciones. La percepción social es un proceso subjetivo y temporal, es decir, evoluciona con el tiempo creando nuevas experiencias, necesidades y motivaciones. Por otro lado, una actitud es una conducta que determina las actividades reales o posibles del individuo en el mundo social, las actitudes predicen mejor el comportamiento en comparación con las opiniones, son estables y evaluativas, pueden modificarse a través de mensajes persuasivos fuertes (Oskamp, 1977; Briñol et al., 2002).

González & Mackenna (2019) destacan que una mayor interacción entre inmigrantes y nativos reduce los niveles de discriminación y mejora el entendimiento social, lo cual contribuye a fortalecer la resiliencia entre las comunidades y reduce los niveles de discriminación. En este estudio realizado en Chile, el objetivo es conocer la influencia de la diversidad del entorno social sobre las actitudes hacia la migración producida por la llegada de extranjeros. Así, se demuestra una actitud a favor de la inmigración en hombres y mujeres, en las personas que conviven con una pareja, en aquellos que tienen 13 años de educación y los pertenecientes al grupo etario de entre 18 y 34 años.

En otro estudio realizado en Chile, Navarrete Yánez (2017) se consulta sobre las opiniones respecto de modelos de incorporación de inmigrantes y sobre la diversidad cultural, y se exhibe una mayor predisposición a favor del multiculturalismo por parte del 51 % de las mujeres y el 50 % de los hombres; además según la autoidentificación ideológica, las personas con ideología de izquierda están más dispuestos a rechazar prácticas de asimilación y monoculturalidad.

En España, la encuesta "Actitudes hacia la inmigración", evidencia que en 2017 los migrantes se perciben como "competidores de recursos escasos" debido a que el 65,5 % de los españoles asumen que: reciben más de lo que aportan, y que tiene mayores ayudas en relación a otros grupos desfavorecidos como las personas mayores que viven solas, pensionistas o parados. Las preferencias por las características que deberían tener los migrantes, en orden de importancia, son: la disposición a adoptar el modo de vida del país, estar en posesión de la cualificación laboral necesaria para España, estar en posesión de un buen nivel educativo. Son favorables a la integración, esto representado por el 45,9 % de los españoles en 2017, considerando que:

> "aunque aprendan nuestra cultura y costumbres, es bueno que los inmigrantes también mantengan su cultura y costumbres... siempre y cuando solo mantengan aquellos aspectos de su cultura y costumbres que sean socialmente aceptables en nuestro entorno" (Fernández et al., 2017, p.91)

En contextos de alta inmigración es necesario que se "activen mecanismos de planificación para enfrentar las demandas de atención en diferentes áreas" (Abierto et al., 2019, p. 214) y se construyan o perfeccionen políticas públicas culturales, políticos, sociales y económicas que promuevan la integración. Para Acosta & Freier (2015) al parecer existe una paradoja inversa entre el discurso de recibir a todos los migrantes desde unas legislaciones innovadoras que favorecen a la migración documentada, quienes pueden acceder a todos los derechos, pero relega a los indocumentados, que son la mayoría. Este análisis se realizó previo a la publicación de la Ley de Movilidad Humana en Ecuador, y otras leyes en Brasil y Chile, a la espera de que la situación pueda cambiar.

Zepeda & Carrión Mena (2014) a partir de una encuesta Las Américas y el Mundo: Ecuador 2014 destacan que existe una percepción positiva de los ecuatorianos respecto de la población extranjera, esta aumenta entre las personas jóvenes (55, 8 %), los que se identifican como de izquierda (56 %) y los que residen en las zonas de frontera (63 %). En esta encuesta se destaca que las personas españolas y estadounidenses gozan de una mejor aceptación que los colombianos y haitianos. Pese a ello se evidencia una actitud xenofóbica frente a los migrantes indocumentados, donde la mayoría de las personas (93 %) están de acuerdo en que se construyan muros o se incremente el control fronterizo.

Del mismo modo, para How the World Views Migration (Organización Internacional para las Migraciones, 2015), algunas características sociodemográficas están relacionadas con actitudes positivas respecto de la inmigración, por ejemplo, son más empáticas las personas adultas con título universitario frente a los que tienen títulos más bajo, o quiénes perciben que la situación económica de su país es buena o está mejorando; y los jóvenes en general. Las actitudes negativas parten de personas que se encuentran en situación de desempleo frente a los empleados. Además, se destaca que existe una relación entre las actitudes respecto a los inmigrantes y la política inmigratoria, es así que cuando la opinión pública hacia la inmigración es en promedio negativa, las políticas gubernamentales tienen como objetivo disminuir el nivel de inmigración a sus países y viceversa.

La inmigración calificada según Caicedo (2020), puede estimular el crecimiento económico, pero también se ha constatado que contribuye con la reducción de trabajadores calificados en la fuerza laboral ("fuga de cerebros") del país emisor. Según Dustmann et al., (2008) la forma en que los inmigrantes influyen en el mercado laboral depende de la relación entre el nivel de educación de los inmigrantes y nativos y de la oferta de capital, si el capital es perfectamente elástico no existe efecto en el mercado laboral local siempre que la composición de habilidades de ambos grupos sea idéntica, por lo que, la economía absorbe el incremento de la oferta laboral por expansión. Las percepciones negativas provienen de los trabajadores menos cualificados preocupados por la presencia de inmigrantes poco cualificados, con quienes compiten en el mercado laboral (Malchow-Møller et al., 2008).

En la misma línea, en un estudio experimental realizado por Caicedo & Badaan (2021) a estudiantes universitarios, el cual tiene por objetivo conocer los motivos de las actitudes hacia los inmigrantes no autorizados, a través de variables como la ideología política, las etiquetas sociales y el contexto social, obtienen que un mayor apoyo al sistema y el conservadurismo político predicen actitudes negativas hacia los inmigrantes. Sumado a esto, Javdani (2020) determina que los factores sociopsicológicos, como la pérdida de identidad étnica o cultura, tienen mayor relevancia que las preocupaciones en la formación de actitudes negativas sobre la inmigración.

Posteriormente, en Docquier et al., (2019), se realiza un análisis del efecto de la edad, la educación y la migración, las tres fuerzas que cambian la estructura salarial, en un estudio para los países de la OCDE, donde se obtiene que el efecto de las tres variables es uniforme e igualitario, y que específicamente el efecto de la migración es relativamente débil y positivo.

En particular, el enlace entre habilidades y preferencias de políticas de inmigración sugiere el potencial de que la política de inmigración esté conectada con la política redistributiva dominante sobre la cual los partidos políticos a menudo compiten en las elecciones (Scheve & Slaughter, 2001). Es así que existe una correlación positiva con las preferencias favorables a la inmigración en países con un Producto Interno Bruto PIB per cápita alto, y una correlación negativa con las preferencias favorables a la inmigración en países con un PIB per cápita bajo (Mayda, 2006). Además, las personas menos cualificadas (más cualificadas) prefieren una política migratoria más (menos) restrictiva (Scheve & Slaughter, 2001).

Por último, en el trabajo de Sirlopú et al., (2015) se realiza un análisis de los determinantes sociodemográficos y psicológicos como predictoras del multiculturalismo en Chile. En este estudio se recalca la importancia de hacer un análisis del determinante género en trabajos que estudian la aprobación o desaprobación hacia el multiculturalismo, así mismo se implementan en el estudio variables como edad y el nivel socioeconómico. Los resultados en cuanto a la propensión hacia una percepción negativa o positiva diferenciada por género son discutibles porque depende del contexto social, económico y cultural, sin embargo, los autores logran identificar a las mujeres como un grupo que apoya o está de acuerdo con el multiculturalismo. Contrario a este resultado se encuentra el trabajo de Burns & Gimpel (2000) donde este mismo grupo parece ser fiel a los valores tradicionales estadounidenses oponiéndose más a la inmigración ilegal a comparación de los hombres.

Metodología y resultados

Los datos

Este documento se basa en el *Estudio de percepción de la población lojana hacia la población inmigrante proveniente de Venezuela* del Proyecto de

Fortalecimiento Movilidad Humana Loja, 2020, ejecutado por la Universidad Técnica Particular de Loja y financiado por el Fondo Ítalo Ecuatoriano para el Desarrollo Sostenible, a partir de un muestreo aleatorio simple donde se obtuvieron 384 encuestas aplicadas, el 40 % de forma telefónica y 60 % cara a cara, a la población entre 15 y 65 años residentes en el área urbana de la ciudad de Loja, ubicada al sur de Ecuador.

Las preguntas seleccionadas para este estudio son 3, de tipo cerradas con cinco opciones de respuesta según una escala de tipo Likert o escala de acuerdo, a través de la cual se obtiene la reacción de las personas locales respecto de las categorías que se muestran en la Tabla 1. Adicionalmente, las variables de tipo ordinal se transformaron a nominal para identificar la percepción negativa o positiva (a favor o en contra). Para la pregunta 2, se ha tomado en consideración solo la categoría 3, esto es, "los inmigrantes venezolanos deberían olvidar su cultura y costumbres y adaptarse a las lojanas", la cual se considera como negativa pues la percepción es asimilacionista.

Este estudio se enfoca en la percepción negativa que tienen los residentes o locales, respecto de los inmigrantes de nacionalidad venezolana. Se operaron las respuestas relacionadas con las percepciones negativas identificando tres preguntas binarias con las que se realizan los modelos probabilísticos. La primera pregunta es una valoración general sobre si la inmigración es positiva o negativa, aquí se toma como referencia las respuestas negativas. La segunda pregunta se enfoca en las respuestas que muestran una postura negativa hacia la forma de integración de las personas migrantes. Por último, la pregunta tres permite identificar si las personas consideran que el número de inmigrantes venezolanos es excesivo.

En la Tabla 2 se presentan los datos cruzados entre la primera pregunta (si la inmigración es positiva o negativa) y algunas características de la población. El principal hallazgo es que existe una clara diferencia entre aquellos que responden que es positiva y aquellos que es negativa. En promedio, el 60% de los encuestados responde que es la inmigración venezolana es negativa para el cantón lojano. Este patrón se mantiene en todas las categorías: genero, edad, educación, ingreso, etc.

Tabla 1. Preguntas según escala Likert

Preguntas	Opciones de respuesta
P1. En términos generales, ¿cree Ud. que la inmigración venezolana es positiva o negativa para este cantón?	1 Positiva 2 Negativa
P2. Si una persona llega a vivir a esta ciudad, es importante o muy importante que: ¿Con cuál de las siguientes frases está Ud. más de acuerdo?	
• Aunque aprendan nuestra cultura y costumbres, es bueno que los inmigrantes venezolanos también mantengan su cultura y costumbre • Los inmigrantes venezolanos deberían poder mantener solo aquellos aspectos de su cultura y costumbres que no molesten al resto de los lojanos • Los inmigrantes venezolanos deberían olvidar su cultura y costumbres y adaptarse a las lojanas	1 Nada importante 2 Poco importante 3 Neutro 4 Importante 5 Muy importante
P3. El número de venezolanos en Loja es.	1 Bajo 2 Aceptable 3 Elevado 4 Excesivo 5 NS (no sabe contestar)

Tabla 2. Porcentaje de respuestas para la variable dependiente: la inmigración venezolana es positiva o negativa para este cantón

Variables independientes	Categorías	Positiva	Negativa	Ni positiva ni negativa	No sabe	No contesta	Total
		5%	60%	30%	2%	2%	100%
Género	Masculino	8%	58%	29%	2%	3%	100%
	Femenino	3%	62%	32%	2%	2%	100%
Edad	15 - 19	8%	58%	28%	3%	2%	100%
	20 - 29	4%	56%	36%	4%	1%	100%
	30 - 39	4%	62%	23%	2%	9%	100%
	40 - 49	7%	61%	31%	0%	1%	100%
	50 - 65	5%	69%	27%	0%	0%	100%
Nivel de educación	Básica	0%	1%	0%	0%	0%	100%
	Primaria	0%	100%	0%	0%	0%	100%
	Secundaria	8%	71%	18%	2%	2%	100%
	Técnica	0%	62%	32%	4%	2%	100%
	Pregrado	5%	57%	33%	2%	2%	100%
	Posgrado	7%	51%	37%	1%	3%	100%

	Soltero	5%	61%	30%	2%	2%	100%
	Casado	5%	64%	26%	2%	3%	100%
Estado civil	Unión libre	0%	30%	60%	10%	0%	100%
	Divorciado	6%	35%	59%	0%	0%	100%
	Viudo	0%	83%	17%	0%	0%	100%
	Izquierda	9%	63%	26%	0%	2%	100%
	Centro izquierda	3%	48%	45%	0%	3%	100%
Posición	Centro	5%	63%	28%	2%	2%	100%
ideológica	Centro derecha	8%	42%	47%	3%	0%	100%
	Derecha	6%	58%	33%	2%	0%	100%
	No sabe	5%	66%	26%	2%	1%	100%
	No contesta	0%	63%	24%	4%	8%	100%
	Católico	5%	64%	28%	1%	1%	100%
	Cristiano, no católico	6%	65%	26%	3%	0%	100%
Definición en	No creyente/agnóstico/a	5%	33%	57%	5%	0%	100%
materia	Ateo/a	0%	43%	43%	14%	0%	100%
religiosa	Indiferente	12%	50%	35%	0%	3%	100%
	No sabe	0%	25%	50%	25%	0%	100%
	No contesta	0%	54%	15%	0%	31%	100%
	Menos o igual a 400 USD	4%	69%	28%	0%	0%	100%
	De 401 a 600 USD	0%	67%	29%	4%	0%	100%
	De 601 a 900 USD	10%	51%	28%	5%	5%	100%
	De 901 a 1.200 USD	4%	65%	26%	0%	4%	100%
	De 1.201 a 1.800 USD	11%	53%	34%	0%	3%	100%
Ingresos	De 1.801 a 2.400 USD	0%	87%	13%	0%	0%	100%
mensuales	De 2.401 a 3.000 USD	25%	0%	75%	0%	0%	100%
	De 3.001 a 4.500 USD	7%	17%	67%	0%	0%	100%
	Sin ingresos/dependiente económicamente (p.ej. padres, esposo, hijos)	5%	54%	35%	4%	1%	100%
	No contesta	0%	62%	23%	0%	15%	100%
	Afroecuatoriano	0%	75%	25%	0%	0%	100%
Autoidentificac	Indígena	0%	67%	0%	33%	0%	100%
ión étnica	Mestizo	5%	60%	31%	2%	2%	100%
	Blanco	0%	67%	17%	0%	17%	100%
	Montubio	100%	0%	0%	0%	0%	100%
	Empleado público	8%	53%	31%	3%	6%	100%
	Empleado privado	6%	56%	35%	1%	1%	100%
	Por cuenta propia	%	86%	12%	0%	2%	100%
	Ama de casa	0%	85%	15%	0%	0%	100%
Actividad	Estudiante	7%	51%	36%	5%	1%	100%
económica	Jornalero	0%	63%	38%	0%	0%	100%
	Jubilado	11%	44%	44%	0%	0%	100%
	Policía/militar	0%	100%	0%	0%	0%	100%
	Desempleado	0%	55%	36%	0%	9%	100%
	No contesta	0%	33%	67%	0%	0%	100%

A continuación, en la Tabla 3 (en esta tabla solo se incluyen las variables independientes más relevantes, i.e., género, edad, educación e ingreso), se muestra el porcentaje de respuestas que se da a la pregunta 2, esto es, si la población lojana considera que los inmigrantes venezolanos deberían olvidar su cultura y costumbres para adaptarse a las lojanas. Como se puede observar, esta categoría de respuesta es la menos elegida, por el contrario, existe mayor porcentaje de respuestas para la categoría referente a que los inmigrantes deben conservar su cultura al mismo tiempo que adaptarse a las lojanas, lo cual implica una mayor aceptación y tolerancia por parte de los locales. Estos porcentajes son altos entre las personas jóvenes, con ingresos medios y mayor nivel de educación. Sin embargo, parece ser que las personas adultas mayores tienen mayor inclinación al considerar que los inmigrantes deben olvidar sus costumbres.

Tabla 3. Porcentaje de respuestas para la variable dependiente: los inmigrantes venezolanos deberían olvidar su cultura y costumbres y adaptarse a las lojanas

Variables independientes	Categorías	Aunque aprendan nuestra cultura y costumbres, es bueno que los inmigrantes venezolanos también mantengan su cultura y costumbres	Los inmigrantes venezolanos deberían poder mantener solo aquellos aspectos de su cultura y costumbres que no molesten al resto de los lojanos	Los inmigrantes venezolanos deberían olvidar su cultura y costumbres y adaptarse a las lojanas	Total
		65%	28%	7%	100%
Género	Masculino	67%	27%	5%	100%
	Femenino	64%	28%	9%	100%
Edad	15 - 19	70%	27%	3%	100%
	20 - 29	75%	19%	6%	100%
	30 - 39	64%	34%	2%	100%
	40 - 49	61%	32%	7%	100%
	50 - 65	45%	38%	17%	100%
Nivel de educación	Básica	100%	0%	0%	100%
	Primaria	50%	25%	25%	100%
	Secundaria	54%	40%	6%	100%
	Técnica	68%	24%	8%	100%
	Pregrado	66%	26%	8%	100%
	Posgrado	74%	25%	1%	100%
Ingresos mensuales	Menos o igual a 400 USD	60%	30%	10%	100%
	De 401 a 600 USD	67%	31%	2%	100%

De 601 a 900 USD	77%	10%	13%	100%
De 901 a 1.200 USD	57%	37%	7%	100%
De 1.201 a 1.800 USD	66%	29%	5%	100%
De 1.801 a 2.400 USD	40%	60%	0%	100%
De 2.401 a 3.000 USD	75%	25%	0%	100%
De 3.001 a 4.500 USD	100%	0%	0%	100%
Sin ingresos/dependiente económicamente (p.ej. padres, esposo, hijos)	72%	22%	7%	100%
No contesta	54%	31%	15%	100%

Por último, en la tabla 4, se muestra las mismas variables independientes cruzadas con respecto a la pregunta 3, es decir, con el porcentaje de respuestas de la población lojana que considera a la inmigración baja, aceptable, elevada o excesiva. Aquí se destaca que el mayor porcentaje de respuestas lo conforman las categorías "elevado" y "excesivo", es decir, parece ser que la percepción sobre el número de personas inmigrantes tiende a ser considerado alto, aunque, de hecho, la población venezolana respecto al tamaño de población lojana es pequeña. Esta tendencia se muestra con mayor fuerza en la población joven, con niveles de estudio bajos y paradójicamente con rentas altas (mayor a 1800 USD).

Respecto a las variables explicativas, como ya se ha mostrado en las tablas anteriores, estas son: sexo que es una variable binaria para hombres y mujeres, la frecuencia muestra que los encuestados fueron en su mayoría mujeres, pero sin diferencia estadística conforme al número de hombres. La edad más representativa son los estratos de entre 20 y 29 años, es decir, jóvenes adultos y adultos de entre 40 y 49 años. El ingreso también es una variable categórica con base en rangos, siendo las personas sin ingresos y con ingresos bajos los más representativos de la muestra. En cuanto a la situación laboral, la mayoría de los encuestados se encuentran empleados (ya sea sector público o privada) o son estudiantes. Respecto al nivel de educación, en su mayoría poseen títulos de tercer nivel específicamente de pre y posgrado. En cuanto a la tendencia política parece prevalecer el centro y en la religión prevalece la religión católica y cristiana. Para una revisión más detallada ver el anexo 1, Tabla 1. Tomando en consideración estas variables, se estudia cuáles son los factores socioeconómicos que presentan mayor porcentaje por cada pregunta planteada de la Tabla 2, estas se denominarán P1, P2, y P3 en adelante.

Tabla 4. Porcentaje de respuestas para la variable dependiente: la población venezolana en el cantón es excesiva

Variables independientes	Categorías	Bajo	Aceptable	Elevado	Excesivo	No sabe	Total
		6%	19%	52%	19%	4%	100%
Género	Masculino	9%	26%	43%	18%	4%	100%
	Femenino	4%	13%	60%	20%	4%	100%
Edad	15 - 19	7%	13%	65%	8%	7%	100%
	20 - 29	4%	25%	48%	20%	4%	100%
	30 - 39	11%	6%	60%	17%	6%	100%
	40 - 49	5%	17%	53%	20%	4%	100%
	50 - 65	8%	22%	42%	28%	0%	100%
Nivel de educación	Básica	0%	0%	100%	0%	0%	100%
	Primaria	13%	13%	63%	13%	0%	100%
	Secundaria	5%	11%	57%	20%	8%	100%
	Técnica	4%	24%	50%	18%	4%	100%
	Pregrado	6%	20%	53%	19%	3%	100%
	Posgrado	7%	21%	46%	22%	4%	100%
Ingresos mensuales	Menos o igual a 400 USD	2%	20%	51%	22%	5%	100%
	De 401 a 600 USD	4%	13%	65%	15%	4%	100%
	De 601 a 900 USD	8%	15%	44%	31%	3%	100%
	De 901 a 1.200 USD	9%	22%	50%	20%	0%	100%
	De 1.201 a 1.800 USD	13%	13%	47%	21%	5%	100%
	De 1.801 a 2.400 USD	7%	13%	60%	20%	0%	100%
	De 2.401 a 3.000 USD	0%	50%	25%	25%	0%	100%
	De 3.001 a 4.500 USD	17%	33%	33%	17%	0%	100%
	Sin ingresos/dependiente económicamente (p.ej. padres, esposo, hijos)	4%	22%	58%	10%	7%	100%
	No contesta	8%	15%	31%	46%	0%	100%

En la siguiente sección se plantea un modelo probabilístico para analizar cuáles son los determinantes basados en estas variables explicativas que pronostican mejor la probabilidad de tener ciertas preferencias sobre otras respecto a la percepción de la migración entre los nativos lojanos.

Análisis de los determinantes de la percepción negativa

Los modelos probabilísticos - logísticos han sido ampliamente utilizados cuando se trata de medir las percepciones de la población local respecto a la foránea, como en el caso del estudio realizado por Cirano et al., (2017). Así, en esta investigación se plantea un modelo logístico a través de tres tipos de regresiones. En primer lugar, se estima un modelo con los correspondientes odds ratios. En segundo lugar, se calcula los efectos marginales respecto a la primera categoría de comparación de cada variable explicativa. Por último, se evalúa la fuerza de la estimación de cada modelo mediante la estimación de probabilidad de que la variable dependiente sea 1. Este último mide la fuerza de las variables explicativas en pronosticar la variable dependiente.

Los modelos logísticos polinomiales son modelos que predicen básicamente el resultado de una variable categórica en función de variables explicativas. Se opta por este modelo porque al contar con datos de percepción interesa conocer solamente saber si esta es negativa o positiva para cada una de las consideradas determinantes del modelo. De esta forma, en la regresión logística la variable dependiente genera una probabilidad entre 0 y 1. La explicación econométrica del modelo se encuentra a continuación:

$$P\left(Y = \frac{1}{X_i}\right) = \frac{1}{1 + e^{-z_i}}$$

Donde:

$$Z_i = \beta_0 + \beta_1 X_i + \mu$$

Así como se plantea en la ecuación, se denota que no se trata de una ecuación lineal, sin embargo, los modelos de probabilidad se pueden linealizar al aplicar una estrategia algebraica y logaritmos, por lo cual, se pueden trabajar como modelos lineales comunes. Entonces lo que se hace es tomar el logaritmo natural de la razón entre las probabilidades Pi y la probabilidad complementaria (1−Pi). Esto porque el logaritmo permite bajar los exponentes y convertirla en una ecuación lineal. Por lo que, el modelo queda especificado de la siguiente forma (Gujarati & Porter, 2010):

$$L_i = Ln\left(\frac{P_i}{1 - P_i}\right) = Z_i = \beta_0 + \beta_1 X_i + \mu$$

Algunos aspectos para tomar en cuenta son que, aunque las probabilidades estén delimitadas entre 0 y 1, los logits no lo están. Si el logit es positivo las probabilidades del evento aumentan y si son negativas disminuyen. En este caso los coeficientes beta miden el cambio ocasionado en L por un cambio unitario en X, es decir, como cambia el logaritmo las probabilidades de tener o no una percepción negativa acerca de la inmigración ante una situación X (ser mujer u hombre, ser joven o adulto mayor, obtener ingresos altos o bajos, etc.).

Las variables dependientes miden la percepción general tomando como referencia las tres preguntas detalladas en la Tabla 1. Por su parte, las variables independientes detalladas en el anexo, se agrupan en económicas (tres 3) y no económicas (cuatro 4) o sociales, siendo siete en total. Debido a que existe correlación entre las variables ingresos y educación, se han estimado ambos modelos de forma separada.

El norte de este análisis está en probar las hipótesis detalladas en la Tabla 6, para esto se han estimado un total de seis modelos. Los tres primeros consideran las tres preguntas (P1, P2, P3) para dar respuesta a la variable dependiente con seis determinantes, se omite educación y solo se trabaja con ingresos. Los tres modelos restantes consideran las mismas variables dependientes, pero, en las independientes se omite la variable ingresos y se incluye a educación.

Tabla 6. Hipótesis de investigación.

N°	Hipótesis
1	Las mujeres tienen una percepción positiva sobre la inmigración (respecto a los hombres).
2	A medida que aumenta la edad, la percepción sobre la migración es negativa.
3	A mayor nivel de ingresos, la percepción es positiva.
4	A mayor nivel de educación, la percepción es positiva.
5	No existen diferencias significativas entre las variables de estado civil, religión e ideología.

Percepción negativa con variable ingresos

Como se había anticipado en la sección anterior, el primer modelo excluye a la variable educación para evitar problemas de autocorrelación por la presencia de la variable ingresos. La Tabla 7 muestra cinco variables que miden la percepción general de la población local respecto a la inmigración venezolana. Las estimaciones se muestran con odds ratios ya que el interés solo está puesto en si existe mayor o menor probabilidad de estar de acuerdo con la pregunta respecto al grupo de comparación. Se destaca que cuando beta es mayor a 1 significa que las personas tienen mayor probabilidad de estar de acuerdo con que la migración venezolana es negativa en el modelo1 (M1), que las personas venezolanas deben cambiar sus costumbres y asimilarse en modelo 2 (M2), y que existe un alto nivel de inmigrantes venezolanos en la ciudad en el modelo 3 (M3). Lo contrario se analiza cuando la beta es menor a 1, en este caso, la probabilidad de estar de acuerdo disminuye (odds menores a 1).

En el modelo 1 existe significancia dentro de la determinante edad, evidenciando que, a mayor edad las personas son propensas a tener una percepción negativa hacia la migración, así, específicamente, las personas en el rango de edad de 50 a 65 años son quienes piensan que la inmigración es negativa para el cantón Loja. Así también se logra significancia en el determinante nivel de ingresos, concluyendo que los individuos que perciben rentas sobre los 400 dólares y bajo los 1800 dólares tienen menor probabilidad de tener una opinión negativa acerca de los inmigrantes a comparación de las personas que perciben rentas inferiores a los 400 dólares.

Del mismo modo, dentro de la determinante actividad económica se logra significancia en la categoría inactivos, indicando que estos son menos propensos a tener una opinión negativa de la inmigración dentro del primer modelo. En el determinante estado civil también se logra significancia en las categorías casado, unión libre y divorciado indicando que estos son menos propensos a tener una perspectiva negativa hacia la inmigración, de esta misma forma sucede con los no creyentes. Dentro de la determinante ideología política no se logra significancia en ninguna de las categorías. En este modelo, la determinante edad junto con las personas con rentas medias y altas son las únicas que va en línea con los hallazgos en la literatura. Sobre todo, en el tema de ingresos, los estudios muestran que conforme aumentan los ingresos, que está correlacionado con educación, la probabilidad de percibir negativamente a la migración disminuye, resultados que concuerdan con nuestra evidencia.

Sin embargo, los personas sin trabajo como inactivos respecto a los empleados muestran un resultado contradictorio sobre todo si tenemos en cuenta que la mayoría de inactivos constituyen jóvenes que podrían ver a la población migrante como competidora en el mercado laboral. En el caso de personas adultas mayores, esto no puede suponer un riesgo debido a que no pone en riesgo su condición existente.

El modelo 2 el cual señala que es muy importante que los migrantes cambien sus costumbres, revela algunas peculiaridades respecto a los hallazgos en la literatura. Por ejemplo, si bien hay concordancia que conforme aumenta la edad (rangos a partir de 40 años) hay mayor probabilidad de estar de acuerdo con el enunciado de la pregunta, lo curioso es que también señalen lo mismo los jóvenes de entre 20 a 29 años (beta mayor a 1). Esto se puede deber a cierto conservacionismo de la población que se infunde en los jóvenes y también a la falta de conocimiento y de convivencia con personas migrantes. Históricamente Loja no ha sido un lugar de acogida y por ello que la juventud pueda ver con cierto recelo y desconfianza a los nuevos residentes.

La variable ingresos muestra concordancia con lo anterior, es decir, las personas que ganan entre 901 a 1800 parecen tener menos probabilidad de estar de acuerdo que los migrantes deben cambiar sus costumbres a las lojanas. Este hecho puede estar asociado a los dos factores que se explican con anterioridad. Uno, que este rango de ingresos coincida con un mayor nivel de educación la cual está asociada con mayor conocimiento y tolerancia sobre las culturas, y por tanto, en concordancia con la explicación que se ha dado. Es decir, este grupo corresponde a gente preparada o cualificada que no ve como potenciales rivales en el mercado laboral a aquellos venezolanos ya sea con o sin cualificación. Respecto al resto de variables, no hay significancia estadística y por tanto no se puede establecer relación alguna con la pregunta.

En el modelo 3, el cual expresa que el número de migrantes es elevado, existe significancia en el género, esto significa que las mujeres tienen mayor probabilidad de percibir a la población venezolana como elevada respecto a los hombres. Esta es una peculiaridad en la evidencia empírica ya que usualmente se asocia a las mujeres con una mejor percepción respecto a los migrantes, sin embargo, aquí no se da tal hecho. Esto se puede deber al estigmatismo que se suele asociar a las mujeres venezolanas, siendo las mismas mujeres ecuatorianas quienes las juzguen con mayor gravedad. En el resto de las variables no existe significancia estadística por lo que no se puede concluir que exista relación entre la percepción y las regresoras.

Tabla 7. Percepción general con variable ingresos (odds ratios).

VARIABLES	(1)	(2)	(3)
	M1	M2	M3
20 - 29 años	0.751	1.846*	0.776
	(0.266)	(0.676)	(0.301)
30 - 39 años	1.571	1.716	0.990
	(0.831)	(0.913)	(0.584)
40 - 49 años	1.916	2.612*	0.594
	(1.056)	(1.383)	(0.380)
50 - 65 años	2.775*	7.129***	0.641
	(1.594)	(3.972)	(0.390)
Mujer	1.088	0.933	2.670***
	(0.256)	(0.212)	(0.693)
De 401 - 901 USD (ingreso medio)	0.536*	0.698	1.149
	(0.187)	(0.239)	(0.468)
De 901 - 1800 USD (ingreso medio alto)	0.446**	0.543*	0.726
	(0.176)	(0.200)	(0.294)
De 1801 - 4500 USD (ingreso alto)	0.530	0.446	0.998
	(0.304)	(0.243)	(0.543)
Sin ingresos / Dependiente	0.741	0.976	0.861
	(0.284)	(0.364)	(0.368)
Inactivos	0.539*	0.740	0.725
	(0.173)	(0.234)	(0.252)
Desempleados	0.472	0.970	0.636
	(0.360)	(0.773)	(0.487)
Casado	0.459**	0.626	1.689
	(0.179)	(0.231)	(0.752)
Unión libre	0.241**	1.093	0.616
	(0.160)	(0.713)	(0.433)
Divorciado	0.135***	0.953	0.437
	(0.0967)	(0.569)	(0.274)
Viudo	1.055	2.146	0.331
	(1.134)	(2.809)	(0.305)
Centro	1.299	0.633	1.277
	(0.551)	(0.275)	(0.576)
Derecha	0.726	1.028	1.467
	(0.246)	(0.355)	(0.521)
Cristiano no católico	1.193	1.056	0.930

	(0.504)	(0.412)	(0.424)
No creyente / Agnóstico	0.339**	0.528	1.590
	(0.182)	(0.284)	(0.848)
Ateo/a	0.390	0.547	0.910
	(0.301)	(0.405)	(0.771)
Indiferente	0.645	0.569	0.711
	(0.220)	(0.196)	(0.243)
	(1.954)	(0.527)	(1.112)
Observaciones	330	384	384

Nota: la forma robusta en los paréntesis. Significancia *** p<0.01, ** p<0.05, * p<0.1. La codifcación de las variables es la siguiente. Género: mujer=0, hombre=1. Edad: variable continua. Generación: variable categórica de la edad, 0=15-19,1=20-29,2=30-39, 3=40-49, 4=50-65. Nivel de educación: 0=básica, 1=primaria, 2=secundaria, 3=técnica, 4=pregrado, 5=posgrado. Estado civil: 0=soltero, 1=casado, 2=unión libre, 3=separado, 4=divorciado, 5=viudo. Posición ideológica: 1=izquierda, 2=centro, 3=derecha, 4=no sabe y no contesta. Definición en materia religiosa: 1=católico, 2=cristiano, no católico, 3=no creyente, 4=ateo, 5=indiferente. Nivel de ingresos: 0=bajo (menos o igual a 400 USD), 1=medio (de 401 a 600 USD y de 601 a 900 USD), 2=alto (de 901 a 1.200 USD, de 1.201 a 1.800 USD), 3=muy alto (de 1.801 a 2.400 USD, de 2.401 a 3.000 USD, de 3.001 a 4.500 USD, 4=sin ingresos, 5=no contesta. Actividad económica: 1=empleado, 2=inactivo, 3=desempleado, 4=no contesta. Esta codificación aplica a todos los modelos mostrados.

De acuerdo con la Tabla 8, la percepción general con variable ingresos y efectos marginales globales evidencian que existe significancia estadística en los tres modelos y que esta es mayor en el tercero. Esto quiere decir que, de cada 100 personas, el modelo predice correctamente a 61, 50 y 73 de ellas respectivamente. Así, el modelo 1 y 3 tienen una alta especificidad dado que superan el 50 % de la probabilidad estimada.

Tabla 8. Efectos marginales globales.

	(1)	(2)	(3)
VARIABLES	M1	M2	M3
	0.611***	0.497***	0.732***
Constante	(0.0263)	(0.0270)	(0.0246)
Observaciones	384	384	384

Nota: Errores estándar entre paréntesis. *** p<0.01, ** p<0.05, * p<0.1

Percepción negativa con variable ingresos y efectos marginales

La Tabla 9 muestra los efectos marginales de las regresiones logísticas. Estos nos dicen que en promedio una persona con tales características tiene una mayor o menor probabilidad de estar de acuerdo con la pregunta. En general, estos resultados concuerdan con los arriba mencionados. Las probabilidades de estar más o menos de acuerdo van de entre el 14 al 26 % en los coeficientes significancia estadística. Por ejemplo, para el modelo 1, sobre la afirmación de que la inmigración venezolana es negativa, muestra una relación negativa con el grupo de edad de 20 a 29 años, es decir, existe un 7 % de probabilidad menor de estar de acuerdo con la pregunta. No obstante, no es significativo. Sin embargo, es significativo para el grupo de personas de más de 50 años, donde existe un 22 % más de probabilidad de estar de acuerdo con la afirmación negativa de la pregunta. Respecto a la variable sexo, no existe una relación significativa, aunque el signo es positivo.

Interesante son los resultados sobre los distintos niveles de ingresos. Para ingresos medios y medio altos, es decir, en el rango de 401 a 1800 dólares, existe menor probabilidad de estar de acuerdo con la afirmación de que la migración venezolana es negativa respecto a las personas sin ingresos. Esto también concuerda con los estudios donde a mayor nivel socioeconómico, la población valora mejor los aportes de las personas migrantes.

No sucede lo mismo con la variable de ocupación, donde se muestra que, respecto a las personas empleadas, la población local que se encuentra inactiva (estudiantes, amas de casa, jubilados, etc.) tiene menor probabilidad de valorar como negativa la inmigración venezolana. De igual manera, respecto a los desempleados, aunque la variable no es significativa, también existe una menor probabilidad de responder negativamente comparado con las personas empleadas. En definitiva, estos resultados no concuerdan con la hipótesis planteada donde se esperaba que las personas que más compiten en el mercado laboral con las personas inmigrantes (desempleados y poco cualificados) tengan una percepción negativa mayor sobre la inmigración.

Respecto al estado civil, existe significancia para todas las categorías, ejemplo, casados, unión libre, y divorciados, en las cuales es negativo el signo, por lo tanto, se puede concluir que, respecto a las personas solteras, existe una menor probabilidad de valorar negativamente la inmigración venezolana para todos los estados civiles. Finalmente, si se considera la religión, solo existe significancia en los que se consideran agnósticos, mostrando una menor probabilidad de responder negativamente a la pregunta en cuestión.

El modelo 2 muestra la percepción sobre la importancia de la asimilación cultural de los venezolanos y en general de las personas que llegan a vivir a la localidad. Nuevamente se muestran las probabilidades de responder más a favor o en contra del enunciado planteado. Así, existe un 14 % más de probabilidad de responder afirmativamente en el grupo joven de 20 a 29 años, y este aumenta del 23 al 45 % cuando es mayor a 40 y 50 años respectivamente. Lo mismo se repite con las personas con ingresos de entre 900 a 1800, mostrando tener un 15 % menos de probabilidad de estar de acuerdo con la pregunta 2.

Por último, en el modelo 3, se observa que la variable sexo es significativa, esto es, las mujeres respecto a los hombres tienen un 19 % más probabilidad de considerar a la migración venezolana como excesiva. En el resto de los coeficientes, no existe significancia dando a entender que no existe un patrón sistemático en las características de la población cuando valoran el número de personas inmigrantes respecto al grupo de comparación de cada grupo.

Tabla 9. Percepción general con variable ingresos y efectos marginales promedio por individuo.

VARIABLES	(1) M1	(2) M2	(3) M3
20 - 29 años	-0.0713	0.143*	-0.0465
	(0.0878)	(0.0809)	(0.068)
30 - 39 años	0.108	0.125	-0.0017
	(0.125)	(0.122)	(0.101)
40 - 49 años	0.151	0.229*	-0.102
	(0.127)	(0.121)	(0.124)
50 - 65 años	0.222*	0.453***	-0.0854
	(0.122)	(0.111)	(0.115)
Mujer	0.0201	-0.0174	0.193***
	(0.0558)	(0.0567)	(0.049)
De 401 - 901 USD (ingreso medio)	-0.142*	-0.0894	0.0254
	(0.0786)	(0.0848)	(0.071)
De 901 - 1800 USD (ingreso medio alto)	-0.187**	-0.151*	-0.0652
	(0.0907)	(0.0900)	(0.083)
De 1801 - 4500 USD (ingreso alto)	-0.145	-0.198	-0.0005
	(0.136)	(0.128)	(0.103)
Sin ingresos / Dependiente	-0.0649	-0.006	-0.0293
	(0.0840)	(0.0917)	(0.0844)
Inactivos	-0.147*	-0.0750	-0.0634
	(0.0759)	(0.0786)	(0.0689)
Desempleados	-0.180	-0.0075	-0.0917
	(0.189)	(0.199)	(0.166)
Casado	-0.183**	-0.116	0.0954
	(0.0916)	(0.0905)	(0.0777)
Unión libre	-0.340**	0.0220	-0.109
	(0.151)	(0.161)	(0.167)
Divorciado	-0.46***	-0.0121	-0.193

	(0.133)	(0.149)	(0.152)
Viudo	0.0112	0.177	-0.262
	(0.222)	(0.271)	(0.225)
Centro	0.0615	-0.113	0.0506
	(0.0985)	(0.106)	(0.0913)
Derecha	-0.0792	0.00701	0.0768
	(0.0835)	(0.0860)	(0.0710)
Cristiano no católico	0.0396	0.0135	-0.0143
	(0.0927)	(0.0969)	(0.0910)
No creyente / Agnóstico	-0.264**	-0.156	0.0797
	(0.126)	(0.126)	(0.0818)
Ateo/a	-0.231	-0.148	-0.0188
	(0.186)	(0.174)	(0.171)
Indiferente	-0.106	-0.139*	-0.0712
	(0.0839)	(0.0825)	(0.0743)
Observaciones	330	384	384

Nota: forma robusta en paréntesis. Significancia *** p<0.01, ** p<0.05, * p<0.1.

Percepción general con variable educación

En la Tabla 10 se analizan los mismos modelos, es decir, manteniendo las variables dependientes y las mismas variables independientes con la diferencia de que ahora se excluye la variable ingresos y se incluye la variable educación. Por tanto, ahora nos centraremos en analizar el efecto de los distintos niveles educativos sobre la percepción de la población hacia la migración venezolana.

En el modelo 1, se mantienen los mismos valores respecto al modelo anterior con ingresos, es decir, que las personas mayores de 50 años muestran mayor probabilidad de estar de acuerdo con la afirmación negativa de la pregunta 1. En la variable estado civil, las personas con lazos familiares, como son: personas casadas, en unión libre, e incluso divorciadas tienen menor probabilidad a tener una percepción menos negativa acerca de la migración respecto a los solteros. En cuanto a la identificación religiosa, la evidencia muestra que las personas cristinas (católicas, protestantes, evangélicos, etc.) se asocian a preferencias conservadoras y, por ende, un mayor recelo a las personas extranjeras. Por ello que, en este modelo, se muestra una cierta tendencia a que las personas sin ningún tipo de creencia religiosa sean más tolerantes (el coeficiente es significativo, esto significa que existe menor probabilidad de que estén de acuerdo con la pregunta). En este modelo no se logra obtener significancia dentro de la determinante ideología política.

293

Respecto al tema que nos interesa, la educación, la evidencia empírica nos dice que las personas con mayor nivel de educación muestran mayor aceptación hacia la migración que aquellos con educación básica, primaria o secundaria. En nuestro modelo, esto solo se cumple cuando el nivel de educación es de secundaria en el modelo

1 y primaria en el modelo 2, siendo no significante para todas las categorías en el modelo 3. Por tanto, podemos concluir que existe mayor probabilidad de mostrar una percepción negativa hacia la población migrante cuando el nivel de educación es primario, es decir, un nivel de educación bajo, y por ende, en concordancia con lo mostrado en la literatura. No obstante, no podemos concluir lo mismo cuando se tiene estudios superiores (coeficientes no significativos) aunque el signo nos dice que al menos los estudiantes de pregrado parecen estar también de acuerdo con la afirmación de las preguntas en todos los modelos (beta mayor a 1). En cuanto al nivel de postgrado, la muestra no contiene suficientes observaciones para establecer diferencias entre las categorías. Todas las variables restantes no muestran significancia.

Del modelo 3, solo la variable género es significativa lo cual concuerda con lo que ya hemos analizado anteriormente, es decir, las mujeres muestran mayor probabilidad de estar de acuerdo con la afirmación de la pregunta en cuestión. El resto de las variables no evidencian significancia estadística.

En la Tabla 11 se identifica que la percepción general con variable educación y efectos marginales globales, muestran significancia estadística en los tres modelos y que esta es mayor en el tercero. Esto quiere decir que, de cada 100 personas, el modelo predice correctamente a 61, 50 y 73 de ellas respectivamente. Así, el modelo 1 y 3 tienen una alta especificidad dado que superan el 50 % de la probabilidad estimada.

Tabla 10. Percepción general con variable educación.

VARIABLES	(1) M1	(2) M2	(3) M3
20 - 29 años	1.026	1.815	0.979
	(0.381)	(0.675)	(0.399)
30 - 39 años	1.764	1.436	1.044
	(0.950)	(0.755)	(0.578)
40 - 49 años	2.087	2.209	0.663
	(1.186)	(1.182)	(0.416)
50 - 65 años	2.918*	5.526**	0.714
	(1.779)	(3.009)	(0.418)
Mujer	1.128	0.939	2.823**
	(0.267)	(0.213)	(0.739)
Primaria	-	7.646*	1.469
		(9.336)	(1.300)
Secundaria	2.593**	1.631	1.682
	(1.179)	(0.693)	(0.798)
Técnica	1.625	1.512	0.987
	(0.724)	(0.634)	(0.459)
Pregrado	1.424	1.623	1.195
	(0.474)	(0.538)	(0.432)
Postgrado	-	-	-
Inactivos	0.574**	0.781	0.670
	(0.162)	(0.212)	(0.197)
No contesta	0.278	0.782	0.460
	(0.238)	(0.538)	(0.349)
Casado	0.423**	0.629	1.680
	(0.172)	(0.235)	(0.723)
Unión libre	0.239**	1.172	0.592
	(0.156)	(0.785)	(0.427)
Divorciado	0.152***	1.043	0.488
	(0.0999)	(0.615)	(0.301)
Viudo	0.908	1.997	0.326
	(1.002)	(2.715)	(0.311)
Centro	1.311	0.607	1.308
	(0.557)	(0.261)	(0.593)
Derecha	0.781	1.075	1.426
	(0.276)	(0.373)	(0.516)
Cristiano no católico	1.185	1.023	0.923
	(0.496)	(0.392)	(0.411)
No creyente / Agnóstico	0.360**	0.501	1.616
	(0.182)	(0.260)	(0.821)
Ateo/a	0.443	0.626	0.997
	(0.354)	(0.457)	(0.863)
Indiferente	0.647	0.570	0.733
	(0.209)	(0.196)	(0.244)
Observaciones	375	383	383

Nota: la forma robusta en los paréntesis. Significancia *** p<0.01, ** p<0.05, * p<0.1.

Tabla 11. Percepción general con variable educación y efectos marginales globales.

Variables	(1) M1	(2) M2	(3) M3
Constante	0.600***	0.500***	0.731***
	(0.0270)	(0.0273)	(0.0244)
Observaciones	292	383	383

Percepción general con variable educación y efectos marginales individuales

Finalmente, en la Tabla 12, con la inserción de la variable educación el modelo revela que, la generación perteneciente a las edades entre 50 a 65 años son las más propensas a una percepción negativa en cuanto a la percepción general y la posible asimilación de los nativos hacia los inmigrantes. La probabilidad de que estén a favor del enunciado es entre el 22 y 50 % más que aquellos que no lo están. En cuanto a la variable género, las mujeres son más propensas a tener una mayor percepción negativa hacia el número de inmigrantes en la ciudad, con respecto a los hombres, aunque este es solo del 1,6 % mayor. La categoría de estudio de pregrado y posgrado (siendo esta incluso mayor) dentro de la variable educación es significativa, mostrando la tendencia de los lojanos con más años de educación a tener una mejor percepción positiva de la inmigración, lo mismo sucede con las personas con pareja y no creyentes, siendo menos propensas a una percepción negativa hacia la migración respecto a los solteros.

Tabla 12. Percepción general con variable educación y efectos marginales individuales

Variables	(1) M1	(2) M2	(3) M3
20 - 29 años	0.00639	0.142*	-0.00392
	(0.0928)	(0.0849)	(0.0751)
30 - 39 años	0.138	0.0845	0.00787
	(0.129)	(0.122)	(0.101)
40 - 49 años	0.176	0.191	-0.0832
	(0.134)	(0.125)	(0.127)
50 - 65 años	0.244*	0.401***	-0.0670
	(0.133)	(0.114)	(0.115)
Mujer	0.0289	-0.0158	0.205***
	(0.0568)	(0.0566)	(0.0494)

Técnica	-0.103	-0.0197	-0.104
	(0.101)	(0.104)	(0.0912)
Pregrado	-0.134*	0.000512	-0.0591
	(0.0770)	(0.0832)	(0.0653)
Posgrado	-0.222**	-0.120	-0.0947
	(0.102)	(0.104)	(0.0896)
Inactivos	-0.133**	-0.0617	-0.0790
	(0.0672)	(0.0676)	(0.0582)
Desempleados	-0.174	0.0298	-0.128
	(0.164)	(0.177)	(0.160)
No contesta	-0.309	-0.0613	-0.165
	(0.195)	(0.171)	(0.179)
Casado	-0.205**	-0.115	0.0948
	(0.0957)	(0.0919)	(0.0755)
Unión libre	-0.342**	0.0391	-0.118
	(0.148)	(0.164)	(0.173)
Divorciado	-0.437***	0.0104	-0.166
	(0.127)	(0.146)	(0.149)
Viudo	-0.0209	0.162	-0.266
	(0.243)	(0.289)	(0.233)
Centro	0.0642	-0.123	0.0546
	(0.0997)	(0.104)	(0.0903)
Derecha	-0.0610	0.0181	0.0709
	(0.0870)	(0.0865)	(0.0720)
No contesta	0.0547	-0.0150	0.0454
	(0.0774)	(0.0777)	(0.0674)
Cristiano no católico	0.0387	0.00571	-0.0158
	(0.0937)	(0.0954)	(0.0895)
No creyente / Agnóstico	-0.250**	-0.169	0.0826
	(0.119)	(0.120)	(0.0779)
Ateo/a	-0.200	-0.116	-0.000538
	(0.195)	(0.177)	(0.169)
Indiferente	-0.106	-0.139*	-0.0646
	(0.0798)	(0.0825)	(0.0717)
Observaciones	375	383	383

Nota: la forma robusta en los paréntesis. Significancia *** p<0.01, ** p<0.05, * p<0.1.

Conclusiones

El modelo propuesto dentro del trabajo de investigación revela resultados interesantes en cuanto a los determinantes de la percepción negativa de los ciudadanos lojanos hacia los migrantes venezolanos. El principal hallazgo es que los determinantes socioeconómicos permiten corroborar que las percepciones negativas acerca de la inmigración provienen principalmente de la preocupación de un desplazamiento en el mercado laboral por parte de los inmigrantes menos cualificados que afectan principalmente a jóvenes, mujeres y adultos mayores con ingresos bajos y un menor nivel de educación. Esto se corrobora mediante la significancia de las variables y la aceptación/rechazo de las hipótesis planteadas.

Así, se rechaza la hipótesis 1 bajo la particularidad de que no coincide con la literatura. Se aceptan las hipótesis 2, 3,4 las cuales coinciden con la literatura. Finalmente, se rechaza la hipótesis 5, es decir, existen diferencias significativas entre el estado civil y religioso y no existe significancia en el tema ideológico. Parece ser que las personas que conviven o han convivido con una personal tienen una menor probabilidad de rechazo a la población migrante. Esto se puede deber principalmente a un tema de empatía, es decir, mucha migración venezolana es familiar y la asociación en las mismas condiciones con sus pares, puede crear esta percepción más tolerante hacia los mismos. Sin embargo, cabe reseñar que la literatura no muestra una relación clara con la misma y tampoco existe evidencia empírica clara sobre el tema, por lo que los resultados aquí mostrados se deben tomar con cautela y en el mejor de los casos, ser analizados como un caso particular propio de la ciudad de Loja.

Rodríguez Chatruc & Rozo (2021) exhiben la evidencia sobre la efectividad de la provisión de información para cambiar actitudes y comportamientos es algo heterogéneo quizás porque el tipo de información proporcionada y la forma en que se entrega parecen ser importantes. Por lo que recomiendan proporcionar información sobre el tamaño real y las características de la población migrante puede mejorar las actitudes, pero no comportamientos o preferencias políticas con respecto a la migración indocumentada, y mostrar a las personas información sobre los resultados de la investigación que muestra que ningún impacto adverso de la migración en el mercado laboral puede cambiar tanto actitudes y comportamientos hacia inmigrantes poco calificados de una manera más positiva.

Referencias

Abierto, E., del Zulia Venezuela Pinto, U., Alexandra, L., Amaya, B., & Sáez, A. (2019). Cómo citar el artículo Número completo Más información del artículo Proyecto académico sin fines de lucro, desarrollado bajo la iniciativa de acceso abierto. *Espacio Abierto*, *28*(1), 199–223. https://www.redalyc.org/articulo. oa?id= 12262976013

Banco Mundial. (2020). *Retos y oportunidades de la migración venezolana en Ecuador.*

Berry, J. W. (1997). Immigration, Acculturation, and Adaptation. *Applied Psychology, 46*(1), 5–34. https://doi.org/10.1111/j.1464-0597.1997.tb0108 7.x

Blanco, C. (2000). *Las migraciones contemporáneas* (Alianza Editorial).

Briñol, P., Horcajo, J., Becerra, A., Falces, C., & Sierra, B. (2002). Cambio de actitudes implícitas. *Psicothema, 14*(4), 771–775.

Burns, P., & Gimpel, J. (2000). Economic Insecurity, Prejudicial Stereotypes, and Public Opinion on Immigration Policy. *Political Science Quarterly, 115*(2), 201–225. https://doi.org/10.2307/2657900

Caicedo, D. A., & Badaan, V. (2021). Legislation, Linguistics, and Location: Exploring Attitudes on Unauthorized Immigration. *Journal of International Migration and Integration, 22*(3), 967–985. https://doi.org/10.1007/s12134-020-00780-3

Castillo Crasto, T., & Reguant Álvarez, M. (2017). Percepciones sobre la migración venezolana: causas, España como destino, expectativas de retorno. *Migraciones,* 133–163.

Chatruc, M. R., & Rozo, S. v. (2021). Attitudes Towards Migrants during Crisis Times (No. 14319). Institute of Labor Economics (IZA). *Institute of Labor Economics (IZA), IZA DP No. 14319.*

Cirano, R., Espinoza, G., & Jara, F. (2017). *Determinantes sociodemográficos de la percepción hacia la inmigración en el Chile de 2017.*

Docquier, F., Kone, Z. L., Mattoo, A., & Ozden, C. (2019). Labor market effects of demographic shifts and migration in OECD countries. *European Economic Review, 113*, 297–324. https://doi.org/10.1016/j.euroecorev. 2018.11.007

Dustmann, C., Glitz, A., & Frattini, T. (2008). The labour market impact of immigration. *Oxford Review of Economic Policy, 24*(3), 477–494. https://doi.org/10.1093/oxrep/grn024

Fernández, M., Valbuena, C., & Caro, R. (2017). EVOLUCIÓN DEL RACISMO, LA XENOFOBIA Y OTRAS FORMAS EN ESPAÑA DE INTOLERANCIA Mercedes Fernández Consuelo Valbuena Raquel Caro Informe-Encuesta 2017.

Gujarati, D., & Porter, D. (2010). *Econometría* (McGraw-Hill Interamericana, Ed.).

Herrera, E. (1994). Reflexiones en torno al concepto de integración en la sociologia de la inmigración. *Papers, Revista de Sociología,* 71–76.

Javdani, M. (2020). Public attitudes toward immigration—Determinants and unknowns. *IZA World of Labor.* https://doi.org/10.15185/izawol.473

Malchow-Møller, N., Munch, J. R., Schroll, S., & Skaksen, J. R. (2008). Attitudes towards immigration—Perceived consequences and economic self-interest. *Economics Letters, 100*(2), 254–257. https://doi.org/10.1016/j. econlet.2008.02.003

Mayda, A. M. (2006). Who Is Against Immigration? A Cross-Country Investigation of Individual Attitudes toward Immigrants. *Review of Economics and Statistics, 88*(3), 510–530. https://doi.org/10.1162/rest. 88.3.510

Navarrete Yánez, B. (2017). Percepciones sobre inmigración en Chile: Lecciones para una política migratoria. *Migraciones Internacionales,* 179–209.

Organización Internacional para las migraciones. (2021). *Monitoreo de Flujo de Población Venezolana. Ecuador.* www.oim.org.ec

Oskamp, S. (1977). *Attitudes and opinions.* Prentice Hall.

Paz Noguera, B., Alpala Ramos, O., & Villota Vivas, E. (2021). Análisis de la migración venezolana en la ciudad de Pasto: características y percepciones de los migrantes. *Tendencias, 22*(1), 71–94. https://doi.org/10.22267/ rtend.202102.155

Ramírez, J., Linárez, Y., & Useche, E. (2019). MIGRATION (GEO)POLICY, LABOR INSERTION AND XENOPHOBIA: VENEZUELAN MIGRANTS IN ECUADOR.

Retortillo Osuna, Á., Ovejero Bernal, A., Cruz Souza, F. R., Arias Martínez, B., & Lucas Mangas, S. (2006). INMIGrACIÓN Y MODELOS DE INTEGrACIÓN: ENTrE LA ASIMILACIÓN Y EL MULTICULTUrALISMO. *Revista Universitaria de Ciencias Del Trabajo*, *7*, 123–139.

Rodríguez Chatruc, M., & Rozo, S. (2021). *Attitudes Towards Migrants during Crisis Times* (IZA DP No. 14319). https://ftp.iza.org/dp14319.pdf

Scheve, K. F., & Slaughter, M. J. (2001). Labor Market Competition and Individual Preferences Over Immigration Policy. *Review of Economics and Statistics*, *83*(1), 133–145. https://doi.org/10.1162/003465301750160108

Scholten, P., & Penninx, R. (2016). *Integration Processes and Policies in Europe* (B. Garcés-Mascareñas & R. Penninx, Eds.). Springer International Publishing. https://doi.org/10.1007/978-3-319-21674-4

Sirlopú, D., Melipillán, R., Sánchez, A., & Valdés, C. (2015). Bad at accepting diversity? Socio-demographic and psychological predictors of attitudes towards multiculturalism in Chile. *Psykhe*, *24*(2), 1–13. https://doi.org/10.7764/psykhe.24.2.714

Zepeda, Beatriz., & Carrión Mena, Francisco. (2014). *Las Américas y el mundo. Ecuador 2014*. FLACSO.

Anexos

Tabla 1. Descripciones variables independientes

VARIABLES INDEPENDIENTES	CATEGORÍAS	TOTAL	TOTAL %
		384	100%
GÉNERO	Masculino	184	48%
	Femenino	200	52%
EDAD	15 - 19	60	16%
	20 - 29	138	36%
	30 - 39	47	12%
	40 - 49	75	20%
	50 - 65	64	17%
NIVEL DE EDUCACIÓN	Básica	1	0%
	Primaria	8	2%
	Secundaria	65	17%
	Técnica	50	13%
	Pregrado	192	50%
	Posgrado	68	18%
ESTADO CIVIL	Soltero	222	58%
	Casado	129	34%
	Unión libre	10	3%
	Divorciado	17	4%
	Viudo	6	2%
POSICIÓN IDEOLÓGICA	Izquierda	46	12%
	Centro izquierda	31	8%
	Centro	43	11%
	Centro derecha	38	10%
	Derecha	48	13%
	No sabe	129	34%
	No contesta	49	13%
DEFINICIÓN EN MATERIA RELIGIOSA	Católico	271	71%
	Cristiano, no católico	34	9%
	No creyente/agnóstico/a	21	5%
	Ateo/a	7	2%
	Indiferente	34	9%
	No sabe	4	1%
	No contesta	13	3%
INGRESOS MENSUALES	Menos o igual a 400 USD	83	22%
	De 401 a 600 USD	48	13%
	De 601 a 900 USD	39	10%
	De 901 a 1.200 USD	46	12%
	De 1.201 a 1.800 USD	38	10%
	De 1.801 a 2.400 USD	15	4%
	De 2.401 a 3.000 USD	4	1%
	De 3.001 a 4.500 USD	6	2%
	Sin ingresos/dependiente económicamente (p.ej. padres, esposo, hijos)	92	24%
	No contesta	13	3%
AUTOIDENTIFICACIÓN ÉTNICA	Afroecuatoriano	4	1%
	Indígena	3	1%
	Mestizo	370	96%
	Blanco	6	2%
	Montubio	1	0%

ACTIVIDAD ECONÓMICA	Empleado público	72	19%
	Empleado privado	77	20%
	Por cuenta propia	59	5%
	Ama de casa	26	7%
	Estudiante	110	29%
	Jornalero	8	2%
	Jubilado	9	2%
	Policía/militar	3	1%
	Desempleado	11	3%
	No contesta	9	2%

MIGRACIÓN, TURISMO Y CONSUMO DEL OTRO EXÓTICO: ESTADOS UNIDOS EN VILCABAMBA, ECUADOR

Pascual García-Macías, Ronaldo Munck, Jefferson Veintimilla

Introducción

Enmarcamos nuestro estudio de caso de los inmigrantes estadounidenses radicados en Vilcabamba, Ecuador y hacemos uso del concepto de "globalismo localizado" propuesto por Boaventura de Sousa Santos. Mientras que el 'localismo globalizado' considera que un fenómeno local como Mc Donald's o la ley de propiedad intelectual de los EE. UU es reestructurada para responder y defender a los imperativos transnacionales' en un lugar especifico, es decir "de arriba" hacia "abajo" (Sousa Santos, 2002, p. 42). Lo que Sousa Santos tiene en mente tambien son prácticas como la deforestación y el vertido ecológico, pero argumentamos que este marco puede aplicarse igualmente a los visitantes/inmigrantes jubilados estadounidenses en Vilcabamba, Ecuador lugar que ha sido desestructurado y reestructurado por su presencia. Lo que para ellos es un lugar global de paz y tranquilidad es para la sociedad de acogida su hogar. El mundo global del viajero/turista se ha localizado en un lugar, a saber, Vilcabamba, por lo que podemos referirnos a una globalización localizada. Como siempre, hay tomadores de reglas y hacedores de reglas como en todos los aspectos de la globalización. Parece claro que el centro o el Norte domina el localismo globalizado ya que sus particularidades se toman como una norma global mientras que en la periferia o el Sur asumimos el globalismo localizado como nuestra tarea en el nuevo orden global, proporcionando auténticos valles vírgenes para los jubilados del norte y su consumo.

Otro elemento de nuestro marco teórico utilizado más como un concepto sensibilizador que como una teoría sólida, es la noción de "lugar de consumo" propuesta por John Urry en sus estudios pioneros sobre la globalización y el turismo. A mediados de la década de 1990, escribió sobre cómo la globalización aumentó drásticamente la importancia de los "viajes corporales" o, más prosaicamente, el movimiento de personas a través de las fronteras nacionales. Lo que esto condujo, entre otros procesos complejos, según Urry fue "una producción omnívora y un 'consumo de lugares' de todo el mundo" (Urry, 2001, p.11). Precisamente vemos un proceso de este tipo esta sucediendo en Vilcabamba a partir de la década de 1990 como parte de un proceso de desarrollo desigual más amplio (ver Acosta, 2001). La 'mirada turística' del pasado se había transformado en una mirada más posesiva que deseaba poseer un lugar considerado como un mágico 'valle de la longevidad'. En el consumo y agotamiento de este 'lugar', que es a la vez global y local, los habitantes originales se vuelven espectadores en el juego, supuestos beneficiarios del 'desarrollo' a través de la formación de una economía terciaria y una clase de servicio para atender las necesidades de los migrantes jubilados del norte que vieron cómo sus pensiones de jubilación se veian crecer o tener mayor poder adquisitivo más allí.

La tercera problemática con la que nos relacionamos, aunque no exclusivamente, es la de la migración de adultos mayores o jubilados (ver King et al., 2000; King, 2014, O'Reilly y Benson, 2009; Benson y O'Reilly, 2016). La era de la globalización es la era de la migración, por lo que sus flujos han crecido y se han diversificado. La migración de los jubilados del Norte al Sur global es una contracorriente particular a los flujos Sur/Norte más conocidos en los que se centra la mayoría de las investigaciones. El papel del turismo ha sido clave en la localización y denominación de los lugares de retiro de los norteños como veremos en el caso de Vilcabamba. En términos más generales, como señala Williams et al, "esta migración de jubilación impulsada por las comodidades abarca cuestiones complejas de identidad y consumo y estilos de vida itinerantes" (Williams et al., 2000, p. 35). Cualquiera que sea su ubicación de clase en su sociedad de origen, estos turistas/migrantes tienen la capacidad de comprar una (segunda) casa en el extranjero y tienen recursos demostrablemente mayores que los habitantes locales. A diferencia del enfoque principalmente del Norte de esta área de nicho en los estudios de migración, nuestro énfasis estará más en el desarrollo/mal desarrollo desde una perspectiva del Sur. Lo haremos a partir de un análisis estructural pero principalmente de extensas entrevistas a lugareños e inmigrantes jubilados, así como de datos de observación participante.

Los autores de este capitulo se ubicaron en Vilcabamba como residentes permanentes, visitantes de fin de semana durante diez años y residencia de un año respectivamente; son hablantes nativos de español y serían identificados como pertenecientes a la universidad local en Loja. El período de investigación incluyó la semi-insurrección de 2019 en Ecuador (ver Ponce et al., 2019) que tuvo repercusiones locales, sobre todo en términos de relaciones lugareño (local)/visitante. La metodología de investigación se basó en las 35 entrevistas realizadas por uno de nosotros como parte de su disertación de tesis y otros 15 grupos focales informales realizados desde entonces. Los tres investigadores también fueron observadores participantes activos, aunque desde diferentes posiciones, durante un período de tiempo. El proceso de triangulación de los métodos de investigación ocurrió dentro de los métodos y el material recopilado donde pudimos hacer referencias cruzadas y también entre las observaciones de los tres investigadores que ocuparon posiciones de sujeto bastante distintas.

Vilcabamba es un mito -el valle perdido de los Incas- pero también es un lugar del sur del Ecuador. Formaba parte de una economía agraria tradicional y era periférica al desarrollo capitalista del Ecuador centrado en la ciudad costera de Guayaquil y la capital Quito. Este proceso de desarrollo desigual siempre-ya estaba globalizado. Ecuador no entró en el dominio de la globalización en 1990. Lo que sí ocurrió fue la focalización en algunos lugares considerados "auténticos" por los nuevos flujos culturales globales a partir de la década de 1990. Estos flujos pueden entenderse mejor en términos del concepto de "paisajes étnicos" de Appadurai (Appadurai 1996) que denotan una mayor movilidad de inmigrantes, exiliados, refugiados y, por supuesto, turistas. Los paisajes étnicos nos permiten reconocer que nuestras nociones de espacio, lugar y comunidad se han vuelto mucho más complejas. A medida que los viajes se democratizaron y el mundo se hizo más pequeño, lugares como Vilcabamba fueron "descubiertos" y colocados en los nuevos mapas globales. No fue homogeneizado por una cultura global, pero fue transformado en formas complejas que todavía se están desarrollando a medida que la comunidad local y el estado buscan responder a este nuevo orden.

Nuestro análisis de la migración, el turismo y el consumo del otro exótico en Vilcabamba sigue una serie de momentos o pasos. Comenzamos con la Producción del paraíso mientras seguimos la realización de Vilcabamba a partir de un famoso artículo de *Readers Digest* en 1954 en adelante. Al igual que Shangri-La, este fue visto como un valle místico donde las personas vivían en armonía entre sí y con la naturaleza. Más tarde pasó a formar parte de una iniciativa gubernamental posterior al 2000 para "vender" Ecuador como destino turístico a quienes viven en el norte. El otro exótico se estaba construyendo de manera similar al orientalismo de Shangri-La. Seguimos con una discusión sobre la migración del estilo de vida que siguió, desde sus primeras etapas hasta el presente. ¿Quiénes son estos pobladores de Vilcabamba? ¿*Boomers*, exponentes contraculturales, refugiados económicos? ¿Qué ven en Vilcabamba? ¿Cómo son vistos por los lugareños?

A esto le sigue una sección sobre el desarrollo andino que, puesta en contexto, examina dónde se establecieron los inmigrantes, qué trabajo realizaron, qué patrones de consumo mostraron y cuál ha sido el impacto de esto a nivel local. ¿Ha conducido al desarrollo o es más como un "mal desarrollo"? Pasamos a continuación a una consideración de una perspectiva 'local' conscientes de que realmente no podemos hablar de local de una manera irreflexiva. ¿Es una forma de globalismo localizado que hemos observado y analizado? ¿Se ha excluido a la población local de los mercados de la tierra y la vivienda? ¿Vemos un apartheid económico entre dos economías, la local y la transnacionalizada de los entrantes?

Producción de Paraíso

Vilcabamba era un lugar que las élites ecuatorianas visitaban desde la década de 1950. Sus aguas se consideraban medicinales y su aire puro. También tenía un aire místico como el Valle Sagrado de los Quechuas. Este lugar de descanso inca resonó así con un indigenismo apolítico nostálgico que entonces estaba emergiendo en los círculos culturales. Hay muchas historias locales sobre cómo los 'gringos' comenzaron a llegar al valle en la década de 1960. Una historia que cuentan varias fuentes es la de un estadounidense con lepra intratable que supuestamente vino a vivir solo en una tienda de campaña junto al río, donde las mujeres indígenas comenzaron a tratarlo con lodo de río rico en minerales que lo llevó a recuperarse. Sea como fuere como historia de orígenes, Vilcabamba se convirtió en la década de 1960 en un lugar conocido en el mapa mundial para los viajeros de la contracultura. Pero no fue sino hasta la globalización en la década de 1990 que la "construcción del paraíso" se puso en marcha tanto como discurso como en términos de transformación de un pueblo ecuatoriano.

La globalización significó muchas cosas diferentes cuando surgió y este no es el lugar para ensayar las diversas perspectivas y aprendizajes logrados desde una perspectiva intercultural (pero ver Rossi, ed, 2021 para una descripción general reciente). Para nuestros propósitos aquí, solo necesitamos revisar el impacto que tuvo en términos de "lugar de consumo" (Urry, 1995). Como escribió John Urry a principios de la década de 1990, "los lugares se están reestructurando cada vez más como centros de consumo, los lugares pueden ser literalmente consumidos con el tiempo, agotados, devorados o agotados por el uso" (Urry, 1995, pp. 1-2). El valle de Vilcabamba era uno de esos lugares en el mapa emergente de la globalización. Fue "vendido" por la industria turística ecuatoriana y recogido por la industria global de jubilación en particular. Fue "consumido" visualmente al principio como parte del desarrollo de una "mirada turística" más democrática. Desde entonces ha sido reestructurado y revisado para satisfacer las necesidades/deseos de los viajeros/turistas del norte que 'devoran' Vilcabamba en un proceso de colusión/conflicto con sus habitantes originales.

Vilcabamba se convirtió en un Shangri-La en los Andes reconstruyendo la famosa historia de James Hilton sobre la llegada de un grupo de forasteros a un monasterio tibetano en un paraíso utópico del Himalaya (Hilton, 1935). En el místico y armonioso valle de Shangri-La/Vilcabamba el visitante puede encontrar un paraíso terrenal. En este exótico Oriente/Sur, la gente no envejece mucho, al menos en apariencia, y viven cientos de años en lugar del tiempo normal asignado. En la plaza del pueblo de Vilcabamba, los residentes estadounidenses del pueblo querían erigir una estatua de una figura campesina local de aspecto viejo pero joven para simbolizar este significado mágico, pero los residentes locales reales se opusieron. Claramente la mirada del turista era también una mirada orientalista que exotizaba al Otro. Este Otro -los vecinos- no era, por supuesto, una sociedad prístina, auténtica u homogénea. También fue parte del proceso de desarrollo que impactó en todas partes de América Latina desde la década de 1950 hasta el presente, donde el crecimiento económico fue acompañado por la desarticulación social, y no menos importantes las reformas agrarias de 1964 y 1973 que cambiaron los patrones tradicionales de propiedad de la tierra (Hayes, 2018, p. 161).

Fue a través de un artículo en la popular publicación estadounidense Readers Digest en 1954 que Vilcabamba atrajo por primera vez la atención de una audiencia norteña masiva con un artículo del Dr. Eugene Payne, quien había pasado más de un cuarto de siglo en América del Sur explorando 'enfermedades pueblos libres (Payne, 1954). El Dr. Payne informó que un ingeniero británico que había desarrollado presión arterial alta y sufrido daños cardíacos severos se recuperó por completo cuando fue a Vilcabamba a morir: "su corazón estaba en buena forma y su presión arterial era normal", de ahí su descripción de Vilcabamba como una 'isla de inmunidad' (Payne 1954). Muchos investigadores llegaron a Vilcabamba en la década de 1970 buscando la causa de este milagro recreando el mito de El Dorado de la época colonial. ¿Qué explicaba los muchos centenarios que vivían en el pueblo? Al final se encontró que la población local tenía una dieta escasa, alta en fibra y baja en grasas, hacían mucho 'ejercicio', es decir, hacían trabajo físico agotador, el aire estaba 'limpio' porque habia/hubo poco desarrollo y, además, muchos no estaban tan seguros de su fecha de nacimiento. Sin embargo, el mito persistió, y en 1973 el Dr. Leaf 'descubrió' este milagro nuevamente para un artículo de portada en la circulación masiva de National Geographic (Leaf, 1973). Más tarde fue reproducido por una industria turística que aún hoy promueve el 'pueblo mágico' que está 'congelado en el tiempo', agregando los nuevos encantos de su rica biodiversidad para atraer al visitante ecológicamente sensible, por ejemplo, al cercano parque nacional Podocarpus.

Migración de estilo de vida

La migración de estilo de vida ha sido definida como "individuos relativamente acomodados que se mudan... a lugares que, por varias razones, significan para los migrantes algo vagamente definido como calidad de vida" (O'Reilly y Benson, 2009, p. 621). Son personas que han hecho una elección consciente no solo sobre cómo vivir sino también sobre dónde vivir. Cambiar el lugar donde vivimos puede conducir a una calidad de vida mejor o diferente, quizás a una vida más satisfactoria. Esto se aplica a todos los flujos migratorios de alguna manera, pero es más una cuestión de elección para aquellos que se trasladan del norte al sur para mejorar su estilo de vida. Tiene algunos paralelismos con otros flujos de turismo Norte-Sur hacia "lugares bajo el sol" (ver Williams et al., 2009). A menudo, pero no necesariamente, se asocia con la jubilación del empleo de tiempo completo.

Los problemas y las ubicaciones del estilo de vida de la jubilación son ahora un gran negocio. A la pregunta que se hace en el Norte "¿Dónde debo retirarme?" *International Living*, busca dar una respuesta definitiva basada en la investigación en forma de su Índice Anual de Jubilación Global. Ecuador ha estado durante mucho tiempo entre sus 10 mejores ubicaciones para los jubilados del norte más exigentes. En su Índice 2020, Ecuador ocupa el puesto número 6 y su corresponsal para ese país explica sus beneficios:

"Simplemente, algunos de los mejores climas del planeta se pueden encontrar en Ecuador. La combinación única de su posición en el ecuador, las refrescantes brisas marinas de la Corriente de Humboldt, la cordillera de los Andes y la cuenca del Amazonas han conspirado para crear una variedad de climas. Hay playas que son cálidas todo el año, pero rara vez bochornosas (y están demasiado cerca del ecuador para tener huracanes o tormentas tropicales), y lugares en las colinas donde no necesita un sistema de calefacción o refrigeración. Exuberantes colinas verdes y valles fértiles son la norma en Ecuador.

Si bien aprecio la belleza natural y la mezcla de la cultura indígena, incaica y española, uno de mis beneficios favoritos es el estilo de vida asequible. Hay pocos lugares donde vivir es tan asequible en Ecuador. Hay algo para todos, independientemente de su presupuesto. Considere que puede ser dueño de una casa en una playa de la costa del Pacífico o un condominio con excelentes vistas en los Andes por menos de $150,000. Los alquileres son abundantes y asequibles también con un condominio de dos habitaciones y dos baños disponible en el centro de Cuenca por $ 500. Una pareja puede vivir aquí por entre $1,650 y $1,825 al mes, según la ubicación y el estilo de vida.

Dado que la tierra produce excelentes alimentos, principalmente con temporadas de cultivo durante todo el año, los precios en los mercados locales son muy bajos; es difícil llevar más de $15 en frutas y verduras. La ayuda doméstica está disponible por $ 10 a $ 20 por día, y los servicios como pedicuras y cortes de cabello cuestan solo unos pocos dólares. No hay necesidad de facturas de calefacción y aire acondicionado en la mayor parte del país, y puede vivir en la mayoría de los lugares sin un automóvil, pagando 30 centavos o menos por los autobuses y $ 2 a $ 5 por los viajes en taxi.

Hay una comunidad activa de expatriados muy unida y muchas actividades en las que participar: excursiones de un día a pueblos cercanos, juegos de cartas, cenas en clubes, trivia, clases de arte, caminatas y largas comidas con amigos. Todos los días me levanto y tengo la opción de lo que me gustaría hacer. Vivir en Ecuador me ha dado la jubilación que solo podría haber soñado si me hubiera quedado en los EE. UU.

Ecuador es un poco único, ya que no hay solo un par de comunidades de expatriados. Hay más de una docena de lugares repartidos por todo el país donde puedes encontrar norteamericanos que disfrutan de un estilo de vida relajado. Incluso en áreas con pocos expatriados, como Loja, por ejemplo, los ecuatorianos hacen que sea muy fácil sentirse bienvenidos y como en casa"(International Living, 2020).

Muchos de los jubilados estadounidenses que entrevistamos habrían leído informes anteriores como este en este sitio o en otros; gran parte de su "investigación" antes de venir a Vilcabamba estaba en línea. Algunos de ellos fueron a Cuenca a la que se hace referencia en este informe, pero la encontraron demasiado concurrida y, por lo tanto, terminaron en Vilcabamba, cerca de Loja (mencionada en el informe como no demasiado concurrida, es decir, para los estadounidenses). El papel del lugar local es crucial en la construcción discursiva de la migración de estilo de vida internacional como un flujo global, sin fronteras y elitista donde el discurso da forma a la identidad y al lugar g/local (Torkington, 2012).

La migración Norte-Sur (especialmente de jubilados) ha sido una tendencia marginal a nivel mundial y sigue siendo en gran parte inexplorada en los países de América Latina en todo caso. En otras latitudes, como España y el norte de África, existen algunas investigaciones sobre este fenómeno, que se han centrado en los jubilados del norte de Europa (sobre todo del Reino Unido y Francia) que buscan una mejor 'calidad de vida' en el clima mediterráneo. (ver O'Reilly y Benson, 2009). En general, este tipo de migración relativamente privilegiada, que proviene principalmente del Norte global hacia el Sur, es poco conocida en este momento y, por lo tanto, ha recibido poca atención académica que se centra más en los patrones de migración Sur-Norte (para el sur de Ecuador donde Vilcabamba se sitúa ver Eguiguren, 2019). Sin embargo, en los últimos años ha habido un mayor interés en profundizar nuestra comprensión del impacto de los migrantes jubilados; económica, cultural y socialmente en los lugares donde se asientan. Este es un fenómeno relativamente nuevo, aunque sujeto a un análisis riguroso por parte de Russell King y sus colegas durante algún tiempo, donde examinan el nexo entre el envejecimiento, el turismo y la migración (ver King et al, 2000; King, 2014) centrado principalmente en los jubilados del Reino Unido. Sin embargo, hasta el momento se presta relativamente poca atención al impacto en el país receptor (pero véase Mantecón, 2008; Nieves, 2008 centrado en la España mediterránea), pero eso está cambiando rápidamente.

Sin duda, el capitalismo ha encontrado un nicho de mercado en la migración de jubilados, arraigado en un discurso basado en la individualización del sujeto y una ideología consumista rampante. Estos ya no son los viejos discursos del liberalismo que fraguó un argumento basado en la libertad y la democracia; hoy sólo queda el individuo, que es bombardeado con imágenes, estímulos, relatos, panoramas fotográficos paradisíacos y una fábrica de utopías comercializadas por los medios. Este nuevo capitalismo no solo produce bienes y servicios, también ofrece experiencias y producciones simbólicas. Así, los pensionados estadounidenses en Ecuador recrean un imaginario social lleno de mitologías significativas, en el que la elección del destino está determinada por la calidad y el bienestar de vida que se puede permitir y por la información recibida (marketing), creada por blogs, especializados sitios web que recomiendan los mejores lugares para el retiro, amigos, historias, etc. Varios de los entrevistados informaron que su decisión estuvo determinada por viajes que hicieron en el pasado a ese lugar, mientras que otros se mudaron allí por historias de otros compañeros que viajaron o se radicaron allí antes. Muchos otros mencionaron revisar sitios web y, después de vivir en diferentes países de América del Sur, llegaron a Vilcabamba como destino preferido. De esta forma las imágenes y las historias transmiten y construyen un ideario de una jubilación en paz y con una calidad de vida que no pueden obtener con su pensión en sus países de origen. Por otro lado, otros pensionistas se han entregado al deseo de vivir auténticos encuentros interculturales, o de conocer lugares lo más alejados posible de su lugar de origen, un turismo 'fuera de lo común'.

Nuestras entrevistas en Vilcabamba con estadounidenses mostraron un conjunto bastante consistente de razones para migrar o retirarse allí, ya sea de forma temporal o permanente. Enumeran un clima benigno de buena calidad, buenos productos locales, relativa proximidad a los EE. UU. y, también, una economía basada en el dólar estadounidense y derechos de propiedad estables. También hay factores de atracción más intangibles, como un sentido percibido de comunidad y un mayor respeto por los mayores de lo que estarían acostumbrados en su propio país. Había un "resultado final" común en términos de la percepción de la vida en el valle:

"Es menos costoso vivir aquí, lo cual es bueno para mí y para muchas otras personas que viven aquí. Hemos reajustado la forma en que pensamos y vivimos. Hemos reajustado la forma de pensar, la cultura americana es ganar y gastar mucho dinero, aquí en Vilcabamba, al contrario, yo no necesito ganar ni gastar mucho dinero"

No es de extrañar que haya un fuerte aumento en las comidas fuera de casa, algo que muchos de los encuestados valoraron mucho. También hubo las quejas habituales de los clientes:

"Leí que había clases de yoga y cosas así. Solo están disponibles en Loja. Lo que tenemos aquí es tan caro o más que en casa"

"Me gusta aquí, pero nos vendría bien una mayor variedad en términos de comida, un cine, un teatro y una biblioteca también estarían bien. Nos dijeron que todas estas cosas estaban aquí, pero resulta que solo están en Loja [la capital de la provincia]".

Así que no es exactamente lo mismo que en casa, allá en los Estados Unidos.

Para los migrantes estadounidenses/residentes en Vilcabamba, su calidad de vida y la decisión de migrar involucra cuestiones culturales, donde muchos reconfiguran sus valores al encontrarse inmersos en comunidades donde los lazos familiares, vecinales y comunitarios son muy diferentes a los existentes. en sus lugares de origen. Esto los lleva a sentirse parte de una comunidad de migrantes jubilados, lo que, en el caso de Vilcabamba, ha dado lugar a enclaves étnicos, donde estos valores y sentimiento de pertenencia a una comunidad son aplicables solo entre ellos. Por tanto, es importante destacar que además de los impactos económicos, están en juego cambios sociales, culturales y políticos, y cómo la comunidad de jubilados inmigrantes, al reproducir socialmente sus patrones culturales de consumo, ocio y vida, modifican los patrones tradicionales. forma de vida de la comunidad donde antes eran solo los actores locales quienes definían la forma de vida tradicional. Muchos lugareños sienten que han perdido el control de su pueblo y que ahora está puramente al servicio de y para los extranjeros.

El consumo del otro exótico es un placer que se disfruta mejor en relativa soledad, si se convirtiera en un placer de masas entonces se disiparía. Por lo tanto, no es para nada irónico que un encuestado nos preguntara:

"¿Qué pasará cuando Vilcabamba se llene de "gringos"? Los lugares no serán los mismos, se acabará poco a poco"

De hecho, el consumo del lugar tiene sus límites de tiempo, eventualmente se encontrará un lugar más prístino para 'descubrir'.

Desarrollo andino

El desarrollo es un significante vacío que puede asumir diferentes significados según en qué discurso se articule. Podemos tomarlo aquí en el sentido marxista de desarrollo de las fuerzas de producción, pero también es un proyecto de dominación del estado estadounidense, después del colonialismo tuvimos desarrollo por así decirlo. El desarrollo siempre es desigual y desigual y esto se hará evidente en la forma particular de desarrollo que hemos presenciado en Vilcabamba. Por otro lado, no hemos visto el "desarrollo del subdesarrollo" que un enfoque simplificado de la dependencia alguna vez vio como la única opción distinta al socialismo. Pero es una forma de desarrollo dependiente que no es, diríamos, sostenible en última instancia.

Ya hemos visto cómo el bajo costo de vida en Ecuador para un migrante jubilado les beneficia, es un lugar donde pueden maximizar sus pensiones. En las entrevistas realizadas, la mayoría de los inmigrantes jubilados se perciben a sí mismos como "socios" en el desarrollo de la economía local. Los encuestados también sintieron que las remesas del Norte juegan un papel clave dentro de la comunidad de

Vilcabamba, lo que resulta en que sea un agente dinamizador a través de la creación de empleos, la apertura de empresas, el aumento de la demanda de servicios hoteleros, transporte o incluso el consumo que generan. Sin embargo, la población local observa que los inmigrantes jubilados viven en una "economía alternativa" o en una "burbuja de expatriados".

Los migrantes estadounidenses sí abren pequeños emprendimientos, pero tales negocios han elevado los precios de los productos básicos (alimentos, jugos, ropa, artículos de higiene personal) y atienden principalmente a los mismos migrantes, creando en la comunidad de Vilcabamba 'enclaves étnicos' donde se puede diferenciar entre áreas comerciales (restaurantes, cafeterías, supermercados, etc.) diseñadas para consumidores extranjeros versus los lugares que atienden a los locales. Puede, por ejemplo, que un barbero de San Francisco el corte de pelo por 10 dólares estadounidenses o ir por la calle a un peluquero 'local' y que lo corten por 2,50 dólares estadounidenses. Un observador descubrió que más de la mitad de los puntos de venta alrededor de la plaza eran propiedad de no ecuatorianos en 2000 y abastecían casi exclusivamente a los residentes internacionales (Kordel y Pohle, 2018, p. 35). Vemos aquí los ingredientes de una economía dual con todos los problemas que conlleva.

Dentro de los espacios para los migrantes jubilados existe una clara diferenciación intergeneracional y de clase económica. Notamos que la primera ola de migrantes jubilados -los que llegaron en las décadas de 1980 y 1990- generalmente interactuaba con la comunidad residente, se les puede ver paseando por la plaza del pueblo, consumiendo en los negocios del centro para locales o en el mercado central los sábados. Muchos de ellos manifestaron estar informados y preocupados por la situación económica y política actual del Ecuador. Mientras que la siguiente ola de migrantes jubilados, los que llegaron durante y después del crac de 2007-09, suelen vivir en las afueras de Vilcabamba, en la ex Hacienda de San Joaquín, donde viven aproximadamente 100 familias en los terrenos de un ex-hacienda adquirida por un extranjero que a su vez la subdividió en más de 120 lotes en venta para construir casas residenciales. Este grupo de migrantes jubilados parece vivir en un estilo de vida tipo Shangri-La, distante de los demás y despreocupado de su entorno, ajeno a la sociedad de Vilcabamba y en su mayoría relacionándose solo con vecinos de la ex Hacienda San Joaquín u otros migrantes jubilados.

Con poca integración con la sociedad receptora y mínima interacción con la población local, quienes viven en la ex Hacienda de San Joaquín crean una clara segmentación de estatus social y económico. Se percibe un aire de incomodidad entre algunos lugareños entrevistados, y algunos insinúan que, si los migrantes vienen, al menos deben aportar algo a la sociedad que los acoge. Algunos señalaron que muchos de los migrantes son jubilados altamente profesionales que podrían ofrecer muchos beneficios a la comunidad, como dictar cursos, capacitaciones, talleres o clases de inglés y, a cambio, recibirían algo de dinero, se integrarían a la sociedad o incluso aprenderían español. Sin embargo, algunos inmigrantes prefieren vivir su jubilación solo entre compañeros "expatriados" sin ningún interés en integrarse a la sociedad en general.

Otro problema comentado por los lugareños entrevistados es el hecho de que algunos migrantes jubilados venden productos creados o cultivados por ellos mismos y sólo entre ellos, en sus casas o a través de páginas de Internet. Este tipo de transacciones fuera de la ley, lo que les permite evadir impuestos, lo que es visto como una competencia desleal para los locales que sí pagan empleados, impuestos, servicios básicos, etc. De esta manera, las tensiones entre funcionarios públicos, nativos y jubilados parecen intensificarse. tiempo extraordinario. Incluso, algunos de los propios pensionados, admitieron ser parte del problema, pues a medida que llegan y modifican la comunidad, cambian los patrones de consumo. Un jubilado inglés admitió que no debe ser fácil para los ecuatorianos ver tantos "gringos" por el pueblo, sin embargo, en su defensa argumentó que al principio no fue fácil para los ingleses ver tantos ecuatorianos en Londres. Otros a los que entrevistamos se categorizaron como invitados que deben respetar las reglas y hacer lo mínimo para que los lugareños no se sientan incómodos; y afirmó haber sido testigo del creciente malestar que la creciente presencia de extranjeros provocaba en el seno de la comunidad autóctona.

La mayoría de los jubilados migrantes que entrevistamos en Vilcabamba tenían títulos y continuaban con algún tipo de trabajo, a menudo en línea. Un entrevistado nos dijo:

"Estoy semi retirado, pero sigo haciendo cosas. Tengo un ingreso de pensión [estadounidense], hago inversiones y actúo como consultor en varios asuntos aquí desde Vilcabamba'

Los tipos de profesiones pasadas que mencionaron con más frecuencia nuestros entrevistados fueron enfermería, periodismo, contadores, electricistas, ventas de cuidados, seguros de salud y el ejército. Cuando se les preguntó sobre el lugar de nacimiento, las respuestas más comunes para los migrantes estadounidenses fueron Arizona, Boston, Kentucky, Nuevo México, Nueva Jersey, California, Mississippi, Washington, Ohio, Portland y Nuevo Hampshire. Los inmigrantes europeos procedían principalmente del Reino Unido, Alemania y Suiza. Hay una menor afluencia de visitantes de América del Sur a corto plazo, principalmente Argentina y Chile, a menudo llamados "hippies" por los lugareños.

Muchos de los jubilados estadounidenses habían viajado por todo el mundo en las décadas de 1960 y 1970, aparentemente como parte de tendencias contraculturales. Un encuestado nos dijo:

"He vivido en muchos lugares de Estados Unidos, en verdad he vivido en todo el mundo. Recuerdo haber vivido en Europa, Australia, África, China, Japón y también en Sudamérica. Vine a Ecuador desde Texas"

La decisión de migrar fue casi siempre una decisión familiar y muchos tenían a sus familiares visitándolos en Vilcabamba. El consenso general fue que la calidad de vida era buena allí: "Me siento bien aquí", "No pienso irme a ningún otro lado", "Me quedaré aquí para siempre". Sin embargo, un encuestado nos dijo "si la economía empeora, es posible que tenga que irme de aquí". Parece que las consideraciones materiales siempre se aplican, incluso en un valle mágico.

Muchos de los entrevistados tenían más de 70 años. Si bien aparecían como privilegiados en Vilcabamba, muchos tenían problemas de ingresos y de salud, particularmente notables en aquellos que habían venido después de la crisis de las hipotecas de alto riesgo en los EE. UU. Eran vulnerables de muchas maneras, sintiéndose abandonados por su país y comunidad de origen. A menudo se mencionaron las desigualdades de género. Una mujer nos dijo: "Trabajé en muchos lugares y trabajos diferentes, mis ingresos eran bajos, no ganábamos tanto como los hombres, mi esposo ganaba más que yo, pero murió"

La inversión realizada para venir a Ecuador no suele ser excesiva para la mayoría de nuestros entrevistados. Simplemente vendieron y viajaron con algunas maletas, salvo algunas que trajeron muchas más en contenedores. Muchos originalmente no planeaban venir a Vilcabamba: "Primero vine a Quito, pero no me gustaba allí, así que me mudé a Cuenca, lo cual estuvo bien, pero luego me instalé en Vilcabamba". Los fines de semana es bastante común ver a muchos estadounidenses que viven en Cuenca visitando Vilcabamba para socializar con sus compatriotas. El pueblo tiene una reputación considerable en los círculos artísticos y culturales.

Lo que se nota es la importancia de las redes en línea para mantener una identidad migrante. Los grupos de Whats App y los de Facebook como Vilcapeople funcionan en inglés y generan capital social para los migrantes de muchas maneras. Un entrevistado nos dijo "en verdad no conozco a muchos de los extranjeros que viven en Vilcabamba, a algunos los conozco a través de Vilcapeople, pero trato de brindar información que para mí es relevante y necesaria para que la comunidad gringa sepa". Que el sitio de FB solo para miembros funciona como cámara de compensación para transacciones inmobiliarias, compra y venta de bienes y servicios, información social y de entretenimiento, etc. A través de estas redes, los 'viejos' colonos reducen los riesgos para los recién llegados, brindan cierta seguridad y mejoran su propio estatus como iniciados. No se alienta a los lugareños a participar, sobre todo mediante el uso del inglés como medio de comunicación.

Otros migrantes jubilados perciben esta calidad de vida cultural a cambio de patrones que no tuvieron en su vida laboral, como ir a museos, conciertos de música, asistir a actividades de integración, etc. Asimismo, al ser parte de una comunidad de migrantes jubilados, suelen tener lazos de fraternidad y amistad, y el ser de diferentes países o estados, los lleva a realizar intercambios culturales, conocer otras culturas, música, comida, etc. Sobre todo, los migrantes entrevistados perciben la cultura ecuatoriano-vilcabambiana. como simpáticos, interesantes y que puedan aportar mucho a su nueva vida.

Una perspectiva 'local'

Ante un fenómeno de migración global, ¿cuál es la respuesta "local"? En nuestro propio pensamiento y escritura oscilamos en cuanto a qué palabra usar: local, nativo, indígena, pueblo vilca, ecuatorianos, ¿la comunidad? Y nos dimos cuenta de que, por supuesto, no había una comunidad homogénea y lo local no era "auténtico", dado o atemporal. La globalización produce complejos procesos bidireccionales de interacción entre los flujos globales y las culturas locales. No vemos homogeneización (Vilcabamba como puro enclave estadounidense) sino procesos fluidos de hibridez.

Sin embargo, señalamos como Urry que "aquellos que valoran la soledad y una mirada turística romántica no ven esto como una mera forma de ver la naturaleza. Lo consideran como 'auténtico', como real. E intentan que todos los demás sacralicen la naturaleza de la misma manera" (Urry, 2002, p.138). Esto lo vemos mucho en Vilcabamba, donde muchos de los residentes estadounidenses se consideran custodios de la fauna y el hábitat natural que creen que algunos lugareños no aprecian lo suficiente. Un choque cultural que escuchamos de ambos lados es en torno a las mascotas (principalmente perros) que traen los estadounidenses: los dueños nos dijeron que estaban realmente conmocionados por lo que consideraban un trato cruel hacia los animales por parte de los lugareños, y estos a su vez estaban conmocionados por la insistencia de los visitantes, a menudo vegetarianos, de que las tiendas locales deberían proporcionar el mejor bistec para sus perros.

La afluencia de jubilados que ahora representan alrededor del 10% de la población (quizás el 20% si incluimos la migración temporal) de Vilcabamba ha tenido un impacto marcado tanto en el empleo como en el comercio minorista en Vilcabamba. Cuando llegan los visitantes más ricos, a menudo construyen casas en las colinas junto a los ríos. Tienden a ignorar las reglas locales de planificación y desvían el río y, de otras maneras, cambian la localidad para adaptarla a sus gustos. Emplean a los lugareños para hacer el trabajo de construcción. En los cafés y restaurantes de la plaza central prevalecen los establecimientos de propiedad extranjera que sirven de manera que se adapta al paladar extranjero y a precios que ellos (pero no los locales) pueden pagar. Emplean a algunas personas locales que ganan más de lo que habrían ganado en el pasado, pero claramente no lo suficiente como para ponerlos en la escalera de la propiedad. En sus hogares, a menudo palaciegos, emplean a mujeres indígenas locales para cocinar y limpiar, pagando más por un día de lo que podrían ganar en una semana en ocupaciones más tradicionales.

La economía dual que presenciamos tiene el efecto de desplazar a las empresas locales. El poder adquisitivo diferencial nos lo ilustró un recién llegado que no estaba satisfecho con la capacidad de banda ancha local que trajo en sus propios servidores a un costo de muchos miles de dólares. Eso no sería posible para los jóvenes locales que buscan trabajar en línea y no pueden pagar ni siquiera el precio de una computadora portátil.

El gasto en las tiendas de abarrotes locales era otra área donde se podía esperar que se sintiera el impacto económico de los jubilados. Durante un tiempo, los visitantes fueron a las tiendas de comestibles y tiendas de ropa locales. Como nos dijo un visitante estadounidense: "aquí en Vilcabamba compro mi ropa localmente, vivo como alguien de la zona, la única diferencia es que soy un poco más blanca, voy a las reuniones de las juntas locales del canal de riego. En USA antes compraba en grandes cantidades para durar un tiempo, ahora me pongo la mochila, bajo al *pueblo* y compro lo que necesito para la semana".

Sin embargo, la mayoría de los residentes inmigrantes tienen un sistema bien organizado en el que uno de ellos va cada semana en sus vehículos 4 x 4 a un hipermercado fuera de Loja capital y compra para el grupo, lo que ahorra, pero también reduce la viabilidad del negocio. tiendas de abarrotes locales a las que luego acusan de no tener un stock lo suficientemente variado. Durante el levantamiento indígena de octubre de 2019 en Ecuador, cuando no pudieron viajar a Loja para comprar, se notó que filas de 4x4 visitaban las tiendas de abarrotes locales, alertados por su propio grupo privado de WhatsApp de que se iban a poner restricciones de viaje. en el lugar, en el que vaciaban sacos de arroz, pastas al por mayor y cuantos otros alimentos caían en sus manos.

En cuanto a los 4 x 4, este es un aspecto positivo para los lugareños que dicen que pueden comprarlos a un precio muy reducido cuando los inmigrantes se van a casa, junto con sus muebles y equipo de cocina.

El impacto en el mercado inmobiliario de los nuevos habitantes de

Vilcabamba ha sido bastante dramático: un terreno para construir una casa, un terreno, que estaba valuado en $20.000 en la década de 1980, ahora se vende por un mínimo de $120.000. La inflación en el valor de las propiedades ha tenido un impacto dramático en los locales. Este cambio coincidió con una desregulación de las ventas de tierras después de 2000 (ver Reyes Bueno 2018). El impacto fue dramático. Como nos dijo un joven: 'Hubiera tenido la oportunidad de comprar un terreno para construir una casa en Vilcabamba para estar cerca de mi familia. Ahora no puedo ni pensar en eso. Tendré que subir la colina para encontrar un lugar que pueda pagar. Eso no está bien". A medida que los extranjeros se convirtieron en las únicas personas con acceso al capital para comprar tierras, fuimos testigos de una forma de 'gentrificación remota' (para lo cual ver Sigler y Wachsmuth, 2015), dado que la clase media local no tiene ni el tamaño ni los recursos para montar tal iniciativa.

Las actitudes locales hacia los visitantes/residentes extranjeros son difíciles de medir. Uno de los autores realizó una encuesta a pequeña escala como parte de una tesis de investigación y encontró que el 80% de los encuestados deseaba ver más jubilados viniendo a Vilcabamba frente al 20% que estaba en contra (Veintimilla, 2019). También hubo una sensación general de que deberían adaptarse a las costumbres del pueblo, gastar dinero localmente y emplear a los lugareños cuando establecieran negocios. Casi la mitad de los encuestados "cree firmemente" que su "calidad de vida" ha mejorado desde la afluencia migratoria, el resto apoyó la declaración y solo el 2% no estuvo de acuerdo. Sin embargo, también había una fuerte sensación de que tenían que adaptarse al nuevo estilo de vida. Consideran que su comunidad es mucho más "ruidosa" ahora, ha perdido su ambiente tranquilo y la contaminación ha aumentado. También había un sentimiento más intangible de haberse convertido en "extranjeros en su propia tierra".

El gobierno local tiene una actitud bastante crítica hacia los visitantes extranjeros, incluso si esto no se expresa abiertamente. Algunos funcionarios del gobierno local comienzan a darse cuenta de que el aumento en el número de inmigrantes jubilados, en lugar de ser percibido como una oportunidad para el desarrollo local, se percibe como un problema. Muchos de los jubilados no tienen un estatus legal en Ecuador; muchos no se preocupan por integrarse o contribuir a la calidad de vida de la localidad, y solo buscan su propio bienestar. Los funcionarios también han notado que el precio de la vivienda y el alquiler se ha disparado, creando economías alternativas para los migrantes, ya que solo ellos pueden pagar ciertos productos o bienes.

Conclusiones

En términos de la construcción de la globalización y los lugares globalizados, Boaventura de Sousa Santos se refiere a un proceso gemelo de localismos globalizados y globalismos localizados: el localismo globalizado es el proceso por el cual un fenómeno particular se globaliza con éxito, lo que se traduce en la capacidad de dictar los términos de integración, competencia e inclusión. El segundo proceso de globalización al que podemos referirnos es el globalismo localizado: que consiste en el impacto específico sobre las condiciones locales producido por las prácticas e imperativos transnacionales que surgen de los localismos globalizados. "Para responder a estos imperativos transnacionales, las condiciones locales son desintegradas, oprimidas, excluidas, desestructuradas y, eventualmente, reestructuradas como inclusión subordinada" (Sousa Santos 2002:15). Vilcabamba en la era de la globalización puede verse como un claro ejemplo de "globalismo localizado" donde las prácticas transnacionales (el fenómeno de los jubilados del Norte) han reestructurado una ubicación del Sur para desempeñar un papel subordinado en el proceso global. El hallazgo de un lugar mágico de longevidad cumple los sueños del Norte y ofrece a los jubilados de ingresos medios la oportunidad de encontrar una mejor 'calidad de vida' que la que encontrarían en el escenario de desindustrialización y disminución del acceso a los servicios de salud de muchos lugares en el norte global. Incluso aquellos que no tienen un estatus económico alto en el Norte tienen un ingreso que los ubica por encima de la mayoría de los locales en su nuevo lugar de residencia. Quizás lo que falta en este marco es un reconocimiento del imperativo de desarrollo en el Sur global que significa que lugares como Vilcabamba no son solo "oprimidos" sino participantes dispuestos en este nuevo orden global. Además, quizás el aspecto de la agencia se subestima en este marco y nuestro propio énfasis ha estado mucho más en la voluntad de ambos lados, tanto los habitantes establecidos como los nuevos, en la creación de Vilcabamba como un lugar deseable para residir.

También hemos visto cómo el "ambiente" de un lugar como Vilcabamba es producido activamente por un conjunto de actores locales, nacionales y transnacionales de residentes, oficinas de turismo, agencias de desarrollo y agencias de jubilación. Los turistas, para Urry y Larsen, "encarnan una búsqueda de autenticidad, y esta búsqueda es una versión moderna de la preocupación humana universal por lo sagrado. El turista es una suerte de peregrino contemporáneo, que busca la autenticidad en otros 'tiempos' y otros 'lugares' alejados de la cotidianidad de esa persona" (Urry y Larsen, 2011, p. 10). Los pobladores de Vilcabamba que vinieron del exterior también siguen siendo turistas en ese sentido por todo lo que algunos buscan para 'integrarse' a la sociedad local. Personifican la búsqueda de la "autenticidad" en su modo de vestir y en la forma en que viven sus vidas que recuerdan a muchos de un cierto entorno contracultural de los años sesenta de los EE. UU. La plaza del pueblo en Vilcabamba es un escenario para la presentación de una autenticidad cuidadosamente coreografiada y supuestamente un vistazo a la vida de personas reales en este valle encantado. Lo que la mirada del turista no ve es que esto también es parte de un intento de los residentes locales de reclamar algunos beneficios económicos de la afluencia de extranjeros a 'su' valle.

La gran mayoría de los extranjeros que entrevistamos dijeron que migraron por razones de buscar un mejor nivel de vida en el Sur, donde pueden maximizar los ingresos de su pensión del Norte, aprovechar el transporte económico y los servicios de salud accesibles, junto con las ventajas. del clima, la alimentación, los recursos naturales y la seguridad personal. El discurso subyacente estaba impregnado de una vida vivida en estrecha relación con la comunidad local y en máximo contacto con el paisaje andino, donde el Sumak Kawsay (equilibrio y relación bio-eco-social) era visto como parte fundamental. de la decisión de migrar a Vilcabamba. Sin embargo, en la práctica la realidad es que la práctica de los inmigrantes y la comprensión del concepto de "calidad de vida" se basa principalmente en un análisis de costo-beneficio donde perciben el bajo costo de los bienes y servicios en el destino que se traduce en calidad de vida para ellos.

En la práctica, en su experiencia vivida, la mayoría de los residentes temporales o permanentes provenientes del extranjero rechazan una genuina multiculturalidad, donde el crisol de ideas, costumbres, tradiciones se sumen y formen una nueva cultura basada en los aportes y diversidad de cada uno. cultura. Ciertamente rechazan un enfoque asimilacionista, donde estos nuevos habitantes de Vilcabamba asimilarían y se adherirían a las tradiciones, costumbres y prácticas culturales de los nativos. Es claro que en el pueblo de Vilcabamba encontramos las tres categorías, es decir, migrantes dispuestos a crear una multiculturalidad, migrantes dispuestos a asimilarse (en menor número que los primeros) y un tercero conformado por migrantes que viven en enclaves o nichos. Esto nos recuerda el uso que hace Giovanni Sartori del término "balcanización" (Sartori, 2000) para describir un fenómeno migratorio muy diferente en el Norte. La balcanización de la migración se da ante la falta de políticas públicas que puedan conformar y cohesionar una sociedad en constante construcción como la de Vilcabamba que puede provocar conflictos entre locales y migrantes o entre los mismos inmigrantes.

Para los migrantes los beneficios de recibir una pensión en un país del sur son notables, permitiéndoles a los jubilados mantener la calidad de vida que tenían cuando aún trabajaban. El bajo costo de los bienes y servicios con tasas impositivas muy bajas, vivir en un clima donde no hay necesidad de pagar calefacción, etc. Asimismo, la existencia de servicios de salud por encima del promedio en el Ecuador hace que la decisión de migrar a estos sitios sea atractiva. una. Otro de los factores principales es la baja tasa impositiva sobre la propiedad privada y el menor costo de los servicios domésticos. Sobre todo, los emigrantes jubilados quieren vivir lugares de aventura (montaña, ríos, paseos por la naturaleza, lagos, etc.), o como muchos nos comentan, buscan un nuevo comienzo para esta etapa de su vida, donde el enriquecimiento mental y físico de nuevas actividades es uno de los objetivos que tienen al migrar a estas localidades: cursos de yoga, cultivo hidropónico, meditación, cabalgatas, cursos gastronómicos veganos, gimnasia para adultos mayores son solo algunas de las actividades que realizan los población busca en Vilcabamba.

Referencias

Acosta, A. (2001). Breve Historia Económica del Ecuador. Quito: Editora Nacional.

Appadurai, A. (1996). Disjuncture and difference in the global cultural economy. Modernity at large: cultural dimensions of globalization. *Public Worlds, University of Minnesota.*

Benson, M., & O'Reilly, K. (2016). From lifestyle migration to lifestyle in migration:

Categories, concepts and ways of thinking. *Migration Studies*, 4(1), 20-37.

Eguiguren Jiménez Eguiguren J. (2019). *Movilidades y poder en el sur del Ecuador, 1950-1990*. Editorial FLASCO Ecuador.

Hayes, M. (2018). Gringolandia: Lifestyle migration under late capitalism. U of Minnesota Press.

Hilton, J. (1936). Lost horizon: The strange secret of Shangri-La. London: Macmillan

International Living (2022). The World's Best Places to Retire in 2022. EN línea: https://internationalliving.com/the-best-places-to-retire/

King, R., Warnes, T., & Williams, A. (2000). Sunset lives. *British Retirement Migration to the Mediterranean*.

King, R. (2014). Ageing and migration. *Migration: the COMPAS anthology*, 106-108.

Kordel, S., & Pohle, P. (2018). International lifestyle migration in the Andes of Ecuador: How migrants from the USA perform privilege, import rurality and evaluate their impact on local community. *Sociologia Ruralis*, 58(1), 126-146.

Leaf, A. (1973). 'Search for the Oldest People'. National Geographic, 93-118.

Mantecón, A. (2008). La experiencia del turismo: Un estudio sociológico sobre el proceso de turismo-residencial.Barcelona: Icaria.

Nieves, R. H. (2008). Tendencias del turismo residencial: el caso del Mediterráneo español. *El Periplo Sustentable: revista de turismo, desarrollo y competitividad*, (14), 65-87.

O´Reilly, K., and Benson, M. (2009). Lifestyle Migration: Expectations, Aspirations and Experiences. Farnham, UK: Ashgate Publishing Limited.

Payne, E. (1954). Islands of Immunity: Medicine's most amazing miracle, Readers Digest (Nov).

Ponce, K., Vasquez, A., Vivanco, P., & Munck, R. (2020). The October 2019 indigenous and citizens' uprising in Ecuador. *Latin American Perspectives*, 47(5), 9-19.

Reyes-Bueno, F., García-Samaniego, J. M., & Sánchez-Rodríguez, A. (2018). Large-scale simultaneous market segment definition and mass appraisal using decision tree learning for fiscal purposes. *Land Use Policy*, 79, 116-122.

Rossi, I. (Ed.). (2020). Challenges of Globalization and Prospects for an Inter-civilizational World Order. Springer.

Sartori, G. (2000). Pluralismo, multiculturalismo e estranei: saggio sulla società multietnica. Rizzoli.

Sigler, T., & Wachsmuth, D. (2015). Transnational gentrification: Globalisation and neighbourhood change in Panama's Casco Antiguo. *Urban Studies*.

de Sousa Santos, B. (2006). Globalizations. *Theory, Culture & Society*, 23(2-3), 393-399.

Torkington, K. (2012). Place and lifestyle migration: The discursive construction of 'glocal'place-identity. *Mobilities*, 7(1), 71-92.

Urry, J. (2002). *Consuming places*. Routledge.

Urry, J., & Larsen, J. (2011). *The tourist gaze 3.0*. Sage.

Veintimilla, J. (2019). Resultados e implicaciones de la globalización; expulsados del norte expatriados en el sur económico. Jubilados extranjeros en Vilcabamba. Loja: UTPL

Williams, A. M., King, R., Warnes, A., & Patterson, G. (2000). Tourism and international retirement migration: new forms of an old relationship in southern Europe. *Tourism geographies*, 2(1), 28-49.

ADQUISICIÓN DE LA NACIONALIDAD DE LOS LATINOAMERICANOS Y CARIBEÑOS EN ESPAÑA, 2010-2020

Daniel Vega Macías

Introducción

La nacionalidad es un vínculo jurídico en el que se reconoce la pertenencia de una persona a un Estado nación. En el caso de los inmigrantes adquiere especial relevancia, dada la importancia que ésta tiene en los procesos de integración y de adquisición de derechos, llevando a cuestionar en los debates políticos contemporáneos quiénes deben de gozar de los privilegios que se reconocen a los nacionales de un país determinado (Amunátegui, 2018; Stolcke y Wolfson, 2000). En la literatura académica se ha contemplado como uno de los principales mecanismos mediante el cual un inmigrante equipara sus derechos con el resto de la población, de manera que su adquisición es tradicionalmente considerada un indicador del grado de integración de los inmigrantes en el país de destino (Bolzman y Gallego, 2017; Heckmann, 1998; Martínez de Lizarrondo, 2016; Solano y Huddleston, 2020). Asimismo, el acceso a la nacionalidad ha sido visto como un paso a la integración identitaria (Stolcke y Wolfson, 2000).

Por consiguiente, este capítulo tiene como objetivo analizar las tendencias recientes de la adquisición de la nacionalidad de la población de origen latinoamericano y caribeño en España. A partir de los datos más recientes del Padrón Municipal de Habitantes y de las Estadísticas de adquisiciones de nacionalidad, publicadas por el Instituto Nacional de Estadística (INE), esta investigación ofrece un panorama de la situación que guarda la nacionalidad de este grupo poblacional en la última década.

El inicio de la migración latinoamericana y caribeña puede ubicarse en la década de los setenta, cuando la tendencia previa de la migración de españoles a América Latina se revierte. El primer flujo migratorio a España tiene su origen en el exilio político en Sudamérica, sobre todo el de los argentinos, un grupo mayoritariamente compuesto por clases medias y profesionales (Herranz, 1998). Sin embargo, es difícil conocer el número de exiliados chilenos, argentinos y uruguayos en España en esa época debido a la ausencia de fuentes estadísticas fiables (Fernández, 2020). Posteriormente, a partir de los ochenta se incorporan grupos de migrantes del Caribe, de América Central y de América Andina, en su mayoría dominicanos y peruanos, quienes son principalmente movimientos económico-laborales. (Herranz, 1998). Es a partir de las restricciones impuestas a la inmigración en los Estados Unidos, como consecuencia de los atentados terroristas del 11 de septiembre de 2001, que Europa se tornó una de las regiones de destino más importantes para los latinoamericanos y caribeños, sobre todo para los colombianos y ecuatorianos, a los cuales se fueron sumando paulatinamente otros grupos como los bolivianos, venezolanos y brasileños, entre otros (Pardo, 2014).

En 2020, según el INE, España tenía alrededor de 47.45 millones de habitantes, de los cuales 7.23 millones había nacido en el extranjero, es decir, alrededor de 15.23% del total poblacional. De entre ellos, alrededor de 3.12 millones había nacido en algún país de Latinoamérica o el Caribe, es decir, cerca del 43.13% del total de nacidos fuera de España. En orden de importancia numérica, los cinco principales países de origen fueron Colombia (16.49%), Ecuador(13.37%), Venezuela (12.71%), Argentina (9.40%) y Perú (7.86%). Cabe destacar que ha sido un flujo caracterizado también por su feminización (Pardo, 2014); por ejemplo, en ese mismo año, del total de latinoamericanos y caribeños, 57.35% eran mujeres. Además, en el caso de República Dominicana este valor alcanzó 60.08%, e incluso para países como Honduras y Nicaragua llegó al 71% de población femenina.

En lo que respecta al acceso a la nacionalidad en España, se considera que los latinoamericanos y caribeños son de los grupos poblacionales más beneficiados, debido a que la normativa española los privilegia en este aspecto (Martínez de Lizarrondo, 2016). Dado que la mayoría de los migrantes latinoamericanos y caribeños comparten el idioma castellano y otros aspectos culturales, ha facilitado que el requisito de la integración les sea más favorable (Pinyol-Jiménez y Sánchez-Montijano, 2014). Incluso, hay una aceptación institucionalizada en España de una identidad común entre los pueblos hispanoamericanos derivada de lazos históricos, culturales, lingüísticos y religiosos (Rodríguez, 2013).

El panorama general de la investigación que se presenta en este capítulo muestra que la adquisición de la nacionalidad española de la población latinoamericana y caribeña, aunque ha presentado avances, puede considerarse relativamente insatisfactoria. Por ejemplo, si bien entre 2010 y 2020 aquellos que tenían la nacionalidad española pasaron del 26.08% al 48.70%, estos datos reflejan también que más de la mitad aún no ha tenido acceso a ella. Es más, en el mismo periodo, la población latinoamericana que obtuvo anualmente la nacionalidad se redujo de 172 mil personas a cerca de 69 mil.

En las páginas que siguen, el lector encontrará, en primer lugar, un panorama de los principales aspectos históricos y teóricos relacionados con la adquisición de la nacionalidad, poniendo énfasis en el caso español. Seguidamente, se hace un recuento de los resultados de la investigación, a través de los cuales se profundiza en el análisis de las estadísticas de la adquisición de nacionalidad de los latinoamericanos y caribeños en el periodo 2010-2020. El trabajo finaliza con algunas reflexiones a modo de conclusión.

Revisión de la literatura

Para comenzar esta sección, resulta conveniente hacer la distinción entre los términos de nacionalidad y ciudadanía que, si bien son dos expresiones que muchas veces se usan de manera indistinta, están claramente diferenciadas. Por un lado, la nacionalidad es un vínculo jurídico en el que se reconoce la pertenencia de una persona a un Estado nación. Por el otro, la ciudadanía es definida como la capacidad de participación del individuo como un miembro de pleno derecho dentro de la comunidad estatal. En este sentido, el concepto de ciudadanía ha ido recuperando paulatinamente su autonomía respecto al de nacionalidad (Aláez, 2005). Para Rubio y Moya (2003) son dos conceptos estrechamente conectados ya que no existe ciudadanía plena sin nacionalidad, y esta última le recuerda a cada individuo que forma parte de una comunidad política. Para Stolcke y Wolfson (2000, p. 23) "la ciudadanía es la quintaesencia de la emancipación política y la igualdad de que goza el individuo moderno ante la ley". Sin embargo, en el mundo burgués incipiente dividido en Estados nacionales, la ciudadanía fue limitada de manera temprana, y pasó a ser el privilegio exclusivo de aquellos que eran reconocidos como nacionales.

Otra perspectiva de lo anterior es que mientras la nacionalidad es una categoría excluyente, ya que segmenta a las personas en función de sus Estados nacionales de pertenencia; la ciudadanía tiene una función incluyente a través del reconocimiento de derechos y libertades fundamentales, permitiendo la integración y participación en las distintas esferas de la vida social y política. En otras palabras, hace una diferenciación que explica las dicotomías de nacional y ciudadano, frente al extranjero y al no ciudadano (Aláez, 2005). En la actualidad, una forma de "inclusión diferencial" opera a través de estos conceptos, los cuales son considerados como una forma específica de gobernanza de los Estados nacionales, con lo que se determina qué grupos poblaciones son sujetos de derechos y pueden beneficiarse del bien común (Papadopoulos y Tsianos, 2013).

Cabe agregar que, desde el punto de vista sociológico, la nacionalidad –que tiene su origen en el verbo "nacer", lo cual ya dice mucho— está estrechamente relacionada con determinadas maneras de pensar, de sentir y de actuar, que son distintos de los de otros pueblos; y se origina en la confluencia de elementos como la raza, la lengua, la religión y la historia, entre otros. Mientras que, desde el punto de vista jurídico, la nacionalidad es el vínculo que liga a una persona a un Estado concreto y le ofrece protección diplomática en el extranjero (Viñas, 2010).

Recientemente, la adquisición de nacionalidad ha sido uno de los temas más debatidos en el ámbito social y político ligado a las migraciones, tanto en Europa como en Estados Unidos, porque implica la integración y pertenencia, y con ello la adquisición de derechos y obligaciones (Amunátegui, 2018). Las crisis económicas y la profundización de las exclusiones sociales han hecho que la ciudadanía cobre nueva importancia. La ciudadanía y la "identidad nacional" ocupan un lugar central en los debates políticos contemporáneos (Stolcke y Wolfson, 2000). En palabras de María Gabriela Rho (2021) las migraciones tensionan las categorías centrales a partir de las cuales se erige el imaginario del Estado nación. Así pues, la soberanía estatal, la nación y la ciudadanía son desestabilizadas por los movimientos migratorios que ponen en cuestión y obligan a repensar estas nociones.

Los Estados tienen libertad para establecer la manera en que atribuyen o conceden la nacionalidad. Conforme a lo establecido en el artículo 1 de la Conferencia de La Haya de 1930 (citado por Viñas, 2010, p. 281):

Corresponde a cada Estado determinar por su legislación quienes son sus nacionales. Esta legislación debe ser admitida por los demás Estados, siempre que esté de acuerdo con los convenios internacionales, la costumbre internacional y los principios del derecho generalmente admitidos en materia de nacionalidad.

Históricamente, para delimitar la pertenencia a los Estados-nacionales, se recurrió a las expresiones *ius soli* y *ius sanguinis*, términos con los que se designa a dos diferentes sistemas de adquisición de nacionalidad en la mayor parte de las sociedades occidentales, quedando determinada por el lugar de nacimiento y por la herencia de los padres respectivamente. Durante el siglo XVIII la regla común entre los estados europeos era que una persona pertenecía al reino en el que había nacido. A lo largo de la Revolución Francesa (1789), si bien el *ius soli* implicaba que todo hombre nacido en un territorio fuera considerado ciudadano del lugar en donde naciera, amplió su ámbito de aplicación para aquellos casos en los que se hubiera nacido de un padre francés o se hubiera establecido residencia en Francia. Sin embargo, durante la redacción del Código Civil francés se otorgó la ciudadanía exclusivamente para aquellos que hubiesen nacido de padres franceses, es decir, el *ius sanguinis* se impuso como el único criterio para atribuir la nacionalidad francesa. Y debido precisamente a la influencia francesa, el *ius soli* fue sistemáticamente suprimido de la mayor parte de los sistemas jurídicos europeos (Amunátegui, 2018; Stolcke y Wolfson, 2000).

También en Francia, durante la Segunda República, se distinguió en el Censo de población a los *étrangers* de los nacionales, un concepto que había sido acuñado durante la Revolución para designar a los enemigos políticos y traidores de la causa revolucionaria, distinción que implicaba un fuerte elemento de cohesión nacional. En 1889, con la Tercera República, se desarrolló el primer Código de Nacionalidad (Code de la Nationalité) que conllevó una separación jurídica y política entre nacionales y extranjeros. Pese a que dicho código estipulaba que la condición más importante para gozar de la nacionalidad era ser descendiente de un padre francés, se estipuló que los individuos nacidos y residentes en Francia podrían volverse franceses a través de la naturalización. Lo cual, si bien se ha interpretado como una solución liberal incluyente, era en el fondo motivada por razones militares e ideológicas (Stolcke y Wolfson, 2000). De esta manera, los criterios tradicionales, hoy vigentes en los derechos civiles europeos de adquisición de la nacionalidad, son el *ius sanguinis* –el cual sigue siendo el criterio prioritario— y el *ius soli,* a los que se le suma la adquisición derivativa de la nacionalidad a través de la residencia previa, esto es, el *ius domicilii* (Elósegui, 2008).

En el caso de España, desde que se convirtió en un Estado moderno, con el matrimonio entre Isabel de Castilla y Fernando de Aragón en el Palacio de los Vivero de Valladolid el 19 de octubre de 1469, el *ius soli* fue el principio que primó. Lo anterior tuvo vigencia hasta 1805, cuando en La Novísima Recopilación del derecho castellano y español, se interpretó que solo aquellos nacidos dentro del territorio español de padres españoles eran naturales de España (Amunátegui, 2018). En la Constitución de Cádiz de 1812, la primera en el país, se establecía que "La Nación española es la reunión de todos los españoles de ambos hemisferios" (Constitución Política de la Monarquía Española, 1812, art.1°, Cap. I), siendo considerados españoles:

> Todos los hombres libres nacidos y avecindados en los dominios de las Españas, y los hijos de éstos; los extranjeros que hayan obtenido de las Cortes cartas de naturaleza; los que sin ella lleven diez años de vecindad, ganada según la ley en cualquier pueblo de la Monarquía; y los libertos desde que adquieran la libertad en las Españas. (Constitución Política de la Monarquía Española, 1812, Art. 5°, Cap. II)

Así, la nacionalidad se otorgaba con los criterios del *ius soli*, el *ius sanguinis* y el *ius domicilii*. Cabe aclarar que la Constitución de Cádiz, distinguía los españoles (es decir, los integrantes de la Nación) de los "ciudadanos españoles", quienes eran las personas que además gozaban de capacidad política. Posteriormente, con la aprobación del Código Civil de 1889 comenzó a predominar el criterio sanguíneo con respecto al territorial, y en lo que se refiere a la ciudadanía, desapareció formalmente de los textos constitucionales. En contraparte, en la Constitución republicana de 1931 se ampliaron los criterios del *ius soli* y el *ius domicilii* para la adquisición de la nacionalidad española (Aláez, 2005). Años más tarde, durante la dictadura militar de Francisco Franco, el *ius sanguinis* continuó siendo el principio básico para la determinación de la nacionalidad, mientras que se ampliaron los efectos del *ius soli,* al conferirse la cualidad de españoles a los nacidos en España de padres extranjeros si estos también hubieran nacido en ella, de manera que no se perpetuarse indefinidamente las estirpes de extranjeros. Además, declaró compatible la adquisición de la nacionalidad española con la conservación de la hispanoamericana o filipina (Ley de 15 de julio de 1954, reforma al Título Primero del Libro Primero del Código Civil), cuyo fin era la prolongación de la idea de la comunidad histórica iberoamericana (Viñas, 2010).

Al término de la dictadura, en la Constitución española de 1978 se dispone que la "nación española" es la patria común e indivisible de todos los españoles, y se limita a establecer que "la nacionalidad española se adquiere, se conserva y se pierde de acuerdo con lo establecido por la ley" (Constitución Española, 1978, Art. 11). Además, respecto a los extranjeros, se instituye la posibilidad de llevar a cabo tratados de doble nacionalidad con los países iberoamericanos o aquellos con vínculos particulares con España (Constitución Española, 1978, Art. 2). En las leyes respectivas de 1982 y en 1990 se da cumplimiento al mandato constitucional en lo referente al acceso a la nacionalidad, mientras que "La Ley de 2002 facilitó la conservación y transmisión de la nacionalidad española con el fin de salvaguardar los derechos de los trabajadores españoles en el extranjero" (Viñas, 2010, p. 3). En 2007, en el marco de la Ley de Memoria Histórica, en la cual se regularon medidas a favor de quienes padecieron persecución o violencia durante la Guerra Civil (1936-1939) y la dictadura, se benefició a los descendientes de españoles emigrantes o exiliados, incorporando una nueva posibilidad para el derecho de opción,[1] que tuvo como objetivo que los hijos y nietos de españoles pudieran optar a la nacionalidad española (Sagarra, 2012; Sánchez, 2009).

Según el Código Civil vigente, la "opción" es un beneficio que se ofrece a los extranjeros que se encuentran en determinadas condiciones, para que adquieran la nacionalidad española:

Artículo 17:

2. La filiación o el nacimiento en España, cuya determinación se produzca después de los dieciocho años de edad, no son por sí solos causa de adquisición de la nacionalidad española. El interesado tiene entonces derecho a optar por la nacionalidad española de origen en el

---

1 "Es un derecho cuyo ejercicio estaba limitado 27 de diciembre 2011.

plazo de dos años a contar desde aquella determinación.

Artículo 19:

2. Si el adoptado es mayor de dieciocho años, podrá optar por la nacionalidad española de origen en el plazo de dos años a partir de la constitución de la adopción.

Artículo 20:

1.a. Las personas que estén o hayan estado sujetas a la patria potestad de un español.

1.b. Aquellas cuyo padre o madre hubiera sido originariamente español y nacido en España.

Además, se puede obtener por carta de naturaleza o por residencia. En el primer caso, se otorga discrecionalmente a personas en circunstancias excepcionales (Código Civil, Art. 21.1), como deportistas y artistas con trayectorias de amplio reconocimiento. Asimismo, la nacionalidad española también se adquiere por residencia[2] (Código Civil, Art. 21.2), cuyos requisitos están plasmados de la siguiente manera:

1. Para la concesión de la nacionalidad por residencia se requiere que ésta haya durado diez años. Serán suficientes cinco años para los que hayan obtenido la condición de refugiado y dos años cuando se trate de nacionales de origen de países iberoamericanos, Andorra, Filipinas, Guinea Ecuatorial o Portugal o de sefardíes.

2. Bastará el tiempo de residencia de un año para:

a) El que haya nacido en territorio español.

b) El que no haya ejercitado oportunamente la facultad de optar.

c) El que haya estado sujeto legalmente a la tutela, curatela con facultades de representación plena, guarda o acogimiento de un ciudadano o institución españoles durante dos años consecutivos, incluso si continuare en esta situación en el momento de la solicitud.

---

[2] "En todos los supuestos, la residencia exigida ha de ser legal, continuada e inmediatamente anterior a la petición. Ello supone la posesión de las autorizaciones administrativas exigidas para la permanencia en nuestro territorio, así como la efectividad de la residencia. Residencia legal que incluye a todo aquel que posee un permiso de residencia o una tarjeta de residente, pero que resulta dudoso que ampare al estudiante ya que lo que se le concede para que pueda permanecer legalmente en territorio español es una autorización de estancia, y no de residencia (Rubio y Moya, 2003, p. 140).

d) El que al tiempo de la solicitud llevare un año casado con español o española y no estuviere separado legalmente o de hecho.

e) El viudo o viuda de española o español, si a la muerte del cónyuge no existiera separación legal o de hecho.

f) El nacido fuera de España de padre o madre, abuelo o abuela, que originariamente hubieran sido españoles.

Cabe aclarar que los matrimonios de españoles o españolas con extranjeros, y sobre todo los celebrados fuera de España, son vistos con suspicacia por las autoridades, por lo que es necesario que un cónsul español expida un visado de residencia por reagrupación familiar. Lo que se busca con ello es comprobar que no solo se pretende conseguir la residencia en España por esta vía (Rubio y Moya, 2003). Con el incremento de las migraciones internacionales a España, irrumpió el fenómeno de los llamados matrimonios de complacencia, o también denominados "matrimonios blancos", los cuales son considerados como un fraude a las normas de nacionalidad y extranjería, ya que solo buscan adquirir la nacionalidad, una autorización de residencia o beneficiarse de la reagrupación familiar. Sin embargo, es una medida de control polémica dado que puede conducir a equívocos en la práctica respecto a los verdaderos matrimonios, sobre todo cuando los elementos de sospecha se originan en cuestiones raciales, religiosas o culturales (García y Goizueta, 2008).

También llama la atención la adquisición de la nacionalidad por parte de los judíos sefardíes, ya que como tal no pertenecen a un Estado nación concreto. Al margen de lo establecido en el Código Civil, en 2015, se aprobó la Ley de nacionalidad española para sefardíes, es decir, concedía la nacionalidad española para los descendientes de los hispanojudíos expulsados por los Reyes Católicos en 1492 (Sbaihat, 2018). Aunque es necesario aclarar que esta norma no implicaba la residencia previa en España, y tampoco exigía la renuncia a la nacionalidad de origen.

Finalmente, para terminar esta sección, se examinarán brevemente las implicaciones que han sido atribuidas a la nacionalidad en la literatura académica de los estudios migratorios. La adquisición de la nacionalidad ha sido considerada como un indicador del grado de integración de los inmigrantes en el país de destino, tanto por sus consecuencias simbólicas como prácticas, es decir, además del carácter identitario, supone la obtención de los derechos que otorga un Estado a sus nacionales (Martínez de Lizarrondo, 2016). Las políticas de inmigración y ciudadanía son el marco regulador más importante, pues afectan a las circunstancias legales del inmigrante y a la posibilidad de que adquieran completos derechos. La integración no solo supone una adquisición de derechos, sino que también implica un proceso de aprendizaje de una nueva cultura, acceso a posiciones y estatus, la construcción de relaciones personales con miembros de la sociedad de acogida y la formación de sentimientos de pertenencia e identificación hacia la sociedad de acogida (López, 2020). Pero en el caso de los descendientes de inmigrantes, es irrazonable exigir la integración a personas a quienes se les niega la pertenencia al país en que han nacido, considerándolos inmigrantes de segunda o tercera generación (Amunátegui, 2018).

Bolzman y Gallego (2017) analizan la existencia de distintos índices de integración, de tal suerte que lo legal es una condición necesaria para la integración social y cultural. En su estudio muestran conforme a los índices propuestos por Waldrauch y Hofinger en 1997, Weil en 2001, Howard en 2006, Koopmans y colaboradores en 2011 (entre otros), que la adquisición de la nacionalidad –y en algunos casos la aceptación de la doble nacionalidad— es una dimensión constante para medir la integración. El Índice de Políticas de Inmigración e Integración (MIPEX) es una herramienta empleada por primera vez en 2004 para el caso europeo, aunque posteriormente se amplió a otras regiones del mundo. Entre sus más de 140 indicadores,[3] se considera que el acceso a la nacionalidad es fundamental para impulsar los resultados de integración (Solano y Huddleston, 2020).

Sin embargo, es necesario reconocer que, aun gozando de los derechos que vienen aparejados con el otorgamiento de la nacionalidad, las condiciones de exclusión económica y social pueden continuar entre la población migrante (Vega, 2018). En el mismo sentido, Rho (2021) desde el enfoque de la autonomía de las migraciones,[4] afirma que las luchas migrantes se encuentran atravesadas por problemáticas que exceden la inclusión al régimen de ciudadanía, dado que muchas de ellas se configuran más allá del reclamo por el reconocimiento de

---

[3] El índice considera además del acceso de la nacionalidad, las dimensiones de movilidad del mercado laboral, la reunificación familiar, la educación, la salud, la participación política, la residencia permanente, y, por último, la antidiscriminación (Solano y Huddleston, 2020).

[4] Una amplia discusión de este enfoque puede consultarse en el trabajo de María Gabriela Rho (2021).

derechos ciudadanos o de la participación política en el espacio del Estado nación.

También la nacionalidad se ha considerado como un sentimiento subjetivo compartido de identidad nacional, el cual es fundamental para concebir la pertenencia y la identidad (Stolcke y Wolfson, 2000). Para Heckmann (1998), la integración se da a partir de las dimensiones estructural, cultural, social y la identitaria. En lo que respecta a la primera dimensión, es el modo general de integración estructural del Estado nación, donde la membresía legal en la comunidad estatal (esto es, la ciudadanía o la integración legal) es la base para la integración general en el estado y la sociedad. A la vez, la ciudadanía, si bien es una relación legal, también tiene fuertes implicaciones emocionales e identitarias. Para Rodríguez (2013), la nacionalidad es concebida como un fundamento de la identidad de las personas, sin embargo, el vínculo de pertenencia se ha ido debilitando progresivamente. Así pues, el reconocimiento internacional de los derechos ha ido en detrimento de la centralidad de la nacionalidad, debilitando la distinción tradicional entre nacionales y extranjeros.

Aunque también, se menciona que puede tener una dimensión meramente funcional. Por ejemplo, en el caso de los extranjeros en España, también buscan adquirir la nacionalidad con el objeto de evitar las trabas que los ordenamientos jurídicos les imponen para permanecer, trabajar en territorio español y gozar de la libre circulación a través de los demás Estados de la Unión Europea (UE) y del Espacio Económico Europeo (Rubio y Moya, 2003).

Según el MIPEX, en España el acceso a la nacionalidad es considerado como "ligeramente desfavorable", de hecho, es en la dimensión que menos puntaje alcanza, siendo el principal punto débil de España, ya que algunos inmigrantes solo pueden convertirse en ciudadanos tras 10 años de residencia continuada, demostrar un nivel de integración sociocultural suficiente y conducta cívica adecuada; mientras que la doble ciudadanía únicamente se otorga a los de ciertos países. Aunque en 2015, los requisitos de naturalización se flexibilizaron ligeramente (por ejemplo, en lo relativo a los recursos económicos e idioma), pero aún hay margen de mejora (Solano y Huddleston, 2020).

Es posible afirmar que los latinoamericanos constituyen uno los grupos más beneficiados en cuanto a la concesión de la nacionalidad, dado que la normativa española privilegia a este grupo de población (Martínez de Lizarrondo, 2016). El hecho de que en su mayoría compartan el idioma castellano y tengan vastas coincidencias culturales, además de la religión, facilita que el requisito de la integración les sea más favorable (Pinyol-Jiménez y Sánchez-Montijano, 2014). Incluso, como lo muestra el derecho a la doble nacionalidad, hay una aceptación institucionalizada de una identidad común de los pueblos hispanoamericanos derivada de lazos históricos, culturales, lingüísticos y religiosos (Rodríguez, 2013).

Resultados

Las evidencias que se muestran a continuación están basadas en los datos del Padrón Municipal de Habitantes, así como de las Estadísticas de adquisiciones de nacionalidad española, ambas publicadas por el Instituto Nacional de Estadística (INE). Cabe aclarar que estos datos son públicos y están disponibles en www.ine.es, lo que permite la validación externa de los resultados en los que están basadas las conclusiones de este trabajo.

En España, tal cual lo ilustra el Gráfico 1, entre 2010 y 2020, la población nacida en el extranjero que tenía la nacionalidad española pasó del 18.49% al 33.32%. En otras palabras, en 2020, de los poco más de 7.12 millones de extranjeros solo 2.37 millones había adquirido la nacionalidad. Al respecto, es necesario matizar que en 2020 residían en el país alrededor de 1.53 millones de personas nacidas en algún país de la Unión Europea, quienes probablemente tienen poco interés en adquirir la nacionalidad española, dado que disfrutan de la ciudadanía europea, lo cual les permite, entre otras cosas, residir y trabajar sin la necesidad de tramitar una visa ni un permiso de trabajo en los países que integran la Unión.[5]

Asimismo, como muestra el Gráfico 2, el número de personas que adquirieron anualmente la nacionalidad española tuvo una tendencia a la baja en los primeros años que se analizan. Si en 2013 se nacionalizaron alrededor de 226 mil personas, en 2017 alcanzó un mínimo de 66 mil. A partir de ese año ha ido en aumento hasta alcanzar 126 mil personas que adquirieron la nacionalidad en 2020; aunque

---

[5] Estadística basada en la Unión Europea-28; sin embargo, el 31 de enero de 2020, el Reino Unido abandonó la Unión, por lo que actualmente hay 27 Estados miembros.

todavía muy por debajo de los niveles de 2013.

Gráfico 1. España: población nacida en el extranjero con nacionalidad española, 2010-2020 (Porcentajes)

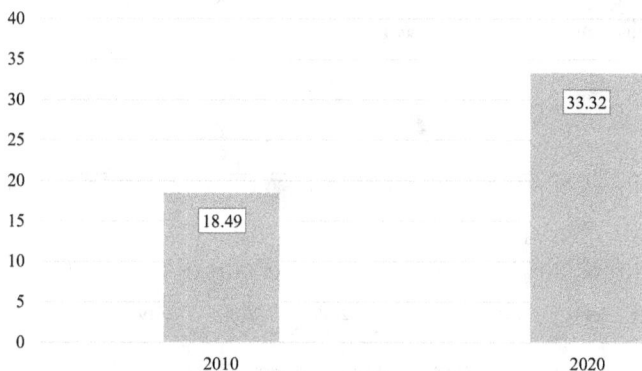

Fuente: INE, Padrón Municipal de Habitantes, 2010 y 2020

Lo anterior responde en parte a un hecho tautológico, es decir, cuando los migrantes obtienen la nacionalidad, por consiguiente, se reduce potencialmente quienes buscan su obtención. Sin embargo, también se debe a que los extranjeros que no están nacionalizados son el grupo que representó el mayor número de salidas de España, dado que es probable que se hayan reducido sus expectativas laborales. Según el INE, en lo que respecta al saldo migratorio con el extranjero, entre 2010 y 2014, España tuvo pérdidas de población derivadas de la salida de personas que no tenían la nacionalidad española. Por ejemplo, en 2013 cuando se alcanza el saldo negativo más bajo, de poco más de 251 mil personas que salieron de España, 83.73% lo hicieron sin tener la nacionalidad española. Posteriormente, desde 2014 el saldo neto migratorio se tornó nuevamente positivo y creciente, y de la misma manera, estaba constituido en su mayoría por extranjeros no nacionalizados (véase Gráfico 2). Según datos del INE, en 2020, los inmigrantes de origen latinoamericano y caribeño representaron en su conjunto un 54.65% del total de las adquisiciones de nacionalidad en el año (68,948 de 126,164). Con todo, en 2013 los latinoamericanos alcanzaron el 76.14% de un total de alrededor de 226 mil adquisiciones, lo cual muestra una tendencia a la baja, tanto en términos absolutos como relativos (véase gráfico 3).

337

Gráfico 2. España: inmigrantes que adquirieron anualmente la nacionalidad y Saldo Neto Migratorio de los no nacionalizados con el exterior, 2013-2020

Fuente: INE, Estadísticas de adquisiciones de nacionalidad española de residentes, 2013-2020* y Estadísticas de Migraciones Exteriores, 2013-2020 (*2020, datos provisionales).

Gráfico 3. España: adquisición de nacionalidad de los latinoamericanos y caribeños respecto del total de nacionalizaciones, 2013 y 2020

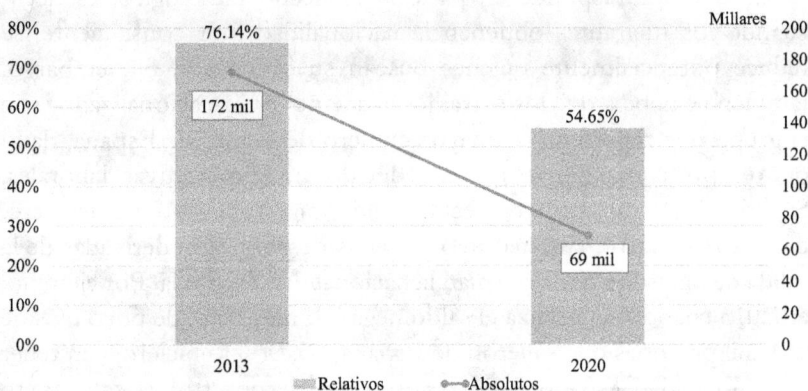

Fuente: INE, Estadísticas de adquisiciones de nacionalidad española de residentes, 2013-2020 (*2020 Datos provisionales)

En términos acumulados, como muestra el Cuadro 1, el porcentaje de población de origen latinoamericano y caribeño que tenía la nacionalidad española pasó de 26.08% a 48.70% entre 2010 y 2020, un aumento de 877 mil personas. Es preciso considerar que solo se contabiliza la población que era residente en 2020, por lo que no están reflejados aquellos que obtuvieron la nacionalidad española durante el periodo, pero que no estaban empadronados en ese año (por ejemplo, aquellos que obtuvieron la nacionalidad española pero que retornaron a sus países de origen o las personas que fallecieron). Con todo, más de la mitad de los latinoamericanos y caribeños no habían adquirido la nacionalidad española en ese año (51.30%).

Cuadro 1. España: población nacida en Latinoamericana y El Caribe según condición de extranjería (españoles/extranjeros), 2010-2020

	Absolutos		Porcentajes	
	2010	2020	2010	2020
Nacidos en América Latina y el Caribe	2,460,832	3,118,905	100.00	100.00
Nacionalidad española	641,865	1,518,989	26.08	48.70
Nacionalidad extranjera	1,818,967	1,599,916	73.92	51.30

Fuente: INE, Padrón Municipal de Habitantes, 2010 y 2020

Cuadro 2. España: población nacida en Latinoamericana y El Caribe según nacionalidad española 2010 y 2020

País	Total	2010 Nacionalidad española		Total	2020 Nacionalidad española		2010-2020 Incremento absoluto de nacionalizados
		Absolutos	Porcentajes		Absolutos	Porcentajes	
Argentina	291,740	104,636	35.87	293,037	149,236	50.93	44,600
Bolivia	213,862	7,227	3.38	178,829	93,471	52.27	86,244
Brasil	146,941	25,654	17.46	156,499	50,778	32.45	25,124
Chile	67,404	20,088	29.80	62,410	32,097	51.43	12,009
Colombia	371,064	78,852	21.25	514,110	239,559	46.60	160,707
Costa Rica	3,248	1,298	39.96	5,603	2,153	38.43	855
Cuba	104,492	47,381	45.34	164,853	97,552	59.18	50,171
Dominica	889	343	38.58	797	478	59.97	135
Ecuador	484,623	97,256	20.07	416,527	294,556	70.72	197,300
El Salvador	8,325	2,399	28.82	26,171	5,220	19.95	2,821
Guatemala	6,888	2,704	39.26	14,130	6,797	48.10	4,093
Honduras	28,851	2,642	9.16	133,297	16,143	12.11	13,501
México	47,101	20,875	44.32	61,276	31,363	51.18	10,488
Nicaragua	13,843	1,868	13.49	63,375	7,446	11.75	5,578
Panamá	4,539	2,115	46.60	6,154	3,011	48.93	896
Paraguay	86,682	2,359	2.72	107,354	21,016	19.58	18,657
Perú	197,605	56,296	28.49	244,827	136,551	55.77	80,255
Rep. Dominicana	136,803	47,777	34.92	186,395	113,387	60.83	65,610
Uruguay	87,390	28,370	32.46	82,353	43,561	52.90	15,191
Venezuela	155,056	90,613	58.44	396,188	173,298	43.74	82,685
Resto de países	1,743	556	31.90	2,360	658	27.88	102

Fuente: INE, Padrón Municipal de Habitantes, 2010 y 2020

Finalmente, el Cuadro 2 ofrece una inspección detallada por países. Por una parte, Ecuador, Colombia, Bolivia, Venezuela, Perú y República Dominicana son los que más incrementaron el número de personas nacionalizadas entre 2010 y 2020. Por la otra, si se centra la atención solo en 2020, en términos absolutos, Ecuador, Colombia, Venezuela, Argentina, Perú y República Dominicana son los países cuyos inmigrantes tuvieron mayores magnitudes en cuanto a la posesión de la nacionalidad española. Mientras que proporcionalmente destacan Ecuador (70.72%), República Dominicana (60.83%), Cuba (59.18%), Perú (55.77%), Uruguay (52.90%) y Bolivia (52.27%) respecto al porcentaje de su población residente que tenía la nacionalidad española.[6]

Conclusiones

El objetivo de esta investigación fue examinar, a través de un panorama estadístico reciente, la situación que guarda la adquisición de la nacionalidad de los latinoamericanos y caribeños en España, ya que brinda elementos sobre el marco regulador más importante que determina sus circunstancias legales, y que ofrece elementos de análisis sobre su integración. La población latinoamericana y caribeña tiene una historia migratoria de más de cincuenta años en España, aunque bien es cierto, ha alcanzado su auge en los últimos veinte años. Un grupo que en la actualidad suma 3.12 millones de residentes, quienes representan el 43.13% del total de nacidos fuera del país, es decir, uno de los grupos de migrantes más importantes en términos numéricos.

Del trabajo se desprende que las personas nacidas en Latinoamérica y el Caribe han tenido una posición ventajosa para la obtención de la nacionalidad española, ya que la normativa de alguna manera los privilegia, lo cual está en coincidencia con lo analizado por Martínez de Lizarrondo (2016). Tan solo entre 2010 y 2020, el porcentaje de este grupo poblacional que tenía la nacionalidad española pasó de 26.08% a 48.70%. Aunque como mencionan Solano y Huddleston (2020), a partir del índice MIPEX, el acceso a la nacionalidad en España es considerado en general como "ligeramente desfavorable" y como uno de los puntos débiles de la integración de los inmigrantes. En coincidencia con esta aseveración, esta investigación muestra que, si bien los latinoamericanos y caribeños es uno de los grupos más beneficiados, más de la mitad aún no han logrado el acceso a la nacionalidad española. Las principales razones se pueden ubicar en las altas tasas de irregularidad crónicas y estructurales en la historia migratoria española, lo que ha retrasado la convergencia del goce de derechos con los de la población nativa (Arango, 2003); asimismo, el proceso de adquisición de la nacionalidad está caracterizado por la

---

[6] También está en ese grupo Dominica (59.97%), pero no se incluye en la lista por su magnitud absoluta tan reducida (478 personas con nacionalidad española).

lentitud burocrática y la falta de una cultura cívica (Arango, 2003; Pajares, 2005).

Como parte de lo anterior, el número de las nacionalizaciones anuales tendió a la baja en el periodo analizado. De hecho, ante esta situación, en 2021 el gobierno español implementó un llamado "plan de choque de nacionalidad" en el que revisaron y concedieron más de 163 mil expedientes de nacionalidad por residencia, lo cual obedeció a la necesidad de solucionar el atasco acumulado durante años en la tramitación y resolución de los expedientes tanto de nacionalidad por residencia como de los sefardíes (Gobierno de España, 2021).

Es necesario matizar que dentro de los latinoamericanos y caribeños el acceso a la nacionalidad muestra un panorama muy heterogéneo entre los distintos países que lo conforman. Por ejemplo, mientras que Ecuador y República Dominicana destacan, tanto en términos absolutos como relativos, por el número de personas que tenían la nacionalidad española en 2020; en el otro lado del espectro, algunos países centroamericanos como Nicaragua y Honduras apenas rebasan una décima parte. Lo anterior muestra el efecto que tiene la duración de la estadía, ya que la migración centroamericana se ha intensificado sobre todo de manera reciente en España.

En las tendencias de la adquisición de la nacionalidad en España también hay que destacar el efecto que tiene el contexto económico en su obtención. Por ejemplo, el descenso en el número de personas anuales que adquieren la nacionalidad está relacionado con la disminución de las expectativas laborales de los extranjeros en España, ya que coincide con el saldo neto migratorio negativo que tuvo el país, del cual los extranjeros que no están nacionalizados han representado el mayor número de salidas de España. Por ejemplo, los bolivianos y ecuatorianos redujeron su población residente en el país en 16.48% y 14.05%, respectivamente. Lo anterior provoca la reducción tanto de la población que potencialmente puede nacionalizarse como de la población nacionalizada que ya no aparece en los registros administrativos porque retornó a sus países de origen.

En el análisis de las tendencias recientes, también llama la atención el aumento en el periodo que ha tenido la población venezolana nacionalizada, quienes, si bien disminuyeron en términos relativos, prácticamente duplicaron el número de personas. Como argumentan

Castillo y Reguant (2017), en las últimas décadas, Venezuela presentó un cambio drástico en su patrón migratorio, derivado de una crisis económica y social, que se originó principalmente en el cambio de modelo político. De acuerdo con datos presentados por Fernández (2020), el caso venezolano puede ser considerado el mayor éxodo de la historia de Iberoamérica, con más de cinco millones de desplazados, siendo España uno de los principales destinos. En esta investigación se describió que entre 2010 y 2020 la población venezolana residente en España fue la que tuvo el aumento más importante al pasar de alrededor de 155 mil a 396 mil personas, un incremento de alrededor de 155%, de los cuales más de 82 mil obtuvieron la nacionalidad en el periodo.

La adquisición de la nacionalidad del país receptor es uno de los principales indicadores de integración de los inmigrantes en las sociedades. Como se ha mostrado a lo largo de este trabajo, históricamente, las formas en las que se otorga han sufrido constantes transformaciones, tanto para la población nativa como para los extranjeros, siempre encaminadas a delimitar quiénes pueden gozar de plenos derechos dentro de un Estado nacional. Es una forma de "inclusión diferencial", en palabras de Papadopoulos y Tsianos (2013), que determina quiénes se benefician del bien común, lo cual se configura como un asunto a todas luces importante y cardinal en la organización de los países.

En una época como la actual, caracterizada por intensos movimientos de población internacionales, es un tema no exento de polémica, ya que el asentamiento de la población extranjera necesariamente cuestiona y reconfigura los modos de pertenencia al Estado nacional. Porque además de un vínculo jurídico, la nacionalidad se relaciona estrechamente con la identidad, en la que confluyen raza, lengua, religión y una historia compartida, entre otros (Viñas, 2010), ocupando un lugar central en los debates políticos contemporáneos, como advierten Stolcke y Wolfson (2000). Conforme plantea Amartya Sen (2000), cuando se realiza un diagnóstico del bien social, este conlleva el planteamiento de quiénes serán incluidos, lo cual no puede separarse de la práctica de la identificación social, en lo que llama la "función delineadora" de la identidad.

Referencias

Aláez, B. (2005). Nacionalidad y ciudadanía: una aproximación histórico-funcional. Historia Constitucional. *Revista Electrónica de Historia Constitucional*, 6, 29-75. https://dialnet.unirioja.es/descarga/articulo/1254 738.pdf

Amunátegui, C. (2018). El surgimiento del *ius sanguini* como criterio general de asignación de la nacionalidad: Algunos antecedentes que explican su aparición. *Ius et Praxis*, 24(3), 453-476. https://dx.doi.org/10.4067/S0718-00122018000300453

Arango, J. (2003). La fisonomía de la inmigración en España. *Migración y Desarrollo* (1), 1-16.

Bolzman, C. y Gallego, C. (2017). Políticas de integración, derechos humanos y MIPEX. Una tipología. *Miscelánea Comillas*, 75(146), 71-96. https://revistas. comillas .edu/index.php/miscelaneacomillas/article/view/7956/7709

Castillo, T. E. y Reguant, M. (2017). Percepciones sobre la migración venezolana: causas, España como destino, expectativas de retorno. *Migraciones*, 41, 133-163. https://repositorio.comillas.edu/xmlui/handle/ 11531/23241

Código Civil [CC] (25 de julio de 1889). Última modificación: 3 de noviembre de 2021. https://www.boe.es/biblioteca_juridica/codigos/abrir_pdf. php?fich=034_Codigo_Civil_y_legislacion_complementaria.pdf

Constitución Española [CE] (29 de diciembre de 1978). https://www.boe.es/ buscar/act.php?id=BOE-A-1978-31229

Constitución Política de la Monarquía Española [CPME] (19 de marzo de 1812). http://www.cepc.gob.es/docs/constituciones-espa/1812.pdf?sfvr sn=2

Elósegui, I. (2008). Las fronteras y los criterios jurídicos de adquisición de la nacionalidad. *Revista CIDOB d'Afers Internacionals*, 82-83, 117–134. http://www. jstor.org/stable/40586343

Fernández, F. (2020). El asilo y la experiencia española. *Revista de la Facultad de Derecho de México*, (LXX) 276, 637-657. http://revistas.unam.mx/index. php/rfdm/ article/view/75193/66570

García, S. y Goizueta, J. (2008). El "Ius Connubii" como elemento de controversia constitucional en el marco del derecho de extranjería: la inconstitucionalidad de los controles sistemáticos por razón de nacionalidad. *Anuario da Facultade de Dereito da Universidade da Coruña*, 12, 417-446. https://ruc.udc.es/dspace/handle/2183/7421

Gobierno de España (14 de diciembre de 2021). El plan de choque de nacionalidad 2021 resuelve más 160.000 expedientes de nacionalidad por residencia [Nota de prensa]. https://www.lamoncloa.gob.es/

Heckmann, F. (9-10 de octubre de 1998). *National Modes of Immigrant Integration. How can They be Conceptualized and Described?* [Workshop]. The Comparative Immigration and Integration Program (CIIP). Center for German and European Studies. https://migration.ucdavis.edu/rs/ciip.php

Herranz, Y. (1998). La inmigración latinoamericana en distintos contextos de recepción. *Migraciones*, (3), 31-51. https://revistas.comillas.edu/index. php/revista migraciones/article/view/4817

Ley del 15 de Julio (1954). Reforma al Título Primero del Libro Primero del Código Civil, "De los españoles y extranjeros" [BOE-A-1954-10882]. https://www.boe .es/ datos/ pdfs/BOE/1954/197/A04831-04834.pdf

López A. M. (2020). La integración del inmigrante en la España del siglo XXI. *Revista de Derecho, Empresa y Sociedad (REDS)*, 16, 99-150.

https://dialnet.unirioja.es/descarga/articulo/7631165.pdf.

Martínez de Lizarrondo, A. (2016). Naturalizaciones en España: indicador de integración y estrategia frente a la crisis. *Migraciones*, (39), pp. 3-37. https://doi.org/10.14422/mig.i39y2016.001

Pajares, M. (2005). *La integración ciudadana. Una perspectiva para la inmigración.* Barcelona: Icaria.

Papadopoulos D. y Tsianos V. S. (2013). After citizenship: autonomyof migration, organisational ontology and mobile commons, *Citizenship Studies*, 17(2), 178-196. https://www.tandfonline.com/doi/abs/10.1080/ 13621025.2013.780736

Pardo, F. (2014). Enfrentando las políticas de integración y de ciudadanía: migrantes latinoamericanos en la ciudad europea. *Revista mexicana de ciencias políticas y sociales*, 59(220), 295-316. http://www.scielo.org.mx/scielo.php? script=sci_arttext&pid= S0185-19182014000100010&lng=es&tlng=es

Pinyol-Jiménez, G. y Sánchez-Montijano, E. (2014). La naturalización en España: una política de claroscuros. En J. Arango, D. Moya y J. Oliver (coords.), *Anuario CIDOB de la Inmigración 2013*, (pp. 186-209). Barcelona: CIDOB. https://www. cidob. org/ articulos/anuario_cidob_de_la_ inmigracion/2014/la_naturalizacion_ en_espana_una_politica_de_claroscuros

Rho, M. G. (2021). Ciudadanía y luchas migrantes. Debates desde la mirada de la autonomía de las migraciones. *Revista Reflexiones*, 100(2), 1-19. https://revistas.ucr. ac.cr/index.php/reflexiones/article/view/43440

Rodríguez, E. (2013). Identidad y nacionalidad. *Anuario de la Facultad de Derecho de la UAM (AFDUAM)*, 17, 207-236. https://repositorio.uam.es/handle/ 10486/662583

Rubio, A. y Moya, M. (2003). Nacionalidad y ciudadanía: una relación a debate. *Anales de la Cátedra Francisco Suárez*, 37, 105-153. https://revistaseug.ugr. es/index.php/ acfs/article/view/1088/1286

Sagarra, E. (2012). Acceso a la nacionalidad española "de origen" de descendientes de emigrantes y exilados: la vigente disposición adicional séptima de la ley 52/2007 "de memoria histórica. *Revista Estudios Jurídicos*. Segunda Época, (11). https://revistaselectronicas.ujaen.es/index.php/ rej/article/view/652

Sánchez, M. Á. (2009). Ley de memoria histórica: El derecho de opción a la nacionalidad española. *Boletín mexicano de derecho comparado*, 42(125), 957-990. http://www.scielo.org.mx/scielo.php?script=sci_arttext&pid=S004 1-86332009000200011&lng=es&tlng=es.

Sbaihat, A. (2018). España y los sefardíes palestinos del siglo XIX. *Anaquel de Estudios Árabes*, 29, 301-316. https://revistas.ucm.es/index.php/ANQE/ article/ download/ 58719/52895/

Sen, A. (30 de noviembre de 2000). La razón antes que la identidad. *Letras Libres*. https://letraslibres.com/revista/la-razon-antes-que-la-identidad/

Solano, G. y Huddleston, T. (2020). *Migrant Integration Policy Index 2020*. https://www.mipex.eu/what-is-mipex

Stolcke, V., y Wolfson, L. (2000). La "naturaleza" de la nacionalidad. *Desarrollo Económico*, 40(157), 23–43. https://doi.org/10.2307/3455854

Vega, D. (2018). La triple frontera: inmigración e integración social en España. *Huellas de la Migración*, 3(6), p. 17-40. https://huellasdelamigracion.uaemex. mx/article/ view/11387

Viñas, R. (2010). Evolución del derecho de nacionalidad en España: Continuidad y cambios más importantes. En *Cursos de Derecho Internacional y Relaciones Internacionales de Vitoria-Gasteiz* (pp. 275-313). Vizcaya: Universidad del País Vasco. https://www.ehu.eus/documents/100676   36/10761851/2009-Ramon-Vinas-Farre.pdf/4895d2d7-7660-6e09-673f-00fc1c81fe2b

www.ingramcontent.com/pod-product-compliance
Lightning Source LLC
Chambersburg PA
CBHW071730270326
41928CB00013B/2620

9 781801 351768